ORIENTAL LANGUAGES IN TRANSLATION
JĘZYKI ORIENTALNE W PRZEKŁADZIE

KOMISJA ORIENTALISTYCZNA
POLSKIEJ AKADEMII NAUK — ODDZIAŁ W KRAKOWIE

PRACE KOMISJI ORIENTALISTYCZNEJ
Nr 24

JĘZYKI ORIENTALNE W PRZEKŁADZIE

Redakcja naukowa:
ANNA KRASNOWOLSKA
BARBARA MĘKARSKA
ANDRZEJ ZABORSKI

Wydawnictwo Oddziału Polskiej Akademii Nauk
Kraków 2002

ORIENTAL COMMITTEE
OF POLISH ACADEMY OF SCIENCES — CRACOW BRANCH

PUBLICATIONS OF THE ORIENTAL COMMITTEE
Vol. 24

ORIENTAL LANGUAGES IN TRANSLATION

Edited by:
ANNA KRASNOWOLSKA
BARBARA MĘKARSKA
ANDRZEJ ZABORSKI

Polish Academy of Sciences Press
Cracow 2002

Redakcja naukowa tomu/Scientific Editors of the Volume

ANNA KRASNOWOLSKA, BARBARA MĘKARSKA, ANDRZEJ ZABORSKI

Adres redakcji/Address of Editor
Instytut Filologii Orientalnej UJ
Al. Mickiewicza 9–11, 31-120 Kraków
E-mail: iforien@vela.filg.uj.edu.pl

Wydawnictwo sfinansowane przez Komitet Badań Naukowych

Redaktor wydawnictwa/Editor of the Publication
Teresa Czerniejewska-Herzig

ISSN 0079-3426
ISBN 83-88549-50-2

Wydawnictwo Oddziału Polskiej Akademii Nauk
Łamanie i druk: PANDIT
31-334 Kraków, ul. Łokietka 177

JĘZYKI ORIENTALNE W PRZEKŁADZIE

Konferencja zorganizowana przez Instytut Filologii Orientalnej UJ
i Komisję Orientalistyczną Polskiej Akademii Nauk — Oddział w Krakowie

ORIENTAL LANGUAGES IN TRANSLATION

Conference organized by
Institute of Oriental Philology, Jagiellonian University
and the Oriental Committee of the Polish Academy of Sciences, Cracow Branch

Kraków, ul. Sławkowska 17 (siedziba PAU)
20–21 maja 2002 r.

Komitet organizacyjny — Organizational Committe
ANNA KRASNOWOLSKA, BARBARA MĘKARSKA, ANDRZEJ ZABORSKI

Program konferencji — Programme of the Conference

20 maja 2002 r.

Otwarcie Konferencji

Dziekan Wydziału Filologicznego UJ prof. dr hab. Halina Kurek

Sesja plenarna

przewodniczył prof. Andrzej Zaborski

Magdalena Nowotna, Abdellah Bounfour (INALCO Paris) *Traduire la poésie: du berbére au polonais via le français. De la nécessité du retour aux contraintes linguistiques de l'original*

John Elwolde (Oxford University) *Translating new ancient texts: the Dead Sea scrolls*

Geoffrey Khan (Cambridge University) *Bible translation and grammatical theory in the medieval Karaite tradition*

c.d. Sesji plenarnej

przewodniczyła prof. Magdalena Nowotna

Teresa Bałuk-Ulewicz (UJ) *Szekspir, wielbłąd, a sprawa polska*

Krystyna Pisarkowa (UJ) *Rachunek sumienia jako zadanie tłumacza*

Andrzej Pisowicz (UJ) *Problemy przekładu „z drugiej ręki" na materiale polskiego tłumaczenia „Księgi śpiewów żałobliwych" Grzegorza z Nareku*

Andrzej Zaborski (UJ) *Czy istnieje „przekład filologiczny"?*

Sekcja I

przewodniczył prof. Andrzej Zaborski

Guido Cifoletti (Università degli Studi di Udine) *Les sémitismes dans les traductions grecques et latines de l'Ancien Testament*

Jerzy Chmiel (PAT) *Modele przekładu Starego Testamentu z hebrajskiego biblijnego*

Leszek Hońdo (UJ) *Polskie przekłady hebrajskich inskrypcji nagrobnych*

Marcin Rzepka (UJ) *„Enğil" i „Xabar-e xoš", między ekwiwalencją formalną a dynamiczną. Analiza słownictwa perskich przekładów Ewangelii św. Mateusza*

c.d. Sekcji I
przewodniczył prof. Jerzy Chmiel

Wacław Przemysław Turek (UJ) *Krytyczne opracowanie tekstu syryjskiej „Pieśni o perle" jako podstawa przekładu (zarys porównawczy)*

Ignacy Nasalski (UJ) *Koran w tłumaczeniu Józefa Bielawskiego. Ograniczenia poprawności semantycznej i komunikacyjnej*

Elżbieta Górska (UJ) *Syntaktyczna analiza jednostek przekładu w tłumaczeniach arabskich tekstów literackich na język polski*

Sekcja II
przewodniczył prof. Wojciech Smoczyński

Barbara Mękarska (UJ) *Perskie przekłady tekstów awestyjskich*

Tomasz Gacek (UJ) *Nazwy własne w nowoperskich przekładach tekstów średnioper- skich*

Kinga Maciuszak (UJ) *Problemy przekładu z języka średnioperskiego (na przekładzie poematu „Draxt ī Āsūrīg")*

Anna Krasnowolska (UJ) *„Šāhnāme" Ferdousiego — „Początek Księgi": znaczenie kontekstów literackich dla interpretacji i przekładu tekstu*

c.d. Sekcji II
przewodniczył prof. Andrzej Pisowicz

Renata Rusek (UJ) *Przekład formuł epistolograficznych w perskich listach 'Eyno-l--Qozāta Hamadāniego*

Marek Smurzyński (UJ) *Parataktyczność narracji w języku perskim i problemy segmentacji tekstu przekładu*

Iwona Nowicka (Warszawa) *Techniki przyswajania perskich realiów kulturowych na przykładzie tłumaczenia opowiadań z książki „Kolacja cyprysu i ognia"*

Šahrām Šeydā'i, Čukā Čekād (Teheran) *Wiersze Szymborskiej z tomu „Ludzie na moście" w przekładzie perskim*

21 maja (wtorek)

Sekcja I

przewodniczył prof. Alfred Majewicz

Mieczysław Künstler (UW) *Botaniczne kłopoty tłumacza z języka chińskiego*

Adina Simona Zemanek (UJ) *Brak markerów fleksyjnych i mobilność kategorii gramatycznych słów jako źródło problemów dla tłumacza z klasycznego języka chińskiego; na przykładzie II rozdziału „Zhuangzi"*

Halina Ogarek-Czoj (UW) *Problematyka przekładu utworów literackich z języka koreańskiego na polski na przykładzie terminów określających pokrewieństwo*

c.d. Sekcji I

przewodniczył prof. Mieczysław Künstler

Romuald Huszcza (UW/UJ) *Japoński przekład „Pana Tadeusza" a teoretyczne aspekty translatoryki polsko-japońskiej*

Krzysztof Olszewski (UJ) *Metafory „odbicia w wodzie" jako klucz do odczytania „Pamiętnika z Tosy" Ki no Tsurayukiego. Kreowanie fikcji literackiej w utworze a problem przekładu*

Sekcja II

przewodniczył prof. Stanisław Stachowski

Danuta Chmielowska (UW) *Współczesna proza turecka i problemy jej przekładu*

Grażyna Zając (UJ) *O przekładzie z tureckiego na przykładzie „Legendy Tysiąca Byków" w tłumaczeniu Wojciecha Hensela*

Ewa Siemieniec-Gołaś (UJ) *Problemy translatoryki czuwaskich przekładów polskiej literatury*

c.d. Sekcji II
przewodniczył prof. Stanisław Stachowski

Elżbieta Święcicka (Uppsala Universitet) *Przekłady literatury tureckiej na język szwedzki*

Krystyna Gibas (UJ) *Problemy translatorskie wynikające ze specyfiki gramatyki języka tureckiego*

Barbara Podolak (UJ) *Przekłady chrześcijańskich tekstów religijnych na język turecki (problemy i rozwiązania praktyczne)*

Sesja plenarna
przewodniczyła prof. Jadwiga Pstrusińska

Lidia Sudyka (UJ) *Sanskrycka „kāvya" — wyzwanie dla tłumacza*

Halina Marlewicz (UJ) *Kilka uwag o przekładach z sanskrytu*

Renata Czekalska (UJ) *Uwagi o trudnościach granicznych; na podstawie tłumaczenia „Metafor" Aśoka Wadźpeji*

Zakończenie konferencji — dyskusja plenarna

Referaty prof. Jerzego Chmiela i prof. Romualda Huszczy zostaną opublikowane w 2003 lub 2004 roku w:
„Ruch biblijny i liturgiczny" — J. Chmiel „Modele przekładu Starego Testamentu z hebrajskiego biblijnego";
„Język Polski" — R. Huszcza „Japoński przekład «Pana Tadeusza» a teoretyczne aspekty translatoryki polsko-japońskiej"

SPIS TREŚCI

JĘZYKI ORIENTALNE W PRZEKŁADZIE — KONFERENCJA
ORIENTAL LANGUAGES IN TRANSLATION — CONFERENCE
Kraków, 20–21 maja/May 2002

MAGDALENA NOWOTNA

Dire l'impossible: *Le chant d'amour* berbère

INALCO Paris

Dans le recueil des poèmes traduits et édités par Taos Amrouche[1] (et récoltés par sa mère qui les connaissait oralement) l'un d'eux, intitulé: *Le chant d'amour* a attiré notre attention par sa construction à la fois parfaitement symbolisée et en même temps créatrice d'un arrangement sensible, apte à transmettre une vulnérabilité de sentiments vifs et vivants. Ce poème est à la fois construit comme un théorème par ses parallélismes formels et thématiques et comme un poème sentimental, un chant lyrique. Les actants de cette énonciation agissent aussi bien dans l'espace conceptuel représentant les rôles sociaux que comme des acteurs vivant et percevant la complexité de l'espace affectif individualisé.

L'existence orale, et en berbère, de ces poèmes, leur traduction et publication en français présentent un tout petit exemple de la situation socio-linguistique en Kabylie, la cohabitation du berbère et du français (et de l'arabe), la cohabitation compliquée par un partage spécifique et une répartition des rôles différents "joués" par des langues différentes.

1. La problématique du plan discursif nous présente:

— les actants de cette énonciation,
— les phénomènes linguistiques (aspectualité, modalité, temporalité),
— la sémantique lexicale et la phraséologie strictement liée aux phénomènes culturels.

On en déduit:

— le contexte ethnique
— l'oralité, ses spécificités et les difficultés de la "transcription" en écriture (la scripturalité).

Certains thèmes évoqués plus haut nous confrontent aux problèmes des niveaux d'assimilation des sens ou des lectures possibles. En effet, le texte peut être reçu par le lecteur au niveau universel ou plus ou moins particulier, selon le degré d'utilisation par

[1] Taos Amrouche, *Le grain magique. Contes, poèmes et proverbes berbères de Kabylie*, Paris 1966.

l'herméneute des facteurs contextuels (au sens large) visibles pendant le parcours génératif des sens, en "descendant" vers la profondeur des significations spécifiques du texte qui met à jour les éléments non détectables par une lecture universelle. Les dénominations: "universel" ou "profond" ne sont pas axiologiquement évaluées. Elles dépendent de l'ampleur de l'engagement des indicateurs extratextuels.

Le niveau "universel" est important, il permet l'accès du texte aux lecteurs qui n'ont pas les mêmes références, ni le même savoir sur le monde (qui ne partagent pas les mêmes valeurs ou explications érudites). On peut risquer l'hypothèse que chaque texte, chaque poème, doit avoir ce niveau universel assez marqué pour pouvoir exister dans les temps et dans les espaces de nos manifestations littéraires, dans le monde de nos idées, nos pensées, notre imaginaire.

Cela est particulièrement souhaitable quand une distance culturelle et linguistique sépare le texte et son lecteur.

Dans le texte examiné, il existe un niveau universel des sémantismes suivants: la vie et la mort, les sentiments (amour, rejet), les événements (exil, déplacement), les interdits sociaux ou ethniques (plus ou moins sous-entendus), avec des effets de sens comme:
— dysphorie (impossibilité d'aimer, impossibilité de s'accomplir, malheur, danger),
— euphorie (bonheur, être ensemble, profiter de la vie),
liés entre eux par un arrangement discursif, une configuration spécifique. Ces "universaux" sont néanmoins, et, pourrait-on dire, heureusement, articulés de façon particulière présentant un arrangement spécifique des traits généraux. L'équilibre nécessaire entre le particulier et le général fait d'un texte une expression qui est à la fois riche en détails individuels et signifiant pour tout le monde, évitant un ancrage dans un temps "trop" précis ou un lieu "trop" déterminé.

La "grande" poésie (littérature) du monde reste dans notre mémoire par une configuration générale de sens. *Roméo et Juliette*, *Hamlet*, ou encore *l'Illiade* ou les sonnets de Ronsard, *Crime et châtiment* de Dostoïevski agissent essentiellement sur ce plan.

Les poèmes berbères représentent un cas extrême de symbolisation sémantique universelle tout en exploitant les possibilités d'un discours particulier sur le plan linguistique spécifique, la sémantique lexicale ou encore la disposition de la structure actantielle.

2. Le poème et ses instances[2]

Pour un lecteur non initié à la langue, à la culture berbère et à la tradition orale, une question simple se pose: qui parle dans ce texte, quelles sont les instances énonçantes et comment opèrent les éléments linguistiques tels que les temps grammaticaux et les modalités, par exemple le caractère non-effectif (futur, projectif, potentiel, irréel) — vs — effectif des verbes.

[2] Op. cit., p. 177.

Je citerai ici la transposition en français de ces formes faites par Salem Chaker[3] et je procéderai à l'analyse sémiotique à partir de cette transposition. On verra que la disposition, la répartition de ces valeurs modales constitue la charpente sémio-linguistique de ce texte.

Dans la première strophe:

Viens tu (m') accompagnes (n-eff.) jeune fille = Viens avec moi jeune fille
Nous irons (n-eff.) rivière rivière = Nous irons le long de la rivière
Nous irons (n-eff. + duratif) nous mangerons (n-eff. + duratif) des figues
N'est-ce pas la mort enlève (eff.) les peines = La mort efface toute peine, n'est-ce pas
Ô mère le fleuve m'a mangée (eff.) = Ô mère, le fleuve m'a emportée (je me suis noyée)

nous distinguons sans difficulté le sens d'incitation, la modalité exhortative à caractère optatif exprimée surtout par la forme non-effective de l'ensemble verbal-viens tu m'accompagnes- et le contexte qui indique le futur proche (actualisé ou non-actualisé ou général).

Deux instances principales sont mises en scène énonciative: la première, un garçon qui s'adresse à une jeune fille en employant la forme "tu", la deuxième, une jeune fille qui s'adresse à sa mère. La première demande à la jeune fille de l'accompagner et la jeune fille répond par un énoncé qui esquive cette demande en disant: le fleuve m'a emportée en se tournant vers la "personne" appelée mère. Il n'y a donc pas de dialogue entre les deux personnages concernés par un "projet" commun. D'ailleurs le "projet" est l'évocation d'une éventualité cloîtrée entre hypothéticité et non-effectivité. Le seul trait linguistique "affirmatif" et posé (et non pas supposé par les formes hypothétiques) dans cette construction sémantiquement oxymoronique est la durativité des "actions" évoquées dans l'invitation du garçon. L'invitation qui parle de la vie et de ses plaisirs.

L'énoncé sur la mort a le caractère d'un refrain atemporel gnomique et met en cause le destin plutôt qu'un événement factuel ou historique.

Est-ce que l'invocation de la part d'un garçon, l'appel adressé à la jeune fille pour l'accompagner et l'exclamation dirigée vers la mère à qui cette fille avoue être "emportée" sont liés dans le temps? Est-ce le même espace temporel? Et quel genre d'espace? Quelle est l'identité actantielle des deux instances de l'énonciation, deux personnes, deux actants mis en discours par l'instance d'origine.[4]

La première instance est un garçon qui s'adresse à une fille. Dans toutes les symboliques du monde "accompagner" veut dire être avec, se décider à suivre un chemin (de la vie?) ensemble, l'amour donc, semble-t-il, est ainsi évoqué de façon implicite, à mots couverts où cheminer, manger ensemble, signifierait la conjonction amoureuse.

Cet amour est exprimé par une modalité non-effective, irréelle, dans une forme proche de l'interrogation. A première vue, la liberté du sujet est donc préservée. L'in-

---

[3] Cette étude a pu être réalisée grâce à la collaboration de Salem Chaker, Professeur de berbère à l'INALCO, qui nous a fourni la traduction morphologique du poème et un ensamble d' informations linguistiques et sociologiques.

[4] Dans la tradition orale se pose le problème de l'auteur. Je ne peux pas développer ici ces réflexions, je prends en considération les instances de l'espace poétique.

citation à l'accompagnement est un acte de discours qui préserve la libre réponse. Et ceci est vrai textuellement. Car nous allons voir que cela n'est peut-être pas si simple culturellement. Cette invitation, en effet, défie l'ordre social et présente elle-même déjà un danger potentiel d'exclusion. En disant ceci nous engageons nos connaissances sociologiques, nous sortons donc d'un espace littéraire. Mais il est aisé d'y rentrer car ces personnages sont et ne sont pas vraiment individualisés, sont et ne sont pas vraiment universalisés. Ils montrent une structure oxymoronique présentant à la fois le caractère de symboles actantiels et les traits des sujets énonçant leurs émotions.

Dans chaque strophe, nous retrouvons la même disposition de formes sémio-linguistiques: l'invitation à l'accompagnement, l'évocation d'une aire-espace: le bord de la rivière, plaine, montagnes, conjointe au plaisir de la vie.

Amour / plaisir. Pris dans un cadre rhétorique interrogatif ils laissent le sujet libre de suivre ou de ne pas suivre.

Cette liberté se complique avec la "mère". La figure de la mère. Elle représenterait, semble-t-il, la société et ses règles qui excluent l'union libre de deux jeunes personnes.

Et puis existe la mort. Elle est imposée, elle est inévitable et appartient à l'univers transcendant comme Destin, Histoire. Elle est ambiguë signifiant la sanction ultime et une sorte de liberté.

Nous avons donc deux actants transcendants[5]: la mort et la mère.

La fille s'adresse à la mère en appelant ainsi à la fois la personne proche et la représentation sociale de son univers:

Mère, le fleuve m'a emportée.

Le fleuve, le courant, le torrent, la force, l'emportement, la perdition.

Le choix de cette figure fait appel à la spécificité contextuelle de la réalité précise, ainsi que le verbe *manger*, dans cet énoncé si ample sémantiquement, contenant en berbère des significations si différentes, en général être trompé ou, ici, être "avalé" par la mort.

La jeune fille parle donc de la perdition par la force de la passion, la perdition par la transgression des règles. Elle est consciente de l'issue fatale de cet éventuel accompagnement qui serait sanctionné par la mort.

---

[5] Actant transcendant. Dans la théorie sémiotique de J.-C. Coquet, nous avons la structure actantielle suivante: Prime actant (sujet), second actant (les objets du monde, le monde extérieur), et tiers actant qui peut être transcendant (une force extérieure agissant sur le sujet comme par exemple: le destin, l'Histoire, un régime politique ou social, etc.) ou immanent (une force intérieure au sujet: sa passion, ses sentiments, ses vécus). Dans la relation binaire qui lie directement le prime actant avec les objets du monde, nous sommes dans l'espace d'autonomie; en effet, le sujet gère sa relation. Dans la configuration ternaire où entre en scène le tiers actant, le sujet est exposé au danger de l'aliénation et du passage à l'espace d'hétéronomie s'il ne résiste pas à la force du tiers actant qui exerce une pression sur lui. Il devient alors un "non sujet" dépendant et soumis. Il ne gère pas sa relation avec le monde, il la subit. S'il lui arrive de résister, il garde son autonomie, son statut "sujet", c'est-à-dire le jugement par rapport au monde, la capacité d'agir et de réagir, de réaliser sa volonté, de maîtriser les événements et soi-même. Il faut souligner que le statut "sujet" et "non sujet" sont des paquets de sens et en aucun cas des personnages ou êtres quelconques.

Sur le plan des formes verbales, la proposition de cheminer ensemble le long de la rivière, plaine, montagne en profitant des plaisirs de la vie est véhiculée par les modalités non-effectives, irréelles du futur potentiel, par contre l'existence de la mort et l'emportement par le torrent sont effectifs, posés, certains:

amour / plaisir	non-effectif, irréel
mort / fleuve	effectif

Dans cette configuration, la vie et ses joies sont proposées, elles sont soutenues par les formes hypothétiques, projectives et virtuelles alors que la mort, elle, est bien réellement effective.

Amour/plaisir/la vie sont exprimés par le non-effectif, irréel et duratif. L'aspect duratif est ici très important car il compense le non-réel, le non-effectif. Comme si l'énonciateur voulait faire exister l'irréel et l'impossible par l'aspect duratif des formes verbales à caractère hypothétique. On retrouve donc la structure oxymoronique sur le plan grammatical. Il ne faut pas oublier que la mort est lexicalement présente à la surface du texte alors que le lexème amour n'y est pas.

Les deux fragments, deux énonciations citées (les strophes et le refrain) nous mettent devant une rupture temporelle et discursive. Les temps ne concordent pas. Le lieu et le temps de "prononciation" des deux énoncés ne peuvent pas être les mêmes.

L'image idyllique d'une promenade le long d'une rivière en mangeant des figues est vouée à l'échec, liée à la mort, de façon implicite.

La proposition d'accompagnement qui est un euphémisme de l'amour se conjugue avec la mort. Cette configuration n'est ni rare ni spécifique à ce poème. Nombreux sont les exemples qui conjuguent Eros et Thanatos dans les mythes, dans les croyances collectives et individuelles et dans les représentations artistiques y compris littéraires. Et jusqu'à présent nous sommes dans des significations universelles, néanmoins, dans la culture où est né ce poème, cette conjonction prend le sens tangible d'une exclusion de la jeune fille hors de la société. Figurativisée poétiquement par la mort réelle et/ou sociale, l'exclusion en tant que possibilité culturelle sous-tend le texte.

Il faut interpréter la rivière conjointement avec le verbe emporter ou "manger" (en berbère) comme une passion (amoureuse) mortelle. Ces verbes sont par excellence des verbes de passion avec le sens d'englober, de submerger; le caractère sémantique porte des traits de violence, de rapidité, de voracité. Ceci est contenu dans le refrain.

Dans les premières strophes, nous trouvons l'image du bonheur et de la joie représentée par une promenade, un cheminement, le sens de partir, de s'éloigner (ailleurs) contrariée néanmoins par la mort présente à chaque pas.

La dernière strophe apporte la sémantique d'un éloignement définitif. La mort s'approche.

Il faut remarquer et souligner les évidents parallélismes syntaxiques et sémantiques avec le rôle joué par les points sensibles de la versification, les fins de vers particulièrement exposées du point de vue rhétorique, véhiculant le sens de vie, de mort, de plaisir.

Les incitations sont interrogatives de forme car, en fait, ce sont des supplications qui, considérées dans l'ensemble avec le refrain confirmant l'accord de la jeune fille, jouent sur la délicatesse rhétorique de l'interrogation. Et la jeune fille et le garçon sont pleinement sujets, conscients de leur sort. Peut-être, la jeune fille dans son jugement aspectuellement inéluctable, accompli, effectif (le fleuve m'a emportée) est-elle, selon les définitions de J-C. Coquet, plus "sujet" (elle assume son destin) que le garçon qui l'invite à l'impossible.

3. La présentation du texte traduit (morphologiquement) du berbère:

Viens avec moi jeune fille	n-eff.
Nous irons le long de la rivière	n-eff.
Nous cheminerons en mangeant des figues	n-eff. + duratif
La mort efface toute peine, n'est-ce pas?	eff.
O mère, le fleuve m'a emportée (je me suis noyée)	eff.

Dans les trois premières strophes, nous rencontrons des parallélismes thématiques avec des repères spatiaux: rivière, montagne, plaine, conjoints aux prédicats: aller, marcher, cheminer + manger des figues, profiter de la vie, prendre du plaisir.

La quatrième strophe se démarque par le caractère thématique et verbal-temporel:

Viens avec moi et partons	n-eff.
viens nous monterons dans une barque	n-eff.
viens nous glisserons comme des poissons	n-eff. + duratif
la mort s'avance vers nous, n'est-ce pas	eff. + duratif
O mère, le fleuve m'a emportée.	eff.

En effet, l'eau qui a été évoquée dans le refrain adressé à la mère et qui figurativise la mort devient un milieu ambigu, porteur de survie mais d'une survie problématique, appartenant à la fois à la vie et à la mort. Partir signifie se sauver, sauver sa vie, aller ailleurs où l'on pourrait "profiter de la vie", et partir en barque, outil de sauvetage mais la comparaison avec les poissons signifie la transformation impossible, le passage vers un ailleurs mais un ailleurs onirique, au-delà du réel. Un monde au-delà. Le sémantisme de l'irréel du futur concorde avec l'expression linguistique de la forme verbale.

L'univers de l'eau et des poissons n'est pas le même que celui de l'eau du torrent violente et meurtrière. Cette eau est paisible, apporte le calme, sans bruit ni mouvement brusque.

Si l'on regarde les formes temporelles dans ce poème, on voit qu'elles représentent un arrangement claire et limpide: aller, manger, profiter (de la vie) sont non-effectif, futur, projectif, potentiel, irréel.

Il n'y a que la mort qui soit exprimée par une forme verbale effective dans les propositions affirmatives. La mort: efface les peines, existe, est inéluctable.

L'adresse à la mère est au vocatif, exclamatif.

L'invitation à cheminer ensemble porte en soi, par les marques linguistiques, un sens hypothétique avec un poids gravitationnel vers l'impossible. Les deux versants de l'hypothétique ne sont pas ici également symétriques si l'on prend en considération, et c'est difficile de faire autrement, l'ensemble du discours.

Chaque proposition de l'instance énonciative — garçon (qui relève de la vie, d'en profiter, de manger, de se promener) est clôturée par deux évocations de la mort: l'une directe avec le lexème explicitement présent et l'autre métaphorique.

Mais déjà dans l'incitation du garçon, dans cette forme non-effective et irréelle du futur est inclus le non-croire en la possibilité de la réalisation de son propre acte d'invitation.

Les évocations de la mort à la fin de chaque strophe sont intéressantes du point de vue de la théorie des instances. Qui s'exprime par ces énoncés? Par une forme proche de l'aphorisme qui rappelle une vérité universelle, cet énonciateur peut être assimilé à un tiers actant transcendant, le Grand Destinateur dans la terminologie de Greimas. Mais la formule interrogative, n'est-ce pas, apporte une nuance discursive inattendue. Elle se démarque d'une assertion pure en jouant le sens hypothétique.

Ce poème est entièrement bâti sur l'opposition de l'irréel grammatical, thématique et énonciatif, conjoint à la vie/plaisir (seul l'aspect duratif contrarie cette irréalité) et l'effectivité de la mort.

Comme si l'on voulait faire exister des choses impossibles, selon la formule phénoménologique: j'existe en m'énonçant, ce poème fait exister les choses en faisant abstraction de leur probabilité, jouant sur les deux versants des formes n-effectives, désignant le futur, projeté dans l'avenir, potentiel mais improbable.

L'accord du niveau grammatical dans les formes verbales, discursives (interrogation) et sémiotiques des instances est absolument parfait.

Les repères spatiaux englobent la totalité mais la totalité "naturelle". Rivière, plaine, montagne, rivière / eau.

Le départ, le "partir ailleurs", a comme fonction d'échapper au tiers actant et à ses règles, mais cet échappatoire reste précaire, ambigu, entre la vie et la mort. Le fait d'essayer est la preuve d'un effort pour rester sujet, pour s'opposer.

Le fleuve qui emporte peut être considéré comme passion et dans ce cas, incarner le tiers actant immanent. Les deux, l'immanent et le transcendant, sont incompatibles, leurs désirs, leurs exigences sont contraires.

Les parallélismes syntaxiques sont conjoints aux parallélismes thématiques.

Ce poème est comme un théorème hautement symbolisé et, dans le même temps, il présente une énonciation sensible capable de créer un nostalgique climat de sensations sentimentales.

manger des figues	rivière
profiter de la vie	plaine
prendre du plaisir	montagnes

Monter dans une barque et glisser comme des poissons signifie entrer dans l'espace entre la vie et la mort. Le poisson est symbole de paix mais il est aussi un être vivant particulier par son silence et son apparente indifférence.

4. Les remarques sur la traduction du berbère en français

En comparant la version de Taos Amrouche et celle de Salem Chaker et Magdalena Nowotna, on remarque la présence et l'absence de verbes du vouloir. En effet, ils n'existent pas, ni explicitement ni implicitement, dans le texte original. Il semble que la modalité/temporalité n-effective, non-réelle, le sens de l'invitation, l'exhortation à l'accompagnement aient été traduits par la sémantique volitive.

L'expression et la réalisation du vouloir constitue un sujet libre et autonome en pleine possession de ses facultés de jugement qui ne dépend d'aucune force extérieure. Or, les principaux actants de ce texte son impliqués dans un système de valeurs qui les domine. Ils essaient, certes, de trouver une issue digne mais cette solution, qui les honore, suggère le départ vers un ailleurs qui ressemble à la mort. C'est leur choix et, de ce fait, il permet de garder une sorte d'autonomie, mais la mort est "inévitable" et ce sens témoigne de l'infériorité et de l'hétéronomie.

Les descriptions de la mort aussi sont différentes dans les deux versions:

a) "Elle efface les peines" et non pas "met fin aux misères".

b) "Elle existe" et non pas "elle est là": le déictique "là" enlève à la mort sa force transcendantale, la mort existe de façon atemporelle et aspatiale et non en un point ou en un lieu précis.

c) "Elle est inévitable" et non pas "le vrai refuge".

Son aspect "inévitable" s'intègre philosophiquement à son caractère sémantique dans ce texte. Un vrai tiers actant transcendant qui attend, qui s'approche, qui efface les peines (c'est son aspect supérieur), conduit dans l'au-delà, vers ailleurs sans violence ni destruction mais de façon horriblement certaine.

Le seul trait de la brutalité du destin est contenu dans la composition sémantique du refrain, dans la métaphore de l'emportement par le torrent.

d) "La mort s'avance"

Dans la version de Taos Amrouche, il y a une relation de cause à effet: "glissons comme des poissons puisque la mort s'avance". Alors que ce vers, comme les vers précédents, a un cadre rhétorique différent: "sait-tu que", une sorte de forme interrogative, rappelant le fait universel, ce fait ne rentre pas dans une relation syntaxique causative avec les agissements des actants qui subissent l'existence de la mort comme une ultime sanction, une solution.

e) Dans les passages décrivant la vie, le plaisir et la joie, nous retenons d'après l'original: "par les plaines....nous pourrions au moins jouir de la vie" et non pas "nous verrions la gloire du monde".

Jouir de la vie veut dire participer activement en tant qu'agent d'action conscient, dans la vie, voir la gloire du monde propose d'être un témoin de la gloire, cette expression est plus passive en action et plus forte en objet de contemplation.

Il y a, dans l'original, dans ce refrain sur la mort, un parallélisme syntaxique et rhétorique qui n'existe pas dans la version de Taos Amrouche. Nous avons voulu préserver cette structure discursive, ce qui est un des principes fondamentaux de la traduction.

5. Dans la version polonaise

Les formes non-effectives sont traduites par le mode hypothétique et les phrases concernant la mort par l'indicatif.

Chaque strophe commence par — *gdybyś poszła*, ce qui traduit si tu venais, le parallélisme initial de chaque strophe est donc préservé.

Manger des figues, jouir de la vie et connaître le plaisir sont rendus par les formes verbales hypothétiques.

Les phrases sur la mort sont à l'indicatif:

śmierć nie zmazuje win
śmierć jest blisko
śmierć idzie nam na spotkanie

La temporalité est au présent presque gnomique, universel, l'aspectualité imperfective, sauf: *nie umkniemy* qui, formellement, représente un perfectif mais, par la sémantique de ce verbe, indique le destin dans le sens de l'inévitable donc proche de l'imperfectivité universelle.

Dans le refrain: *Tonę, Matko porwała mnie rzeka*, je me suis permis de renforcer le sens de perdition en explicitant la noyade dans la rivière. La temporalité est au passé perfectif ce qui rend bien le sens de l'accompli, modalité effective en berbère et le passé composé en français.

Le verbe *manger* utilisé par original ne peut pas être transmis en polonais par *pożarła* ou *połknęła* car le verbe berbère est extrêmement polysémantique et s'emploie de façon très large, son spectre sémantique ne correspond pas donc au registre des verbes polonais.

6. Les conclusions. L'impossible et pourtant nécessaire fait d'aimer

Poème d'amour, chant d'amour, amour impossible face aux règles sociales, cet actant transcendant régit la vie et la mort, distribuant les valeurs. La vie est, dans ce poème, souhaitée, pressentie, la mort est inévitablement présente, "résout" tous les conflits, efface les peines.

La tentative d'échapper à la sanction ultime conduit les deux actants à rentrer dans un espace intermédiaire, irréel (comme les termes grammaticaux), où l'eau et les poissons symbolisent la vie, mais tout laisse à supposer que la vraie vie est ailleurs. Cet amour impossible existe grâce aux formes de l'irréel du présent futur et l'hypothéticité du non-effectif, dans ce discours où seul l'aspect duratif apporte un peu d'espoir. Cette tentative est nécessaire car l'amour même impossible signifie la réalisation d'un destin individuel, particulier opposé à l'ordre social général. Ce paradoxe apparemment insoluble peut se réaliser seulement dans l'acte de l'énonciation. Puisque c'est dans l'énonciation que le sujet se crée, l'amour existe donc, rappelé à la vie par les formes de langage.

Traduction française (linquistique) de Salem Chaker

Iyya ad-teddudạ a taqcict
Viens tu (m') *accompagnes* (n-eff.) *jeune fille = Viens avec moi jeune fille*

A nruḥ asif asif
Nous irons (n-eff.) *rivière rivière = Nous irons le long de la rivière*

A ntteddu ntett lexrif
Nous irons (n-eff. + duratif) *nous mangerons* (n-eff. + duratif) *des figues = Nous cheminerons en mangeant des figues*

Yak lmut tekkes lhif
N'est-ce pas la mort enlève (eff.) *les peines = La mort efface toute peine, n'est-ce pas*

A yemma asif yecca-yi
Ô mère le fleuve m'a mangé (eff.) *= Ô mère, le fleuve m'a emportée (je me suis noyée)*

Iyya-m ad-teddudạ a taqcict

Viens-toi (fem) *tu* (m') *accompagnes* (n-eff.) *jeune fille = Viens avec moi jeune fille*

A nruḥ lluḍa lluḍa
Nours irons (n-eff.) *plaine plaine = Nous irons par les plaines*

Yya a nezhu dg ddenya
Viens nous jouirons (n-eff.) *de la vie = Viens, nous profiterons de la vie*

Yak lmut tella
N'est-ce pas la mort existe (eff.) = *La mort existe, n'est-ce pas*

A yemma asif yecca-yi
Ô mère le fleuve m'a mangé (eff.) = *Ô mère, le fleuve m'a emportée*

Iyya-m ad-teddudۥ nruḥ
Viens-toi (fem) *tu* (m') *accompagnes* (n-eff.) *nous partirons* (n-eff.) = *Viens avec moi jeune fille*

A nruḥ adrar adrar
Nous irons (n-eff.) *montagne montagne* = *Nous irons par les montagnes*

Iyyaḍen a nezhu kra meqqar
Viens nous prendrons (n-eff.) *plaisir un peu au moins* = *Viens, nous prendrons au moins un peu notre plaisir*

Yak lmut d ulaqrar
N'est-ce pas, la mort est inéluctable = *La mort n'est-elle pas inéluctable*

A yemma asif yecca-yi
Ô mère le fleuve m'a mangé (eff.) = *Ô mère, le fleuve m'a emportée*

Iyya ad teddudۥ a nruḥ
Viens tu accompagnes (n-eff.) *nous partirons* (n-eff.) = *Viens avec moi et partons*

A nerkeb degg teflukt
Nous monterons (n-eff.) *dans barque* = *Viens, nous monterons dans une barque*

A ntticcig am iselman
Nous glisserons (n-eff. + duratif) *comme poissons* = *Viens nous glisserons comme des poissons*

Yak tetteddu-d lmut
N'est-ce pas elle vient (eff. + duratif)-ICI *la mort* = *La mort s'avance vers nous, n'est-ce pas*

A yemma asif yecca-yi
Ô mère le fleuve m'a mangé (eff.) = *Ô mère, le fleuve m'a emportée*

eff. = Effectif
n-eff = non-effectif (futur, projectif, potentiel, irréel…) (marqueur pré-verbal *ad* ou *a*)
ICI = marqueur d'orientation vers le sujet (*-d*)

NB: Les versions chantées par la mère (Fadhma) et la fille (Taos) diffèrent légèrement : une strophe manque dans l'interprétation de Taos ; plusieurs vers présentent de légères divergences lexicales et grammaticales. La traduction de Taos est un "mixte", mais renvoie plutôt à *la version chantée (plus complète) par la mère.*

Traduction française de Taos Amrouche

Jeune fille, veux-tu m'accompagner
Le long de la rivière?
Nous irions mangeant des figues
La mort met fin aux misères.

Ma mère, le fleuve m'a emportée.

Jeune fille, veux-tu m'accompagner
De montagne en montagne?
Nous irions cueillant la joie
La mort est le vrai refuge.

Ma mère, le fleuve m'a emportée.

Jeune fille, veux-tu m'accompagner
de la plaine à la plaine?
Nous verrions la gloire du monde
Tu le sais, la mort est là.

Ma mère, le fleuve m'a emportée.

Veux-tu que nous partions, jeune fille?
Montons dans une barque,
Glissons comme des poissons,
Puisque vers nous s'avance la mort.

Ma mère, le fleuve m'a emportée.

Traduction française de Salem Chaker et Magdalena Nowotna

Si tu venais avec moi, jeune fille
En cheminant le long de la rivière
nous mangerions des figues

Sais-tu que la mort efface toutes les peines

Mère, le fleuve m'a emportée

Si tu venais avec moi, jeune fille
Par les plaines, par les plaines
Nous pourrions au moins jouir de la vie

Sais-tu que la mort existe

Mère, le fleuve m'a emportée

Si tu venais avec moi, jeune fille
De montagne en montagne

Nous pourrions connaître le plaisir
Sais-tu que la mort est inévitable

Mère, le fleuve m'a emportée

Si tu partais avec moi
Nous monterions dans une barque
glissant doucement comme des poissons d'eau vive
Sais-tu que la mort s'avance vers nous

Mère, le fleuve m'a emportée

Traduction polonaise de Magdalena Nowotna

Pieśń o miłości

Gdybyś poszła ze mną dziewczyno
wzdłuż rzeki
idąc jedlibyśmy figi
Czyż śmierć nie kładzie kresu cierpieniom.

Tonę, Matko, porwała mnie rzeka.

Gdybyś poszła ze mną dziewczyno
z doliny w dolinę
doświadczylibyśmy chociaż radości życia
Czyż nie wiesz, że śmierć jest blisko.

Tonę, Matko, porwała mnie rzeka.

Gdybyś poszła ze mną dziewczyno
po górach, po górach
może zaznalibyśmy rozkoszy
Czyż nie wiesz, że śmierci nie umkniemy.

Tonę, Matko, porwała mnie rzeka.

Gdybyś popłynęła ze mną łodzią
sunęlibyśmy cicho jak ryby.
Smierć idzie nam na spotkanie.

Tonę, Matko, porwała mnie rzeka.

JĘZYKI ORIENTALNE W PRZEKŁADZIE — KONFERENCJA
ORIENTAL LANGUAGES IN TRANSLATION — CONFERENCE
Kraków, 20–21 maja/May 2002

JOHN F. ELWOLDE

The *Hodayot* "Hymn of the Maskil"

University of Oxford, United Bible Societies

One of my ongoing research interests is the translation and interpretation of the *Hodayot*, the "Thanksgiving Scroll" from Qumran. An extensive, although in many places fragmentary, version of the *Hodayot* ($1QH^a$, or simply 1QH) was among the very first discoveries from Qumran Cave 1, obtained by E. L. Sukenik in 1947. Fragments from an additional copy of the work were also found in Cave 1 ($1QH^b$) and, later, six fragmentary copies, or editions, of the same work in Cave 4 ($4QH^{a-f}$). The *Hodayot* are, broadly speaking, a series of hymns affirming the essential distance between God and humankind and expressing wonder and gratitude that God has revealed knowledge to the psalmist that allows him to stand in the same relationship with God as the angels do. The name *Hodayot* derives from the characteristic introduction to (originally) more than 35 hymnic compositions, namely אודכה אדוני כיא 'I thank/praise you, O my lord, because...'. Although in nearly every case the 'I', or speaker, of the *Hodayot* could be any believer, it is often held that much of the material in columns 1–11 comprising some seventeen hymns, are the work of the 'teacher of righteousness', an emblematic figure in the development of the Dead Sea Scroll sect.

The text I will now focus on is $1QH^a$, Col. 12,[1] lines 4 and 11. In Sukenik's edition there are lacunae in ll. 1–3 and in particular at the very beginning of l. 4. One of the great contributions of the parallel texts from Cave 4 is that, although fragmentary, where they do overlap with the Cave 1 version, they often allow us to restore Cave 1 lacunae with certainty. This is the case here, at least for line 4, where detailed overlaps with $4QH^a$ and $4QH^b$ (4Q427–28) allow us to restore [למשכיל ה]ודות 'for the Instructor, praise' or similar wording. The manuscript evidence is as follows.

[1] This figure (12) refers to the column number in the editio princeps of Sukenik, in, for example *Otsar Hammegillot Haggenuzot* (Jerusalem 1955). Recent editions and translations of the *Hodayot* employ a different ordering of the columns of $1QH^a$, with the result that Sukenik's Col. 12 becomes Col. 20.

1QH^a 12: 1–12[2]

12:01]]תרחב נפשן [

12:02]]ה לבטח במעון קון ש](ו)קט ושלוה

12:03]]באהלי בטח וישועה ואהללה שמכה בתוך יראיכה

12:04] ה]ודות ותפלה ליתנפל והתחנן תמיד מקצ לקצ. עם מבוא אור

... (ll. 5–9) ...

12:10 ואין אפס וזולתה לוא היה ולוא יהיה עוד כי אל ה(י)ד(י)עות

12:11 הכינה ואין אחר עמו. ואני משכיל ידעתיכה אלי ברוח

12:12 אשר נתתה בי ונאמנה שמעתי לסוד פלאכה ברוח קודשכה

4QH^a (4Q427) 2: 1–2[3]

1]]ח במעון שלו]ם [

2]]ועה וא]ה[ללה] [

4QH^b (4Q428) 8 ii 8–10[4]

08 לבטח במ]עון [

09 בתוך יראן]יכה] [

10 למשכיל] [

4QH^a (4Q427) 3 ii 4–16[5]

04 עם רחות עו]לם [

05 למשכיל הודות] [

... (ll. 6–10) ...

---

[2] Almost completely unrestored text, with readings from the edition of The Academy of the Hebrew Language (The Historical Dictionary of the Hebrew Language), *Materials for the Dictionary*, Series I: 200 B.C.E.–300 C.E., Guide and Indices to the Microfiche (Jerusalem 1988), frames 223–52 (of the associated microfiche) and lacunae spacing from Sukenik's editio princeps.

[3] The text presented here is from the edition of Ben Zion Wacholder and Martin G. Abegg (with James Bowley [Fascicle Four]), *A Preliminary Edition of the Unpublished Dead Sea Scrolls. The Hebrew and Aramaic texts from Cave Four*, Fascicles One to Four (Washington, DC, Biblical Archaeology Society, 1991–96) 2.255, minus most of the editors' restorations. The same text is read a little differently by Eileen Schuller in the official edition of the text '**427**. 4QHodayot^a', in *Qumran Cave 4*, XX: *Poetical and Liturgical Texts*, Part 2 (ed. Esther Chazon et al.; Discoveries in the Judaean Desert [DJD], 29; Oxford 1999) 77–123 (91–92). In the official edition, the text is labelled fr. 3: 2–3, with a fragmentary preceding and following line (ll. 1, 4). Schuller's placement of the text and readings are followed by Martin Abegg in his electronic edition (as a module on the Accordance Bible software package) and with the electronic edition of E.J.C. Tighchelaar and F. García Martínez, in *The Dead Sea Scrolls*, Electronic Reference Library 2 (CD ROM; Leiden 1999).

[4] The text is from Wacholder & Abegg, *Preliminary Edition*, 2.265, The same text is found in '**428**. 4QHodayot^b', DJD 29.125–75 (146) (also in the electronic editions cited above), where, however, it is numbered fr. 12 ii 1–3, with two following empty lines (ll. 4–5).

[5] The text is from Wacholder & Abegg, *Preliminary Edition*, 2.256. Schuller, DJD 29.110–112, numbers the same text as fr. 8 ii 9–21, preceded by an additional line (8), with three isolated letters.

11 הדעות הכ]ינה ואי[ן אחר עמו]
12 ואני מש]כיל[
13 ברוח[קודשכה   [
... (ll. 14–16) ...

Frequently, restorations on the basis of 4Q material confirm the educated guesses of former scholarship, but in this case, as far as I know, no-one had pre-empted 4Q (which is actually rather curious in view of what we shall say about the relationship of ll. 4–8 with another למשכיל text). In any case, with למשכיל happily restored in l. 4, scholars then had to (or at least thought they had to) rethink their interpretation of the word משכיל in l. 11. Prior to the restoration at l. 3, אני משכיל ידעתיכה in l. 11 had been translated as : "But I am wise; I know thee";[6] "Et moi, doué d'intelligence, je t'ai connu";[7] ואני—שאני משכיל—ידעתי;[8] "But I, being an enlightened person, I have knowledge of Thee";[9] "Et moi, qui suis sage, je t'ai connu";[10] "I have insight, I know Thee";[11] "Und als ein Einsichtiger habe ich dich erkannt".[12]

What is clear from all these translations is that whatever the primary semantic component of משכיל at l. 11 is assumed to be and regardless of whether the form is seen as functioning more verbally, nominally, or adverbially, it is understood as referring to a status or state of being that a particular individual (the אני) has reached. But it is never interpreted as a the title of someone who holds a particular post or executes a particular function. In simple, albeit simplistic, terms, there is no definite article and no capitalization.

The only exception I have noticed to this statement in any translation prior to the publication of the 4Q parallels in 1991[13] is that of G. Vermes, who has "I, the Master" at l. 11 even in his 1987 edition.[14] However, in translations from the 1990s, the exception becomes the rule, with F. García Martínez (1994) and M. G. Abegg (1996) having "the

---

6 M. Burrows, *The Dead Sea Scrolls*, London 1956, 415.

7 A. Dupont-Sommer, *Les écrits esséniens découverts près de la Mer Morte*, Édition revue et augmentée, Preface de Marc Philonkenko, Paris 1996 (1st ed., 1959), 253.

8 J. Licht, *The Thanksgiving Scroll: A Scroll from the Wilderness of Judaea, Text Introduction, Commentary and Glossary* (Jerusalem 1957), 174 . However, Licht prefers to emend to משכלי 'I, on account of my intelligence, have known you'.

9 M. Mansoor, *The Thanksgiving Hymns Translated and Annotated with an Introduction*, STDJ, 3; Grand Rapids, MI; Wm. B. Eerdmans, 1961, 174.

10 M. Delcor, *Les Hymnes de Qumran (Hodayot): Texte Hébreu — Introduction — Traduction — Commentaire*, Paris 1962, 250.

11 H. Ringgren, *The Faith of Qumran: Theology of the Dead Sea Scrolls* (Expanded edition, with introduction by J. H. Charlesworth, New York 1995 (orig. English ed. pub. Fortress Press, 1963)), 87.

12 E. Lohse, *Die Texte aus Qumran, Hebräisch und Deutsch, mit masoretischer Punktuation, Übersetzung, Einführung und Anmerkungen*, 4th ed., München 1986 (orig. pub. 1971), 159.

13 By Wacholder and Abegg.

14 Geza Vermes, *The Dead Sea Scrolls in English*, 3rd ed., Harmondsworth 1987, 198.

Instructor" in both lines.[15] Slightly more nuanced is J. Maier (1995), who transliterates, "Maskîl", in both lines (4 and 11)[16] and draws attention in a footnote to the correspondence, but employs the article (in German) only with the l. 4 instance. G. R. Williams (1991) renders "[for the enlighte]ned one" in l. 4, but "And I, as an enlightened one" in l. 11.[17]

However, the translation of the third parallel text (4QH^{a} 3 ii 4–16), in which both occurences of משכיל are found, in the official edition by Schuller (see footnotes 3 and 5, above), where the same text is numbered 8 ii 9–21, marks an important departure from the dominant practice, outlined above, for Schuller renders the first instance (l. 10 in her edition [= 1QH^{a} 12:4]) as 'For the *Maskil*' and the second one (l. 17 [= 1QH^{a} 12:11]) as 'But as for me, one who is wi[se]'.[18]

In simple terms, the question we would like to address now is whether it is correct, or at least better, to translate משכיל the same way in both lines (the majority practice), or whether in the first line it has, in effect, the status of a title, whereas in the second line it functions as a participle or as a common noun (as Schuller). In what follows, I will address this question in two ways. First, by highlighting the quite distinctive nature of למשכיל in line 4 and in the context of the material that follows, we will see that here the word responds to one very well-known type of משכיל. Secondly, I turn to ואני משכיל in l. 11 and look to its syntactic, literary, and topical context for clues as to its distinctive meaning in that context.

We start, then, with למשכיל in line 4, and why modern translators are probably correct in rendering it as a title. The first argument here is one from syntax or phraseology, for we find that the pattern here of למשכיל + (N + N) + (ל-INF + ל-INF), attested at 1QH^{a} 12:4 appears to be only a slight variation on the pattern N + למשכיל + (ל-INF + ל-INF), found, for example, at 1QS 9:12 (1) and 21 (2), and at 1QSb 1:1 (3):

(1) אלה החוקים למשכיל להתהלך בם ... לעשות את רצון אל

(2) ואלה תכוני הדרך למשכיל ... שנאת עולם ...[19] לעזוב למו הון ועמל כפים ...
ולהיות איש מקנא לחוק ... לעשות רצון

(3) דברי ברכ[ה] למשכיל לברך את יר[אי אל]

---

[15] F. García Martínez, *The Dead Sea Scrolls Translated. The Qumran Texts in English*, transl. W. G. E. Watson, Leiden 1994, 355–356; M. Wise, M. Abegg, and E. Cook, *The Dead Sea Scrolls: A New Translation*, London 1996, 108.

[16] J. Maier, *Die Qumran-Essener. Die Texte vom Toten Meer*, Band I: Die Texte der Höhlen 1–3 und 5–11, Band II: Die Texte der Höhle 4, UTB für Wissenschaft, München 1995) 1.103. Similarly, but uncapitalized, P. Muchowski, *Rękopisy znad Morza Martwego: Qumran — Wadi Murabba'at — Masada — Nachal Chewer*, 2nd ed., "Biblioteka Zwojów tło Nowego Testamentu" 5, Kraków 2000, 82. The book has a preface by Z. J. Kapera; my thanks to him for providing me with a copy during my visit to Cracow.

[17] G. Roye Williams, *Parallelism in the Hodayot from Qumran*, 2 vols., Ph.D. dissertation, Annenberg Research Institute, 1991 [UMI Order Number 9234457], 590, 597.

[18] See DJD 29.112–13.

[19] 4QSd (4Q258) 8:6 adds a *waw* before the infinitival *lamed.*

The fact that at 1QHa 12 the possessor (the משכיל) precedes the things possessed (הודות ותפלה) may be due to the influence of the sequence למשכיל שיר 'for the Instructor, a song', frequently attested in the Songs of the Sabbath Sacrifice corpus, which shares at least some features of genre with the *Hodayot*. The other oddity about the *Hodayot* sequence is the use of two 'possessed' nouns (הודות ותפלה) but the choice of הודות may well have 'triggered' an accompanying תפלה — cf. 1QHa 11:4–5 (4) and 1QM 15:5 (5):

(4) ותתן בפי הודות ובלשוני] תפל[ה[20]

(5) וקרא באוזניהם את תפלת מועד המלחמה ... עם כול דברי הודותם

— and this combination also balances the infinitival pair that follows: להתנפל והתחנן. According to my understanding of the syntax, then, we should read: 'For the Maskil, thanksgiving[21] and prayer for prostration and intercession'.[22]

A second reason why the use of Maskil as a technical term fits at line 4 has to do not with the syntactic but with the literary context. What follows the sentence we have just analysed is a sequence that is quite out of keeping with the rest of the *Hodayot* but is very close in themes and structure to the beginning of the long hymnic sequence in the last two columns (10–11) of the end of the Manual of Discipline (1QS). Ringgren, 22–24 pointed out in simple terms the very clear correspondences between 1QHa 12: 4–9 and 1QS 10: 1–7.[23]

If we turn our attention to that text (1QS), logically, the subject of יברכנו 'he will praise him', the last word of Col. 9, which immediately precedes our 'parallel hymn' in Col. 10, has to be the Maskil of 9:21 (ואלה תכוני הדרך למשכיל). Indeed, although there are five lines of material between the mention of the Maskil and the start of the hymn in 1QS, in 4QSd (4Q258) 3 ii 10, most of the text corresponding to 1QS 9:26 is lacking, while in 4QSf (4Q260) 1:2 the extant parallel text reaches only up to 1QS 9:24, and in 4QSb (4Q256) 8 i 6 only to 1QS 9:22. These facts at least suggest that at an earlier stage there was a much closer association of the Maskil with the hymn that follows. And just as the Maskil is associated with a hymnic statement of God's ordered control of celestial move-

---

20 Most others restore תהל[ה] 'psalm, hymn of praise', which would echo שיר תהלה והודות at Neh. 12:46.

21 I.e. here ההודות is a 'pure' infinitive, with verbal, generic, force, not, as often in other Scrolls, a plural noun (contrast, e.g., Maier, *Qumran-Essener*, 1.103; Abegg, *Dead Sea Scrolls*, 108; García Martínez, *Dead Sea Scrolls Translated*, 355). Cf. Schuller, DJD.112, "praise [and prayer]". The same seems to be true at 1QHa 11:4, where the parallel noun appears to have been singular. No conclusions can be drawn from the only other place in the document where the form is clearly attested: 1QHa 11:33.

22 That is to say, in this particular context, the infinitives should not — contra M. O. Wise, "מי כמוני באלים: A Study of 4Q491c, 4Q471b, 4Q427 7 and 1QHA 25:35–26:10", *DSD* 7 (2000), 173–219 (209) — be read as an instruction to the Maskil to prostrate himself or to pray.

23 See also P. Wernberg-Müller, *The Manual of Discipline Translated and Annotated with an Introduction*, STDJ, 1, Leiden 1957, 140; M. A. Knibb, *The Qumran Community*, Cambridge Commentaries on Writings of the Jewish and Christian World 200 BC to AD 200, 2, Cambridge 1987, 144, who points out that 10:9–11:22 "is similar in character to the hymns of the community in ... 1QH"; Delcor, *Hymnes de Qumran*, 246 ("Dans le psaume et au début de la col. x de I Q S, qui sont très étroitement apparentés"). Licht, *Thanksgiving Scroll*, 170, points out that the 1QHa version is more restricted in its calendrical scope than the 1QS one.

ment in 1QS 9–10[24] so he is also in 1QH^a 12. In fact, not only does practically the same hymn occur in both documents and not only is the hymn in both places connected with the Maskil, but also in both places the hymn is out of context with what precedes (and in the case of 1QH^a with what follows as well).

Having defended the reading and technical sense of למשכיל in 1QH^a 12:4, on the grounds of manuscript overlap, phraseology and syntax, and literary parallels, I would now like to expand a little on the heterogeneous nature of lines 4–11a in relation to the rest of the *Hodayot*. I will not go into detail with regard to lines 4 to 9b (to מפי אל). It is fairly clear that the nearest parallel, albeit only a broad, thematic, one, to this passage is the 'predestinarian hymn', in celebration of God's complete prescience, from 1QH^a 1:7 ('And by your wisdom ... and before you created them you knew all their deeds for eternities of eternity ... and nothing is known without your willing it') to 1:19 ('and by the wisdom of your knowledge you established their appointed time [הכינותה תעודתם] before they came into being and according to the command of your word everything has occurred and apart from you nothing will be done'). A related text is also found at 13: 7–13 (Sukenik). Otherwise, I can find within the *Hodayot* no clear parallel to the language or themes of 12: 4–11.[25]

---

[24] "a liturgical calendar ... [which] prescribes the times at which prayer is to be offered ... [;] some scholars have thought that it was at one time the last part of the Programme for the New Community ([1QS 8: 1–9 : 26a] ... [;] in any case the liturgical calendar probably had an independent existence at an earlier stage." (Knibb, *Qumran Community*, 144). In that respect, note that 4QS^b (4Q256) 8 ii starts with text corresponding to 1QS 10:3 (from מאורות); 4QS^d (4Q258) 4 i (in which the number and length of lines suggest that it was written down in the consciousness that the material corresponded to a distinct, poetic, literary unit) begins with text corresponding to 1QS 10:4 (from החודשים; the preceding fragment lacks most of the material corresponding to 1QS 10:3, from קודש); and 4QS^f (4Q260) 1 ii commences with בראשית, the last word of 1QS 10:1. But note also that in 4QS^d (4Q258) 3 ii, the mention of the Maskil (l. 5 = 1QS 9:21) is found in the same fragment as the 'beginning' of the hymn (ll. 11–12 = 1QS 10: 1–2). The preceding comments are based on the edition of the 1QS/4QS material by Elisha Qimron and James Charlesworth in James H. Charlesworth [ed.], *Rule of the Community and Related Documents*, [in:] *The Dead Sea Scrolls. Hebrew, Aramaic, and Greek Texts with English Translations*, vol. 1; Tübingen–Louisville 1995), 1–103.

[25] Even the end of the Col. 12 passage (i.e. the sequence that immediately precedes our second occurence of משכיל), which at first sight appears to have a greater resonance with other passages from the *Hodayot* ('... and the precept that exists [lit., the precept of an existing one]. And it will be, without another, and apart from it nothing has been and nothing more will be, because the God of knowledge has established it, and there is none other with him') is found to have little in common with other *Hodayot* texts, once we examine words and phrases in detail. 1. The most striking formal parallel is between the syntagms הכין תעודה at 12: 9–12 and 1:19 (note also כי אתה הכינותמה at 13:19). However at 1:19 (as, probably, at fr. 5:11), תעודה seems to mean 'appointed time', which would not appear to fit 12:9 (at 2:37 and 6:19, the sense is most likely that of 'testimony'; see: E. Qimron, *The Hebrew of the Dead Sea Scrolls*, HSS 29, Atlanta 1986, 115, and the literature cited there; J. Kugel, 'Biblical Apocrypha and Pseudepigrapha and the Hebrew of the Second Temple Period', [in:] *Diggers at the Well: Proceedings of a Third International Symposium on the Hebrew of the Dead Sea Scrolls and Ben Sira*, ed. T. Muraoka, J. F. Elwolde, STDJ 36, Leiden 2000, 166–177 (166–170). In any case, the word and the syntagm at least provide some degree of formal linkage of the close of this passage with the close of the Col. 1 parallel. 2. The following two words or structures are found, or paralleled, elsewhere in the *Hodayot*: לא יהיה עוד (6:30; fr. 5:5 (both times יהיו));

Drawing a conclusion from these data, we might say that although the close of the hymn in 1QH^{a} 12: 4–11 is not incompatible with what is found elsewhere in the *Hodayot* and in particular in Col. 1 of the work, its lexical and phraseological idiosyncrasies can be added to the thematic differences of the hymn as a whole with respect to the rest of the *Hodayot*. And even with regard to the two closest parallel texts we have mentioned, in Cols. 1 and 13, there is an overall striking difference, namely that both these texts make abundant use of the second person, that is to say, they are addresses to God, whereas in Col. 12 what we find is rather a third person statement. It is this sudden loss of the second (and first) person which perhaps most obviously marks the Col. 12 text as an intruder.

The assumption that the hymn in Col. 12 is, to some extent, an interloper in the realm of the *Hodayot* is also indicated by a further set of data, relating to the layout of the manuscripts. In the editio princeps of 1QH^{a} by Sukenik, there is a clear vacat in l. 11 between the last words of the hymn (ואין אחר עמו) and the following ואני משכיל.[26] As already noted, the beginning of line 4, where למשכיל has been restored in recent editions, has a lacuna.[27] But when we examine the Cave 4 manuscripts we see that in 4QH^{b} (4Q428) 8 ii 9–10[28] there is a long vacat between בתוך יראי]יכה[at the very beginning of line 9 and למשכיל at the very beginning of line 10. While we cannot be certain how much, if any, text, originally followed this word on line 10, Schuller (and the electronic editions) indicates that the remaining two lines of the fragment (11–12 [4–5]) were left deliberately blank (vacats). In other words, from the layout of 4QH^{b} (4Q428), we may fairly safely deduce that למשכיל, either on its own or perhaps up to תמיד (cf. 1QH^{a} 12:4), functioned as a title to a following text. This hypothesis is probably confirmed by the other parallel ms, 4QH^{a} (4Q427) 3 ii 5,[29] where, as at 1QH^{a} 12:4, למשכיל begins a new line, which, by comparison with the regular line length of the fragment, appears to have contained a vacat at some point after הודות.[30] As with 4QH^{b} (4Q428), there is a long vacat at the end of the preceding line, and as

---

אל הדעות (1:26; fr. 4:15). 3. The following two expressions are found elsewhere in the *Hodayot*, but seem to be used in a special way in our passage: אין אפס, which is found at 6:19, but with preceding lamed, in reference to endlessness rather than simple non-existence; זולת, which in reference to an impersonal abstract object is without clear parallel (see: J. F. Elwolde, 'Some Lexical Structures in 1QH: Towards a Distinction of the Linguistic and the Literary', [in:] *Sirach, Scrolls, and Sages: Proceedings of a second international symposium on the Hebrew of the Dead Sea Scrolls, Ben Sira, and the Mishnah, held at Leiden University, 15–17 December 1997*, ed. T. Muraoka, J. F. Elwolde STDJ 33, Leiden 1999, 77–116 (87). 4. The following expressions or usages are not attested elsewhere in the *Hodayot*: פי אל 'mouth of God', which immediately precedes תעודה, the participle and the 3sf form of היה (הווה, תהיה), the collocation לוא היה ולוא יהיה, and the adjectival noun אחר.

[26] As pointed out by Licht, *Thanksgiving Scroll*, 171.

[27] In fact, according to E. Puech, 'Quelques aspects de la restauration du Rouleau des Hymnes (1QH)', JJS 39, 1988, 38–55 (50), and Schuller, DJD 29.115 n. 59 (citing M. Martin), there is a marginal sign in 1QH^{a} at this point in place of a vacat.

[28] Schuller, DJD 29.146: 12 ii 2–3.

[29] Schuller, DJD 29.110: 8 ii 10.

[30] See Schuller, DJD 29.115, for discussion.

with 1QH^a there is also a vacat (again long) between the end of the hymn and ואני משכיל, which starts a new line (12).[31]

We turn now to the second stage of our investigation, where we focus on l. 11 rather than on l. 4. When we contrast the use of משכיל in l. 11 with that found in line 4, the following points are immediately evident.

First, and probably most importantly, unlike משכיל in l. 4 or at 1QH^a fr. 8:10[32] or in 4QpsHodB (4Q433a) 2:2[33] (where משכיל is preceded by ל, with למשכיל as a whole beginning a new line or preceded by a vacat[34]), in l. 12 משכיל occurs in non-initial position and without ל. Another aspect of this immediate difference in narrative context is that in the other three passages cited, למשכיל is, apparently, followed by a noun (or a form functioning as noun) denoting some kind of liturgical act — הודות 'thanksgiving, praise', מזמ]ור['psalm, laud', מ[ש]ל 'a f[a]ble'[35] — in contrast to l. 11, where משכיל is followed by a finite verb.

Secondly, and very obviously, in contrast to the third-person report of the hymn, the very first three words of the text following this hymn, regardless of how one understands משכיל, is that of I-Thou dialogue, which so characterizes the *Hodayot* as a whole: ואני משכיל ידעתיכה.

Additionally, many of the words, phrases, structures, themes, and images that follow משכיל in l. 11 are well documented elsewhere in the *Hodayot*. Indeed, of ll. 11b ff., Licht says: "This section describes how the psalmist was entitled to the gift of divine knowledge. This is one of the principal themes of the scroll, mentioned in nearly every

---

31 Although the reading עם רחות עו]לם[found at the beginning of the 4QH^a (4Q427) fragment has been incorporated by some modern editors into the text of 1QH^a 12:3 — and Wacholder, Abegg, *Preliminary Edition*, 2.256 likewise reconstruct 4QHod^a (4Q427) 3 ii 4 (Schuller, DJD 29.110: 8 ii 9) on the basis of 1QH^a 12:3 — the fact that these words occur at the beginning of a line, apparently constituting the close of a section (the words are followed by blank space in the manuscript), and that the three letters that remain in the preceding line of the fragment (in DJD and the electronic editions) have no obvious parallel in the 1QH^a text indicates that the text that precedes the "hymn of the Maskil" in 4QH^a (4Q427) 3 [8] ii represents a quite different text (and, therefore, context) than that found in 1QH^a 12. That conclusion would also be supported by the reading of 1QH^a 12:4 by Puech, "Quelques aspects", 49–50. Given that what follows the hymn is clearly the same in both 1QH^a and 4QH^a (4Q427), this evidence probably indicates not so much that the hymn was a 'stand-alone' piece (although this is indicated on other grounds), but that the text of the *Hodayot* is ordered somewhat differently between 4QH^a (4Q427), on the one hand, and 1QH^a and 4QH^b (4Q428) on the other; for further details, see: E. Schuller, 'Some Contributions of the Cave Four Manuscripts (4Q427–432) to the Study of the Hodayot', DSD 8, 2001, 278–287 (280). Schuller's comments in DJD 29.111 are particularly helpful: "The psalm in [4QH^a] frg. 8 i 13–ii 9 is ... a psalm that does not appear anywhere in the preserved sections of 1QH^a ... [Another] psalm begins in frg 8 ii 10 and corresponds to the psalm that begins in 1QH^a ... XII 4 ff."

32 למשכיל מזמ]ור[, according to Puech, 'Quelques aspects', 51, and Wise, "מי כמוני באלים", (204) who takes these words to be the first line of the *Hodayot* version of the *Canticle of Michael*.

33 Wacholder, Abegg, *Preliminary Edition*, 3.369; Schuller, DJD 29.241–242.

34 In 4QpsHodB (4Q433a) 2:2, a vacat precedes למשכיל on a new line.

35 Thus Schuller, DJD 29.242 (the same reading is found in the electronic editions); contrast Wacholder, Abegg, *Preliminary Edition*, 3.369, מ[ו]ל 'movement (of lips)', following Milik (see: Schuller, DJD 29.242).

Hodayot psalm".[36] Here, then, we are back in relatively secure *Hodayot* territory,[37] and the identity of the Maskil, this time in ואני משכיל, has to be examined afresh.

Syntactically, it may be argued that the syntagm ואני משכיל ידעתיכה conforms to a well-attested pattern in the *Hodayot* of pronoun followed by appositional (including vocative) noun followed by perfect or imperfect verb. Examples include: ואני עבדך ידעתי (13:18); ואתה אלי עזרתה (2:34); אתה אל תנאץ (4:12); אתה אל תענה (4:18); ואתה אל צויתם (14:20). With a participle in place of noun, the only instances I can find are נעלמים זמות בליעל יחשובו והמה (4: 13–14) and והמה נצמדי תעודתי פותו (6:19).

Although משכיל is not attested elsewhere in the *Hodayot* apart from the two (or possibly three) places previously indicated, the noun שׂכל ccurs in 1QHa 15 times (including reconstructions) and the verb השכיל 14 times.[38] As is well known, the Hifil of √שכל, like that of √בין, can bear both stative and transitive senses: 'be intelligent' and 'teach, instruct'. Both senses are well attested in the *Hodayot*, but it is striking that there is no evidence, specifically in the form of pronominal suffixes, for the transitive ('teaching') use except when the subject of the verb is God. With human subject, the verb is stative or experiential. If we accept, then, from the previous arguments, that משכיל in l. 11 is unlikely to have the same, technical, value, that it has in l. 4, then on the basis of our observations on the use of the verb השכיל in the rest of the *Hodayot*, we may also safely assume that the semantic value of משכיל in l. 11 is going to be closer to 'one who learns' than to 'one who teaches'. Indeed, although the participle of השכיל does not occur elsewhere in the *Hodayot*, there is a parallel of sorts at 1QHa 10:6-7 (ואיכה אשכיל בלא יצרתה לי 'and how could I become intelligent unless you had planned for me?').[39] Of course, this feature establishes yet another contrast with the usage in l. 4, if the משכיל as an official is an 'Instructor' or 'Teacher' rather than an 'Enlightened One' or 'Sage'.

So, every analysis we have conducted leads to the conclusion that most of the translations issued prior to the publication of the 4Q material were correct and most of those published subsequently (with the exception of the official, DJD, edition) are wrong. Although משכיל is clearly technical in l. 4 and probably has a transitive sense, it would appear to be just as clearly non-technical and non-transitive at l. 11.

Evidence for a non-technical, or at least non-official, meaning for משכיל outside of the *Hodayot* is hard to find. Of the 50 occurrences of the form (including reconstructions) recorded by Abegg, 38 are preceded by ל, usually at or near the beginning of a literary unit. In principle, this למשכיל could be vocalized as an undetermined noun, 'to an instructor, to

---

[36] Licht, *Thanksgiving Scroll*, 171.

[37] Only relatively secure, because ll. 11–13 in fact contain a number of linguistic features that are not found elsewhere, or are found only rarely, in the *Hodayot*: ידעתיך (with direct object in reference to God: שמע ל); לתוך, etc.

[38] According to Abegg's electronic edition.

[39] Curiously, both אשכיל in this passage and משכיל at 12:11 are unclear readings in Sukenik's edition (see, e.g., Williams, *Parallelism*, 525, 596).

an intelligent one', but in practice translators assume the determined form.[40] With respect to 1QH^a 12:11, a relevant text might be 4QShir^a (4Q510) 1:4:

ואני משכיל משמיע הוד תפארתו לפחד ולב[הל],

which M. Baillet[41] rendered "Et moi, je suis un sage,[42] qui proclame la majesté de Sa splendeur, pour effrayer et ter[rifier] (tous les esprits d'anges de corruption)." The syntactic correspondence of this text with 1QH^a 12:4 is clear, the only difference being that instead of a final indicative verb, a participle as main verb follows. Moreover, the sequence follows a vacat, which separates it from a preceding hymn of praise. In view of these similarities, I would slightly adapt Baillet's translation to 'et moi, qui suis sage,[43] je proclame ...' Note also how this use of משכיל co-exists in the same document with an introductory למשכיל שיר[44] in another fragment (4Q511 2 i 1). Again, I contend, a lexico-semantic difference (the difference between משכיל as title and as participial descriptor) is reflected in differences of syntactic and literary context. Baillet himself[45] compares this passage with 1QH^a 12:11, and the fact that he renders למשכיל elsewhere in the document (4Q511 2 i 1; 8:4) as a title with definite article, "Du Sage", suggests that he is aware of the difference in meaning of "official" and "non-official" uses.

To narrow down a precise meaning for משכיל in 1QH^a 12:11, in principle we would need to examine other instances of משכיל in clearly non-technical or official usages in the Scrolls as a whole and to look at the biblical background of the term (especially in Proverbs and Daniel) and the uses of the verb השכיל in the rest of the *Hodayot*. In practice, the work is less difficult, because the meaning of any particular sequence is highly dependent on its linguistic and literary context. One problem we face in the case of משכיל in l. 11 is that its original preceding context has probably been displaced by the insertion at some stage in the literary history of the *Hodayot* corpus by a calendrical hymn of the Maskil, which might have been placed where it is now precisely because of the unique mention of משכיל in l. 11.

In fact, the truth may well not be that simple, because in l. 12 we find another form, apart from משכיל, shared by our two passages but not found elsewhere in the *Hodayot*. The word in

---

[40] Among the other twelve occurrences of משכיל there is no clear case of determination. At 4Q298 1:1 we find the sequence [דבר]י משכיל אשר דבר, without intervening ה, which L. Schiffman, in Discoveries in the Judaean Desert no. 20, p. 21, renders as "[Words] of a Maskil, which he spoke to all Sons of Dawn". Similarly, Maier, *Qumran-Essener*, 2.251 ("[] eines Maskîl"); contrast Abegg, *Dead Sea Scrolls*, 294: "The [word]s of the Instructor"; García Martínez, *Dead Sea Scrolls Translated*, 382; G. Vermes, *The Complete Dead Sea Scrolls in English*, London 1997, 235. However, because this is obviously part of a section heading, it is likely that משכיל denotes an official, even without the article.

[41] M. Baillet, *Qumrân Grotte 4*, III: 4Q482–4Q520, DJD, 7, Oxford 1982, 216.

[42] Contrast, not surprisingly, Abegg, *Dead Sea Scrolls*, 510: "And I, the Instructor"; Vermes, *Complete Dead Sea Scrolls*, London, 1997, 420: "And I, the Master"; García Martínez, *Dead Sea Scrolls Translated*, 371: "And I, the Sage".

[43] Cf. Maier, *Qumran-Essener*, 2.642: "Und ich, als Maskîl".

[44] A heading frequently found in the Songs of the Sabbath Sacrifice; see: C. Newsom, *Songs of the Sabbath Sacrifice. A Critical Edition*, HSS 27, Atlanta, 1985, 96.

[45] DJD 7.217.

question is נאמנה, the translation of which in context is uncertain but which I understand to be a noun, 'a trustworthy statement' (l.9: בתכון נאמנה מפי אל 'in accordance with an assigned time deriving from a trustworthy statement from the mouth of God'; l. 12: ונאמנה שמעתי לסוד פלאכה 'and a trustworthy statement I have heard concerning the mystery of your wonder'). One wonders, then, if the two texts were brought together because of the use of נאמנה, not משכיל, in which case משכיל in l. 11 could be a later addition specifically intended to equate the 'I' of the *Hodayot* with the משכיל of the preceding hymn. If such an addition took place, it was, doubtless, made easier by the presence of forms from √שכל three times in the unit introduced in l. 11 (ll. 13, 20, 22). Although, as already pointed out, ואני משכיל ידעתיכה does have structural parallels elsewhere in the *Hodayot*, in terms of syntax and parallelism משכיל can perfectly well be omitted,[46] and it is curious that the 'I' of the *Hodayot* should be referred to only on this one occasion as משכיל.[47] Note also that the manuscript of 1QH^{a} indicates uncertainty about the form משכיל . But if we accept the hypothesis that משכיל in l. 11 is secondary, intended to reinforce the cohesion of ll. 11b following with ll. 4–11a, then we are in the curious position of having to accept that the משכיל in l. 11, albeit secondary, may indeed be identified with the משכיל in l. 4. Or, to put it more accurately the 'I' (אני) of l. 11 is identified with the משכיל of l. 4 via the insertion of the appositional משכיל in l. 11.

So we are left in a curiously paradoxical situation. If משכיל in l. 11 is an original part of ll. 11 ff., then almost certainly it should be translated differently from משכיל in l. 4. But if it is a secondary addition, then, almost by definition, it should be translated similarly to its counterpart in l. 4, because without the prior presence of משכיל in l. 4 משכיל in l. 11 would not have been introduced. In this case, then, 'correct' translation of משכיל in l. 11 (in particular) depends on our appreciation of the history of the development of the text of the *Hodayot*. The manuscript evidence indicates, on the one hand, that the second משכיל text follows the first one in both documents in which relevant material remains (1QH^{a} and 4QH^{a}), and, on the other, that the two sections were regarded as just that, two sections, and not as an integrated unit. The minimum that we can say is that in translations the text from line 4 to the vacat in line 11 should be set off from what precedes and what follows. If one believes that the occurrence of משכיל in l. 11 is original (and one, thus, discounts any problem associated with the use of this term in context or the syntax of the sequence in which it occurs), then the two occurences of משכיל should be translated differently from each other. But if one holds that משכיל in l. 11 is a secondary addition, added to provide cohesion with the preceding 'hymn of the Maskil', then perhaps the safest solution is to translate משכיל the same way in both lines (4 and 11), but to add brackets (and perhaps inverted commas) to the occurence in l. 11.

As to where the 'hymn of the Maskil' in 1QH^{a} 12: 4–11a originally belonged (bearing in mind that the manuscript evidence points to its being an interloper in its present context,

---

46 Licht, *Thanksgiving Scroll*, 174, qualifies the diction of ואני משכיל as 'clumsy' (מגומגמת), and rejects the reading.

47 Licht, *Thanksgiving Scroll*, 174.

regardless of what decision is taken about the status of משכיל in l. 11b), the sequence that immediately precedes the "hymn" in 4QH^{a} (4Q427) 3 ii 4 (8 ii 9), עם רחות עו[לם][48] is of particular interest. If the restoration עו[לם] , or even עו[ז], is correct, then this would seem to provide yet another link between the 'hymn of the Maskil' and the 'predestinarian hymn' in Col. 1 (of 1QH^{a}), where we find רוחות עולם at l. 11, apparently in reference to God's creation of the angels,[49] and רוחות עז at l. 10.

However, רוחי [עולם] or רוחו[ת עולם] has also been restored at 1QH^{a} 11:13 (note the parallel צבא עד 'host of everlastingness'). Compare also[50] the use of the preposition עם 'with' in the 4QH^{a} 3 ii 4 (8 ii 9) sequence, עם רחות עו[לם], and at 1QH^{a} 11: 13–14, where עם occurs three times in the closing words of the unit,

ולהתיצב במעמד לפניכה עם רוחי/ו[...] להתחדש עם כול [......] נהיה ועם ידעים ביחד רנה,

and the sequence ה[ו]דות ותפלה] at 1QH^{a} 12:4 (the beginning of the 'hymn of the Maskil') and at 1QH^{a} 11:4–5 (ותתן בפי הודות ובלשוני] תפל[ה).[51] The evidence is insecure and far from compelling, but at least suggests that the "hymn of the Maskil" might originally have been more closely connected to what now appears as 1QH^{a} 11: 3–14. It is curious that parallels to text in 1QH^{a} 11:22 and 11:32 appear (or at least might appear!) in 4QH^{a} (4Q427) 3 i 14–15 (8 i 19–20),[52] that is in the column immediately preceding the one containing עם רחות עו[לם] and the "hymn of the Maskil", in which case it could be argued that at some stage the "hymn of the Maskil", now in 1QH^{a} 12: 4–11a, lost its moorings to the unit in 11: 3–15, which begins אודכה אלי (11:3), through the switching of places of this unit with another one, which also begins אודכה אלי (11:15), and which now occupies 11: 15–27, and through the insertion of three short ברוך אתה sequences (11:27, 29, 33) that follow this second אודכה אלי unit[53] as well as other material in the last few lines of Col. 11 and the first three lines of Col. 12.

In conclusion, I would like to touch upon a general matter of practice and principle that, it seems to me, emerges from the preceding discussion. It is paradoxical that the secure restoration of a lacuna in one part of an ancient literary text can lead to a mistranslation, or, at

---

[48] Wacholder, Abegg, *Preliminary Edition*, 2.256, also offer the reconstruction עו[לה] '(spirits of) iniquity' (as at 1QH^{a} fr. 5:6), which Schuller, DJD 29.115, discounts along with עו[ז] '(spirits of) strength' (as at 1QH^{a} 1:10).

[49] For the angelic reference, compare כול רוחי עולמים at 4ShirShabb^{d} (4Q403) 1 i 35 = 4QShirShabb^{f} (4Q405) 4–5: 3; see: Newsom, *Songs*, 217–218. רוחי עולמים also occurs, in a fragmentary context, at 4QRitMar (4Q502) 27:1 (DJD 7.89).

[50] As Schuller, DJD 29.115.

[51] The Academy of the Hebrew Language edition reads the last word as] תה[ו]ל[ה (cf. Neh. 12:46, but contrast 1QM 15:5 as well as 1QH^{a} 12:4).

[52] See Schuller, DJD 29.115, on] יג[ו]ן ואנחה and] נ[חמתה; note also Schuller's footnote (53) at DJD 29.111 on the original contents of the last few lines of 4QH^{a} col. i and the first nine lines (in Schuller's edition) of col. ii.

[53] Note that the third of these might provide a deliberate bridge back to 11:4 and forward to 12:4 by the inclusion of the words ותשם בפי עבדכה הודות [ו]תפלה (11:33).

best, an unconsidered translation, of the same word in a neighbouring part of the text. In general, it is a reliable principle that the same word in the same context will mean the same thing. However, in this case it appears that most translators and editors have been so impressed by the physical proximity of the two occurrences of the one word that they have assumed identity of context, when, in fact, there are many pointers to the heterogeneous nature of the units beginning in l. 4 and in l. 11.

In both translation and lexicography, the identification of multiple literary units in a text or the outlining of the structure of a single, extended, literary unit, should be a sine qua non. Indeed, without this preliminary, as it were, "contextualization", of the translational or lexicographical enterprise, it is difficult for a translation or a dictionary to contribute much to what is really important for most readers of a text, namely its literary and rhetorical structure and its exegetical import. The nature of the Dead Sea Scrolls material — multiple manuscripts of a single work, written fairly close to the actual date of composition, with numerous, though subtle, markings of literary units — means that it is relatively easy to conduct this kind of literary investigation, although we are more often than not hindered by lacunae in the documents.

Contrast this situation with that which we encounter in connection with the Hebrew Bible — a more or less unitary text, fixed in every detail centuries after the date of composition of its numerous component units and with few extant signs of the boundaries between them — in which the text itself and the modern literary-synchronic trend in biblical scholarship, with its rejection of source-, form-, and redaction-criticism, conspire to delude the reader that s/he is before a series of seamless narrative units.

But the fact that the Bible is as it is and that it is studied in the context of a millennia-old religious and scholarly hermeneutic should not make us forgetful of the possibility that sometimes, just as in the Scrolls, physical proximity in a text does not necessarily imply identity of context and meaning. Indeed, as we have indicated, sometimes disparate texts might have been brought together merely *because* they happen to share a particular word or phrase, or a particular word or phrase might have been added to a text in order to give it a veneer of greater unity with another, quite different, text.

JĘZYKI ORIENTALNE W PRZEKŁADZIE — KONFERENCJA
ORIENTAL LANGUAGES IN TRANSLATION — CONFERENCE
Kraków, 20–21 maja/May 2002

GEOFFREY KHAN

Bible Translation and Grammatical Theory in the Medieval Karaite Tradition

Cambridge University

Origins of Karaites

Karaism was a Jewish movement in the Middle Ages that diverged from mainstream Judaism. Its origins are rather obscure.[1] The Karaite sources themselves from the late Middle Ages onwards claim that the movement was founded by a certain ʿAnan ben David, who was a dissident member of the family of the Jewish exilarch, the spiritual leader of medieval Judaism. This ʿAnan ben David lived in Babylonia in the 8th century A.D. Many scholars are reluctant to accept this version of history on the grounds that some sources refer to ʿAnanites and Karaites as separate groups and that some early Karaites disagreed, often quite vehemently, with ʿAnan on some issues. It has been argued that, during the early years of their development, the Karaites remained distinct from the ʿAnanites and only became united with them in the 10th century.[2] Despite these divergences, it remains true that ʿAnanism and Karaism were closely associated movements.

One of the formative figures of early Karaism was Daniel al-Qūmisī, who was born in Iran and emigrated to Palestine in the second half of the ninth century A.D. During this period various Karaite communities were in existence, especially in Iran. Al-Qūmisī appealed to these communities in his writings to follow his example and settle in Palestine. From the end of the ninth century until the eleventh century many Karaites migrated there. A large proportion of these came from Iran, though there were also immigrants from Egypt, North Africa and even Spain. The early leading figures of this settlement, such as al-Qūmisī, were driven by messianic hopes that the rebuilding of Jerusalem would be fa-

---

[1] For the historical sources relating to the Karaite Jerusalem settlement see Gil (1992: 784–820). The messianic motives of the early settlers is examined by D. Franf (1995).

[2] See, for example, Gil (1992: 777–784) and Ben-Shammai (1993: 24).

cilitated by the presence in the city of a circle of pious Jews who devoted themselves to prayer and study.[3]

In recent years important new manuscript sources have come to light that cast light on the doctrinal and intellectual outlook of the Karaite movement. The distinctive feature of a large proportion of these texts is their methodology of research relating to the study of the Bible. For the Karaites the Bible was the main source of authority. In mainstream so-called 'Rabbinic' Judaism at this period, by contrast, immense importance was attached also to an oral tradition of law that was transmitted parallel to that of the Bible. This oral law contained many legal traditions that supplemented the Bible and also offered interpretations of the biblical text. The Karaites maintained that this oral tradition did not have legal authority. Their commitment to the study of the Bible is reflected by the terms that were used to designate them in the Middle Ages, such as *qārā'im* 'Readers', which is the source of the anglicized form 'Karaites', *Baʿale ha-Miqrā* 'Master of Bible' and *Bne ha-Miqrā* 'Sons of the Bible'. All of these are based on the root *qārā*, which has the literally 'to read', but which here has its post-Biblical sense of 'to study the Bible'.[4] They sought new approaches to Biblical research, which were based upon rational, independent investigation rather than upon the traditional Rabbinic sources of authority. They denied that the Rabbinic Oral Law had been granted by divine revelation and so did not accept that it had a legal status equal to that of the Bible. As a result, the Bible became the focus of their activities and they sought alternative tools of interpretation in the non-Jewish intellectual environment.

Exegetical and grammatical activities of Karaites

One of the disciplines that Karaites developed in their study of the Bible was that of Hebrew grammar. In recent years a number of hitherto unknown Karaite grammatical texts have been discovered, mainly in the Firkovitch collections in St. Petersburg.

The earliest Karaite grammatical texts that are known so far are datable to the tenth century A.D. None of these early texts are systematically arranged textbooks of Hebrew grammar. They are rather collections of remarks on grammar, concentrating mainly on problematic cases and difficulties. Some of the early Karaite grammatical texts are in the form of grammatical commentaries on the Bible. The main surviving text of this nature was written by the scholar ʾAbū Yaʿqūb Yūsuf ibn Nūḥ in the second half of the 10th century

[3] For the historical sources relating to the Karaite Jerusalem settlement see Gil (1992: 784–820). The messianic motives of the early settlers is examined by D. Frank (1995)

[4] Some scholars have proposed that *qārā* is a Hebrew translation of Arabic *dāʿī*, which was a term used among the Ismaʿīlī Shīʿites to refer to a missionary. It is argued that this would reflect the missionary activities of the early Karaites to win Jews over to their movement (see Gil, 1992: 784 and Nemoy, 1952: xvii). This interpretation is again based on too great an emphasis on their supposed religio-political division from mainstream Judaism. The term is more likely to reflect their intellectual activity, namely the detailed study of the Bible, as is clearly designated by the other terms. For other theories concerning the origin of the term, see Erder (1994: 198–202)

tury. This was written in Arabic, though much of the terminology is in Hebrew. We also have fragments of a similar grammatical commentary that was written in Persian. According to some sources, the Karaite tradition of grammar began in Iran.

The area of grammar with which Ibn Nūḥ is concerned is the structure and morphological derivation of words. He attempts to find consistent rules governing word formation. The ultimate purpose of his grammatical activity, however, was not the analysis of the Hebrew language per se but rather the application of grammatical analysis in order to elucidate the precise meaning of the biblical text. In his view, there was a direct link between linguistic form and meaning and it was through attention to the details of language structure that one would be able to approach a correct understanding of its meaning. Karaite grammatical activity in the early period, therefore, was not demarcated as an independent discipline, but rather was conceived of as a component of biblical exegesis.

Another feature of Ibn Nūḥ's methodology is the fact that he often cites alternative opinions concerning some grammatical issue. These do not reflect fundamental differences in grammatical theory, but rather different possibilities in viewing difficult issues. Rather than offering his readers a consistent, systematized analysis of the language, Ibn Nūḥ encourages them to become engaged with controversial issues.[5]

For Ibn Nūḥ and other Karaite grammarians the most accurate way of expressing the interpretation of the biblical text was by means of a literal Arabic translation, which was generally referred to by the term *tafsīr*. This reflects the meaning that is offered directly by the text. On some occasions Ibn Nūḥ also refers to another level of meaning, variously referred to by the terms *maʿnā* ('meaning') and *murād* ('intention'). This was the intention behind the text rather than the literal meaning of the text, known as the *tafsīr*. This intended sense of the text is sometimes also represented by an Arabic translation. The grammatical analysis was more relevant for the literal interpretation than for the interpretation of the intended meaning.

According to Ibn Nūḥ's approach, the literal interpretation of a word, phrase or verse in the biblical text should reflect as closely as possibly its grammatical form. Any distinction in grammatical form that was perceived to exist between closely related words had to be expressed in the literal translation. This applied both to the external form of a word and also to its abstract morphological analysis.

An example of differences in translation required by words of an externally different grammatical form is the distinction in Biblical Hebrew between so-called 'pausal forms' and 'context forms.' Various words in Biblical Hebrew change their form when they occur at a point where there was a pause in the traditional reading of the text. This applies mainly to the end or the middle of a verse. The early Karaite grammarians believed that the occurence of a pausal form also had to be interpreted as expressing some kind of semantic break and that this semantic disjuncture had to be expressed in a literal translation. The grammarians did not develop a systematic categorization of the various types of semantic disjuncture, but rather interpreted and translated each case individually.

5 For further details concerning the methodology and background of the text see Khan (2000: 1–25).

For example Psa. 93: 1 reads: *'ad̲onāy* ***māl̄āk̲** *ge'ut̲ lāb̲eš* 'The Lord has become king. He is clothed in majesty'

This consists of two clauses that are juxtaposed in a paratactic structure. According to Ibn Nūḥ, however, the pausal form ***mālāk̲** marks a break in meaning that must be taken into account when interpreting and translating the verse. It is claimed that what follows the pausal form expresses the reason for the preceding statement. The idea is that the pausal form signals a break in continuity on some level of meaning and that this break affects the semantic connection between the two clauses. The second clause is not semantically coordinated with the first but rather functions as a clause that elaborates upon the first, indicating its causal background. The sense, therefore, is 'The Lord has become king, *because* he is clothed in majest'.

On some occasions in the biblical text, a context form rather than a pausal form occurs at the end of a verse where a pausal form is expected. In conformity with the view that pausal and context forms must always be correlated with a disjuncture or conjuncture on the level of meaning, Ibn Nūḥ argues that a context form that occurs at the end of a verse must reflect the fact that the verse is semantically incomplete and that some word or phrase has been elided from the text. The context form would have been originally conjoined in meaning to this elided material, e.g.

Ruth 4: 16: *wattəhi lo lə-'omenet̲* 'And she became for him a nurse' (pausal form would be *lə-'omānet̲*).

Since the context form *'omānet̲* at the end of the verse is a grammatical form whose is function is to express a conjunction in meaning with what follows, it must be assumed that something has been elided in the text after this word. This supposed elided material must be supplied in a translation of the verse. Ibn Nūḥ suggests that an adverbial has been elided and that one should translate it 'And she became for him a nurse *permanently.*'

The translation had also to take account of the abstract morphological analysis of a word. One feature that was considered to be relevant for the interpretation and translation was the derivational base of the word. Ibn Nūḥ held that the base of derivation of verbs and nouns was not an abstract root but rather a real grammatical form, consisting of consonants and vowels.[6] In the case of verbs, the base was generally said to be the imperative form, which itself was one of the parts of a verb. In some cases, however, he maintained that a verbal form in the biblical text was derived from a noun base. The reason for this was usually because the verbal form appeared to be closely related in structure to a noun form. It was regarded as important by Ibn Nūḥ that a close structural relationship existed between a morphological base and a form derived from the base. In such cases, in fact, Ibn Nūḥ considered the forms to be nominals with verbal inflection. The point that is important for the present discussion is that Ibn Nūḥ maintains that the nominal origin of such forms should always be reflected in a literal

[6] For details concerning the theory of derivational morphology in Ibn Nūḥ's *Diqduq*, see Khan (2000: 39–90).

Arabic translation. This, therefore, is an illustration of how the interpretation of a form had to take into account its abstract morphological structure. Examples:

Psa. 22: 6: *wəlo bošu* 'And they were not ashamed'.

According to modern philology, the form *bošu* here is a verb. Ibn Nūḥ, however, interpreted is as having the noun *boš* 'shame' as its base and so it could not be translated into Arabic with an Arabic verbal form but had to be rendered by an Arabic nominal form. The translation he offers is *ṣārū ḵāziyīn* 'They became ashamed', with an active participle (*ḵāziyīn*).

Ruth 2: 2: *wa-'ălaqqoṭā* 'And I shall gather/glean'.

Here the verb form is said to has as its derivational base the infinitive form *laqqoṭ* 'to gather/gathering' rather than the imperative. The Arabic translation must reflect the morphological base of the form. The proposed rendering is 'I shall gather with a gathering' (*liqāṭ 'alquṭ*), which is a phrase including the verbal noun form *liqāṭ* ('gathering').

It is important to note what precisely the medieval Karaite grammarians and translators regarded as the source text of their discipline. In the Middle Ages, the Hebrew Bible was transmitted in various forms. It existed in a variety of reading traditions. The reading tradition (*qere*), moreover, differed slightly from the traditional form of the written text (known as the *ketiv*). In some cases, furthermore, the cantillation, which was recorded by the accent signs, conflicted with the *qere*, which was represented by the vocalization signs. The medieval Biblical text, therefore, contained three closely integrated but nevertheless distinct layers.

Some earlier traditions of Rabbinic exegesis extracted different meaning from the reading tradition and the written tradition of the Bible. In Rabbinic exegesis some attention was given also to the cantillation tradition. The Karaite grammarians, however, had a single object of study and that was the reading tradition (*qere*) of the Bible. They maintained that there was only one of the multiple layers of the text could act as the source of interpretation.

Although the source text of the Karaite grammarians and the translators was a single, invariable entity, they often proposed more than one possible way of translating it. Although the biblical source text was an fixed authoritative text, their aim was not to produce a single authoritative translation. Rather they believed that it was more important to approach the task of translation with intellectual honesty rather than to take an authoritarian approach. They wished to engage the intellectual interest of the reader and encourage interaction rather than coerce the reader to adopt one specific interpretation. When such alternative interpretations are offered in translation, they are often left without any preference being expressed. The translators believed that such an interactive translation was likely to bring people nearer to the true meaning of the text than would be the case with an invariable authoritative version.

In addition to the grammatical texts that have been discussed above, the Karaites also produced complete, verse by verse, translations of the Bible in the 10th and 11th centuries A.D. Alternative interpretations are a conspicuous feature of these texts.[7]

[7] For further details see Polliack (1997).

In the Karaite Bible translations, two or sometimes three alternatives interpretations are sometimes offered for a word or phrase. These are usually introduced consecutively linked by the Arabic word *'aw* 'or'. The alternative translations can be classified into various categories. These include the following:

1. Alternatives expressing completely different interpretations of the meanings of the word in the source text. Example:

Exod. 15: 16 *yiddəmu*
Yefet ben ʿEli: *yanbakimūna 'aw yuhdamūn* 'They will become mute OR they will be destroyed'

2. Alternatives expressing a range of meanings contained within the semantic field fo the the word in the source text.

Example: Num. 20: 15:
yāmim rabbim
Yefet ben ʿEli: *'ayyāman kaṯiratan 'aw sinīna kaṯiratan* 'Many days OR many years'

3. Alternatives that exhibit a high degree of synonymity. Such alternative translations are found when there is a much wider range of vocabulary available in Arabic. This applies especially to the translation of artefacts. No doubt this reflected the diversity in forms used across the different dialects of Arabic used the readers of the text. In some cases the alternatives offered are of Persian origin, which may have been more familiar to many of the Karaite readers than the Arabic terms. Example:

Genesis 24: 22: *šne ṣəmidim*
Yefet ben ʿEli: *siwārayni 'aw dumlajayni 'aw dastinajayni* 'Two bracelets'

It is clear from the foregoing brief survey that the Karaites made major contributions to the study of the Bible in the Middle Ages and the techniques of its translation. They exhibited remarkable creativity and originality. There were a number of reasons for this, two of the most important are as follows. Firstly, they were open to new methods of analysis that were current in contemporary Arabic thought and had not been adopted previously in Judaism. Secondly, they celebrated individual diversity in their scholarship and intellectual interaction rather than the blind allegiance to authoritative opinions. These attitudes brought great dynamism to Karaite scholarship, which cannot fail to impress anyone who reads their texts.

References

Ben-Shammai H., 1993, *Between 'Ananites and Karaites: observations on early medieval Jewish sectarianism*, "Studies in Muslim-Jewish Relations" 1, 19–29.
Erder Y., 1994, *The Karaites' Sadducee dilemma*, "Israel Oriental Studies" 14, 195–226.

Frank D., 1995, *The Shoshanim of tenth-century Jerusalem: Karaite exegesis, prayer, and communal identity*, [in:] D. Frank [ed.], *The Jews of Medieval Islam. Community, Society, and Identity. Proceedings of an International Conference Held by the Institute of Jewish Studies, University College London 1992*, Leiden–New York–Köln, 199–245.

Gil M., 1992, *A History of Palestine, 634–1099*, Cambridge.

Khan G., 2000, *The Early Karaite Tradition of Hebrew Grammatical Thought: Including a Critical Edition, Translation and Analysis of the Diqduq of ʾAbū Yaʿqūb Yūsuf ibn Nūḥ*, Leiden.

Lasker D.J., 1989, *Islamic influences on Karaite origins*, [in:] W. M. Brinner, S. D. Ricks [eds.], *Studies in Islamic and Judaic Traditions* II, Papers presented at the Institute for Islamic-Judaic Studies. Center for Judaic Studies, University of Denver. Atlanta, 23–47.

Nemoy L., 1952, *Karaite Anthology. Excerpts from the Early Literature*, New Haven.

Polliack M., 1997, *The Karaite tradition of Arabic Bible Translation: A Linguistic and Exegetical Study of Karaite Translations of the Pentateuch from the Tenth and Eleventh Centuries C. E.*, Leiden.

JĘZYKI ORIENTALNE W PRZEKŁADZIE — KONFERENCJA
ORIENTAL LANGUAGES IN TRANSLATION — CONFERENCE
Kraków, 20–21 maja/May 2002

TERESA BAŁUK-ULEWICZOWA

Shakespeare, the Camel, and the Polish Question

Uniwersytet Jagielloński

This study follows two paths of enquiry. One is a generalising approach to satire, from the point of view of cultural studies, and the satirists' use of exotic references to get round, or create the impression of getting round, censorship. The second is more specific, and concerns — Shakespeare, the Camel, and the Polish Question...

Satire is a hermetic category of communication. The communicability of its message is time-dependent and strictly limited to the immediate social milieu to which it is addressed. Outside those bounds it loses both its lustre and sense — its punch-lines "fade away" and become just "blanks" or "enigmas" in a historical, sometimes even monumental text like Shakespeare's *Hamlet*. This is one of the effects of the time and social distance factors unwanted and unplanned by the Satirist, and generations of Shakespeare scholars have been slaving to retrieve the jokes that once filled the enigmatic "black holes". The underpinning to this long-distance, unintentional effect originally came from the Satirist's deliberate decision to "cloud up" the jokes by exoticising them — telling them "slant", thereby fooling or appearing to fool the censor while playing to a satire-hungry audience from under a silver lining.

Hamlet's lampoon directed at Polonius:

Do you see yonder cloud that's almost in shape of a camel?

— followed by the unfortunate Lord Chamberlain's acknowledgement:

By th' mass, and 'tis like a camel indeed (III, iii, 366–369) —

has for a long time been recognised as a possible satirical reference to William Cecil, Lord Burghley, and his hunchback son and political heir, Robert Cecil. By the close of his life Elizabeth's trusted principal minister of many decades had become hated by many. Alongside the political faction led by the Earls of Essex and Southampton (the latter being Shakespeare's patron), they included those associated more directly with the London stage — for the meddlesome ubiquity of his spies and the resultant censorship and interference in everything that went on in the theatres. Although there are a considerable number of extant written records of events, it is likely that some of the satirical remarks made during performances were improvised, and the best that we can do now is to speculate just exactly what the target of particular ad-libbed jokes was; while other jabs came concealed under the cloak of exotic, often literary references, which nevertheless needed to be easy enough for as many as possible in the audience to decipher, while still ambivalent enough in meaning to steer clear of trouble with the censors.

Few if any of the Elizabethan playgoers would have had the opportunity of actually seeing a camel, and their ability to catch the joke would have worked, either directly or indirectly, through the cultural stereotype derived in turn from the literary tradition, especially the graphics accompanying popular printed works in circulation at the time. The most obvious candidate for the source reference is Thomas North's translation at second hand of the Fables of Bidpai, *The morall philosophy of Doni. First compiled in the Indian tongue and now englished out of Italian* ... editio princeps 1570, a second edition in 1601 (viz. the time the Good Quarto version of *Hamlet* must have been maturing). A curious coincidence comes to light in connection with the translator and his translatorial experience. Sir Thomas North's English translation of the Oriental fables, which already had a long history of circulation in Europe in numerous language versions since at least the 12th century, was done from the Italian of the well-known publisher and prolific writer Anton Francesco Doni, *La morale filosofia del Doni, tratta da gli antichi scrittori* ..., issued in a series of editions (1552, 1567, 1594, 1597, and 1606). North's other achievements as a translator also reflected the *speculum regis* tradition, alongside an interest in antiquities. He is known for *The Dial of Princes* (1557, from Antonio Guevara's Spanish *speculum regis*), and more particularly for his English versions of Plutarch (*The lives of the noble Grecians and Romanes* ..., 1579; and *The lives of Epaminondas, of Philip of Macedon* ... 1602), which made him an acknowledged literary source for Shakespeare, a prop for the Bard's alleged "smalle latin and lesse greek".

Interestingly, the 1570 English edition of the Oriental fables is illustrated with a collection of quaint woodcuts, including several for the camel story. A fox, a wolf and a raven encounter a destitute camel and, pretending friendship, decide to nurse him back to health, whereupon they present him at the king's court. "When hee was come to the kings presence, he humbly kneeled downe, & exhibited to him, as he was before instructed by the Raven, & kissed his hande. The Lion hearing himselfe called inuincible, most puissant, most noble, ryght honorable, great Clarke, Suffragane, and Archking, shewed himselfe very gentle, those royall termes so pleased him, and woulde not devour the Camell ... but hee made hym of hys Chamber, and treasurer of his house." When the camel is still enjoying his privileges a famine comes and the three conspirators decide it is time to bring about his downfall and get a portion of the spoils. They bring the unsuspecting dignitary before the famished monarch and put their crafty plan into practice. One after another they fall on their knees before their lord, offering their bodies to save King and Country from destruction. But the lion declines their miserable gifts. Instead, when the camel follows suit, the lion pounces on his fat flesh. "But the best was, the Lyon sent the other beastes packing to the Gallowes ... for he would not giue them a bytte to relieve them with, so they died miserably for hunger. Sure a fit death to aunswere so wicked a lyfe."

We may assume that Thomas North's version of the story, and especially the woodcuts, exerted an impact not only on its readers, but also more widely and indirectly on the illiterate through the building up of a stereotype. Corroborative evidence of this is to be had in Cesare Ripa's near-contemporary publication of the *Iconologia* (editio priceps 1593). There we find a camel portrayed in two contexts: the first the geographical one for the allegory of Asia and the Indus (a tradition going back to Classical Antiquity, where camels were to be found in the Orientalising art to represent the land of their origin; the second as an animal attribute attending the personified figure of the civic virtue of caution. As regards the character of Polonius in *Hamlet* as an alleged satire on the Lord Treasurer Burghley, this is again a telling coincidence. Caution was precisely the chief political quality for which Burghley was (in)famous, and also the one which his theatrical reflection Polonius believes himself to possess. In his Precepts he recommends it to his son; while in blatant contrast with his aspirations, when he is accidentally killed by Hamlet, reality is testified to in an ironic obituary uttered over his corpse by the allegedly incautious prince:

Indeed, this counsellor
Is now most still, most secret, and most grave,
Who was in life a foolish prating knave. (III, iv, 213–215)

Another frequent and rather obvious satirical association with Burghley (or at least his public image) is the name Polonius itself — significantly changed to "Corambis" in the Bad Quarto — and a Polish connection, both through a diplomatic fracas involving a Polish ambassador in 1597, and *The Counsellor*, a mangled translation of *De Optimo Senatore* by the Pole Laurentius Grimalius Goslicius (Wawrzyniec Grzymała Goślicki), published in 1598 in a bowdlerised version perhaps sponsored by the Burghley faction in an attempt to mitigate the situation, which had been additionally aggravated in July 1597 by an undiplomatic allusion to the incident on the stage. The Polish ambassador had complained about pirate activities under the protection of Queen Elizabeth (and de facto the Earl of Essex) involving the interception of Polish and Gdańsk shipping on its way for Spain and other Habsburg dominions. The Queen responded in an angry outburst. In an unauthorised follow-my-leader, the actors re-echoed this on the stage in a short-lived production entitled *The Isle of Dogs*, which was soon taken off and those responsible sent to the Tower for a preventive fortnight.

De Optimo Senatore, first published in 1568 in Venice, a traditional speculum book in the branch of the genre which treated of kings' counsellors or state dignitaries, enjoyed a wide European readership thanks to its general, Classicising approach to the subject, albeit also addressing matters relating to public affairs in Poland in the late 1560's and eulogising the country's constitutional arrangement. There is manuscript evidence that it was being read, studied, appreciated and translated in England already by the mid-1580's.

What is remarkable, however, is the publication of a (not quite) full English translation in 1598 with the original dedication to King Sigismundus Augustus, who had been dead over a quarter of a century by the time, and with a motto on its title-page, "To the honour of the Polonian Empyre". From the translatological point of view, it could hardly be called a "faithful translation" or even ideologically "equivalent", since approximately 8% of the original material — concerning relations between Church and State with a clear preference for the scheme presented in the resolutions of the Council of Trent — was omitted. We may therefore suspect that *The Counsellor* may have been an officially approved Englished version of Goślicki's treatise with a double purpose. Alongside its role as a decoy to keep readers not so familiar with Latin away from the undeniably papist original, its timing — just nine months after the incident involving Ambassador Działyński which embarrassed Burghley's policy — suggests it may have been intended as a palliative to mitigate the resultant awkward situation, a diplomatic apology to Sigismundus III, namesake of the uncle to whom the book had originally been dedicated in 1568. Confirmation for this hypothesis is provided in the *Transcripts* of the Stationers' records for the men responsible for the publication. The book was registered in March 1598 to a rather obscure William Blackman, for whom it was the second and last entry. But it was printed by Ralph Braddock, with part of the editio princeps being re-issued in 1607 with a new title-page which named Nicholas Lyng as the stationer holding the rights. Lyng and his associate printer Braddock were involved in the publication of some of the Shakespearean quartos and materials. And finally — both of them were honoured with appointments to the livery of the Stationers' Company granted on the very same day — July 1st, 1598. Yet another curious bibliographical point relating to *The Counsellor* is the remark made in a 1599/1600 publication by the Pole Krzysztof Warszewicki (Varseviciuis), who commended Goślicki for the widespread popularity of his book especially in England. Varsevicius was one of the most prominent Polish authors favouring Habsburg candidates in the Polish royal elections of the late 16th century and had intimate connections with the court at Vienna.

From the philological point of view there is an intriguing link between Shakespeare's *Hamlet* and the technically slipshod and gauche Englishing of Goślicki's treatise in *The Counsellor* (testimony to haste and many hands' work with little or no co-ordination except for the excised parts). Perhaps the ugly jarring snippet "The king is a thing...", which occurs three times in a short interval in *The Counsellor*, may have been the prototype for the same phrase in Shakespeare's play (IV, ii, 27–28), as one of Hamlet's nonsensical utterances, the ultimate proof of his alleged insanity.

The plausibility of both the Oriental and East European see-through smokescreen to Shakespeare's satire is strengthened by their simultaneity. It is quite likely that he was relating to a whole range of literary sources from the *speculum* genre, to which both the Bidpai and Goślicki translations belong, to build up the bitter satire of *Hamlet*, to give vent to his public and personal ennui du siècle. The matter calls for a detailed examination of this class of literature, comprising around 1,000 titles according to a bibliographical compendium entitled *The Doctrine of the English Gentleman in the Sixteenth Century*, most of them translations of Continental works. A systematic search might well elucidate many of the now undecipherable enigmas — once the piquant quips — of *Hamlet.*

References

Shakespeare W., 1963, *Hamlet. A New Variorum Edition*, ed. H. H. Furness, New York (Dover Edition), 2 vols.

North T., 1570, *The morall philosophy of Doni: drawne out of the auncient writers. A worke first compiled in the Indian tongue, and afterwardes reduced into divers other languages: and now lastly Englished out of Italian by* ... London, 2nd edn. 1601.

Laurentii Grimalii Goslicii *DE OPTIMO SENATORE LIBRI DUO.* ... Venetiis, Apud Iordanum Zilettum, MDLXVIII.

Ripa Cesare, *Iconologia* ... 1593; cited after the Polish translation: I. Kania, transl., 1998, C. Ripa, *Ikonologia*, Kraków 389, 471.

Bałukówna T. J., 1979, *"De optimo senatore" Wawrzyńca Goślickiego i jego oddziaływanie w Anglii*, unpublished Ph.D. thesis, Jagiellonian University of Cracow.

Bałuk-Ulewiczowa T., 1988, *"The Senator" of Wawrzyniec Goślicki and the Elizabethan Counsellor*, [in:] *The Polish Renaissance in Its European Context*, ed. S. Fiszman, foreword by C. Miłosz, Bloomington–Indianapolis, 258–277.

Bałuk-Ulewiczowa T., 1994, *Slanders by the Satirical Knave Holding the Mirror up to Nature: the Background for Wawrzyniec Goślicki as One of Shakespeare's Sources for "Hamlet"*, [in:] *Literature and Language in the Intertextual and Cultural Context. Proceedings of the Sixth International Conference on English and American Literature and Language, Kraków, April 13–17, 1993*, ed. M. Gibińska, Z. Mazur, Kraków, 27–39.

Bullough G., [ed.] 1957–1975, *Narrative and Dramatic Sources of Shakespeare*, New York, vol. VII (1973), 43–45,

Chwalewik W., 1956, *Polska w "Hamlecie"*, Wrocław.

Chwalewik W., 1967, *This Counsellor ... is now most grave: The Goslicius-Shakespeare Problem Re-Examined*, [in:] *Mélanges de la littérature comparée et de philologie offerts ŕ Mieczysław Brahmer*, Warszawa, 131–145.

Chwalewik W., 1968: *Anglo-Polish Renaissance Texts for the Use of Shakespeare Students*, Warszawa: 19–24, 32–42, 45–203.

Gollancz I., 1916, *Bits of Timber. Some Observations on Shakespearian Names: Shylock, Malvolio, Polonius*, [in:] *A Book of Homage to Shakespeare*, ed. I. Gollancz, London 173–177; see summary in: "Proceedings of the British Academy", 1904–1905, 199–202.

Guttmann S., 1947, *The Foreign Sources of Shakespeare's Works. An annotated bibliography ... together ... with a list of certain translations available to Shakespeare*, New York, 14–15.

Kelso R., 1929, *The Doctrine of the English Gentleman in the Sixteenth Century*, "University of Illinois Studies in Language and Literature" XIV, 53, 218.

Muir K., 1977. *The Sources of Shakespeare's Plays*, London, 168, 245.

The thirde part

lasie knaue bychaunce got vppe one morning be-tymes at Cocke crowing, and hee sawe this that I

will tell you now. Certayne Merchauntes passed by with a marueylous number of Camels loden, and on a sodaine one of them fell downe for wearinesse, not able to go anye further. Insomuch as the Merchauntes vnloded him of hys burden, and cast it on the reste, to eche one some, till they had it all on their backes agayne amongst them, and so left thys Camell behind them to the mercy of the wylde beastes. The Woolfe, Foxe, and Rauen, chaunced to come
that

of Morall Philosophie 65

that waye, and they sawe thys poore Camell com[...] as one that had neuer a whole ioynt in h[...]m, and a[...] it were halfe deade. The Camell recom[...]ended hi[...] selfe vnto them, and tolde them by what meanes h[...]

was brought to thys miserable myshappe: These three were sorie for it, and toke compassion on him, and as they might caried him to their Caue, where they refreshed him with such confections, as were fitte for the place and tyme. And thus they kept him still in cure till he recouered, and patched him vp agayne. They three seeing so goodly a morsell of flesh
D.j. as

The thirde part

as this Camell was, thought it best to present hym to the king, which was an olde Lion, and his pallace not farre from them. The Camell hearing them saye we will preferre you to the Lion our Emperor, King, Prince, Archduke, Duke, Marquesse, Erle, and chiefe Lorde ouer vs, to be his Page of his priuie Chamber, lyked no whitte of that estimation and aduauncement, and would not vnderstande the matter. Howbeit they made so much on him, and clawed him, that they brought him on fayre and softly (as his pace is not fast) and he went as though one ioynt would not hang by an other. When hee was come to the kings presence, he humbly kneeled downe, & exhibited to his grace in writing the cause of his comming to him, as he was before instructed by the Rauen, & kissed his hande. The Lion hearing himselfe called inuincible, most puissant, most noble, right honorable, great Clarke, Suffragane, and Archking, shewed himselfe very gentle, those royall termes so pleased him, and would not deuour the Camell as the rauening Woolfe had beckened to him, and as that subtill Foxe had wincked on him: but hee made hym of hys Chamber, and treasorer of his house. And moreouer, beyonde all their expectation, he did assure him wyth safeconduct, and made marueylously on hym, stroking him a thousande tymes vnder the chinne, and receyued him into seruice. This Camell that was fedde nowe with the Chariot horses, and fared as they did, grewe quite out of fashion he was so full fedde, and his Cote was as sleeke as a Mowles skinne. So that

of Morall Philosophie 66

that they that knewe him before, and saw him then, spighted him out of measure, and gaue him many an

yll looke. Yea those chieflye that brought hym first to the Court, were they that looked most awrye on him.

It fortuned one day that the Lion being a hunting in a great wylde Chase, met with an Elephant, who beleeued and was sure hee was the greatest beast of the world, and looked in all and for all to be the greatest thing, as he was in deede the greatest bodyed beast. Insomuch as after hote wordes, they

S.ii. grue

Woodcuts of the camel story from the 1570 edition of Thomas North's *The morall philosophy of Doni* ...

The thirde part

e in you should be saued, and the vnprofitable in
ost. And here he prostrated himselfe at the Ly-
feete, and made him way for his neck and flesh,
g still as he had bene deade. The Woolfe no soo-
sawe the Rauen flatte on the grounde, but also
by a [illegible] hypocrisie sayd, and repeated the selfe
e word by word, and chopped himselfe streight
er the kinge, that he might take his pleasure of
if he lyked him. This maner of humilitie and
r lyked not the Foxe a whit, and steppe by steppe
came to make his oration, creping as the Snake
ye charme, or the Beare to the stake. Now when
Camell saw him make no more haste, he stepped
efore him and occupied the place: and kneeling
e he sayd. My Lord, those that serue faithfully,
[illegible] their seruice quickly: lo, I am here for you,
ene your famine. The craftie Foxe that stoode
[illegible] sayde, although my fleshe bee naught and an
holesome morsell for your Maiestie, yet you may
lyke you taste it, and so hee looked downe, and
he himselfe on the grounde. The Lion seeing
e beastes on the grounde like drunken chickens,
[illegible] them one by one, saying to the Rauen, that
[illegible] was full of yll humores, and if it had bene
[illegible] he would neuer haue offered it to him: and to
[illegible] also hee sayde, that his was to tough to
e, and at once hee put his deuouring mouth to
throte of the Camell, and let his griping talons
him, and tore him in peeces before a man would
e sayde I am here, when the poore wretche
ight he should haue escaped with the rest. O
God,

of Morall Philosophie 71

God, that fayth assured in wordes commeth to bee
broken in deedes: euen so auarice becommeth enimye

to all honestie. But the best was, the Lyon sent the
other beastes packing to the Gallowes and they
would, for he would not giue them a bytte to relieue
them with, so they died miserably for hunger. Sure
a fit death to aunswere so wicked a lyfe.

This tale I haue tolde thee sayd the Bull, because thou shouldest knowe these Courtlike fables, deuises, and practises of vaine and wicked Courtiers. I knowe them all, and I am so
C.iij much

Woodcuts of the camel story from the 1570 edition of Thomas North's *The morall philosophy of Doni ...*

The pages the woodcuts from the 1570 edition of Thomas North's *The morall philosophy of Doni...* (BL shelf mark c. 33. f. 2. f. 65–71) have been reproduced by permission of The British Library.

JĘZYKI ORIENTALNE W PRZEKŁADZIE — KONFERENCJA
ORIENTAL LANGUAGES IN TRANSLATION — CONFERENCE
Kraków, 20–21 maja/May 2002

KRYSTYNA PISARKOWA

Rachunek sumienia jako zadanie tłumacza

Uniwersytet Jagielloński

Tradycją spowiedzi jest jej powszechność, „publiczność", wspólne wyznawanie grzechów, od XV w. według wzorca (niem. *Beichtspiegel*) powtarzanego za kapłanem i kajaniem się, włącznie z poczuciem odpowiedzialności za cudze grzechy i modlitwą wstawienniczą za innych. Relikt pozostał we współczesnej liturgii rzymskokatolickiej mszy[1]. Dawniej dopuszczano do spowiedzi raz w życiu[2], a kary za winy były stałe, określone przez penitencjały[3]. Jeśli karą było napiętnowanie, np. zakaz wstępu do świątyni przez rok lub dłużej, grzech nie był tajemnicą, bo kara pośrednio informowała o winie. Przyszły jednak fazy dyskrecji spowiedzi i stopniowe utajnianie doprowadziło do spowiedzi indywidualnej, w słuchalnicy, czyli konfesjonale[4], i wreszcie do surowego nakazu tajemnicy spowiedzi, który bywał źródłem konfliktów politycznych i zagrożeń dla spowiednika, dziś (np. w Polsce, w Niemczech) chronionego prawem. Za literackie ekwiwalenty spowiedzi uznaje się też takie teksty, jak *Wyznania* św. Augustyna, *Księgę śpiewów żałobliwych* św. Grzegorza z Nareku, *Brewiarz* Z. Herberta, w których dosłowność deklaracji religijnej została uogólniona przez kod.

Katechizm wymienia rachunek sumienia jako formę pokuty obok modlitwy, jałmużny, „czynów pojednania", rewizji życia, postu, liturgii godzin, pielgrzymki. Formy te wykształcał czas. Prywatne praktyki pokuty (bez publicznych, długotrwałych „dzieł pokutnych") przed uzyskaniem pojednania z Kościołem to wpływ tradycji monastycznej Wschodu. Do Europy mieli je przynieść w VII w. misjonarze irlandzcy. Rozwój praktyk dyskretnych pozostawił jednak jako podstawę akt nawrócenia się pod wpływem Ducha Św., żal i wyznanie grzechów (najskrytszych). Dziś grzesznik rozpoczyna pokutę dyskursem

[1] „Spowiadam się Bogu Wszechmogącemu i Wam, Bracia i Siostry, że bardzo zgrzeszyłem myślą, mową ..."

[2] Spowiedź była serią odpowiedzi na pytania duszpasterza albo powtarzaniem tekstu za nim.

[3] Tak nazywano i swoisty „kodeks", i duchownego spowiednika (MST 1959). Przykładem literackiego skrótu pełnej wersji kilkutomowego kodeksu jest wierszowany łaciński tekst Ładysława z Gielniowa (Wydra 1992).

[4] Sam „mebel" wprowadzono w XVII w.

wewnętrznym, w którym się toczą przygotowania rachunku sumienia. Refleksje wchodzą do niego w całości lub w niezbędnej części. Rachunek sumienia jest porządkowaniem i wyzbieraniem grzechów z zakamarków świadomości, i ich koniecznym wyznaniem nie tylko dlatego, że teologia, postrzegająca grzech jako zło i fakt właśnie z natury owego zła osnuty tajemnicą, uznaje go za „tajemnicę winy przeciwstawienia się Bogu". Dla laika to tajemnica wstydu domagającego się ukrycia, pogrążenia grzechu w niepamięci. Teologia miłosiernie łagodzi i precyzuje samokrytyczną intuicje laika, jego konflikt między poczuciem winy a konieczną werbalizacją faktów jako trudność identyfikacji znaczenia referencjalnego winy w postaci konkretnego, akuratnego hasła-terminu nazywającego grzech:

> Chociaż grzech ciężki zakłada wiedzę i wolność i zostaje popełniony w konkretnej „materii", owa wiedząca wolność może się realizować jako wina w sposób nader a t e m a t y c z n y jako ogólna postawa i podstawowa kondycja egzystencjalna w głębi osoby ludzkiej, n i e p o d d a j ą c s i ę a d e k w a t n e j r e f l e k s j i, tak że człowiek nie może sformułować żadnego absolutnie pewnego refleksyjnego s ą d u o samym sobie (MST 1987 s.v. grzech).

1. Sygnały winy

Dociera ona do naszej świadomości w postaci podskórnych sygnałów nazywanych *niesmakiem, żalem*, w l. mn. *wyrzutami sumienia*, zdolnego nawet do *gryzienia* – w polszczyźnie od średniowiecza[5], podobnie w kilku innych językach[6]. „Żrące" uczucie domaga się rekonstrukcji materiału (faktów), analizy, przeglądu kontekstów, klasyfikacji, czyli ustalenia „znaczenia referencjalnego", jego werbalizacji. Może zrazu dlatego, że grzesznik nie pozbawiony sumienia się lęka, że ową własną winę skrzętnie ukryje, nawet przed samym sobą, przemilczy. Stłumi jej „poczucie" jako uciążliwość odczuwaną i odsuwa ją, aż się stanie tym trudniejsza do uchwycenia w postaci wymaganej „adekwatnej refleksji" (MST 1987 s.v. *grzech*). Trudna praca tej refleksji to gotowość (z)rozumienia istoty zła, które nas obciąża. Niejawności broni tabu, wstyd, związana z tym taktyka przemilczania. Więc niezbędny jest dyskurs wewnętrzny. Uczeni widzą ów dyskurs jako byt nie do odtworzenia. Rachunek sumienia wymaga dojrzewania świadomości w ciągu jego faz. Przemieszczając w nich jakąś treść (zawartość) podświadomości do innej przestrzeni, podejmujemy podobne dzieło „translacji", jak przenoszenie relikwii świętego z miejsca, w którym się odbył obrzęd pogrzebu, do innego kościoła, gdzie wykonywano oficium[7].

---

[5] Zob. M. K a r p l u k 2001 s.v. *gryźć*: „vb impf 'niepokoić, dręczyć (o sumieniu)'; *conscium sibi esse, dissecari corde* Słstp; *Ni w czem mnie moje sąmnienie nie gryzie* (XV w.) por. tamże s.v. *gryzienie.*

[6] Z ie.: **mer*[ə], od niego sanskr. *mṛtá-m* i pol. *śmierć, mrzeć, martwy,* łac. *mordeo* m.in. 'kąsać, gryźć', por. fr. *remords* 'wyrzuty sumienia' < *remordre* 'gryźć, podgryzać, kąsać', wł. *rimorso di conscienza;* niem. kalka semantyczna *Gewissensbisse* (pl.!), ang. *pangs of conscience* (pl.); p. *pang* 'ostry ból, także 'moralny', też konkret fizyczny: *pangs of hunger* 'szpony głodu'.

[7] Tego dnia wykonywano w kościele pełny tekst brewiarza (oficium) w patronacie uroczystości ważnych świętych Kościoła.

2. Identyfikacja i projekcja

W „translacji" rachunku modyfikujemy własne oblicze i utrwalamy je w dwóch wersjach: A i B. Jedna (A) będzie projekcją „w myśli", to znaczy także w pamięci: w dyskursie zrazu wewnętrznym zwrócona tyleż do siebie samego — co równocześnie do Najwyższego Sędziego. Druga (B) zaistnieje „w mowie" w formach zwerbalizowanych, czyli artykułowanych jako głos do kogoś. Rachunek sumienia nigdy nie jest pierwszym, roboczym stadium tekstu, sformułowanym w postaci „namacalnej" zmysłami. Nigdy też nie jest fizycznym „tekstem wyjściowym" jak tekst oryginału w tłumaczeniu. Ale jest wyrazistą projekcją: ma postać znaczenia i interpretacji. Każdy tekst musi zaistnieć w podświadomości jako podstawa tekstu docelowego. Werbalizacja tekstu dokonuje się zapewne w różnym tempie, w różnym stopniu (nie)doskonałości. Inaczej przy pisaniu na komputerze, gdzie przejście od stadium podświadomości do sformułowania tekstu jest inne i krótsze, bo elastyczniejsze niż w „ręcznym" wykonaniu pisemnym. Ale też nie jest krótsze niż relacja z tego, co tłumacz symultaniczny przetwarza w podświadomości z „materiału tekstowego" odebranego słuchem w języku wyjściowym, by w trakcie przekładu ustnego nadać mu postać tekstu w języku docelowym. W tłumaczeniu symultanicznym tekst docelowy istnieje stając się. W rachunku sumienia przygotowywany tekst spowiedzi też się „staje" i jest przed artykulacją. Z przekładem łączy go praca nad „materiałem". Przetwarzamy go, rekonstruujemy fakty, krystalizujemy obraz naszego (negatywnego) udziału w nich dopóty, aż preparat wytopiony w naszym gryzącym sumieniu przybierze postać szkicową, przekształcającą się w pewność zawieszoną między milczeniem a werbalizacją w tekście języka docelowego. Tą werbalizacją jest język katechizmu, w staropolszczyźnie był to kod gotowych wzorców. A werbalizacja naszego żalu i chęci pojednania nadal wymaga przygotowań. Osoby niewprawne, dzieci czerpią instrukcje z książeczki do nabożeństwa, „formularza" nie oblepionego detalem.

3. Cechy i fazy translacji

Zjawisko spowiedzi i okoliczności, w których się ono dokonuje, przypomina powstawanie przekładu, choć nie jest z nim tożsame. Z jednej strony, i on rozgrywa się w odpowiednich fazach (A) i (B), stając się „zwierciadłem" i kontrapunktem oryginału[8]. Ale „zadaniem tłumacza" jest dążenie ku uzyskaniu tożsamości: (A) i (B), gdy ostatecznym celem spowiedzi jest wyzwolenie od (A) uchwyconego w postaci przekształconej w postać (B), „zmaterializowaną", nawet literalnie dosłowną, jak chce katechizm[9]. Właśnie owa werbalizacja (B) jest istotnym i najtrudniejszym krokiem przybliżającym do wyzwolenia. Jako „zadanie

---

[8] Bo „język jest zwierciadłem" lub „kontrapunktem świata" ze względu na to, co mamy do powiedzenia komuś i co mówimy do samych siebie (Steiner 2002: 50 i n).

[9] KAT; Corrigenda 1998: 118 „Sens dosłowny przekazuje czyny [...]".

tłumacza" wymaga on prócz narastania żalu grzesznika, jego pokuty i boskiego rozgrzeszenia dla grzechu(-ów) stanowiących „treść" konkretnych faktów[10].

Fakty i doskwierająca pamięć o nich to (A) przekształcone w (B). To czyjaś świadomość, że ma na sumieniu grzech wobec nędzarza: głodnego, obdartego, zrozpaczonego, wobec jeńca, i wobec nieboszczyka. Sam „transfer interpretacyjny" dotyczy grzesznego człowieka i jako grzesznika, i jako tłumacza. A dalszy ciąg transferu przebiega w obu procesach w obrębie jednego języka. Spowiednik weryfikuje kategorię zła[11]. Spowiedź demaskuje ukryty wewnętrzny konflikt dyskursów: splot intencji przemilczenia, tabu i wstydu tworzy barierę, która wymaga dosłownego pokonania, nakazanego przez Kościół: „ustnego" wyjawienia prawdy. Tradycja chrześcijańska zna formy głośnej spowiedzi — publicznej, ale zawsze chce niezbędnej poprzedzającej refleksji wewnętrznej.

4. Mowa wewnętrzna grzesznika i jej przekładalność

Inaczej niż modlitwa, która może mieć formę „ustną", ale i wewnętrzną, gdy jest rozmyślaniem czy kontemplacją[12] — spowiedź jak przekład zawsze wymaga trudnej werbalizacji złej prawdy o nas samych. Człowiek zajęty refleksją językoznawczą musi ową przeszkodę, nazwaną w *Małym słowniku teologicznym* (1987) „trudnością adekwatnej refleksji", uznać za powikłania „przekładu wewnątrzjęzykowego"[13]. Pojawia się ona na drodze od „szkicu tekstu wyjściowego", który jest niewerbalnym, wewnętrznym kodem emocji (wstyd, żal), do tekstu docelowego. W przekładzie wewnątrzjęzykowym formułujemy go najlepiej w języku ojczystym[14]: tajemna prawda o grzechu jest przekładalna na język naturalny! „Zdolność wstydu" to jedno z kilku zjawisk dobrze ilustrujących wymóg Waltera Benjamina potencjalnej przekładalności tekstu „jedynej prawdy" Boga na wszystkie języki naturalne. Jest ona

---

[10] Por. spowiedź staropolską, z końca XIV w.: „Spowiadamy się Bogu naszemu miłemu, iżesmy zgrzeszyli niepeł<nienim> [glosa na boku: iżesmy nie pełnili] sześciora miłosierdzia bożego, iżesmy łacznego nie nakarmili, nie napoili, [glosa nad tym: nie przyodział<i>] kiedysmy tego dostatek mieli, niemocnego nie nawiedzili, smętnego nie ucieszyli, jętego z jęcstwa nie wy<kupili>, podrożnika na noc nie położyli ani jemu drogi nie ukazali, umarłego do grobu nie o<dpro>wadzili, żadając się [brzydąc się] takim stw<o>rzenim, jako nas miły pan Bóg stworzył na swe święte oblicze; tego nam żal i tego się kajemy..."

[11] Nie tykając rozgrzeszania, ograniczam podgląd do odpowiedników „zadania tłumacza" w rachunku sumienia.

[12] „Jesteśmy ciałem i duchem i dlatego odczuwamy potrzebę wyrażania na zewnątrz naszych uczuć" (KAT: 2702), „modlitwa ustna ma charakter zewnętrzny i jest w pełni ludzka, jest przede wszystkim modlitwą tłumów. Ale nawet modlitwa najbardziej wewnętrzna nie powinna omijać wersji ustnej" — gdy sobie uświadamiamy, do kogo mówimy, wtedy „modlitwa ustna staje się pierwszym stopniem modlitwy kontemplacyjnej" (ibidem: 2704). Rozmyślanie to głównie poszukiwanie, wymaga uwagi; pobudza „myśl, wyobraźnię, uczucie, pragnienie" [2708].

[13] Pojęcie przekładu wewnątrzjęzykowego zawdzięczamy Romanowi Jakobsonowi.

[14] Spowiedź, jeśli w ogóle możliwa w języku obcym, będzie zadaniem tym trudniejszym, im mniej jego znajomość dorówna znajomości ojczystego.

w Dekalogu, w prawach zwyczajowych dawnych kultur. Jej tezaurus to język naturalny. Jego leksemy utrwalają sensy znane w kulturach jako kwalifikatory aksjologiczne. Rachunek sumienia jest pracą nad przekładem takich właśnie sensów. Stąd wahania „tłumacza" w definicji grzechu, plątaninie sprzecznych motywów winy „atematycznej" opornej wobec „refleksji adekwatnej".

5. „Bóg się kaja nad nami"

Kajanie się, żal grzesznika to reakcja konieczna. Złożona, zawęźlona, nie tylko samokrytyczna. Antynomiczna. Grzeszny podmiot sam siebie potępia, ale skruszony, sam się lituje nad sobą. Ma nadzieję na litość i miłosierdzie Boże. W dawnym znaczeniu wyrazu *(po)kajanie* tkwiła homonimia kilku sensów: 'wstydzić się za siebie', 'gardzić sobą', (*gryźć się w sumieniu*), 'pragnąć litości, zmiłowania'; 'Bóg się kaja (lituje) nad nami'. Czy ów splot sprzeczności zaginął, bo przejawiał bezradność, infantylizm utrudniający grzesznikowi pokutę? Wstyd nie wykluczający litości grzesznika nad sobą to niedojrzałość, ale i dobre kryterium definiowania grzechu. Św. Augustyn, filozof, rozważa chłopięcy grzech:

> [...] Cóż zatem ukochałem w owej kradzieży [...] Czy zachciało mi się postąpić wbrew prawu przynajmniej podstępem, ponieważ siłą nie mogłem; aby jako niewolnik naśladować ułomnie wolność, pod marnym pozorem wszechmocy czyniąc bezkarnie to, czego nie wolno było czynić?[15] [...] I cóż za pożytek miałem ja, nędzny, niegdyś, [z tych] grzechów, na wspomnienie których rumienię się teraz ze wstydu, zwłaszcza z owej kradzieży, w której samą kradzież pokochałem a nic innego? [...] w owych owocach nie znajdowałem przyjemności, była ona w samym przestępstwie; sprawiało ją zaś towarzystwo współgrzeszących [...] niepojęte, opętanie myśli, dla zabawy i żartu chciwość szkodzenia i chęć cudzej krzywdy, bez żadnej korzyści własnej [...] tylko dlatego, że powiedziano: „Chodźmy, zróbmy" i że wstyd było nie być bezwstydnym.[16]

Wymagany „refleksyjny sąd o sobie samym"[17] formułuje tu człowiek dojrzały. Uzupełnia go o „definicyjne" reakcje towarzyszące myślom o czynie wstydliwym: 1) kwalifikacja czynu: grzech, kryterium: wstyd, 2) analiza źródła wstydu, 3) emocje skruchy: od żalu po rozpacz.

6. Grzesznik jako tłumacz

Zadaniem tłumacza jest uzyskanie tożsamości sensu, który zrozumiał w tekście obcym (sformułowanym w obcym kodzie wyjściowym), z tym, który odtworzy, werbalizując ów sens odtworzony w innym języku: docelowym. Zaś podmiot spowiedzi ma zyskać tożsamość

---

15 Św. Augustyn, *Wyznania*, 1954, II, VI 14.

16 Op. cit., II, IX 17.

17 MST 1987 s.v. *grzech*.

tego, czego się we własnej krytycznej refleksji dowiedział o sobie jako agensie czynów grzesznych, z tym, co wyzna Bogu przed spowiednikiem. Jego zadanie to wyzwolić się od tej tożsamości, gdy grzechy będą zmyte przez żal, spowiedź i rozgrzeszenie miłosiernego Boga. I tłumacza, i zarazem grzesznika dotyczy sam transfer interpretacyjny. Funkcjonuje on i w obrębie jednego języka: właśnie w rachunku sumienia, w którym jest identyfikowaniem grzechu. Tu werbalizacja to nieodzowna „dosłowność". Materializuje się w słowach o winie: mamy porachować grzechy, nazwać je i wypowiedzieć ich napiętnowane nazwy w trakcie spowiedzi („jak na spowiedzi"), by zaistniały jako odrzucony przedmiot wstydu, wstrętu, żalu i jako dosłowny tekst. Język nie jest narzędziem myśli, lecz determinującym ją medium. *Czytać* to 'rozszyfrować, mówić, tłumaczyć' — ale i 'zbierać, rachować'[18] — by się człowiek dowiedział sam przez siebie o sobie jako agensie, że popełniał czyny naganne. Język broni się przed ich „translacją" na głos, bo ujawnia ona ich obecność w pamięci. Ale grzesznik chce przekreślenia zrekonstruowanego, czyli „uwiecznionego" zła, chce wymazać dokonane krzywdy, zadośćuczynić ofiarom, zyskać przebaczenie. Tak bowiem, jak działa tłumacz — podobny do zbrodniarza w swym działaniu „na" oryginalnej wersji dzieła tłumaczonego, którą rozciera na proch w analizie — by w końcu odczuć obcość wobec oryginału, który „zdradził" i unicestwił[19] — tak i grzesznik ma w rachunku sumienia odczuć obcość wobec popełnionej przez siebie ohydy. Musi się od swego grzechu „oderwać", odwrócić od obcości zła popełnionego z własnej złej woli, odrzucając je wraz z „owym sobą", który je popełnił. Rozpacz doprowadzi go do utraty kontroli intelektu nad własnymi uczuciami, aż się w akcie pokuty (tj. pokajania) wyrzeknie obojętności wobec zła, które czynił, i zyska wynik, na który pracował. Rachunek sumienia i tłumaczenie tekstu w języku (A) na język (B) są też podobne w 4 etapach, opisanych jako akt hermeneutyczny.

1. Stadium ufności wobec tekstu, że jego istotą jest obecność „czegoś" godnego zaistnienia w świecie innego języka, decyduje o przystąpieniu do zadania (tłumacza).

2. Stadium agresji. Tłumacz chce „znaleźć" i pojąć ów „obcy" byt. Zaczyna od analizy, która jest najazdem (atak), w jej trakcie ma ów byt uczynić jeńcem przez siebie pojmanym.

3. Stadium integracji. Tłumacz da swej ofierze formę: „ciało" znaczenia, werbalizację — równocześnie „przezroczystość obrazu okupioną niewiernością lub odwrotnie, niewierność okupioną brakiem przezroczystości". Pogodzony z tym ma w trakcie przekładu wykazać odwagę rezygnacji z kontroli intelektualnej i iść za głosem intuicji.

4. Stadium: odzyskanie równowagi jest zaistnieniem przekładu jako bytu, tj. tekstu.

Utwórzmy analogię, oglądając rachunek sumienia ze spowiedzią jako stadia „przekładu":

1a. Ufność: szczera, głęboka chęć oczyszczenia sumienia, gotowość odrzucenia zła, żal, że popełniłem zło, przekształca się w „ufność" w miłosierdzie (Bóg pokaja się nade mną).

---

[18] Po niemiecku *lesen* 'ts.', po łacinie *legere,* ros. *czisło* 'liczba', *czitat'* 'liczyć'.

[19] „[...] skończywszy, czuje obcość swego dzieła i oryginału, który swym przekładem rozwodnił, wyczerpał, zredukował. Zdradził" (Steiner 2002: 513–514).

2a. Agresja: bezlitosne tropienie w pamięci, świadomości czynów podejrzanych o naganność.

3a. Integracja. Ustalanie tekstu rachunku: wynik rewizji pamięci, identyfikacja i kwalifikacja zmagazynowanych reliktów czynów, werbalizacja samooskarżenia[20]: „oto m o j e grzechy".

4a. Równowaga. Pojednanie, pogoda (sumienia), wdzięczność, przyjaźń z Bogiem — dodatkowe wartości: głębia żalu, nadzieja utulenia, pokuta, postanowienie poprawy.

Jednak inna niż w „zadaniu przekładu" werbalizacja zadania spowiedzi nie wymaga zmiany kodu: translacja jest wewnątrzjęzykowa. Wchodzący w grę język naturalny jest w rozmowie ze spowiednikiem — z Bogiem — jeden: to język tekstu docelowego! Tekst spowiedzi, czyli komplet sensów rachunku sumienia, jest odpowiednikiem sensów wysnutych z „języka" wyjściowego podświadomości i sumienia. Benjamin uzna go za „język prawdy"[21] wspólnej wszystkim językom. Przygotowanie spowiedzi (selekcja, klasyfikacja grzechów) i sama spowiedź mają być w tym samym języku i ucieleśniać niewidoczny trud „tłumacza". Ten trud zostanie tajemnicą, choć i grzesznik korzysta w rachunku sumienia z podpórek[22], podobnie jak tłumacz z leksykonów. Efekt wykonanego „zadania tłumacza" ma wciągać w kontemplację tekstu i w nim uwięzić, jak to czyni oryginał[23]. Akt mowy to zawsze przekład.

> Zatem każda teoria przekładu to teoria działania języka (Steiner 2002: 555).
> Pytanie: Czym więc jest sam przekład? istnieje nadal, a postępujemy, jakbyśmy odpowiedź znali. W rzeczy samej ją znamy. Jest to tekst w jakimś języku, którego znaczenie odpowiada znaczeniu oryginału (ibidem: 382–383).

Zaś „oryginałem" jest w wypadku spowiedzi zawsze wewnętrzna mowa rachunku sumienia. O niej myśli Grzegorz z Nareku, pisząc o swych *oniemiałych ustach, zamkniętych (na skobel) wargach,* prosząc o *mowę czystą,* gdy *błogosławi słowo „zgrzeszyłem", szukając nazw dla swoich grzechów,* aby, wyznawszy je, błagać o uwolnienie od ciężaru.

Wybrane urywki „Słów" to przykłady zwerbalizowanej kontemplacji: zderzenie sensu z jego metajęzykowym sformułowaniem:

Grzegorz z Nareku — z *Księgi śpiewów żałobliwych*

1.
[...]
Tym oto tutaj jedynym narzędziem mej mowy,
U s t a m i o n i e m i a ł y m i

---

20 I tu zadanie tłumacza — werbalizacja towarzyszy autoanalizie jako jej owoc: zrozumienie, uporządkowanie, wyznanie zła.

21 Inni utożsamią to z rekonstrukcją „struktury głębokiej", może „wspólnej wszystkim językom naturalnym".

22 Posługuje się schematem sugerowanym przez literaturę pomocniczą: książeczki do nabożeństwa i katechizm.

23 Wtedy język naturalny wchodzący w dialog jest jedynym, będzie to język tekstu docelowego.

Z zamkniętymi na skobel wargami,
Przez które daremnie próbuje przemówić mój język,
Przemienię lament rozpaczny
W błagalny śpiew modlitwy,
Aby się wzniósł ku niebu. (Słowo XII, 118)

2.
Lichtarz kadłuba twego, jak lampa wielooka
Zwieńczony został kulistością głowy,
Aby nie ominęła cię łaska obaczenia
Tego, który cię stworzył, I myśl o wiekuistym.
Stałaś się dwakroć bogatsza
Za sprawą daru słowa,
Zdolna chwalić i sławić
Dobrodziejstwa Pana (XLVI, 264)

3.
Nie pozbawiaj mnie potężnego
Kunsztu władania mową [...] (LXXVIII, 396)

4.
Jam ci koń biegły w mowie rozbrykany,
nieokiełznany! Jam ci jest osioł krnąbrny,
Niesforny a oporny, Jam ci cielę niemądre,
Pieszczone a nie nauczone; Jam ci człek opętany,
Wypędzony, zgubiony; [...] (XXII, 157)

5.
Zatem, Jakimże jeszcze słowem potępienia
Miałbym się napiętnować w pokutnym tym zapisie
[...] Nędzna duszo moja, Raz po raz tracąca mowę,
Niezdolna wyrzec słowa, [...]!
Zaiste, gdybym przemienił wszystką wodę morza
W morze atramentu i rozpostarł pergamin
Na miarę tych pastwisk i łanów,
I pociął na pióra wszystkie zarośla trzcinowe,
Przecie nawet i wtedy
Nie zmieściłbym w tym ogromie
Cząsteczki małej wszystkich nieprawości moich! [...]
Skoro masz przed wejrzeniem rozumu
Być jak tarcza do miotania włóczni,
Duszo moja jałowa,
Będę cię kamieniował
Ciężkimi głazami słów moich
Bez litości, jak zwierza dzikiego. (XI, 103–105)

6.
Dech czarci w supeł zawiązał,
na wszystkie zamknął spusty,
Obezwładnił mój język narzędzie chwały Twojej,
Któreś umieścił, Panie,

w stworzonym przez Cię ciele;
Spraw zatem przez miłosierdzie i siłę Ducha Twego,
Tak jak to stoi w Piśmie, I jakeś to uczynił,
Ty, któryś Słowem żywym,
S p r a w, P a n i e, m o c ą c u d u,
A b y m m i a ł m o w ę c z y s t ą! (XVIII, 139)

7.
[...] Zgrzeszyłem przeciw Twej wielkiej dobroci,
Ja człowiek szpetny zgrzeszyłem;
Zgrzeszyłem przeciw Tobie, źródło światła,
Ja, ciemność, zgrzeszyłem [...]
Zgrzeszyłem przeciw Twym darom i podarkom
niepojętym, — Zawsze grzeszyłem; [...]
B ł o g o s ł a w i o n e w i ę c s ł o w o: „z g r z e s z y ł e m!"
Jakoż przywraca ufność sercu memu! (XXVII, 178–179)

8.
Zbłądziłem przez swoje występki i rozpustne myśli,
Z u c h w a ł y m i w a r g a m i s i ę g n ą ł e m p o m o w ę ś w i a t a,
[...] jąłem się czynów hańbiących. (XX, 149)

9.
I gdy w y l i c z ę m e g r z e c h y,
R ó w n i e ż t e n i e w y m o w n e,
O ile skrzydła rozumu zdołają je unieść,
Niech będzie mi odpuszczone, w imię Twoje, Wszechmogący! (XLIX, 283–284)

10.
Przeto człek każdy, jeśli nie ma zamiaru
Oszukiwać się [...] Lecz jeśli sam pozna siebie
I przez to odczuje spólnotę ludzkiego przyrodzenia,
Jeśli dostrzeże swą miarę I nędzę swą ziemską,
Pojmie, że wszystkie rodzaje wspomnianych tutaj grzechów
Wyjawiłem nie bez przyczyny.
I c h o ć n i e u m i a ł e m d a ć p r a w d z i w e j n a z w y
Błędom wielorakim właściwym naturze naszej
Z nieprzebranego mnóstwa owoców zła ukazałem
Małą ich cząsteczkę, Abyście wedle szczypty — Mogli sądzić o reszcie. (VI, 94)

11.
Ujmij w dłoń wszechmogącą
Wiotkie narzędzie mej mowy,
Ty, który rozwiązujesz! Daj mu siłę dźwięku,
Abym mówił dobrze. (XXXV, 230)

Literatura

KAT — *Katechizm Kościoła katolickigo*, Pallottinum Poznań 1994; Corrigenda 1998.

MST 1959 — M. Kowalski, *Mały słownik teologiczny*, Poznań 1959.

MST 1997 — K. Rahner, H. Vorgrimler, *Mały słownik teologiczny*, przeł. T. Mieszkowski, P. Pachciarek, wstęp A. Skowronek, Warszawa.

Św. Augustyn, *Wyznania*, 1954, wstęp, komentarz, przekład J. Czuj, Warszawa.

Św. Augustyn, *Wyznania*, 2002, wstęp, kalendarium, przekład Z. Kubiak, Kraków.

Benjamin W., (1923) 1963, *Die Aufgabe des Übersetzers*, wg: *Gesammelte Schriften*, 1972, 4, 9–21.

Engelking A., 2001, *Pozasakralne funkcje pacierza. Z obserwacji etnografa na pograniczu katolicko-prawosławnym na Grodzieńszczyźnie*, „Etnolingwistyka" (Lublin) 13, 85–100.

Grzegorz z Nareku, 1990, *Księga śpiewów żałobliwych*, wybór, wstęp, przypisy A. Mandalian, tłum. A. Mandalian, W. Dąbrowski, A. Kamieńska, T. Lechowska, M. Starowieyski, W. Woroszylski, „Bibliotheca Mundi", Warszawa.

Herbert Z., 1998, *Brewiarz* (*Panie, dzięki; Panie, obdarz; Panie, pomóż; Panie, wiem*), [w:] *Epilog burzy*, Wrocław.

Karpluk M., 2001, Słownik staropolskiej terminologii chrześcijańskiej, Kraków; rec.: K. Pisarkowa, 2002, „Język Polski" LXXXII, 223–226.

Michałowska T., 2001, *Ego Gertruda*, Warszawa.

Pisarkowa K., 1999, *To jest ów owoc — O „Brewiarzu" Zbigniewa Herberta*, „Język Polski" LXXIX, 1–14.

Steiner G., 2002, *Po wieży Babel. Problemy języka i przekładu*, przeł. O., W. Kubińscy, Kraków.

Wydra W., 1992, *Władysław z Gielniowa. Z dziejów średniowiecznej poezji polskiej*, Poznań.

Zusammenfassung

Beitrag zur Übersetzungstheorie: Analyse der Gewissenserforschung als „Aufgabe des Übersetzers" (vgl. Walter Benjamin). Die Geschichte der Beichte (historische Tatsachen u. Beichttexte) erweist wie auch das Übersetzen ein vierstufiges Handeln: Vertrauen, Angriff, Integration, Gleichgewichtgewinnung.

JĘZYKI ORIENTALNE W PRZEKŁADZIE — KONFERENCJA
ORIENTAL LANGUAGES IN TRANSLATION — CONFERENCE
Kraków, 20–21 maja/May 2002

ANDRZEJ PISOWICZ

Problemy przekładu „z drugiej ręki" na materiale polskiego tłumaczenia *Księgi śpiewów żałobliwych* Grzegorza z Nareku

Uniwersytet Jagielloński

Grzegorz z Nareku (Grigor Narekac^{c}i) jest najwybitniejszym przedstawicielem średniowiecznej poezji ormiańskiej. Żył w drugiej połowie X w. Był wykształconym mnichem, tzw. wardapetem, mieszkającym przez większość życia w klasztorze położonym w małej zachodnioormiańskiej miejscowości o nazwie Narek, w pobliżu jeziora Wan (obecnie w Turcji).

Dziełem życia Grzegorza jest *Matean ołbergowt^{c}ean* (w polskiej popularnej transkrypcji fonetycznej: *Matjan wochpergut^{h}jan*), czyli *Księga śpiewów żałobliwych*[1], wielki poemat filozoficzno-teologiczny składający się z 95 części zwanych „słowami" (po ormiańsku *ban*). Językiem tego utworu, tłumaczonego na parę języków obcych, a także na dwa języki nowoormiańskie (wschodni i zachodni), jest tzw. grabar, czyli język staroormiański, skodyfikowany na początku V w. i notowany przy użyciu rodzimego alfabetu opracowanego przez Mesropa Masztoca.

Arcydzieło Grzegorza z Nareku, mimo iż bardzo trudne w lekturze dla samych Ormian ze względu m.in. na wyszukany, archaiczny styl, było od swego powstania popularne w Armenii, i to w stopniu przypominającym popularność tekstów liturgicznych. Przez wieki Ormianie uczyli się na pamięć fragmentów *Księgi śpiewów żałobliwych*, a ludzie niepiśmienni kładli czasem ową księgę pod wezgłowia chorym w nadziei, iż tekst Grzegorza ma moc uzdrawiającą. O popularności tego utworu świadczy m.in. fakt nazywania go skrótem Narek (co zostanie wykorzystane w niniejszym tekście), choć jest to przecież, jak wspomniałem, nazwa klasztoru.

Matean ołbergowt^{c}ean to utwór napisany białym wierszem o nieregularnej liczbie sylab w poszczególnych wersetach. Oto, tytułem egzemplifikacji, początkowy fragment Słowa 56 w międzynarodowej transliteracji naukowej:

[1] Ta wersja polskiego tytułu pochodzi od Witolda Dąbrowskiego, jednego z tłumaczy Nareku. Została przyjęta przez głównego tłumacza, Andrzeja Mandaliana (por. Literatura). Wykorzystane w niniejszym tekście fragmenty polskiego przekładu są dziełem Andrzeja Mandaliana.

A
Isk zaṙit^{c}sn mahow dipowacs`
Džoxarmat caṙoys daṙnowt^{c}ean ptowłk^{c},
əntanik^{c} t^{c}šnamik^{c}, harazatk^{c} hakaṙakk^{c} ew ordik^{c} dawačanołk^{c},
Storagrec^{c}elovk^{c} masambk^{c}d nšanakec^{c}ic^{c}` greal yanowanê,
Or en aysok^{c}ik.

B
Sirts nanraxorhowrd, berans č^{c}araxôs,
Akns yayratates, akanńs vripalowr,
Jeṙns mahajig, erkamownk^{c}s anp^{c}orj,
Otns molorašawił, ənt^{c}ac^{c}k^{c}s anerkiwł,
Hetk^{c} xotornak, šownč^{c}k^{c} cxaxaṙn,
Gnac^{c}k^{c} xawarayin, goyowt^{c}iwn lerdi vimakan,
Xorhowrd coreal, kamk^{c} ankayown,
Č^{c}ar anp^{c}op^{c}ox, baremasnowt^{c}iwn sasaneal.

Współczesną tradycyjną wymowę tego fragmentu, opartą na wymowie liturgicznej grabaru, w wersji wschodnioormiańskiej (używanej przez Ormian z Armenii i Iranu), w polskiej popularnej (uproszczonej) transkrypcji fonetycznej (por. Pisowicz: 35–36 i n.), można oddać następująco:

A
Isk zarrit^{h}ysyn mahu dipwac:ys,
Dyżocharmat c:arrujs darrnut^{h}jan pytuchk^{h},
Yntanik^{h} t^{h}ysznamik^{h}, harazatk^{h} hakarrakyk^{h} jew wort^{h}ik^{h} dawacz:anochk^{h},
Storagrecelofk^{h} masampk^{h}yd nyszanakecic grjal hanwane,
Wor en ajsok^{h}ik.

B
Sirtys nanrachorurt^{h}, beranys czarachos,
Aknys hajratates, akandżys wripalur,
Dzerrnys mahadzig, jerkamunk^{h}ys anp^{h}orc,
Wotnys moloraszawigh, ynt^{h}ack^{h}ys anerkjugh,
Hetk^{h} chotornak, szunczk^{h} cychacharryn,
Gnack^{h} chawarajin, gojut^{h}jun lert^{h}i wimakan,
Chorurt^{h} c:orjal, kamk^{h} ankajun,
Czar anp^{h}op^{h}och, baremasnut^{h}jun sasanjal.

(Akcent pada na ostatnią sylabę wyrazu, chyba że zawiera ona zredukowaną samogłoskę *ə*, w polskiej transkrypcji popularnej notowaną jako *y*; wówczas akcent cofa się na przedostatnią sylabę.)

Dobrą, bo celną i zwięzłą, charakterystykę treści omawianego tu dzieła daje polski tłumacz Grzegorza, poeta ormiańskiego pochodzenia Andrzej Mandalian. Cytuję fragment jego wstępu (KŚż: 5): „*Księga śpiewów żałobliwych*, synteza ducha chrześcijaństwa wschodniego, to poezja pytań podstawowych, pytań o sens losu ludzkiego. Powstała u styku mileniów, pisana z perspektywy Sądu Ostatecznego, wydaje się stanowić wygłoszoną na nim mowę oskarżycielską i obrończą zarazem, wypowiedzianą w skrajnej rozpaczy, ale i z przyświecającą wbrew wszystkiemu nadzieją. Podstawowe jej jądro przedstawia problem grzechu — zła tkwiącego w człowieku i ludzkiej wobec niego bezsilności".

Wiele miejsca w arcydziele Grzegorza z Nareku zajmują problemy żalu za grzechy i pokuty. Wnikliwą analizę lingwistyczno-semantyczną tego materiału przedstawiła na konferencji translatologicznej w Krakowie 20 maja 2002 r. pani prof. dr hab. Krystyna Pisarkowa (por. tekst jej wystąpienia w niniejszej publikacji, s. 57–66), której tu dziękuję za zachętę do zajęcia się Narekiem i za cenne uwagi, które wpłynęły na ostateczny kształt niniejszego tekstu.

Zajmę się w nim jedynie pewnymi aspektami językowymi związanymi z przekładem tego utworu na język polski, pozostawiając oczywiście na uboczu interesujący skądinąd splot zagadnień poznawczych z pogranicza psychologii i lingwistyki. Nie odpowiem, rzecz jasna, na nasuwające się pytania typu: na ile szczery może być żal pokutnika (uczucie szczególnie głębokie, rozwijające się w sferze „podwerbalnej" świadomości), wyrażany w tak wyszukanych, wyrafinowanych frazach, jakie wypełniają wielki poemat Grzegorza? Czy wypowiadał się on wyłącznie w swoim własnym imieniu (choć odpowiedzialność brał na siebie z pewnością indywidualnie), czy też w imieniu całej ludzkości (skoro lista przywar jest w jego tekście tak bogata, że robi wrażenie uniwersalnej)? A może był skrupulatem doznającym ukojenia udręk dusznych poprzez konstruowanie misternych figur poetyckich, które przecież musiały mu przynosić satysfakcję, uczucie całkowicie sprzeczne z istoty rzeczy z żalem za grzechy? Może to był rodzaj swoistej ekspiacji? Bo nie wiemy przecież, czy owe kunsztowne metafory łatwo się rodziły pod piórem Grzegorza, czy też wymagały odeń cierpień twórczych.

Wracam do spraw ściśle językowych. Polski przekład, obejmujący mniej więcej trzy czwarte całości, ukazał się w Warszawie w 1990 r. w serii „Bibliotheca Mundi" (Państwowy Instytut Wydawniczy). Został on dokonany „z drugiej ręki", mianowicie z przekładu filologicznego na język rosyjski. Autorkami owego przekładu były panie Margarita Darpinian i Lena Chanlarian z Matenadaranu (Instytut Rękopisów Dawnych w Erywaniu). Ja z kolei do opracowania niniejszego tekstu wykorzystałem m.in. poetycki przekład rosyjski pióra Nauma Griebniewa (Erywań 1977), który towarzyszy edycji oryginału (wydanie równoległe), zaopatrzonej ponadto we fragmenty dosłownego (filologicznego) przekładu prof. dr Lewona Mykyrtcziana i wspomnianej już Margarity Darpinian.

* * *

Wstępnym etapem przekładu, nie tylko literackiego, ale i każdego innego (w tym użytkowego), jest ustalenie, kto w języku źródłowym wypowiada czy pisze dany tekst, do kogo, w jakim kontekście kulturowo-czasowym i w jakim celu (Pisarska, Tomaszkiewicz: 90). Następnie należy przyjąć w miarę jednolitą koncepcję wyboru wariantu stylistycznego języka docelowego, na który dokonane ma zostać tłumaczenie.

W przypadku tekstu z odległej czasowo i kulturowo epoki należy się zdecydować, czy przekład ma być archaizowany, a jeśli tak, to w jakim stopniu, za pomocą jakich środków?

Poemat Grzegorza z Nareku powstał tysiąc lat temu, w bardzo różnych od współczesnych nam uwarunkowaniach kulturowych. Toteż pewna archaizacja polskiego przekładu wydaje się tutaj słusznym postulatem metodologicznym. Na takim stanowisku stanął polski tłumacz A. Mandalian. Wybrał on wariant umiarkowany. W pierwszym fragmencie (A) Słowa 56 mamy tylko jeden archaizm leksykalny (*wedle*), w drugim (B) jest ich więcej: od archaizmów morfologicznych (*i w uściech mych*) aż po składniowe (*Jam ci jest ścieżka kręta*). Przekłady rosyjskie, zarówno filologiczny jak i poetycki, wykazują w przypadku cytowanych „ust" również archaizm, tyle że wyłącznie leksykalny: użyty został występujący już niemal tylko w poezji wyraz *уста* zamiast współczesnego synonimu *рот*.

Pierwszym etapem „konkretnej" pracy tłumacza jest, jak mi się wydaje, ustalenie podstawowych, kluczowych dla danego fragmentu, leksykalnych odpowiedników między oryginałem a powstającym tekstem przekładu. Nie zawsze jest to arytmetyczna odpowiedniość A = B. Nieraz jednemu wyrazowi oryginału musi z konieczności odpowiadać w języku docelowym grupa wyrazowa: nominalna czy wręcz całe zdanie. W przypadku tłumaczenia z takiego języka jak ormiański (podobnie zresztą byłoby przy tłumaczeniu z niemieckiego) na języki słowiańskie dotyczy to np. wyrazów złożonych, w które języki ormiańskie, zarówno starożytny, jak i oba współczesne, obfitują.

Tłumacz słowiański, Polak czy Rosjanin, musi niekiedy „rozładować" ormiańskie compositum. Traci na tym ekspresywność i oszczędność formalna przekładanego oryginału.Weźmy dla przykładu przymiotnik złożony *džox-armat* z drugiego wersetu Słowa 56. Jego pierwszym elementem jest rzeczownik *džox* 'piekło', a drugim – również rzeczownik *armat* 'korzeń'. Całość wyraża cechę posiadania „piekielnych korzeni". Tłumacz na język słowiański nie ma wyjścia: musi tu użyć opisu. Drzewo, które taką właśnie cechę miało posiadać (oczywiście w sensie metaforycznym), tłumacze ormiańscy opisali (w przekładzie filologicznym towarzyszącym erywańskiej edycji oryginału) jako: *дерево, корни которого в аду*. Idąc za rosyjskim przekładem filologicznym, polski tłumacz napisał o owocach *krzewu* (nie „drzewa"), *który się rozrósł na korzeniu piekieł* (Kśż: 322).

Znalezienie właściwych odpowiedników leksykalnych dla kluczowych wyrazów oryginału wiąże się nieraz oczywiście z wieloma problemami. Trudno bowiem mówić o jednoznacznych odpowiednikach leksykalnych nawet w odniesieniu do całkiem banalnych, zdawałoby się, pojęć, jak: słońce, głowa, życie, dom, czy podstawowe czynności i stany, także cechy.

Z jednej strony, poszczególne języki dysponują licznymi nieraz synonimami (np. odpowiednikiem polskiej *głowy* mogą być niemieckie dwa rzeczowniki: *Kopf* i *Haupt*), a z drugiej — nawet przy ustaleniu optymalnego odpowiednika w języku docelowym — otoczka skojarzeń związanych z danym wyrazem (np. w zakresie związanej z nim frazeologii), innymi słowy — jego pełny sens w konkretnym użyciu, może niekiedy wymagać daleko idącej innowacji, w której tłumacz musi się zdecydować na wybór najlepszego, jego zdaniem, ekwiwalentu, z góry zresztą obciążonego znaczną odległością semantyczną od oryginału.

Weźmy na przykład przymiotnik *anerkiwł*, użyty przez Grzegorza z Nareku w 4. wersecie części B Słowa 56. Przymiotnik ten, określający rzeczownik *ənt^{c}ac^{c}k^c* 'chód, krok' znaczy dosłownie 'nieustraszony'. Po polsku może on być tylko pozytywnie odebrany: 'nieustraszony krok' to krok dobry, bo pewny, niezwiązany z lękiem, który by go mógł spowolnić lub skierować w niewłaściwą stronę.

A tymczasem kontekst, w którym występuje *ənt^{c}ac^{c}k^{c}s anerkiwł* (morfem *-s*, kończący pierwszy wyraz, nie jest istotny dla naszych rozważań) to przecież swoista „litania grzechów", w której nie ma miejsca na pozytywne określenia. Sądzę, że *anerkiwł* znaczy tu, owszem, 'pozbawiony strachu', lecz chyba chodziło Grzegorzowi w tym wypadku o strach „pozytywny", mianowicie o obawę przed popełnieniem zła (por. *bojaźń Boża, bogobojny* — to są przecież dodatnie określenia). Tak więc *anerkiwł*, dosłownie 'nieustraszony', w tym fragmencie *Księgi śpiewów żałobliwych* znaczy zapewne nie tyle 'wolny od lęku', co 'pozbawiony ostrożności', a więc jednak chodzi tu o wadę, a nie o zaletę.

Nie zrozumieli chyba tego należycie ormiańscy tłumacze (L. Mykyrtczian i M. Darpinian), skoro w swym przekładzie filologicznym napisali (Mo: 458, w. 5 od dołu): *я не знающий страха сомнений* ('ja, który nie znam strachu przed wątpliwościami'). Nie wiadomo, skąd mają pochodzić owe wątpliwości, w oryginale nie ma o nich mowy. A. Mandalian słusznie uznał to za fałszywy trop i w swym przekładzie grupę *ənt^{c}ac^{c}k^{c}s anerkiwł* całkowicie pominął.

Niekiedy ze względu na przenośne znaczenie użytego w oryginale wyrazu trzeba się zdecydować na odległy semantycznie odpowiednik czy opis względnie — w zależności od przeznaczenia tekstu — zastosować przypis. Dotyczy to np. wyrazu *erkamownk^{c}s* z 3. w. fragmentu B Słowa 56. Przede wszystkim oznacza on 'nerki', ale w danym kontekście ma znaczenie przenośne, znane już ze Starego Testamentu, mianowicie 'wnętrze' (tak u A. Mandaliana) lub 'sumienie'.

W przypadku tłumaczenia „z drugiej ręki" właściwy dobór podstawowych odpowiedników leksykalnych w języku docelowym może niekiedy zostać utrudniony przez dwu-/wieloznaczność wyrazu w języku przekładu „pośredniego" (= „druga ręka"). Tłumacz musi tu wykazać szczególną czujność wobec możliwych pułapek.

Przykładem takiej właśnie pomyłki jest, jak mi się zdaje, fragment Słowa 51 Nareku. Przekład polski jednego z wersetów części B tego Słowa (Kśż: 293) brzmi następująco: *Gdy się **uniewinniamy**, Ty się uśmiechasz* (poeta mówi to do Boga). W oryginale jest tu użyty (w pierwszym zdaniu) czasownik *ardaranamk^c*, forma inchoatywna utworzona od przymiotnika *ardar* 'sprawiedliwy'. A więc *ardaranamk^c* to 'usprawiedliwiamy się, tłumaczymy się', a nie 'uniewinniamy się'. Trzytomowy *Słownik języka polskiego* (PWN 1981) w ogóle nie notuje formy zwrotnej czasownika *uniewinniać*. Być może „zawiniła" tu dwuznaczność (w stosunku do języka polskiego) rosyjskiego czasownika *оправдать*, który przede wszystkim znaczy 'usprawiedliwiać', ale w języku prawniczym, np. w zwrocie *оправдать подсудимого*, odpowiada polskiemu *uniewinnić oskarżonego*.

Nie mam wprawdzie dostępu do rosyjskiego przekładu filologicznego, z którego korzystał A. Mandalian (w dostępnym mi wydaniu erywańskim z 1977 r. tego fragmentu brakuje), ale powyższy trop uważam za bardzo prawdopodobny, choćby z tej racji, że słowniki ormiańsko-rosyjskie czasownik *ardaranal*, występujący także we współczesnym języku, tłumaczą za pomocą rosyjskiego *оправдаться*.

Rosyjski przekład poetycki N. Griebniewa pozostaje tu w zgodzie z oryginałem: *покаемся* (Mo: 309) „wyrażamy skruchę, przyznajemy się do winy".

Z powyższego przykładu wynika, iż tłumacz korzystający z przekładu filologicznego (tzw. rybki) winien wyjaśnić z autorem tej właśnie, „pośredniej" niejako, wersji tekstu wszelkie ewentualne niejasności wynikające z nieuchronnej nieraz wieloznaczności wyrazów.

* * *

Elementem, który pragnąłbym szczególnie uwypuklić w niniejszym artykule, jest rola ekwiwalencji składniowej w przekładzie literackim. Mam na myśli konieczność zachowania, w miarę możliwości, paralelizmu między strukturami składniowymi oryginału a strukturami języka docelowego w przypadku dłuższych partii tekstu. Rezygnacja z paralelizmu może niekiedy nie tylko obniżyć ogólną ekwiwalencję stylistyczną obu tekstów, ale także utrudnić rozumienie fragmentów, w których tłumacz, być może w dobrym celu i świadomie, np. dla uniknięcia monotonii, łamie jednolitą składniowo strukturę oryginału i zastępuje ją dwiema (kilkoma) różnymi strukturami.

Postulat ten pragnę zilustrować porównaniem słowiańskich tłumaczeń fragmentu B Słowa 56 Nareku z oryginałem staroormiańskim. Otóż po krótkiej części wstępnej (A) tego Słowa, w której występuje jedna forma osobowa czasownika (jest nią 1. osoba sing. coniunctivi aoristi *nšanakec^{c}ic^{c}* w znaczeniu zwykłego czasu przyszłego 'oznaczę, przedstawię, wyliczę'), następuje obszerna (62 wersety) druga część (B) stanowiąca swojego rodzaju „wykaz" grzechów, wad, ułomności moralnych i wszelkich przywar autora (lub człowieka w ogóle). „Wykaz" ten swoim poetyckim stylem przypomina litanię. Jego istotną cechą charakterystyczną jest nominalny charakter: dopiero w 55. wersecie (na łączną liczbę 62) pojawia się w tym fragmencie osobowa forma czasownika.

Ten „nominalny" charakter fragmentu B jest zresztą expressis verbis zapowiedziany przez autora we wstępnej części (A), gdzie po orzeczeniu *nšanakec^{c}ic^{c}* 'przedstawię, wyliczę' mamy: *greal* ***yanowanê****, or en aysok^{c}ik*, czyli dosłownie: „napisawszy z i m i e n i a, które [chodzi o wady, grzechy — A. P.] są te:" i tu następuje początek listy: „(moje) serce bezmyślne" (dosłownie 'serce pustej myśli'); „(moje) usta złorzeczące" itd.

Przekład filologiczny pióra L. Mykyrtcziana i M. Darpinian stosuje, za oryginałem, konstrukcje nominalne: *Мое суетное сердце, мои злоречивые уста* itd. (Mo: 458). Inaczej postępuje twórca rosyjskiego przekładu poetyckiego N. Griebniew, wprowadzając tu, moim zdaniem niesłusznie, konstrukcje zdaniowe: ***Я*** *сердцем хмур, устами злоречив. Мой слух неверен* itd. (Mo: 355). Nie wiem, czy polski tłumacz poszedł tu za przekładem N. Griebniewa, czy też postąpił niezależnie od niego. W każdym razie A. Mandalian również przetransponował oryginalne zwroty typu rzeczownik plus przydawka na pełne zdania: ***Jam jest*** *marnego serca, i w uściech mych* ***nie masz*** *prawdy* itd. (Kśż: 322).

Być może polski (czy rosyjski) tekst tej długości (55 wersetów), pozbawiony form osobowych czasownika byłby faktycznie: 1) trudny do zredagowania, 2) zbyt nużący dla współczesnego czytelnika. Tak czy owak, przekład taki, jaki mamy, zarówno polski, jak i rosyjski, pozostawia pewien niedosyt. Bowiem np. w tekście A. Mandaliana czytamy, iż grzechy, wady, w pierwszym wersecie nazwane „orędownikami śmierci", zostaną wyliczone *wedle ich* ***imion***. A tymczasem otrzymujemy nie imiona (w sensie: nomina), lecz całe zdania. Na szczęście jednak A. Mandalian ogranicza się niemal wyłącznie do zdań nominalnych zaczynających się od *jam*. Jest to lepszym rozwiązaniem niż to, które wybrał N. Griebniew, rezygnujący w ogóle z zapowiedzi wyliczenia „listy grzechów i wad". Dzięki temu jednak, z kolei, mniej rażą w rosyjskim przekładzie poetyckim częstsze niż u A. Mandaliana zdania z formami osobowymi różnych czasowników (oprócz dominujących zdań nominalnych z typowym dla języka rosyjskiego brakiem łącznika: *Я — дичь... Я — узник* itd.; Mo: 355).

Pragnąłbym jednak przy okazji wystąpić w obronie Grzegorza z Nareku przed współczesnym krytykiem/czytelnikiem zarzucającym mu nieznośną monotonię stylu (wielosłowie). Zarzut taki nie byłby całkowicie uzasadniony, przynajmniej w odniesieniu do analizowanego tu fragmentu dzieła klasyka ormiańskiej poezji średniowiecznej. Otóż „wyliczanka" wad i grzechów ze Słowa 56 tylko w początkowej części oparta jest na grupach typu: nazwa części ciała (kolejno: serce, usta, oko, ucho, ręka, nerki, noga) plus złożony przymiotnik w funkcji atrybutywnej (po dwie tego rodzaju grupy w każdym wersecie). Po częściach ciała, których liczba jest — z natury rzeczy — ograniczona, następują, w funkcji wyrazów określanych, rzeczowniki abstrakcyjne związane z różnymi aspektami „funkcjonowania" człowieka, a więc: chód (krok), oddech, myśl, wola. A więc mamy tu pewne urozmaicenie tematyczne.

Trzecią grupą semantyczną, którą w omawianym fragmencie można wyróżnić, są metaforyczne określenia podmiotu lirycznego w postaci rzeczowników oznaczających żywe istoty, takie jak: zwierzę, ptak, a po nich ludzie — zbieg, rozbójnik, żołnierz, wojownik, robotnik, duchowny (tym akurat Grzegorz był faktycznie), pisarz (w sensie: kancelista), sofista, retor. Podobnie jak w poprzednich odcinkach, i tutaj każdemu z wymienionych rzeczowników towarzyszy przydawka wyrażona przymiotnikiem lub imiesłowem.

W czwartej grupie jądrami figur poetyckich są inne rzeczowniki: postać (kształt), twarz, oblicze, barwa, potrawa, smak, ogród, winorośl, kłos, miód. Jak wcześniejsze, tak i te rzeczowniki są metaforami określającymi autora tekstu (czy też człowieka w ogóle). Grzegorz był wrażliwy na stronę brzmieniową swego tekstu. Stosował niekiedy gry słów oparte na homonimii, np. *ort^c ordnahar* (w wymowie: [*wort^c wort^{h}nahar*]) — „winorośl zżarta przez glisty" (Mo: 356; Kśż: 323).

Następne grupy metafor oparte są kolejno na substantywizowanych imiesłowach (*wyklęty*, *wygnany*, Kśż: 324) i rzeczownikach abstrakcyjnych (u A. Mandaliana: *Jam ci jest złość niezbożna*, Kśż: 324) itd. aż po kolejną grupę rzeczowników oznaczającą osoby: król, cesarz, książę, sędzia, chłop. A wszystkim towarzyszą wyszukane przydawki.

Jak widzimy z tego krótkiego przeglądu treści drugiego fragmentu Słowa 56, Grzegorz myślał o czytelniku swego tekstu i brał pod uwagę jego wytrzymałość na zmęczenie, z pewnością jednak większą w X w. niż obecnie, kiedy tempo życia nabrało niepokojących rozmiarów.

Dodatek

I. Przekład filologiczny początku Słowa LVI *Księgi śpiewów żałobliwych* Grzegorza z Nareku

A

1. Zwiastunami śmierci są w moim przypadku
2. Gorzkie owoce (= wady) drzewa mego (żywota), którego korzenie (tkwią) w piekle,
3. (jak) wrogo nastawiona do siebie rodzina, (jak) walczący ze sobą krewni i synowie wzajemnie się zdradzający.
4. Wszystkie te wady przedstawię niżej szczegółowo nazywając każdą z imienia.
5. Oto one:

B

6. (Moje) serce bezmyślne, (moje) usta złorzeczące,
7. (Moje) oko bezwstydne, (moje) ucho błędnie słyszące,
8. (Moja) ręka niosąca śmierć, (moje) nerki (w znaczeniu: wnętrze, sumienie) godne odrzucenia (potępienia),
9. (Moja) noga (stąpająca) po błędnych drogach, (mój) chód nieustraszony (w sensie: pozbawiony ostrożności),
10. Krok niepewny, oddech cuchnący,
11. Chód mroczny, istnienie skamieniałej wątroby (w sensie: otępiały duch),
12. Rozproszona (rozpływająca się) myśl, wola niestała,
13. Niezmienne zło, dobro zachwiane...

(tłum. Andrzej Pisowicz)

II. Przekład poetycki Andrzeja Mandaliana

A

Orędownicy śmierci,
Gorzkie owoce krzewu,
Który się rozrósł na korzeniu piekieł —
To są wrogowie moi w moim własnym domu;

Bracia moi — nieprzyjaciele,
Sprzeniewiercy — synowie moi,

Których wedle ich imion spisawszy,
Wyliczam tu dokładnie.

B
Jam jest marnego serca,
I w uściech mych nie masz prawdy;
Oko spoziera sprośnie,
Ucho zawodzi, mylące,
Wnętrze moje — nieczyste,
Obyczaje — zuchwałe,
Ramię — nawykłe do śmierci
Nogi zgubiły drogę.

Jam ci jest ścieżka kręta,
I oddech smrodliwy,
Krok stawiany w ciemnościach,
I skamieniałe czucia;
Jam ci jest myśl niespójna,
I wola niestała,
Jam jest zło niepoprawne
I cnota zachwiana...

Summary

Problems of "second-hand" translation as seen in the Polish translation of the *Book of Lamentation* by Grigor of Narek

Grigor of Narek was the most important Armenian medieval poet (10th century). His *Book of Lamentation* (*Matean Olbergowtʿean*) was published in Polish in Warsaw 1990. The translators (mainly Andrzej Mandalian) had used the Russian word-for-word translation of Margarita Darpinian and Lena Khanlarian. The author of the paper compares the Polish "second-hand" translation with the Old Armenian original and shows, among other things, the importance of preserving (in translation) the uniformity of original grammatical structure, even in cases when such a text may seem monotonous to modern readers.

Literatura i skróty

Grigor Narekacʿi, *Matean olbergowtʿean* [oryginał staroormiański z równoległym przekładem rosyjskim: Grigor Narekaci, *Kniga skorbi*], Erevan 1977.

Grzegorz z Nareku, *Księga śpiewów żałobliwych*, wybór, wstęp i przypisy A. Mandalian, przeł. A. Mandalian, W. Dąbrowski, A. Kamieńska, T. Lechowska, M. Starowieyski, W. Woroszylski, Warszawa 1990.

Pisarska A., Tomaszkiewicz T., *Współczesne tendencje przekładoznawcze*, Poznań 1998.

Pisowicz A., *Gramatyka ormiańska*, Kraków 2001.

Słownik języka polskiego PWN, t. I–III, Warszawa 1978–1981.

Kśż — *Księga śpiewów żałobliwych*
Mo — *Matean olbergowtʿean*

JĘZYKI ORIENTALNE W PRZEKŁADZIE — KONFERENCJA
ORIENTAL LANGUAGES IN TRANSLATION — CONFERENCE
Kraków, 20–21 maja/May 2002

ANDRZEJ ZABORSKI

Czy istnieje przekład „filologiczny”?

Uniwersytet Jagielloński

Kiedy na początku lat sześćdziesiątych byłem na Uniwersytecie Jagiellońskim studentem filologii arabskiej, semitystyki oraz tzw. afrykanistyki, jedyną metodą nauczania języków egzotycznych była metoda przeniesiona z filologii klasycznej, tj. metoda gramatyczno-tłumaczeniowa. Metoda ta dawała dobrą i mającą praktyczne zastosowanie znajomość gramatyki opisowej i umiejętność analizy tekstu, ale, jak wiadomo, nie dawała praktycznej umiejętności mówienia nauczanymi językami, co związane było nie tylko z samą metodą, ale również z tym, że mający za sobą tradycyjne gramatyczno-tłumaczeniowe studia nauczyciele najczęściej sami nie potrafili normalnie mówić nauczanymi przez siebie językami i posiadali tylko tzw. znajomość bierną czyli znali język raczej „z widzenia”. Wbrew temu, czego można by się spodziewać, metoda gramatyczno-tłumaczeniowa nie uczyła także tłumaczenia, czyli przekładu. Można nawet powiedzieć, że najczęściej poprawnego przekładu wręcz oduczała, czego przykładem tłumaczenie *Baśni z 1001 nocy* autorstwa arabistów krakowskich, które, chociaż oryginał jest stosunkowo łatwy, wymagało przekładu wewnętrznego, dokonanego przez Jerzego Ficowskiego. Tłumaczenie w trakcie ćwiczeń ograniczało się do ustnego objaśniania po polsku oryginału, który miało się cały czas dosłownie przed oczami. Takie ustne tłumaczenie było zrozumiałe dla innych osób znających w odpowiednim zakresie dany język i mających oryginał przed oczami, ale w żadnym wypadku nie nadawało się do zarejestrowania. W wypadku zapisu takie tłumaczenie na język polski okazywało się często niezrozumiałe bez oryginału (tłumaczenie na polski należało dopiero powtórnie tłumaczyć na polski, posługując się oryginałem!), a co najmniej pełne błędów gramatycznych i stylistycznych, które przy tłumaczeniu ustnym uchodziły niezauważone lub też były tolerowane. W skrajnych wypadkach wychodził prawie bełkot. Dopiero przy okazji pisania pracy magisterskiej trzeba było dać pisemną wersję tłumaczenia jakiegoś tekstu i tutaj dawał o sobie znać brak nauczania przekładu jako takiego. Ze znanych mi z okresu mniej więcej czterdziestu lat prac magisterskich zaledwie kilka zawierało przekłady dobre albo przynajmniej akceptowalne, a tylko jedna bardzo dobre. Ten smutny stan rzeczy usprawiedliwiano ideologią głoszącą, że na filologii dajemy tłumaczenia filologiczne, rzekomo jedyne naukowe, stojące bez porównania wyżej niż przekłady tzw. literackie, a tym bardziej, nie daj Boże, tzw. wolne. Od samego początku studiów interesowało mnie, co to takiego przekład filologiczny i w ogóle jakie są kryteria dobrego przekładu i metody przekładania. Na to pytanie nikt albo nie umiał dać odpowiedzi, albo pryncypialnie odmawiał dyskusji. Przekład filologiczny miał być „po prostu" najwierniejszy, najdokładniejszy i najlepszy.

Od dłuższego czasu jest znane i, co ważniejsze, przez większość akceptowane, banalne stwierdzenie, iż znajomość języka obcego nie oznacza automatycznie, poza tekstami najprostszymi, umiejętności poprawnego tłumaczenia (obojętnie, w którą stronę!). Tłumaczenie jest umiejętnością w znacznym stopniu niezależną od mówienia i czytania w języku obcym, której trzeba uczyć osobno. Pomijam tutaj nietypowy przypadek indywidualnych talentów tłumaczy posiadających odpowiednią wrodzoną intuicję tłumaczeniową. Od dłuższego czasu przekładu, i do tego różnych typów przekładu, uczy się mniej lub bardziej systematycznie i intensywnie, chociaż tzw. filologie orientalne w żadnym wypadku do czołówki w tym zakresie nie należą, aczkolwiek prawdopodobnie w Instytucie Filologii Orientalnej po raz pierwszy na Uniwersytecie Jagiellońskim wprowadzony został wykład z teorii przekładu, który w r. 1966 zaproponowałem po dyskusji z moim kolegą i przyjacielem dr Jaromirem Mašą, indianistą z Pragi, i który prowadziłem przez wiele lat — jak długo, nie jestem już w stanie ustalić, bo UJ sam niszczy swoją historię, nie prowadząc normalnego archiwum i nie publikując spisów wykładów. Powstała także na świecie ogromna literatura przedmiotu, tj. wielka liczba publikacji teoretycznych. Prace teoretyczne (osobną grupę stanowią prace o charakterze „błędologicznym" i krytycznoliterackim, oceniające konkretne tłumaczenia) wniosły dużo nowego, ale w powodzi tego typu publikacji od dłuższego czasu większość stanowią prace powtarzające rzeczy od bardzo dawna dobrze znane. Nie wiem, czy w chwili obecnej jest ktoś, kto zna całą ogromną literaturę dotyczącą teorii przekładu. Ogromna liczba rozproszonych publikacji nie powinna jednak służyć do usprawiedliwiania nieczytania i nieoceniania tychże i, co gorsza, do zwalniania siebie samego od obowiązku jasnego deklarowania oryginalności swoich tez i dokumentowania źródeł tez przejmowanych od innych. Faktem jest, że o przekładzie zwanym głównie w kręgu niemieckim, i stąd także w polskim, przekładem filologicznym od jakiegoś czasu nie mówi się i nie pisze prawie w ogóle. Czy „przekład filologiczny" należy już więc do lamusa? Faktem jest także, że w Polsce i co najmniej w Niemczech do chwili obecnej ukazują się przekłady określane przez autorów jako „filologiczne". Pytanie postawione w tytule niniejszego tekstu obejmuje kilka pytań szczegółowych: 1. Co oznaczało lub przynajmniej miało oznaczać w przeszłości w teorii i w praktyce „tłumaczenie filologiczne"? 2. Czy pojęcie „przekładu filologicznego" należy już do przeszłości? 3. Czy ma lub też miałoby jakąś wartość teoretyczną i praktyczną nowe spojrzenie na przekład filologiczny, jego zdefiniowanie oraz ustalenie metody?

Od wielu lat poszukiwałem definicji przekładu filologicznego w różnych slownikach i encyklopediach językoznawstwa oraz literaturoznawstwa, a także w pracach z teorii przekładu. Bezskutecznie! Muszę jednak zastrzec się, że chociażby ze względu na powszechnie znaną tragiczną mizerię bibliotek polskich dość licznych publikacji nie byłem w stanie sprawdzić, co, jak powiedziałem, niczyjej ignorancji nie może być usprawiedliwieniem. Faktem jest, że o przekładzie/tłumaczeniu filologicznym nie wspomina np. ani *Routledge Encyclopedia of Translation Studies* pod red. M. Baker i K. Malmkjaer (London–New York 1998), ani *Mała encyklopedia przekładoznawstwa* pod red. U. Dąmbskiej-Prokop (Częstochowa 2000). Definicję przekładu filologicznego podaje *Tezaurus terminologii translatorycznej* pod red. J. Lukszyna (Warszawa 1993, s. 353). Definicja ta brzmi: „Tłumaczenie filologiczne: procedura polegająca na zastąpieniu jednostek leksykalnych tekstu wyjściowego przez analogiczne jednostki języka przekładu, stanowiąca wstępny etap tłumaczenia". Jest jasne, że taka umowna definicja nie ma nic wspólnego z przekładem filologicznym w ujęciu tradycyjnych filologów. Poza niektórymi typami przekładu maszynowego zastępowanie jednostek leksykalnych jednostkami leksykalnymi drugiego języka — inaczej: przekład leksykalny — jest manewrem zdecydowanie błędnym. Niestety, nie tylko mały Jasio wyobraża sobie, że tłumaczenie polega na zastępowaniu wyrazów jednego języka wyrazami drugiego, ale coś takiego wyobraża sobie i próbuje stosować w praktyce znaczna część studentów wyższych lat np. filologii arabskiej, wyszukujących kolejne wyrazy w słowniku, a nie przeprowadzających najpierw np. wstępnej analizy syntaktycznej. Skoro definicja *Tezaurusa* nie daje oczekiwanej definicji przekładu filologicznego, to gdzie takiej szukać? A może taka definicja nie istnieje? Tylko w ograniczonym zakresie możemy domniemywać, czym w ujęciu tradycyjnej filologii jest przekład filologiczny, na podstawie krążących w obiegu definicji przekładów będących w opozycji, czyli „niefilologicznych", tj. „przekładu literackiego/artystycznego" i „przekładu wolnego". Może przekład filologiczny to po prostu przekład „nieliteracki" i „niewolny"? Praktyczny sposób na określenie definicji to badanie metod tłumaczy filologów, autorów przekładów najczęściej z dumą określanych jako „filologiczne". Przykładem mogą być tłumaczenia tak wybitnych polskich arabistów, jak T. Kowalski oraz T. Lewicki. Najbardziej rzucającym się w oko, często równocześnie wpadającym w ucho, symptomem przekładu „filologicznego" są nawiasy, w których tłumacze umieszczają wyrazy albo grupy wyrazów, których rzekomo w oryginale nie ma, ale które albo są zgoła niezbędne do zrozumienia przekładu w ogóle, albo przynajmniej w znacznym stopniu ułatwiają zrozumienie, ewentualnie, co wydaje się najrzadsze, nadają przekładowi stylistyczną „gładkość". Żeby ocenić sensowność stosowania takich wstawek w nawiasach, należy przeprowadzić prosty test: 1. Jeżeli bez tych wstawek znaczenie jest inne, to istnieje możliwość, że tłumacz dodał coś, czego w tekście nie ma; za przykład może posłużyć np. fragment nowego żydowskiego przekładu Genesis I, 3: „Bóg zechciał aby było światło (duchowe)" (*Tora Pardes Lauder*, red. S. Pecaric, Kraków 2001, s. 2), w którym umieszczone w nawiasie określenie *duchowe* wywołało zaciekawienie Czesława Miłosza (zob. jego recenzję w „Tygodniku Powszechnym"), chociaż jest w oczywisty sposób błędne (chodzi tylko o światło fizyczne, rozróżnienie dnia i nocy) i ma swoje źródło w wykorzystywaniu tekstu Starego Testamentu do celów mistycznych. 2. Jeżeli bez tych wstawek tekst przekładu ma takie samo znaczenie, to znaczy, że wstawki są niepotrzebne, czyli istnieje prawdopodobieństwo, że tłumacz dodał coś niepotrzebnego. 3a. Jeżeli bez tych wstawek oryginał jest niezrozumiały albo w stosunku do oryginału trudno zrozumiały, to rzekome wstawki nie są żadnymi wstawkami, tylko stanowią nieodłączną część danego tekstu i umieszczać ich w nawiasach jako coś, czego rzekomo w tekście nie ma, nie wolno. 3b. Jeżeli bez tych wstawek tekst zawiera błędy gramatyczne i stylistyczne, to też nie chodzi o żadne wstawki-dodatki, tylko o integralną część tekstu i nawiasów stosować nie należy, bo skoro oryginał jest poprawny pod względem gramatycznym i stylistycznym (inna sprawa, że nie wszystkie takie są!), to jego ekwiwalent w innym języku też musi być poprawny gramatycznie i stylistycznie. Stosowanie nawiasów w tradycyjnych tłumaczeniach „filologicznych" wiąże się mocno z innym pojęciem również słabo zdefiniowanym, a mianowicie z pojęciem dosłowności i stosowaniem kryterium dosłowności przy ocenie tzw. wierności przekładu. Należy jednak mocno podkreślić, że nie każdy przekład zmierzający do dosłowności i stosujący nawiasy jest automatycznie przekładem filologicznym, czego przykładem wspomniana *Tora Pardes*. Konieczne jest również stosowanie pewnego minimum kryteriów z zakresu ogólnej metodologii nauk. Według tradycyjnej filologii najczęściej liczba wyrazów w oryginale i jego przekładzie powinna się, poza wyjatkami, w bardzo wysokim stopniu zgadzać. Dosłownością grzeszyły i grzeszą nie tylko przekłady ksiąg świętych, przede wszystkim Starego i Nowego Testamentu, w których nawet najlepsi i najbardziej światli tłumacze, tacy jak św. Hieronim, starali się nie „uronić" (ani też „dodać"!) ani jednego słowa, a nawet podejrzewali, że objawienie boskie może być zawarte szyku wyrazów. Obecnie niektórzy zalecają pewną „dosłowność" przy tłumaczeniu tekstów prawniczych. Istnieje naiwne przekonanie, że dosłowność przekładu może być sposobem na wieloznaczność i/lub niejasność oryginału. W języku potocznym „dosłowność" jest najwyższym kryterium wiarygodności przekładu i często niespecjaliści uważają, że im przekład bardziej dosłowny, tym lepszy. Jako „najwierniejsze, najbardziej dosłowne, tłumaczone «słowo w słowo»" reklamowane jest jedno z amerykańskich tłumaczeń Biblii (*New American Standard Bible* wydawnictwa Zondervan; por. „Biblical Archaeology Review" 28, 2002, z. 6, przedostatnia strona okładki), którego lektura według reklamy ma być rzekomo równocześnie „najłatwiejsza i najprzyjemniejsza", co, moim zdaniem, na pewno musiałoby być po prostu cudem! W języku potocznym „dosłowny" jest oceną bardziej pozytywną niż „wierny", przy czym można powiedzieć, że „wierność" przekładu najczęściej zakłada przynajmniej częściową dosłowność. Nie mam tutaj czasu na rozpatrywanie, czym jest, o ile naprawdę jest, dosłowność. Na pewno polega głównie na gwałceniu, a co najmniej na „naciąganiu" norm języka docelowego, co w rzeczywistości czyni przekład dostosowywany do norm języka oryginału niewiernym, bo przecież w oryginałach, poza zdarzającymi się neologizmami i błędami, mamy zgodność z normą.

Z powodu oczywistych różnic pomiędzy językami pytanie o przekład „dosłownie dosłowny" jest elementarnym błędem logicznym. Nie można domagać się „dosłowności", tj. pełnego przełożenia całości struktur i funkcji jednego języka na struktury i funkcje drugiego języka, skoro struktury języka docelowego są z definicji inne i nieprzystające do struktur wszystkich innych języków. Jak wiadomo, już Horacy słusznie zwracał uwagę, że „dobry tłumacz nie stara się tłumaczyć słowo w słowo", ale spod fatalnego „uroku" dosłowności do dzisiaj nie potrafi się wyzwolić bardzo wielu specjalistów. Prawda jest taka, że udany przekład w jakimś stopniu dosłowny to rzadki wyjątek. Pomijając poezję, w której tłumacz może na większą skalę aniżeli w prozie wprowadzać neologizmy, tylko niektóre bardzo proste i krótkie teksty tłumaczone na języki typologicznie bliskie wyjątkowo i dość rzadko dają się tłumaczyć z zachowaniem ekwiwalencji, a także częściowej dosłowności, a więc z „niedosłowną dosłownością". Praktycznie można i należy stosować zasadę, że przekład dosłowny jest n a j c z ę ś c i e j przekładem z ł y m! Większa doza dosłowności wręcz gwarantuje błędne tłumaczenie nawet w tak prostych wypadkach jak tłumaczenie „dosłowne" na arabski polskiego *Dzień dobry!* jako *Dzień dobroci* (M. K. Nydell, *Zrozumieć Arabów*, Warszawa 2001, s. 130). Z jednej strony, panuje fałszywe wyobrażenie o istnieniu „nieprzekładalności" (stąd fałszywy wniosek, iż nie istnieje przekład bezbłędny), a z drugiej — fałszywe przekonanie, że remedium na rzekomą „nieprzekładalność" jest dążenie do dosłowności. Odbiorcy przekładów dosłownych np. Biblii łatwo albo wręcz chętnie akceptują rozmaite „dosłowności", które w swojej naiwności interpretują jako oznakę „wierności", a poza tym — jako przejaw takiej czy innej „egzotyki". Nie zdają sobie sprawy z tego, że „dosłowność" najczęściej oddala od oryginału, a nie przybliża do niego. Filolodzy tłumaczyli i tłumaczą bardzo często tak, żeby dać dowód jak najlepszej znajmości wszystkich szczegółów oryginału (ale często zapominają o ich hierarchii!), co samo w sobie jest czymś pozytywnym, ale grzeszą dosłownością, ponieważ starają się wszystkie szczegóły języka oryginału odtworzyć w przekładzie, a to już jest, poza tekstami najprostszymi, nie tylko z definicji przekładu niemożliwe, ale i niepożądane nawet tam, gdzie jest lub może tylko wydaje się możliwe. Krótko mówiąc, filolodzy częściej tłumaczą z myślą o swoich kolegach po fachu mających przekład porównywać z oryginałem aniżeli o odbiorcy nieznającym języka oryginału. Oczywiście, przekłady, zwłaszcza tekstów trudnych i/lub ważnych, są przeznaczone także dla specjalistów znających język oryginału, bo tylko dzięki przekładom możliwa jest dyskusja nad znaczeniem oryginału, do której w szczególnych wypadkach (głównie chodzi o języki słabo zbadane) używa się także tzw. przekładu interlinearnego (tłumaczącego nie tylko poszczególne wyrazy ale także poszczególne morfemy!), który jednak pełni tylko funkcję pewnego komentarza i samodzielnym przekładem nie jest. Nida, wprowadzając mające pewne zastosowanie praktyczne rozróżnienie ekwiwalencji formalnej i ekwiwalencji dynamicznej (zwanej też pragmatyczną), mylił się, ponieważ ekwiwalencja „formalna", która miałaby wynikać tylko lub głównie z porównania przekładu z oryginałem, ale bez szczególnego uwzględniania reakcji odbiorcy nieznającego oryginału nie byłaby „ekwiwalencją formalną", ponieważ oddziaływanie pragmatyczne, w tym estetyczne, i związana z tym reakcja odbiorcy stanowią nieodłączną część każdego tekstu. W gruncie rzeczy rozróżnienie Nidy stanowiło tylko ulepszoną wersję błędnej opozycji „przekład dosłowny : przekład literacki" i sam Nida swoje stanowisko zmodyfikował (zob. jego artykuł *Dy-*

namic Equivalence in Translating w: *An Encyclopaedia of Translation*, pod red. Chan Sin Wai i D. E. Pollarda, Hong Kong 1995, s. 223–230; por. *Mała encyklopedia przekładoznawstwa*, s. 73).

Dobry przekład nie powinien być ani „filologiczny" w ujęciu tradycyjnym, ani „literacki" również w ujęciu tradycyjnym. Błędny i „niewierny" jest zarówno tradycyjny przekład filologiczny, tłumaczący znaczenia wyrazów, zdań i całego tekstu, starający się zachować kolejność wyrazów i grup syntaktycznych, ale nieprzekładający wartości artystycznych oryginału i jego funkcji pragmatycznych (najprostszy przykład: „koślawe" tłumaczenie Józefa Bielawskiego w: *Koran*, Warszawa 1986, s. 784: „Nie ma boga, jak tylko jeden Bóg", „Nie ma boga, jak tylko On", zamiast np. „Nie ma innych bogów oprócz Boga jedynego", „Jest tylko jeden Bóg" itd.), jak i przekład „literacki", jeżeli przekłada wartości artystyczne tekstu ale gubi lub zmienia i s t o t n e znaczenia oryginału. To filolog jest tym pierwszym, który ma zrozumieć nie tylko podstawowe znaczenie danego tekstu (np. ustalić znaczenie jakiejś nowo odkrytej inskrypcji), ale także zrozumieć i objaśnić walory artystyczne oryginału i w zasadzie to filolog powinien móc dać w przekładzie również ekwiwalent tych struktur artystycznych. Z definicji przekładu międzyjęzykowego wynika, że domaganie się całkowitej ekwiwalencji wszystkich szczegółów (bez uwzględnienia ich funkcji i hierachii) z osobna oraz wszystkich relacji między nimi oparte jest na błędzie logicznym. Jak pisałem już przed ćwierćwieczem (*Nowe tłumaczenia Biblii a teoria przekładu*, „Ruch Biblijny i Liturgiczny" 30, 1977, s. 296–310), biadanie nad rzekomą nieprzekładalnością i pytanie, dlaczego rzekomo nie można dać „idealnie" wiernego przekładu, jest tak samo błędne jak prowokacyjne pytanie w wierszu satyrycznym Gałczyńskiego „dlaczego ogórek nie śpiewa rano ani o innej porze?" Ale chociaż zrozumienie jest warunkiem koniecznym przekładu (zrozumienie to właśnie przełożenie danego tekstu na ten sam język lub inny i tym samym p o p r a w n y p r z e k ł a d j e s t d o w o d e m p e ł n e g o z r o z u m i e n i a, a stąd wynika, że n i e p r z e k ł a d a l n e j e s t t y l k o t o, c o j e s t n i e z r o z u m i a ł e; przekładalne jest nie tylko to, co jest uniwersalne ale także to, co jest jednostkowe, niepowtarzalne, o ile tylko jest zrozumiałe a więc komunikowalne; komunikacja jest nierozerwalnie związana z przekładem/tłumaczeniem i vice versa), to jednak musi być jeszcze spełniony warunek wystarczający, tzn. tłumacz musi w odpowiednim stopniu władać językiem docelowym i umieć tłumaczyć. Faktem jest, że nie wszyscy filolodzy to potrafią. Ale nie jesteśmy skazani na bezwględną opozycję przekładu filologicznego i artystycznego/literackiego. Jest to tylko problem łączenia nabytych kwalifikacji i wrodzonych udolnień. Istnieje dość dużo przykładów zarówno filologów świetnie władających językiem docelowym i świetnie tłumaczących, jak i przykładów tłumaczy-literatów z dobrym warsztatem filologicznym, aczkolwiek faktem jest, że wśród dobrych tłumaczy przeważają tłumacze intuicyjni. Czy pożądana jest współpraca poety i filologa? Tak, ale poety znającego język oryginału na odpowiednim poziomie minimum z filologiem potrafiącym rozumieć i oceniać ekwiwalencję struktur poetyckich i estetycznych w ogólności. Nie ma konfliktu między literatami a filologami — wzajemnie się uzupełniają, a współpraca nie powinna polegać tylko na podawaniu przez filologów półproduktu (osławionych „rybek" względnie dokładnych tylko w pewnym zakresie „przekładów filogicznych") nieznającym oryginału literatom, którzy najczęściej zbyt sztywno „trzymają się oryginału", którego bezpośrednio nie znają (!), tj. tłumaczą zbyt „dosłownie".

Proponuję tutaj pod dyskusję problem, czy warto byłoby mówić o przekładzie filologicznym (dla specjalistów i amatorów-entuzjastów) zdefiniowanym w sposób następujący: „Przekład filologiczny to przekład przekazujący wszystkie istotne, inaczej relewantne (w ewentualnej wersji radykalnej: wszystkie możliwe), znaczenia oryginału oraz dający ekwiwalent stylistyczny, a w wypadku tekstów literackich również ekwiwalent artystyczny (z istotnymi wariantami!) oryginału. Warianty znaczeniowe (w węższym tego słowa znaczeniu) oraz warianty artystyczne, poetyckie powinny znajdować się nie w nawiasach (w nawiasach powinny się znajdować tylko fragmenty rekonstruowane tekstu uszkodzonego), lecz w odsyłaczach razem z komentarzem". Tak więc tego rodzaju przekład filologiczny byłby pojęciem nie tylko z zakresu translatologii, ale także, chociaż w mniejszym stopniu, edytorstwa. Byłby przekładem uwzględniającym wszystkie możliwe interpretacje. Już bardzo wcześnie powstało błędne mniemanie, że dobry, tj. „wierny" przekład może być tylko jeden. Stąd wzięła się legenda o siedemdziesięciu autorach Septuaginty, którzy, wbrew najoczywistszej praktyce, mieli przetłumaczyć Stary Testament wszyscy dokładnie tak samo, chociaż pracowali oddzielnie. Od dłuższego czasu wiemy, że może być wiele równie dobrych przekładów tego samego tekstu, zarówno nieartystycznego, jak i artystycznego. Jednym z zadań filologii, której celem jest zrozumienie, ustalenie i objaśnienie tekstu (w tym także poprzez przekład — zarówno krytyka tekstu, jak i komentarz są z przekładem ściśle powiązane!), jest — wraz z dyscypliną pomocniczą, tj. translatologią — ustalenie dopuszczalnych wariantów przekładu danego tekstu. Wszyscy są zgodni co do tego, że ważne teksty należy ciągle na nowo interpretować, ergo tłumaczyć (!), ale porzucić należy błędne wyobrażenie, iż „wierny" czy też „kongenialny" może być tylko jeden przekład. Niestety, ciągle brak jest wydań przekładów, w których w odsyłaczach byłyby alternatywne warianty, w tym warianty ze starszych, a często w danych szczegółach — lepszych przekładów tego samego tekstu. Nie chodzi mi tutaj o warianty o różnym znaczeniu, które w tradycyjnych przekładach filologicznych w przypadku fragmentów wieloznacznych lub zgoła niezrozumiałych najczęściej były podawane. Zbyt często tłumacze tekstów artystycznych za wszelką cenę starają się przetłumaczyć cały tekst na nowo, a rezultat bywa taki, że w pewnych fragmentach (a nawet per saldo w całości) są lepsi, ale w pewnych fragmentach są gorsi. Można sobie wyobrazić przekład eklektyczny (eklektyzm nie oznacza automatycznie, tj. w każdym wypadku, czegoś nagannego), czyli przekład zawierający (z podaniem, rzecz jasna, źródła) nie w odsyłaczach, ale w tekście lepsze (a czasem i gorsze, ale ciekawe!) warianty autorstwa wcześniejszych tłumaczy. Oczywiście, mogą wówczas powstawać problemy związane z prawami autorskimi, ale są one zawsze do takiego czy innego rozwiązania. A więc przekład filologiczny to byłby przekład z komentarzem, uwzględniający nie tylko oryginał, ale także historię jego poznawania i jego przekładu, a także dający maksimum możliwych na danym etapie interpretacji i istotnych wariantów fakultatywnych, a nie tylko alternatywnych (tj. wykluczających się) przekładu. Oczywiście nie wyklucza to potrzeby istnienia przekładów, tj. wydań, podających tylko jedną wersję i to nie tylko z powodów praktycznych (np. ze względu na ograniczone zainteresowania większości odbiorców oraz ze względów finansowych), ale i ze względu na to, że zawsze warto będzie znać np. przekład psalmów „tylko" w wersji Kochanowskiego, a Szekspira „tylko" w wersji Słomczyńskiego albo „tylko" Barańczaka w stanie czystym, tj. niezakłóconym przez komparatystyczne komentarze.

Przekład, i to nie tylko wewnątrzjęzykowy, jest nierozerwalnie związany z komunikacją i myśleniem w ogóle. Tłumaczymy dla siebie (myśląc!) oraz dla znających język oryginału i dla tych, którzy go nie znają. Od tłumaczenia nie ma ucieczki, chociaż słuszne jest zarówno filologiczne, jak i zdroworozsądkowe przekonanie o tym, że tak naprawdę nic oryginału nie może zastąpić, nawet jeśli w rzadkich wypadkach, np. przekładów Kanta z niemieckiego na niemiecki, przekład jest od oryginału w pewnym zakresie „lepszy".

Kalwaria, maj 2002

Summary

Is a "Philological" Translation Possible?

"Philological translation" is a notion typical of the German and hence also the Polish tradition but it has never been defined in a clear and a strict way. It has always been associated with some degree of literaliness ("faithful" also means more or less literal) but since literal translation as an independent translation is certainly by definition wrong (with rare and more or less accidental exceptions literally "literal" translation is actually by definition of an interlingual translation impossible while in case of intralingual translation „literal" amounts to a repetition) literal "philological" translation cannot be accepted as well. Understanding of the given text is the only pre-condition (although not a sufficient condition) for its good translation and hence everything that we understand can, by definition, be translated into the same and into another language; in other words untranslatable is only what we do not understand. The use of brackets for some words or phrases (apart from hypothetical reconstructions of lacunae in damaged texts) is not logically justified — words or even phrases which are indispensable to make the translation as clear and readable as the original are not "additions" at all. The idea of a "philological translation" can be useful as pertaining rather to the editorial technique than to purely translatological aspects. "Philological translation" should contain not only a version of the original which would be as equivalent in all aspects (including and even emphasizing poetic or artistic aspects in case of literary texts) as possible but which would include (in footnotes) all the relevant interpretational/factual as well as stylistic/poetic/artistic variants with all the necessary comments. Moreover, it should include all the relevant variants of earlier translations — fragments of better translations could be even included in the main body of the text with due respect to copyright. Translating all the text anew only to be different from other translations is often not only uneconomic but also results in forgetting better older versions of some fragments. Thus new "total philological translations" could be to some extent "eclectic" although not plagiarizing. Of course there will always be a need of integral and independent translations of the same important texts by one translator.

JĘZYKI ORIENTALNE W PRZEKŁADZIE — KONFERENCJA
ORIENTAL LANGUAGES IN TRANSLATION — CONFERENCE
Kraków, 20–21 maja/May 2002

GUIDO CIFOLETTI

Influssi ebraici sulle traduzioni greche e latine della Bibbia

Università degli Studi di Udine

Nell'antichità classica la traduzione non era ancora un'attività importante come oggi, ma certamente era praticata con una certa frequenza: sappiamo tutti delle traduzioni dal greco che stanno all'origine della letteratura latina; inoltre ci sono pervenuti alcuni testi ufficiali come senatus consulta e decreti di magistrati romani, tradotti dal latino in greco (ed a volte ne conosciamo anche il testo originale)[1]; invece le traduzioni dall'ebraico che ci sono pervenute riguardano esclusivamente (a quanto ne so) testi religiosi, e perciò hanno un carattere molto diverso da tutte le altre. Se ne rese conto benissimo già S. Girolamo, autore come è noto della traduzione della Bibbia che poi fu chiamata la Vulgata: nella ben nota epistola 57 ad Pammachium egli ne trattò diffusamente, osservando come già Cicerone, nel tradurre Demostene, si fosse preoccupato soprattutto di ricreare orazioni che fossero accettabili ad un uditorio di Romani, piuttosto che di rendere con esattezza le espressioni che trovava nell'originale; e che simili criteri avevano usato altri insigni letterati, da Terenzio in poi. Ma egli stesso faceva un'importantissima eccezione a proposito delle sacre Scritture, affermando che in questo caso "et verborum ordo mysterium est", anche l'ordine delle parole contiene un mistero; perciò si comprende chiaramente che egli riteneva necessario, solo per questo genere di libri, l'attenersi con la massima fedeltà al testo tràdito. Per la verità penso che non basti questa affermazione sua a giustificare e ad illustrare l'estrema fedeltà dimostrata dalle sue traduzioni; va aggiunto che in quest'opinione egli non era per nulla isolato, ma come si capisce anche dal prosieguo della sua lettera, si inseriva in una tradizione che già allora datava di molti secoli. È noto che la più antica opera tradotta che ci sia pervenuta nella letteratura classica è la Bibbia dei Settanta: e sulla letteralità di questa traduzione si potrebbe

[1] Su questo argomento conosco opere piuttosto vecchie, come P. Viereck, *Sermo Graecus quo Senatus Populusque Romanus magistratusque populi Romani usque ad Tiberii Caesaris aetatem in scriptis publicis usi sunt examinatur*, Göttingen 1888; L. Lafoscade, *De epistulis (aliisque titulis) imperatorum magistratuumque Romanorum quas ab aetate Augusti usque ad Constantinum Graece scripta lapides papyrive servaverunt*, Insulis (Lille) 1902; A. P. M. Meuwese, *De rerum gestarum divi Augusti versione Graeca*, Buscoduci (s'Hertogenbosch) 1920.

dire molto[2]. Eppure sappiamo che agli Ebrei della diaspora questo non bastava: ed infatti nel I sec. d.C. fu compilata la traduzione di Aquila, talmente letterale da riuscire incomprensibile a chi non conoscesse il testo originale. Successivamente vennero le traduzioni di Teodozione e Simmaco, nonché gli Exapla di Origene, a cui lo stesso Girolamo aveva attinto. Pare che non fossero solo i libri dell'A.T. ad essere tradotti dall'ebraico in greco: come è noto, è tuttora aperta la questione se larghe parti degli stessi Evangeli sinottici non siano state tradotte da un originale ebraico ben presto perduto[3]. Senza pretendere minimamente di risolvere la questione, posso osservare che moltissime costruzioni sintattiche del N.T. fanno pensare ad un greco di traduzione: si legga ad esempio il Vangelo di Luca, dove il cosiddetto prologo (vv. 1–4 del I capitolo) è scritto in una normale *koinè*, mentre il vangelo dell'infanzia che viene subito dopo (fino alla fine del cap. 2) presenta una lingua chiaramente semitizzante, in cui abbondano i legamenti con il semplice καί (un grecofono avrebbe trovato più naturale introdurre qualche variazione, mentre agli scrittori ebraici questa preoccupazione era estranea) e soprattutto le costruzioni che ricalcano forme sintattiche dell'ebraico: καὶ ἐγένετο, ἐγένετο δέ all'inizio di frase, che riecheggiano l'espressione *wayyəhî*, una forma narrativa che (si badi bene) è tipica del solo ebraico, non ha riscontro neppure in aramaico o in altre lingue semitiche[4]. Anche le antiche traduzioni latine della Bibbia, riunite per comodità sotto il titolo di Vetus Latina (si tratta di traduzioni operate prima di S. Girolamo da diversi autori, a partire dal greco dei LXX; si distingue però una versione Itala ed un'Afra) sono molto letterali; dunque S. Girolamo non fa che inserirsi in una tradizione già consolidata, che rispettava e voleva continuare. Naturalmente in questo modo sono numerosi i calchi e gli influssi sintattici di stampo ebraico, e su questo argomento esistono già alcuni studi. Quelli di Trénel[5] sono purtroppo datati, in quanto sono stati compiuti ben prima che la scuola di Leida studiasse il latino cristiano: grazie a questa, oggi sappiamo che molte particolarità della Bibbia latina (sia della Vetus sia della Vulgata) non hanno a che fare con gli originali semitici, ma derivano semplicemente dal latino cristiano, che si era già costituito una tradizione a partire dall'ultima parte del II secolo. Gli studi di U. Rapallo[6] sono ben più aggiornati e affidabili, anzi rispetto a ciò che si potrà offrire in queste poche pagine sono certamente più adatti a fornire una visione d'insieme dell'argomento, nonché i materiali e gli spunti per

---

[2] A questo proposito si può menzionare U. Rapallo, *Calchi ebraici nelle antiche versione del "Levitico"*, Roma 1971, e soprattutto quanto scrive nell'introduzione, 7–18.

[3] È la tesi propugnata da J. Carmignac, *La nascita dei Vangeli sinottici*, Cinisello Balsamo (Milano) 1985 (l'originale francese è dell'anno precedente).

[4] Si veda K. Beier, *Semitische Syntax im Neuen Testament*, Bd. 1: *Satzlehre*, Teil 1, Göttingen 1968, 29–30.

[5] J. Trénel, *L'Ancien Testament et la langue française du Moyen Age*, Paris 1904; id., *L'élément biblique dans l'oeuvre poétique d'Agrippa d'Aubigné*, Paris 1904.

[6] U. Rapallo, *Per una definizione diacronica e tipologica dei calchi ebraici nelle antiche versioni del Levitico (studio sui Lxx, la Vulgata e la Vetus)*, "Rendiconti dell'Istituto Lombardo di Scienze e Lettere. Classe di Lettere" 103, 1969, 369–437; idem, *Spunti di semantica strutturale diacronica nei calchi semantici biblici*, "Lingua e stile" 4, 1969, 367–384; idem, *Calchi-errori nelle antiche versioni del Levitico*, AGI 55, 1970, 29–46; ed infine la monografia già menzionata, *Calchi ebraici nelle antiche versioni del "Levitico"*, Roma 1971.

proseguire la ricerca; ma personalmente preferisco qui affrontare il soggetto da un altro punto di vista. Occorre infatti aggiungere che fra i numerosi semitismi presenti nella traduzione dei LXX e poi nelle traduzioni latine, alcuni ebbero successo e rimasero nelle lingue moderne: anche se siamo ben lungi dal poterne fare uno studio sistematico, credo si possa fin d'ora darne qualche esempio significativo.

Per cominciare scelgo il Salmo 150, sia perché i Salmi furono tra i testi dell'A.T. più letti e conosciuti nel Medioevo cristiano, sia perché qui in poche righe si presentano alcune importanti questioni che mi permettono d'illustrare il modo in cui operò quest'influsso ebraico sulle lingue romanze.

Ebraico		greco (LXX)		latino (Vulgata)
hallәlû yah	1	Αλληλουια.	1	Alleluia
hallәlû 'el bәqoḏšô		Αἰνεῖτε τὸν θεὸν ἐν τοῖ※ ἁγίοι? αὐτοῦ,		Laudate Dominum in sanctis eius,
hallәlûhû birqîa' 'uzzô		αἰνεῖτε αὐτὸν ἐν στερεώματι δυνάμεως αὐτοῦ·		laudate eum in firmamento virtutis eius.
hallәlûhû ḇigәḇûroṯaw	2	αἰνεῖτε αὐτὸν ἐπὶ ταῖ※ δυναστείαι? αὐτοῦ,	2	Laudate eum in virtutibus eius:
hallәlûhû kәroḇ[7] guḏlô		αἰνεῖτε αὐτὸν κατὰ τὸ πλῆθος τῆ※ μεγαλοσυνη? αὐτοῦ		laudate eum secundum multitudinem magnitudinis eius
hallәlûhû bәṯéqa' šôp̱ar	3	αἰνεῖτε αὐτὸν ἐν ἤχῳ σάλπιγγος,	3	laudate eum in sono tubae;
hallәlûhû bәnéḇel wәḵinnôr		αἰνεῖτε αὐτὸν ἐν ψαλτηρίῳ καὶ κιθάρᾳ·		laudate eum in psalterio et cithara.
hallәlûhû ḇәṯop̱ ûmaḥôl	4	αἰνεῖτε αὐτὸν ἐν τυμπάνῳ καὶ χορῷ,	4	Laudate eum in tympano et choro;
hallәlûhû bәminnîm wә'ûgab		αἰνεῖτε αὐτὸν ἐν χορδαῖ※ καὶ ὀργάνῳ·		laudate eum in chordis et organo.
hallәlûhû ḇәçilçәlê šama'	5	αἰνεῖτε αὐτὸν ἐν κυμβάλοις εὐήχοις,	5	Laudate eum in cymbalis benesonantibus;
hallәlûhû bәçilçәlê ṯәrû'a(h)		αἰνεῖτε αὐτὸν ἐν κυμβάλοις ἀλαλαγμοῦ.		laudate eum in cymbalis iubilationis.
kol hannәšama(h) tәhallel yah	6	πᾶσα πνοὴ αἰνεσάτω τὸν κύριον.	6	Omnis spiritus laudet Dominum!
hallәlû yah[8]		αλληλουια.		Alleluia.

---

[7] In questa parola i codici hanno sia *kәroḇ* sia *bәroḇ*: quest'ultima forma secondo me sarebbe da preferire perché ristabilisce un parallelismo, che solo qui è turbato; bisogna considerare che in ebraico le lettere *b* e *k* sono molto simili, e molto spesso si confondono. D'altra parte è vero che la Vulgata e i LXX presuppongono la lettura con *k-*; invece il siriaco legge con *b-*.

[8] Nella traslitterazione dall'ebraico qui usata, la sottolineatura sotto alcune consonanti occlusive indica una spirantizzazione che certamente non era fonematica al tempo antico; oggi invece, nell'uso più corrente, *ḇ ḵ p̱* si pronunciano come [v] [x] [f], mentre *ḏ g̱ ṯ* si rendono come semplici occlusive.

Vediamo come lo stesso salmo è stato tradotto in età più recente, dalla Bible de Jérusalem[9], ed a fianco la traduzione italiana oggi più diffusa, quella approvata dalla Confenza Episcopale Italiana:

Alleluia!
Louez Dieu en son sanctuaire,
louez-le au firmament de sa puissance,
louez-le en ses hauts faits,
louez-le en toute sa grandeur!
louez-le par l'éclat du cor,
louez-le par la harpe et la cithare,
louez-le par la danse et le tambour,
louez-le par les cordes et les flûtes,
louez-le par les cymbales sonores,
louez-le par les cymbales triomphantes!
Que tout ce qui respire loue Yahvé!
Alleluia !

1 Alleluia.
Lodate il Signore nel suo santuario,
lodatelo nel firmamento della sua potenza.
2 Lodatelo per i suoi prodigi,
lodatelo per la sua immensa grandezza.
3 Lodatelo con squilli di tromba,
lodatelo con arpa e cetra.
4 Lodatelo con timpani e danze,
lodatelo sulle corde e sui flauti.
5 Lodatelo con cembali sonori,
lodatelo con cembali squillanti;
6 ogni vivente dia lode al Signore.
Alleluia.

Esaminiamo ora più in dettaglio il salmo ebraico: quasi tutti gli emistichi cominciano con *hallǝlûhû bǝ*, dove la prima parola significa 'lodatelo', e la seconda[10] è una preposizione che il più delle volte in ebraico ha valore locativo, ma spesso può avere anche valori ben differenti, che nelle lingue europee si traducono in tutt'altro modo. Secondo F. Zorell, *Lexicon Hebraicum et Aramaicum Veteris Testamenti,* Roma 1968 questa preposizione, oltre ai significati locativi e temporali (che con ogni probabilità costituiscono la maggioranza dei casi, anche se non ho fatto statistiche), può indicare (riassumendo): 1) *beth comitatus = cum, secum ferens*; 2) *beth instrumentale* equivalet ablativo instrumenti (occidere *per gladio*); etiam de viro *per quem* Deus loquitur; 3) *materia ex qua* res fit; 4) *beth aequivalentiae, pretii, mercedis*; 5) *beth partis et participationis*, 2Sam 24,16 occidit multos *inter* Philistaeos; 6) *beth concessivum = non obstante*; 7) *beth status animi,* cum (in quo) agitur: 'hostili animo' Num 35,21; 8) *beth rationis impellentis*: 'in iustitia tua eripe me' Ps 31,2 al.; 'ex amore Domini erga populum suum' 1Regum 10,9; 9) *beth essentiae*: a) aequivalet latino 'ut, tamquam': Deus venit 'tamquam potens' Is 40,10; apparui patribus 'ut El Šaddai' Ex 6,3; b) praedicatum (verbi 'esse') nonnumquam *bǝ* praefixum habet; 10) *beth sphaerae* in qua actio versatur: meditor, loquor *de* re; gaudeo, iubilo *de* Deo, *de* re, etc.[11] Dunque è sensato ritenere che in un salmo come questo si vogliano esprimere concetti del tipo: lodate Dio *per* questo o quest'altro, lodatelo *in* questo o quel luogo, lodatelo *in* questo o quel modo, lodatelo *con*

[9] *La Sainte Bible* traduite en français sous la direction de l'École Biblique de Jérusalem, éd. du Cerf, Paris 1961.

[10] In realtà *bǝ* assume aspetti diversi, secondo il contesto: la *b-* si può spirantizzare in *ḇ*, e la *-ǝ* può diventare *-i*.

[11] U. Rapallo, *Per una definizione diacronica e tipologica dei calchi ebraici, cit.*, pp. 417–21, si occupa precisamente della traduzione di questa preposizione, e le attribuisce i seguenti valori: "prossimità, contatto, ostilità, partecipazione, determinazione temporale, compagnia, strumento, prezzo, causa e causa strumentale".

questo o quest'altro mezzo, lodatelo *in quanto* è questo o quest'altro, lodatelo *a proposito* di questo o quest'altro.

Riprendiamo allora in esame il testo ebraico: prima di tutto c'è un halleluia, che significa 'lodate Dio'; poi c'è *hallǝlû 'el bǝqodšô*, in cui l'ultima parola è stata tradotta dagli antichi 'nei suoi santi' e dai moderni 'nel suo santuario': ma in realtà l'ebraico *qodeš* anche se può certamente significare 'santo', 'santuario', ha come primo significato 'santità'; e dunque a me sembra più naturale ritenere che qui si volesse dire 'lodate Dio per la sua santità, a riguardo della sua santità'; tenendo conto della preferenza dell'ebraico per lo stile nominale (che invece nelle lingue europee moderne suona artificioso, tipico del linguaggio burocratico), forse è meglio rendere con 'lodate Dio perché è santo'.

L'emistichio che segue è ancora più interessante: l'ultima parola *'uzzô* significa certamente "la potenza di lui"; ma la parola che merita una trattazione più ampia è *raqîa'*, qui in forma abbreviata con perdita della prima vocale. Questo termine compare all'inizio della Genesi, nel racconto della creazione: ai v. 6–8 del cap. 1 si legge infatti:

6. *wayyó'mer 'ělohîm yǝhî raqîa' bǝṯôḵ hammáyim wihî maḇdîl bên máyim lamáyim.*
Καὶ εἶπεν ὁ θεός· Γενηθήτω στερέωμα ἐν μέσῳ τοῦ ὕδατος καὶ ἔστω διαχωρίζον ανὰ μέσον ὕδατος καὶ ὕδατος. καὶ ἐγένετο οὕτως.
Dixit quoque Deus: "Fiat firmamentum in medio aquarum et dividat aquas ab aquis".

7. *wayya'aś 'ělohîm 'et-haraqîa' wayyaḇdel bên hammáyim 'ăšer mittáḥat laraqîa' ûḇên hammáyim 'ăšer me'al laraqîa' wayǝhî-ḵen.*
Καὶ ἐποίησεν ὁ θεὸς τὸ στερέωμα, καὶ διεχώρισεν ὁ θεὸς ἀνὰ μέσον τοῦ ὕδατος, ὃ ἦν ὑποκάτω τοῦ στερεώματος, καὶ ἀνὰ μέσον τοῦ ὕδατος του' ἐπάνω τοῦ στερεώματος.
Et fecit Deus firmamentum divisitque aquas, quae erant sub firmamento, ab his, quae erant super firmamentum. Et factum est ita.

8. *wayyiqra' 'ělohîm laraqîa' šamáyim wayǝhî- 'éreḇ wayǝhî-ḇóqer yôm šenî.*
Καὶ ἐκάλεσεν ὁ θεὸς τὸ στερέωμα οὐρανόν. καὶ εἶδεν ὁ θεὸς ὅτι καλόν. καὶ ἐγένετο ἑσπέρα καὶ ἐγένετο πρωί, ἡμέρα δευτέρα.
Vocavitque Deus firmamentum Caelum. Et factum est vespere et mane, dies secundus.

Si può osservare che il testo ebraico di questi versetti (almeno nella forma in cui lo conosciamo oggi) si accorda più con la Vulgata, mentre gli autori della traduzione greca dovevano avere sotto gli occhi un testo differente in alcuni particolari: ma non è questo che ci interessa, bensì la parola *raqîa'* tradotta con στερέωμα e *firmamentum.* Nella Bibbia, oltre che nel primo capitolo della Genesi e nel Salmo 150 essa compare in Deut 12,3; Ps 19,2; ed anche nella visione di Ezechiele, 1,22–26, 10,1[12]; ed è collegata con la radice del verbo *raqa'* 'calcare la terra, consolidarla'. Il greco στερέωμα negli autori classici significa 'corpo solido, struttura'; il latino *firmamentum* (da *firmus, firmare*) significa 'appoggio, sostegno'; dunque nella Genesi si intendeva che Dio avesse creato questo basamento solido che divideva le acque di sopra da quelle di sotto: e su questo basamento stavano le stelle. Si tratta d'una concezione arcaica dell'universo, che i Romani dell'epoca

---

12 In Daniele 3,56 si legge: "benedetto sei tu nel firmamento del cielo", ma questo passo (il canto dei tre giovani nella fornace) non esiste in ebraico.

imperiale (e dunque anche i Cristiani) non condividevano e non potevano accettare: ed infatti sembra che alla fine questo termine sia stato frainteso. Oggi il francese *firmament* e l'italiano *firmamento* significano solo *voûte du ciel, volta del cielo, cielo stellato*: il significato antico è scomparso. In greco moderno στερέωμα può valere 'volta del cielo', ma mantiene i significati antichi di 'consolidamento, appoggio'.

Tornando al Salmo 150, è dunque possibile che qui *raqîa'* si debba intendere in senso proprio, e quindi la frase sia da tradurre "lodatelo sulla base della sua potenza", o con più libertà (sempre tenendo conto della preferenza ebraica per lo stile nominale) "lodatelo perché è potente".

V. 2, *halləlûhû bigəḇûrôṯaw*: si può intendere "lodatelo per la sua potenza", ma in realtà l'ultimo sostantivo è plurale, e viene reso come tale dai LXX e dalla Vulgata: forse è meglio tradurre "per i suoi atti di potenza", o "per le sue vittorie", seguendo il significato di Exod 32,18.

halləlûhû kəroḇ gudlô: leggendo così non si può tradurre che come i LXX e la Vulgata, "lodatelo secondo la moltitudine della sua grandezza" (che non ha molto senso); se invece, con la versione siriaca ed alcuni manoscritti si legge *bəroḇ*, si può intendere "per la moltitudine della sua grandezza" ovvero "perché è molto grande".

V. 3, *halləlûhû bəṯéqa' šôp̱ar*: "lodatelo col suono della tromba".

halləlûhû bənéḇel wəḵinnôr: sia *néḇel* sia *kinnôr* sono antichi strumenti musicali, si può tradurre all'incirca "lodatelo con la lira e la cetra".

V. 4, *halləlûhû ḇəṯop̱ ûmaḥôl*: "lodatelo col timpano e la danza".

halləlûhû bəminnîm wə'ûgaḇ: "lodatelo con corde (strumenti a corde) e flauti (?)".

V. 5, *halləlûhû ḇəçilçəlê šama'*: "lodatelo con cembali di suono", ovvero con cembali ben risonanti.

halləlûhû bəçilçəlê tərû'a(h): "lodatelo con cembali di giubilo" (*tərû'a(h)* significa 'clangor', 'voces laete iubilantium').

V. 6, *kol hannəšama(h) təhallel yah*: "ogni vivente lodi Dio".

Ritorniamo ora al v. 5, che la Vulgata traduce *laudate eum in cymbalis bene sonantibus, laudate eum in cymbalis iubilationis*: è probabile che i fedeli cristiani, ignari dell'ebraico, leggendo questa traduzione abbiano inteso qualcosa come "lodatelo *in mezzo* a cembali dal bel suono, lodatelo *fra* cembali e grida di giubilo", insomma in una grande festa e baldoria. Ed infatti in italiano è rimasta l'espressione *in cimbali* che significa 'brillo, ubriaco', *andare in cimbali* 'ubriacarsi': oggi è poco usata, praticamente pare che la si conosca solo nell'italiano regionale lombardo, ma è attestata in autori toscani ed un tempo doveva avere una diffusione maggiore[13].

Dunque già da questo breve salmo si puň vedere un saggio delle caratteristiche piű interessanti della traduzione di S. Girolamo: fedeltà estrema al testo ebraico, ma con la tendenza a porsi sempre nel solco della tradizione rappresentata soprattutto dai LXX; e di conseguenza una certa distorsione della sintassi latina, con l'uso improprio ed abusivo di

[13] Ne fanno fede le attestazioni sul *Grande dizionario della lingua italiana* curato da S. Battaglia, s.v. *cimbalo*.

certe preposizioni, soprattutto *in* che traduceva il polisemico *bə*. E si può vedere anche il grande influsso che questo linguaggio ha esercitato sulle lingue romanze: a volte addirittura si è conservato nella parlata popolare un significato erroneo, come per *firmamentum* ed il sintagma *in cymbalis*.

Abbiamo già visto a quanti usi si piegasse la preposizione *in* nella Vulgata, per influsso dell'ebraico bə; bisogna aggiungere che in alcuni casi quest'uso ebbe successo, e fu continuato dalle lingue romanze. Un primo esempio che possiamo trattare è dato dall'espressione *in nomine Domini*[14]. Un uso della preposizione *in* come in questa locuzione è del tutto estraneo al latino classico: evidentemente è calcato sull'ebraico *bəšem YHWH*, frequente nella Bibbia. In italiano quest'espressione ha avuto fortuna: si può dire "in nome di Dio", "in nome della legge", ecc. Invece in francese si usa una formula modificata, *au nom de Dieu* ecc. Certamente il contesto più noto ai Cristiani in cui compare questo sintagma è nella descrizione dell'ingresso di Gesù a Gerusalemme, in Mt 21,9 in cui si legge εὐλογημένος ὁ ἐρχόμενος ἐν ὀνόματι Κυρίου (lo stesso episodio in Mc 11,10; Lc 19,38; Gv 12,13, che ripetono esattamente la stessa frase), che cita dal Salmo 118 (nella Vulgata 117),26: *barûḵ habba' bəšem YHWH, benedictus qui venit in nomine Domini.* In questo caso il valore originario della preposizione era comitativo-strumentale: venire nel nome di qualcuno significava più o meno presentarsi dicendo "mi manda il tale", o almeno lasciando capire di essere inviati da lui[15].

In pace: si conserva nell'it. *in pace* in cui è evidente l'influsso della locuzione ebraica *bəšalôm*, perché anche se il nesso *in pace* è attestato in autori pagani, significa soltanto 'in tempo di pace', e non ha mai il significato che si trova qui, che si può definire comitativo e non locativo: ma probabilmente lo spunto non va cercato nell'A.T., bensì in Lc 7,50 *vade in pace* (gr. πορεύου εἰς εἰρήνην) che conclude l'episodio della donna che lava i capelli a Gesù, e che certamente è il luogo più noto ai Cristiani fra tutti quelli in cui compare quest'espressione. Però non saprei indicare il punto preciso dell'A.T. a cui qui ci si ispira, anche perché se si trovano alcuni personaggi che "se ne vanno in pace", il verbo non è mai all'imperativo: linguisticamente il significato pare affine a quello di 2 Sam 3,21. Si può anche pensare che qui si tratti d'un aramaismo, visto che si riprendono le parole di Gesù: ma pare che l'aramaico in questo caso usi la preposizione *lə* e non *bə*.

Ancora a proposito di *in*, vanno segnalati alcuni verbi che in ebraico sono seguiti abitualmente da *bə*, e di conseguenza sono stati adattati dai traduttori nella solita maniera: *he'ěmîn* "credidit", si costruisce più spesso con *bə*, a volte anche con *lə* (preposizione che di solito traduce il complemento di termine); negli autori latini classici si costruiva col dativo,

---

14 U. Rapallo, *Calchi ebraici*, op. cit., 18, parla di ἐν ὀνόματι nei LXX come calco.

15 Penso si possa pienamente condividere quanto scriveva Rapallo in *Per una definizione diacronica e tipologica dei calchi ebraici*, op. cit., 420: "la preposizione *in* con valore propriamente strumentale entra in latino per la prima volta con la *Vetus*, su propagazione del calco ebraico dei Lxx. [elenca poi alcuni esempi classici in cui si potrebbe ravvisare un uso strumentale di *in*, e conclude:] In tutti questi esempi però, il valore locativo è — in maggiore o minore misura — quello prevalente. Solo in autori più tardi appare più evidente il senso strumentale: cfr. Apuleio in locuzioni quali *gravis in annis* oppure *in aetate pretiosus*. Ma anche in età tarda persiste la possibilità di una confusione tra un valore strumentale ed uno locativo".

a volte anche con *de* + Ablat.[15]; la prima attestazione di *credere in* + Abl. è nell'Itala[16]; qualche volta la Vulgata traduce con *in* + acc., ad esempio in Giona 3,5 *et crediderunt viri Ninivitae in Deum*, o in Salmo 78 (Vulg. 77), 22 *quia non crediderunt in Deo nec speraverunt in salutari eius*; non si dimentichi che già dal I sec. d.C. in latino l'accusativo e l'ablativo si erano confusi nella pronuncia, e perciò era caduta (almeno nella lingua parlata) la distinzione tra il moto a luogo e lo stato in luogo: situazione che si è conservata abbastanza bene nelle lingue romanze[17]. Il verbo *baṭaḥ* 'confisus est', tradotto a volte anche 'speravit' si costruisce con *bə*, a volte anche con *'al* (che abitualmente significa 'sopra') o con *'el* (che il più delle volte indica la direzione); esiste anche il sinonimo *ḥasa(h)* che secondo Zorell significa *salutis, securitatis causa se alicubi abdidit, apud aliquem suffugium quaesivit*, ed anch'esso si costruisce con *bə*: in latino *confido* si costruisce nei classici col Dat. o con l'Ablat., in autori tardi (Apuleio, Tertulliano) con *de* + Ablat.; con *in* + Ablat. si trova la prima volta nell'Itala[18] e poi in autori cristiani del IV secolo (Ambrogio, Ilario, Lucifero); d'altro canto *sperare* in latino classico si costruiva con l'Accus.[19] Un esempio famoso dell'uso di questi verbi insieme si può trovare nel Salmo 117 (ebraico 118), 8–9: *bonum est confidere in Domino quam confidere in homine. Bonum est sperare in Domino quam sperare in principibus* (nei LXX ἀγαθὸν πεποιθέναι ἐπὶ κύριον ἢ πεποιθέναι ἐπ'ἄνθρωπον· ἀγαθὸν ἐλπίζειν ἐπὶ κύριον ἢ ἐλπίζειν ἐπ'ἄρχοντας), che rende, sia pure con qualche variante, *ṭôḇ laḥăsôṯ*[20] *bYHWH mibbəṭoaḥ*[21] *ba'aḏam ṭôḇ laḥăsôṯ bYHWH mibbəṭoaḥ binəḏîḇîm* che oggi tradurremmo piuttosto "è meglio[22] rifugiarsi in Yahwé che confidare nell'uomo, è meglio rifugiarsi in Yahwé che confidare nelle persone altolocate"[23].

Abbiamo dunque visto, sia pure in modo esemplificativo e sommario (ma con esempi scelti, per quanto possibile, tra i testi più noti ai Cristiani, e che spesso furono mandati a memoria e quindi poterono costituire un modello), come la lingua della Vulgata si scosti dal latino "grammaticale" ed influenzi il latino successivo; e certamente una simile fedeltà

---

[15] Si veda ad esempio Tacito, *Germ.* 34: "sanctius ac reverentius visum de actis deorum credere quam scire".

[16] Mc 9,42: *his qui crediderunt in nomine meo*; Ioh 3,36: *qui credit in filio* (nella Vulgata qui si legge *in filium*).

[17] D'altra parte anche il greco nello stesso periodo evolveva in modo parallelo: si perdeva la distinzione tra εἰς + Acc. e ἐν + Dat., e nel greco moderno si continua solo εἰς.

[18] Deut 32,37.

[19] Per esempio in Plauto, *Casina* 346: dis sum fretus, deos sperabimus; *Miles gloriosus* 1209: deos sperabo teque; Tacito, *Germ.* 4,76 Germanos qui ab ipsis sperentur.

[20] *laḥăsôṯ* è infinito costrutto da *ḥasa(h)*.

[21] Dal verbo *baṭaḥ*.

[22] Si noti che l'ebraico non ha una forma speciale per il comparativo, e per questo motivo gli antichi traducevano letteralmente "è buono".

[23] Accenno solo in nota al verbo *'alaç* a cui corrispondono nelle traduzioni antiche ἀγαλλιᾶσθαι e *exultare*, e che ricorre ad esempio nel Cantico di Anna, 1 Sam 2,1: *'alaç libbî bYHWH* ἠγαλλίασεν τὸ πνεμά μου ἐπὶ τῷ θεῷ *exultavit cor meum in Domino*, che poi è riecheggiato dal Magnificat, Lc 1,47 καὶ ἠγαλλίασεν τὸ πνεῦμά μου ἐπὶ τῳ' θεῷ τῷ σωτῆρί μου, *et exultavit spiritus meus in Deo salutari meo*; dunque anche *exultare* nel latino influenzato dalla Bibbia si costruisce con *in*.

all'originale ebraico è ben lontana dal nostro modo di concepire le traduzioni. Ma occorre prima di tutto mettersi nella prospettiva di S. Girolamo: le sue scelte furono determinate innanzitutto dall'esistenza di un linguaggio proprio dei Cristiani che già prima di lui risentiva dell'influsso ebraico, naturalmente mediato dal greco dei LXX e neotestamentario; dunque molte delle espressioni che a noi paiono estranee al latino (perché non corrispndono alla lingua che si studia a scuola) in realtà facevano già parte del latino cristiano, e come tali erano ben accette ai suoi lettori[24]. Inoltre bisogna considerare che egli operava in un tempo in cui la circolazione degli uomini e delle idee incontrava relativamente pochi ostacoli nell'immenso spazio dell'impero romano, ed era il primo ad affrontare il compito di tradurre la Bibbia dopo aver imparato l'ebraico; forse poteva illudersi che la conoscenza di questa lingua fra i Cristiani avrebbe fatto progressi, e che perciò le difficoltà legate ad una traduzione troppo letterale si sarebbero attenuate; certo non immaginava che dopo di lui, per un millennio nessuno più avrebbe avuto le sue possibilità[25].

---

[24] U. Rapallo, *Calchi ebraici*, op. cit., 19, insiste sul fatto che il del latino delle traduzioni bibliche "non è la *Volkssprache romana* esclusivamente, ma una sperimentale e provvisoria lingua di traduzione, satura di ebraismi di propagazione, di grecismi, di volgarismi, di arcaismi, più un imprecisabile numero di africanismi".

[25] Fra le opere da me consultate non ho citato l'articolo di G. Rinaldi, *Espressioni italiane derivate dalla Bibbia latina volgata*, "Atti del Sodalizio Glottologico Milanese" 7–8, 1958, 2–9, solo perché non ho trattato le stesse parole da lui menzionate.

JĘZYKI ORIENTALNE W PRZEKŁADZIE — KONFERENCJA
ORIENTAL LANGUAGES IN TRANSLATION — CONFERENCE
Kraków, 20–21 maja/May 2002

LESZEK HOŃDO

Polskie przekłady hebrajskich inskrypcji nagrobnych

Uniwersytet Jagielloński

1. Charakterystyka hebrajskich inskrypcji nagrobnych

Język hebrajski przyjął się jako język nagrobnych inskrypcji żydowskich w IX wieku[1] i odtąd prawie przez 1000 lat był językiem obowiązującym wśród Żydów w całej Europie. Na nagrobkach występują także cytaty w języku aramejskim. Nie ma w tym nic dziwnego, skoro w języku aramejskim zostały napisane fragmenty Biblii (księgi Daniela i Ezdrasza) oraz większość tekstu Talmudu. W liturgii modlitwy odmawiane były także po aramejsku.

Można stwierdzić, że na przestrzeni wieków występują te same lub bardzo podobne elementy składowe inskrypcji. Schemat formularza inskrypcji zawiera następujące części: formułę pogrzebową, lamentacje, laudacje, czyli epitety i zwroty pochwalne obrazujące cnoty zmarłego, imię zmarłego, datę jego śmierci (często także datę pogrzebu) oraz zakończenie[2].

Cechą charakterystyczną inskrypcji jest ich kompozycja, składająca się z cytatów, urywków cytatów i cytatów, w których dokonano celowych zmian. Wszystkie cytaty lub ich przeróbki odpowiadają „tradycyjnej" literaturze Tory, zarówno pisanej, jak i ustnej, to znaczy hebrajskiej Biblii, Talmudowi, Midraszom i okazjonalnie także liturgii. Nawiązanie do liturgii dotyczy szczególnie ceremonii pogrzebowej, choć zdarzają także przypadki nawiązujące do liturgii świąt.

Dobieranie cytatów polegało na wyszukiwaniu wersetów biblijnych czy talmudycznych, odnoszących się do życia zmarłego. Spotkać można cytaty, w których pojawia się imię zmarłego. Występują też takie, w których wspomina się biblijnych imienników zmarłego i ich losy.

---

[1] S. H. Lieben, *Grab; Grabinschriften*, w: *Encyclopaedia Judaica. Das Judentum in Geschichte und Gegenwart*, Berlin 1931, t. VII, 625–627.

[2] Na temat struktury formularza; por. L. Hońdo, *Stary żydowski cmentarz w Krakowie. Historia cmentarza. Analiza hebrajskich inskrypcji*, Kraków 1999, s. 97–110.

Od końca XVII w. wzrastała popularność stylu zwanego melica. Był to styl rabiniczny, który w Europie przeżywał swój rozkwit w drugiej połowie XVII w. i przez cały wiek XVIII był używany w aprobatach, przedmowach, początkach listów. Tekst przeładowywano epitetami i przenośniami, co często czyniło go niezrozumiałym. Niejednokrotnie występowały zwroty biblijne i talmudyczne pozbawione szerszego kontekstu. Im krótsze bywały zwroty, tym inskrypcja uważana była za bardziej kunsztowną. Cechę charakterystyczną tego stylu stanowiło także połączenie ostatniego słowa frazy z początkowym następnej, tak że poszczególne części nie tylko tworzyły całość, ale także były ze sobą ściśle powiązane.

Popularnymi środkami poetyckimi inskrypcji nagrobnych były między innymi: wyliczenia[3], hiperbole, metafory i metonimie. Do najczęściej występujących metafor należą ich popularne odmiany, czyli alegorie: światła, korony i wody. Bogactwo peryfraz występuje w przypadku określeń odnoszących się do śmierci (zwroty potwierdzają fakt śmierci, podają informację o dalszych losach duszy, przedstawiają okoliczności zgonu). Omówienia występują także jako określenia funkcji nauczycielskiej zmarłego i pełnionych urzędów. Dość częstym zjawiskiem jest wykorzystywanie wersetów epitetów i zwrotów pochwalnych do tworzenia akrostychów, polegających na tym, że początkowe słowa lub litery wierszy tworzą imię zmarłego oraz imię jego ojca. W przypadku, gdy zmarły pochodził z rodu Arona lub był lewitą, były dodawane do imienia słowa *ha-Kohen* lub *ha-Lewi*. Litery lub słowa, które tworzą akrostych, najczęściej wyróżnione są w inskrypcji wielkością, kropką lub znaczkiem nad literą.

Część inskrypcji posiadała rymy. Zgodność dźwiękowa występuje przeważnie na końcu wiersza. Do ich tworzenia wykorzystywano końcówki liczby mnogiej: ים- i ות- oraz końcówki ה- i ת-, charakterystyczne dla żeńskiego morfemu rodzajowego. Najczęściej rym nie obejmował całej inskrypcji, a jedynie jej część, przede wszystkim epitety i zwroty pochwalne.

Zestawienie zasad stylistycznych i wersyfikacyjnych potwierdza, że hebrajskie inskrypcje nagrobne wykraczały poza prosty tekst informacyjny. Można je traktować jako wynik zestawienia zdecydowanie na wyższym poziomie konwencji gatunkowych, w odniesieniu do którego zachowanie wierności przekładu wcale nie jest zabiegiem prostym.

2. „Nieprzekładalność" jednego kontekstu kulturowego na drugi i metody zbliżenia

W ostatnim dziesięcioleciu nastąpił w Polsce rozwój badań nad hebrajską epigrafiką. Zainteresowanie to dotyczy przede wszystkim inskrypcji nagrobnych[4]. Jak dotąd, żaden

[3] Typowe wyliczenie wykorzystywało swój prosty, nieskomplikowany charakter i duże walory rytmiczne. Zbudowane było najczęściej z ciągu epitetów przymiotnikowych, np. 'poważana i cnotliwa'.

[4] I. Brzewska, *Hebrajskie inskrypcje nagrobne na macewach z dawnego cmentarza w Turku*, [w:] J. Woronczak [red.], *Studia z dziejów kultury żydowskiej w Polsce*, t. II: *Cmentarze żydowskie*, Wrocław 1996, s. 77–86; L. Hońdo, *Charakterystyka hebrajskich inskrypcji*, [w:] J. Woronczak [red.], op. cit., s. 69–76; tegoż, *Inskrypcje starego żydowskiego cmentarza w Krakowie*, cz. I, Kraków 2000; tegoż,

z tłumaczy nie opracował systematycznego i wyczerpującego wykładu na temat teorii ich przekładu[5]. Publikacje, które ukazały się w ostatnich latach, zawierają (zwykle w części wstępnej) informacje na temat zasad, jakimi kierują się tłumacze, oraz ich warsztatu pracy. Pora więc zastanowić się nad możliwościami i ograniczeniami, na jakie napotyka tłumacz w procesie przekładu hebrajskich inskrypcji.

Przy ocenie wartości przekładu hebrajskich inskrypcji nagrobnych obowiązują takie same zasady jak w wypadku innych przekładów, czyli wierność semantyczna w odniesieniu do oryginału oraz walory osiągnięte w językowym kształcie dzieła w porównaniu z oryginałem. Istnieje tutaj duża skala możliwości, poczynając od tłumaczenia dosłownego aż po tłumaczenie wolne. Jednak tłumaczenie nigdy nie osiągnie stuprocentowej wierności wobec oryginału. Zadanie, przed którym stoi tłumacz, polega na dbaniu o jak największą precyzję przekładu. Tłumaczenie powinno wywoływać u odbiorcy skojarzenia najbardziej zbliżone do tych, jakie niesie ze sobą tekst w języku źródłowym. Dlatego proces tłumaczenia powinien odwzorować rzeczywistość pozajęzykową, najczęściej dobrze opisaną w języku źródłowym, w języku docelowym, który z kolei najczęściej znacznie gorzej się do tego nadaje. Pojawia się więc problem dopasowania dwóch rzeczywistości, które nigdy nie będą do siebie idealnie przystawać.

Zbliżenie: przy założeniu, że w języku docelowym brak ekwiwalentu o takim samym lub zbliżonym zakresie znaczeniowym, można osiągnąć na kilka sposobów:

a) stosując zapożyczenia z języka źródłowego,

b) uzupełniając w miarę potrzeby wyjaśnieniami (przypisy tłumacza jako próba uzupełnienia),

c) wprowadzając kalki językowe,

d) tłumacząc w sposób opisowy,

e) tłumacząc przez uogólnienie,

f) tłumacząc przez konkretyzację,

g) wprowadzając zupełnie nowe w języku docelowym jednostki leksykalne.

Cmentarz żydowski w Tarnowie, Kraków 2001; L. Hońdo, D. Rozmus, A. Witek [oprac.], *Cmentarz żydowski w Pilicy*, Kraków 1995; M. Krajewska, *Cmentarze żydowskie w Polsce: nagrobki i epitafia*, „Polska Sztuka Ludowa", 1989, 27–44; S. Krajewski, *Przykłady epitafiów hebrajskich na cmentarzach żydowskich w Polsce*, „Polska Sztuka Ludowa" 1989, 60–62; M. Wodziński, *Hebrajskojęzyczne inskrypcje na Śląsku. Szkic wstępny*, [w:] J. Woronczak [red.], op. cit., 87–100; tegoż, *Żydowska epigrafika na Śląsku*, [w:] K. Pilarczyk [red.], *Żydzi i judaizm we współczesnych badaniach polskich*, Kraków 1997, 329–336; tegoż, *Hebrajskie inskrypcje na Śląsku XIII–XVIII*, Wrocław 1996, 283–288; tegoż, *Groby cadyków Polsce. O chasydzkiej literaturze nagrobnej i jej kontekstach*, Wrocław 1998; A. Trzciński, M. Wodziński, *Cmentarz żydowski w Lesku*, Kraków 2002; J. P. Woronczak, *Treści eschatologiczne epitafiów żydowskich Opolszczyzny*, [w:] J. Woronczak [red.], op. cit., 101–110.

[5] Podstawowym wzorcem stylistycznym dla hebrajskich inskrypcji jest hebrajska Biblia. W tym przypadku istnieje oczywiście polska literatura na ten temat. Dla przykładu: M. Wolniewicz, *Teoria przekładu biblijnego w ujęciu współczesnych tłumaczy Biblii na język polski*, „Łódzkie Studia Teologiczne" III, 1994, 19–30, oraz B. Matuszczyk, *Problem ekwiwalencji w tłumaczeniu Biblii*, [w:] R. Sokołowski, H. Duda [red.], *Warsztaty translatorskie*, Lublin 2001, 51–62.

Pierwszym problemem, przed którym stoi tłumacz hebrajskich inskrypcji, to przekład hebraizmów (także jidyszyzmów)[6]. Wskazany wydaje się „złoty środek”, czyli pozostawienie niektórych z nich, najbardziej zrozumiałych i niemających w języku polskim ekwiwalentów o takim samym zakresie znaczeniowym, z drugiej zaś strony — tłumaczenie reszty w duchu języka polskiego. Tłumaczenie może być narażone na skażenie „polskością” lub — po ewentualnym „przefiltrowaniu” i oczyszczeniu z obcych elementów — może w ogóle nie zachowywać specyfiki żydowskiej tradycji. Całkowita rezygnacja z hebraizmów pozbawiłaby tłumaczenie specyfiki języka hebrajskiego. Z kolei pozostawienie ich w zbyt dużej liczbie czyniłoby tekst obcym i niezrozumiałym.

Ciekawym przykładem próby przełożenia na język polski są wyrazy oznaczające dni tygodnia. W tłumaczeniu nie występują polskie nazwy dni tygodnia. W języku hebrajskim dni tygodnia — z wyjątkiem szabatu (שבת) – nie mają własnych nazw, lecz są po prostu wyliczeniem: 1. dzień = יום א’, także יום ראשון 'pierwszego dnia’, 2. dzień = יום ב’, także יום שני 'drugiego dnia’, 3. dzień = יום ג’ itd. Wyraz *szabat* jest na tyle zakorzeniony w języku polskim, że nazwa ta jest bezpośrednio przenoszona do tłumaczenia. Pozostałe zwroty nie są tłumaczone jako *niedziela, poniedziałek, wtorek* itd., nie dlatego tylko, że początek tygodnia wypada w tradycji polskiej w poniedziałek, ale przede wszystkim ze względu na fakt, że żydowski dzień rozpoczyna się i kończy o zachodzie słońca. Pierwszy dzień tygodnia nie odpowiada więc niedzieli, gdyż rozpoczyna się w sobotę wieczorem a kończy w niedzielę wieczorem. Ze względu na to, że żydowskie dni rozpoczynają się i kończą o zachodzie słońca, ustalenie dokładnej daty według kalendarza chrześcijańskiego nastręcza wiele trudności. Określenie: בליל שני 'w nocy drugiego dnia’ oznacza noc z niedzieli na poniedziałek. Przy przeliczaniu może to być zarówno poniedziałek, jak i niedziela, gdyby okres ten wypadł przed północą. Również określenie: אור ליום dosł. 'na początku dnia’, przy przeliczaniu dat nastręcza trudności. Oznacza ono 'wieczorem przed nastaniem nocy’. Próba wiernego oddania znaczenia tych zwrotów kończy się więc zazwyczaj przypisem autora, w którym znajduje się stosowne wyjaśnienie.

Podstawą wszelkich tłumaczeń powinna być zrozumiałość tekstu, i to zarówno poszczególnych zdań, jak i ich kontekstu. Osiągnięcie tego wymaga wprowadzenia do tekstu polskiego uzupełnień słownych i zmian gramatycznych, które by odpowiadały właściwościom języka hebrajskiego.

Epitety pochwalne obrazują cechy zmarłego poprzez oddanie przymiotów wewnętrznych osoby i jej cech zewnętrznych. Tworzenie ich nie było łatwe, gdyż w biblijnym języku hebrajskim przymiotniki (występujące rzadko) nie stanowiły odrębnej części mowy, lecz były kategorią stylistyczną. Zastępowało się je czasownikami i imieniem za pomocą konstrukcji dopełniaczowej. Stąd: איש אלהים 'mąż boży’ (2 Krl 4,9 i in.). Dlatego w tłumaczeniu należałoby rzeczowniki w dopełniaczu oddać odpowiednim przymiotnikiem. Niektóre epitety wielokrotnie występują w Biblii i Talmudzie, często zmieniając swoje znaczenie. Zdarza się, że zbiór epitetów to konkretny

[6] Będących wynikiem interferencji.

cytat. Najpopularniejszy to: איש תם וישר ירא אלהים [וסר מרע] 'mąż zacny i prawy, bogobojny i stroniący od złego' (Hi 1,8; por. Hi 1,1). Popularny był także cytat: איש צדיק ותמים 'mąż sprawiedliwy i zacny' (Rdz 6,9). Dodatkowo epitety często tworzą ciąg, który jest nagromadzeniem określeń synonimicznych, będących środkiem ekspresji stylistycznej. Staje się to dużym utrudnieniem dla tłumacza w przekładzie wyrazów bliskoznacznych, ponieważ niektóre przymiotniki mogą być użyte, w zależności od kontekstu, również jako rzeczowniki. Dla przykładu: wyraz ישיש to nie tylko 'sędziwy', ale może być użyty jako 'starzec'. גביר 'możny' to także 'pan, panujący', a חכם to nie tylko 'mądry', ale także 'mędrzec, uczony'. נגיד przed imieniem oznacza funkcję zmarłego: senior, przywódca. Pojęcie חסיד 'pobożny' może także oznaczać, że zmarły był zwolennikiem chasydyzmu[7].

Jak już zostało powiedziane, podstawowym wzorcem stylistycznym dla inskrypcji jest hebrajska Biblia. Tłumaczenie hebrajskich inskrypcji wymaga więc, podobnie jak w tekście biblijnym, wprowadzenia zmian, przede wszystkim zmian gramatycznych i uzupełnień słownych. Skoro w czasach biblijnych nie istniały kategorie czasów, to przy tłumaczeniu czasowników należy niekiedy uwzględnić czas wskazany przez kontekst. Zdarza się także w tekście brakuje w ogóle orzeczenia, którego domaga się język polski, gdyż cechą charakterystyczną inskrypcji jest występowanie imiesłowowych równoważników zdań. Niekiedy warunkiem dobrego tłumaczenia jest uzupełnienie tekstu słowami: *jest* lub *był*, których język hebrajski każe się domyślać w danym miejscu. Jest to szczególnie widoczne w części laudacyjnej inskrypcji. Inną cechą języka hebrajskiego, widoczną w inskrypcjach, jest zestawienie zdań bez spójnika lub połączenie ich partykułą *we* (ו 'i') oraz przedkładanie współrzędności zdań nad ich podrzędność. Wymaga to w tłumaczeniu (w zależności od kontekstu) uwzględnienia odpowiedników współrzędnych, jak i podrzędnych.

3. Znajomość tradycji żydowskiej jako warunek dobrego tłumaczenia

Przy łumaczeniu hebrajskich inskrypcji na język polski nie wystarczy znajomość słownictwa tych dwóch języków, choć należy stwierdzić, że hebrajskie inskrypcje cechuje wyjątkowa ekskluzywność słownictwa. Nie wystarczy przekonanie, że te dwa języki mają swój odrębny charakter, swoją indywidualność, która wymaga, aby w tłumaczeniu oddać ich wymagania i tym sposobem uczynić tekst zrozumiałym. Niezbędna jest także znajomość kontekstu kulturowego, do którego inskrypcje się odwołują. Jest ona potrzebna, aby w razie braku możliwości dosłownego tłumaczenia wybrać wspomniane metody zbliżenia czy też w ogóle którąkolwiek z nich zastosować.

---

[7] Dopiero od XVIII w.

Przykładem próby przełożenia na język polski bardzo często występującej formuły końcowej są pojawiające się w niej zamiennie pojęcia duszy:

תהא/תהיה נפשו/נשמתו צרורה בצרור החיים

'niech jego dusza będzie związana w węzeł życia' (por. I Sam 25,29). Różnica jest znaczna i ma swoje teologiczne konsekwencje. W zwrocie używane są różne pojęcia odnoszące się do duszy: נפש i נשמה, które tłumaczone są jako *dusza*. Jednak w inskrypcji oba te pojęcia mają odrębne znaczenia. נפש 'jest pogrzebany i spoczywa w ziemi', a נשמה — wznosi się do nieba. נפש nie jest rozumiana jako nietknięta przez śmierć część człowieka, która odróżnia się od ciała, lecz między innymi jako witalna istota indywiduum[8]. נשמה 'wyższa dusza' wznosi się po śmierci nietknięta, podczas gdy נפש 'siła życiowa' jest grzebana. Kabała nazywa trzy części duszy: נפש, רוח i נשמה. Pierwsze pojęcie odnosi się do „najniższej duszy", która wstępuje w ciało w momencie narodzin i jest traktowana jako istota cielesna. רוח rozwija się w duchowym i moralnym życiu człowieka przez przezwyciężenie popędów. נשמה jest „najwyższą duszą", rozwijającą się przez studiowanie Tory i wypełnianie przykazań. Autorowi inskrypcji może być więc przypisane kabalistyczne rozumienie różnych poziomów duszy.

Znajomość kontekstu kulturowego jest widoczna w przypadku tłumaczenia występujących tytułów. Tytuł רבי (rabi) 'mój nauczyciel, mistrz' powstał w okresie formowania się Talmudu jako określenie na nauczyciela miszny. W późniejszym czasie nastąpił powrót do pierwotnego znaczenia 'pan', przy czym nigdy nie był to tytuł dawany osobom nieżonatym i niewykształconym. Ze względu na zmianę znaczenia i fakt, że nie było to nigdy określenie zawodu, do tytułu רבי dodawano jeszcze הרב 'pan'. W ten sposób powstał tytuł: הרב רבי (הר"ר) 'pan, mistrz'. Ta tytulatura była przeznaczona dla tych, którzy wykorzystywali swoją uczoność w jakiejkolwiek formie zawodowej, jako np. rabin synagogi, kaznodzieja, przełożony uczelni. Rabin, zwłaszcza większej gminy, który był nauczycielem wszystkich, musiał posiadać poza tym tytuł מורנו (morenu) 'nasz nauczyciel'. Tytuł *morenu* stał się w ten sposób specyficznym określeniem urzędu rabina. Nastąpiło to w momencie, kiedy *rabi* stracił swoje znaczenie jako tytuł i wyraz zwierzchnictwa, a stał się określeniem 'pan', w przeciwieństwie do określenia nieżonatego *bachur* 'młodzieniec'. Tytuł *morenu* został wprowadzony przez wiedeńskiego rabina Meira ben Barucha ha-Lewi (1320–1390) dla jego uczniów, jako potwierdzenie kwalifikacji do objęcia urzędu rabina i w celu przeciwstawienia się dość powszechnej sytuacji, polegającej na obsadzaniu urzędów rabina przez osoby niewykształcone i niegodne. Od XV w., kiedy wprowadzony został obligatoryjny egzamin rabinacki z dyplomem *morenu*, tytuł ten nie oznaczał już rabinicznego urzędu, lecz kwalifikację rabiniczną[9]. מורנו הרב רבי (מהר"ר) 'nasz nauczyciel, pan, mistrz' stał się więc

[8] Por. Rdz 12,13; 19,19; 1 Krl 20,32; Ps 103,1; 103,2; 103,22.

[9] B. Wachstein, *Die Inschriften des alten Judenfriedhofes in Wien*, t. I, Wien–Leipzig 1912, XXXVIII; por. I. J. Yuval, *Juristen, Ärzte und Rabbiner: Zum typologischen Vergleich intellektueller Berufsgruppen im Spätmittelalter*, [w:] Carlebach [wyd.], *Das aschkenasische Rabbinat. Studien über Glaube und Schicksal*, Berlin 1995, 121–122.

tytułem, którego posiadacz miał prawo spełniać rytuały rabiniczne. Z czasem jednak używany był tylko na określenie ważnych osobistości. Pozostał tytułem osób zajmujących się Talmudem i był umieszczany przed imieniem przy wywoływaniu do czytania Tory. Według B. Wachsteina tytuł *morenu* zachował swoje znaczenie do XIX w., gdyż znalazł on zaledwie jeden przykład na to, że niewykształcony człowiek, ale za to możny gminy, go otrzymał[10].

Wielokrotnie, tłumacząc tekst hebrajski, należy brać pod uwagę konieczność podwójnej interpretacji – dosłownej i translokacyjnej, co narzuca w przekładzie podwójną egzegezę. Spiętrzenie poziomów znaczeniowych jest bowiem charakterystyczne dla inskrypcji nagrobnych. Przykładem, w którym tekst oryginalny posiada dwoistość interpretacji, jest stosunkowo częste występowanie anagramów i chronogramów[11], czyli zdań lub wyrazów, których litery oznaczają także liczby, a ich zestawienie tworzy oznaczenie daty.

Wnioski

W ostatnich latach można zaobserwować rozwój badań dotyczących żydowskich cmentarzy na ziemiach polskich. Znaczącym elementem jest tu analiza hebrajskich inskrypcji na postawie zinwentaryzowanych cmentarzy. Konsekwencją tych prac jest pojawienie się polskich tłumaczeń hebrajskich inskrypcji nagrobnych. Dotychczasowe doświadczenia w zakresie ich tłumaczeń pozwalają sformułować pewne zasady odnoszące się do teorii przekładu. Przede wszystkim stwierdzić należy, że nie wystarczy filologiczna analiza tekstu. Potrzebna jest również „perspektywa historyczna", polegająca na analizie kontekstu kulturowego, gdyż bez znajomości religii i tradycji żydowskiej trudno przygotować tekst jak najbardziej zbliżony do oryginału.

Specyfika języka inskrypcji polega na tym, że był on silnie zakorzeniony w hebrajskiej Biblii i Talmudzie. Z jednej strony, tłumacz może korzystać z bogatych doświadczeń polskich biblistów, z drugiej — musi sam interpretować Talmud, Midrasze i żydowską liturgię. To drugie zadanie jest szczególnie trudne, ponieważ, jak dotąd, te teksty są jedynie fragmentarycznie przetłumaczone.

Pozostaje mieć nadzieję, że rosnące zainteresowanie studiami judaistycznymi zaowocuje powstaniem silnych ośrodków badawczych, które zajmą się edycją hebrajskich inskrypcji nagrobnych. Mają one nie tylko ogromne walory literackie, ale są również cennym źródłem do poznania historii i kultury polskich Żydów.

---

10 B. Wachstein, op. cit., s. XXXVIII.

11 Zwyczaj tworzenia chronogramów w tradycji żydowskiej odnosił się też do dat wydania przede wszystkim dzieł rabinicznych; zestawienie chronogramów wyrażających mesjańską nadzieję przygotował L. Löwenstein (*Messiashoffnung*, „Zeitschrift für hebräische Bibliographie" 1905, 76–79).

Przykłady inskrypcji pochodzące ze starego żydowskiego cmentarza w Krakowie

(Od inskrypcji złożonej do dość krótkiej, w której dominuje składnik informacyjny)

I. Rachel, córka Josefa Kaca, zm. w r. 1583

1. יום ה׳ כ׳ שבט שע״א לפ״ק

Poniżej:

2. מרת רחל בת הגאון מוהר״ר יוסף כ״ץ יצ״(ו) ואשת הראש והקצין והנגיד כמה״ר [...]
3. יום ה׳ י״ד לחדש
4. אני לדודי ודודי לי :
5. עטרת תפארת שונ
6. נפלה אללי לי :
7. קדוש יעקב רחם על
8. ילדיה שהניחה לי :
9. ברוך דיין האמת
10. שעונותי גרמו לי :
11. לפ״ק גש״ם נדבות תניף
12. אלקים : תנ״צ בצרור
13. החיים :

1. 5 dnia 20 szwat 371[12] według małej rachuby.

Poniżej:

2. Pani Rachel, córka uczonego, naszego nauczyciela, pana i mistrza Josefa Kaca, niech nasz Bóg mu błogosławi i go ochrania! I żona przełożonego, dostojnego pana i przywódcy [...][13]
4. „Ja należę do miłego a mój miły do mnie"[14].
5. Korona chwały i radości
6. spadła[15]. Biada mi!
7. Świętość Jakuba ulituj się nad
8. jej dziećmi, które mi zostawiła.
9. Błogosławiony niech będzie Sędzia prawdy![16]
10. Bowiem moje grzechy przyczyniły się.
11. Według małej rachuby „deszcz obfity zesłałeś
12. Boże[17]!"[18]. Niech jej dusza będzie związana w węzeł
13. Życia![19]

---

[12] Zm. 3 II 1611 r. Zwieńczenie dodane w sposób przypadkowy. Data śmierci inna niż w inskrypcji poniżej.

[13] Według M. Bałabana, córka Josefa Kaca (autor nie podaje jej imienia) wyszła za mąż za lwowskiego rabina Mosze Charifa (*Historia Żydów w Krakowie i na Kazimierzu 1304–1868*, t. I, Kraków 1931, 492).

[14] Pnp 6,3. Początkowe litery słów wersetu tworzą nazwę miesiąca *elul*.

[15] Por. Lm 5, 16.

[16] Słowa wypowiadane w momencie zgonu, por. Szulchan Aruch: Jore Dea, par. 339.

[17] Bóg Izraela אלהים 'Elohim' ukryty pod אלקים 'Elokim', w obawie przed profanacją.

[18] Ps 68, 10. Chronogram: 343. Zm. 1 IX 1583 r.

[19] 1 Sm 25, 29.

II. Mosze, syn Jony, zm. w r. 1573

1. פה
2. נקבר היקר כ"מ
3. משה ב"ר יונה : שהיה
4. (יש)ר וצדיק בכל עת
5. [...]. יום ד' י"ז שבט של"ג
6. [...] מותו : וחיים לכל
7. (יש)ראל שבק ובצרור
8. (ה)חיים תוצרר נשמתו
9. אכי"ר

1. Tu
2. został pogrzebany mąż drogi, szanowany pan
3. Mosze, syn pana Jony. Który był
4. zawsze prawy i sprawiedliwy.
5. [...] 4 dnia 17 szwat 333[20]
6. [...] Jego śmierć. I zmarł dla całego
7. Izraela[21] i w węzeł
8. życia będzie związana jego dusza!
9. Amen! Niech będzie Jego wola!

III. Gela, córka Cwi Hirsza, zm. w r. 1794

1. פ"ט
2. אישה ישרה
3. צנועה ויקרה
4. מ' געלע בת ר'
5. צבי הירש י"נ ז'
6. חשון תקנ"ה לפ"ק
7. תנצב"ה

1. Tu pochowana
2. niewiasta prawa,
3. cnotliwa i droga.
4. Pani Gela, córka pana
5. Cwi Hirsza, Odeszła jej dusza 7
6. cheszwan 555 według małej rachuby.
7. Niech jej dusza będzie związana w węzeł życia!

---

[20] Zm. 21 I 1573 r.

[21] *Talmud Babiloński*; Berakhot 61 b: dosł. 'pozostawił życie'.

Zestawienie skrótów:

I.

1. לפ"ק - לפרט קטן
2. מוהר"ר - מורנו הרב רבי (ewen.) מורנו ורבינו הרב רבי
   כ"ץ - כהן צדק
   יצ"ו - יברכהו צורנו וישמרהו
   כמה"ר - כבוד מורנו הרב (ewen.) כבוד מורנו הרב רבי
12. תנ"צ - תהא / תהיה נפשו / נשמתו צרורה

II.

2. כ"מ - כבוד מורנו (ewen.) כבוד מר
3. ב"ר - בן רבי
9. אכי"ר - אמן כן יהי רצון

III.

1. פ"ט - פה טמונה
2. מ' - מרת
   ר' - רב (ewen.) רבי
5. י"נ - יצאה נשמתה
7. תנצב"ה - תהא / תהיה נפשה / נשמתה צרורה בצרור החיים

JĘZYKI ORIENTALNE W PRZEKŁADZIE — KONFERENCJA
ORIENTAL LANGUAGES IN TRANSLATION — CONFERENCE
Kraków, 20–21 maja/May 2002

MARCIN RZEPKA

Enğil and *xabar-e xoš*. Between Formal and Dynamic Equivalency

Some remarks on the vocabulary of chosen Persian translations of the Gospel according to St. Matthew

Uniwersytet Jagielloński

1. "The best translation does not sound like a translation".[1] Such a task is given to translation and its translator by Eugene Nida, an outstanding theoretician and practising biblical translator and, at the same time, one of the leading contemporary linguists. He introduces the idea of equivalency into his theory, seen as the relation of equivalency in the content and style between the text of translation and the original one. The text of translation is supposed to evoke the same effect as the original one does. This is so-called dynamic equivalency, in contrast to the formal one, i.e. similarity of surface structures. Equivalency is the quest for what "universal" is, and so "translatable".[2]

2. The problem a translator of the Bible faces is, among other things, the proper choice of vocabulary, the search through for an adequate equivalent, both lexical and stylistic. *Enğil* انجیل 'gospel' and *xabar-e xoš* خبر خوش 'good news', are not the only terms in the place of Greek εὐαγγέλιον. In the analysed translations of the Gospel there are more: *bešārat* بشارت an Arabic, Koranic term[3] and Persian — *možde* مژده, both in the same meaning: 'good news', and furthermore: *dāstān* داستان 'tale', with the meaning of 'gospel, the tale of life of Jesus'.

The vocabulary of evangelical texts is created by such words that could successfully create the Christian terminology in a given language, or words just adopted from such a category of words. As far as the Christian terminology in Persian is concerned three categories of words are distinguished. Words of Arabic origin, originated mainly in the Koran and its commentaries, and, besides, from the Christian Arabic literature of pre-Islamic period, such as: *Isā* عیسی, the proper name 'Jesus', *ebn Allah* ابن الله 'son of God', very characteristic (sporadically appears in translations), *ruh-al-qoddos/qods* روح القدس 'Holy Spirit', mentioned previously *enğil* انجیل

[1] E. A. Nida, Ch.R.Taber, *The Theory and Practice of Translation*, Leiden 1969, 12.

[2] See: E. Tabakowska, *Cognitive Linguistics and Poetics of Translation*, Tübingen 1993; Polish translation: A. Pokojska, *Językoznawstwo kognitywne a poetyka przekładu*, Kraków 2001, 51.

[3] B. Khorramshahi, *A Glossary of Islamic Technical Terms. Persian — English*, Mashhad 1991.

'gospel', *fesh* فصح 'passover', *salib* صليب 'cross', *ta'mid* تعميد 'baptism', *rasul* رسول 'messenger, apostle', *havāri* حوری 'disciple'.[4] The second group consists of Persian words or Persianised borrowings from Greek and Syrian, including: *angeliun* انگليون 'gospel' (seen in dictionaries, does not appear in translations) displaced with Arabic form *enğil*, *čalipā* چليپا 'cross', from Syrian *salibā*, *kelisa* كليسا 'church' from Greek *ekklesia*. The third group are native Persian words, often originated in Zoroastrian tradition. The idea of including no Arabisms in Christian terminology (of course those characteristic ones, e.g. *qorbān* قربان 'offering' in the name 'Holy Mass') was suggested in 1970s by Kurosh Mehrāvand, a Salesian, who translated the text of Catholic Liturgy.[5] For example, instead of Arabic word *rasul* رسول he introduces Persian: *ferestāde* فرستاده in the meaning: 'apostle', creates neologisms using Avestian root *yaz-* 'holy', e.g. *yazešgāh* يزشگاه 'altar'. Being an interesting proposal, it is, as time shows, not a lasting one.[6] As in the same time (1970s) another translation of the Four Gospels by Italian Salesian Nataniel del Mistro appeared, we can suspect it must have reflected Kurosh's assumptions.

3. Working on a new translation one cannot help passing over the tradition of translation existing in a given language (if one exists). To some extent every new translation corresponds with previous ones, or totally splits up with existing tradition of translation. The Persian tradition of translation of the Bible dates back to the 4th century. John Chryzostom showed evidence in one of his sermons saying that the teaching of Christ had been translated into Middle Persian language,[7] in the next century (5th) Theodoret stated that the Persians assumed the Gospel as the divine revelation. No pieces of Middle Persian translations have survived, but Psalms have. It is worth mentioning a 9th century polemic Zoroastrian text *Škand-gumānīk vičār*,[8] including Biblical citations. An interesting proposal to a glossary of Christian terminology in Persian is the qualification for the Holy Spirit appearing in the text: *Vat-i Pāk* literary 'pure wind'.

In the subsequent centuries individual tomes of the Bible were translated into Persian from Syrian, Hebrew, Greek, and these days from English. In the 13th century a member of Jacobite church of Tebriz translated the evangelic harmony of Tatian from 2nd century *Diatessaron* into Persian. In the 17th century and later some translations patronised by the rulers occurred. In the Mughal court of Akbar I (1556–1605) a translation of the Gospel was to be prepared and a court historian, Abu'l — Fazl, was said to be its author, but there is no convincing evidence of its creation. In the same time Jerome Xavier, a Jesuit related to St. Francis Xavier, the author of the story on the life

[4] Christian Arabic terms are very numerous in Persian, apart from these listed above, there is a arge group of names of church ranks: *batriq* 'patriarch', *ğasliq* 'catholikos', *osqof* 'bishop'. Besides there are words taken from Greek or Syrian: *pātriārk, kātulikās, sakubā.*

[5] He is also author of the text on Christian terminology in Persian: *Christian Persian Terminology*, Tehran 1970, see also: A. Pisowicz, *Some remarks on Christian terminology in Persian*, „Folia Orientalia" 21, 1980, 171–174.

[6] In 1990s the text of the Holy Mass splitting up with Kurosh, which was considered incomprehensible, was published.

[7] R. Waterfield, *Christians in Persia*, London 1973, 16.

[8] P. J. Manasce, *Une apologétique mazdéenne du IX siècle. Škand-gumānīk Vičār*, Fribourg 1945.

Jerome Xavier, a Jesuit related to St. Francis Xavier, the author of the story on the life of Jesus, called *Dāstān-e hazrat-Masih* داستان حضرت مسیح, was active. His book was not a translation but a free compilation of plots from canonical and apocryphal gospels. It is seen that the work tried to bring closer the message of the Gospel, and, as well, tended to be based on the strength of the knowledge on Jesus a Muslim-reader could achieve thanks to the reading of the Koran.[9] Maybe it was the beginning of widely interpreted 'dynamisation' of text. He was an author of the translation of the Gospel from the Latin Vulgate, too. In the same century, in the court of Abbas I (1557–1628), another translation appeared and its author was the bishop of Isfahan, John Thaddeus, who in co-operation with three Muslim mullahs and one Jewish rabbi translated Psalms from Hebrew and the Gospel from Greek. Later, in the 18th century pains were taken to prepare a translation on Nader Shah initiative. The mentioned translations in which the Catholic missionaries took part, did not play a role. Nonetheless, from 19th century Protestant missionaries staying in Persia built their hopes on finding old manuscripts of biblical texts, which, as believed, were to be hidden in the mountains (of Kurdistan?)[10].

So Henry Martyn, who worked on Persian translation in Calcutta, surely did. In 1811 dissatisfied with the help of his language consultants (not native speakers) he went to Shiraz in order to finish the translation he was working on. His work is of great value, especially the translation of the Gospel, which for years has been almost canonical translation, used during the service, and is still in use, highly valued by Protestants and Catholics.

In 1960s there was an attempt to translate the New Testament according to the principles of dynamic equivalency.[11] The work was finalised in 1976 and the translation was published by the Bible Society in Tehran. The other New Translation translation, also on the assumption of modernising of text and bringing closer biblical realities to contemporary recipients, was published by the Living Bible International. The authors of the translation were Saro Khačiki, Mehdi Dibaj — the chairman of the Protestant Churches Council before the Islamic Revolution in Teheran and Farida Eršadi. The mentioned translations were prepared on Protestants initiative.[12]

In 1938 in Iran a Salesian priest Father del Mistro started to work with Iranian boys. His actions bore fruit in St. John Bosco's School foundation. He is also author of the translation of the Gospel published in 1971 by the Apostolic Nunciature in Teheran. One more example from 1990s, referring in form to *Diaressaron*, appeared. It is a Catholic translation of the Gospel, excluding the fragments repeated in synoptic books, published by the Istituto S. Gaetano in Italy.

Four of the listed translations are subject of analysis in the present paper. These are: 1) Henry Martyn's translation of the Gospel, included in the edition of the Bible of 1999, published in Great Britain by the Elam Ministries (further marked: **Martyn**), 2) the translation of Father del Mistro, published in 1971 (further: **Mistro**), 3) a Catholic translation, sort of *Diatessaron*, entitled: *Enğil-e Masih* (further: **EnMas**), 4) a translation-paraphrase (*tarğome-ye tafsiri*), of the Living Bible type (abbr.: **LIV**).

---

[9] See: A. Camps, *Jerome Xavier S.J. and the Muslim of the Mogul Empire*, Suisse 1957.

[10] See: R. Waterfield, op. cit., 91.

[11] See: K. J. Thomas, F. Vahman, *Persian Translation of the Bible*, [in:] *Encyclopedia Iranica*, III, 209–213.

[12] On the basis of personal information from the Consolata church in Teheran.

4. Translation consists in giving, in the language of translation, the closest natural equivalent of the one in the language of the original. Translation must be understandable, according to Nida's principles. Are Persian translations understandable?
It is worth observing what rules individual translators complied with, expressed *explicite* in the prefaces to their translations. The rules and formulated assumptions, of course, apply to the text of the Gospel according to St. Matthew and, as well, to other books of the Bible equally.

In the preface of the 1999 edition the Bible editors of the version in which the Gospel translation was made by Henry Martyn (**Martyn**), gave the information: "The present translation, apart from spiritual comfort it provides its readers with, is from the literary point of view beyond reproach." Nevertheless the fact that the translation is more than hundred years forces its publishers to adjust the text to requirements of contemporary Persian spelling and punctuation, with no changes in the vocabulary or syntax'. The publishers add: "There was no change in difficult words or phrases as the difficulty in some parts of this translation is not a result of the vocabulary but the method applied during translation, known as literal translation (*tarğome-ye taht-ol-lafzi*)." Such a statement can be considered as the manifesto of formal equivalency, the reading of the text convinces that the assumption, called word-to-word translation, means fidelity to the original (the New Testament text) in the scope of the use of Hebraisms, Aramaisms and fixed expressions (e.g. English *I tell you the truth*, Persian *har āine be šomā mi-gu-y-am* هر آينه به شما مي گويم 5,18), and literally translated idioms (compare Ruth 1,17).

Aramaisms and Hebraisms in **Martyn**: *rāqā* راقا 'raca' 5,22 (in this translation, in the others: *ablah* ابله 'fool'); *mammonā* ممونا 'mammona' 6,24 (in this translation only, in the others: *māl* مال 'property, fortune', *pul* پول 'money'), *ruz-e sabbat* روز سبت 'the day of Sabbath' 12,1; *huši'ānā* هوشيعانا 'hosanna' 21,9.15; *Ba'lzabul* بعلزبول 'Beelzebub' 10,25 and 12,24.27, lack of *rabbi* ربي 'rabbi' (exists in other translations), in this translation expressed by *ostād* استاد 'master, teacher'.

Arabisms play a significant role, especially these which the religious vocabulary consists of — Arabic seems to be a sort of language of *sacrum*, these are: *ebn allah* ابن الله 'son of God' 8,29 (only once, does not exist in other translations which have *pesar-e xodā* پسر خدا 'son of God' , *farzand-e xodā* فرزند خدا 'child, son of God'), as well as in 28,19 in the phrase: *be esm-e ab va ebn va ruh al-goddos* به اسم اب و ابن و روح القدس 'in the name of Father, and Son and the Holy Spirit', in other translations*: be nām-e pedar-o pesr-o ruh al-qoddos* بنام پدر و پسر و روح القدس *Habib* حبيب 'beloved' as a qualification of Jesus, seems to have an association to Koranic: *habib allah* حبيب الله ; *malāeke* ملائكه 'angels'; *eblis* ابليس 'devil' 4,1 (not in every translation) *nān-e kafāf* نان كفاف 'daily bread' (in other translations: *nān-e ruzāne* نان روزانه); *heykal* هيكل 'temple'; *nabi* نبي 'prophet'.

Similarly, the literal translation assumes the Catholic translation, being, as called by the publishers, a sort of *Diatessaron*, (**EnMas**) to be faithful to the original text.

In the preface we can read: "In this translation, which was created on the basis of Greek original, we tried to retain the style (*sabk*) and expressions (*ebārathā*) of the original text in order to give the reader, through simplicity of words, the opportunity to reach abundance of its content."

An extensive historical and philological commentary precedes the text of translation in order to help in understanding the text. The text keeps up Hebraisms and Aramaisms, there is no word *rāqā* راقا, in its place: *ahmaq* احمق 'fool', no *mammonā* ممونا, in its place: *māl* مال 'fortune, money'. It keeps up: *sabbat* سبت, *huši'ānā* هوشيعانا, *Ba'lzabul* بعلزبول , consistently uses: *rabbi* ربي 23,7.8; 26,25.49. Keeps up the name 'sanhedrin' *sānhedrin* سانهدرين 5,22. Uses no Arabisms, which could determine the religious vocabulary, apart from those that exist in common use, of course.

The vocabulary of this translation is something like a compromise between the Martyn translation and Father del Mistro's translation published in 1971.

The **Mistro** translation is not preceded by any preface, but it is known that in intention it was prepared, inter alia, for the use of children of St. John Bosco's School in Teheran. The parallels (e.g. a prayer *Our Father*) between this translation and the previously mentioned translation of the Holy Mass, Kurosh Mehrāvand's authorship, seems to reflect the tendency to remove, if possible at all, words of Arabic origin, e.g. a native word *peyqambarān* پيغمبران 'prophets', instead of Arabic *anbiā* انبيا 5,17; *mehrparvar* مهرپرور 'beloved' in the place of *habib* حبيب (*mahbub* محبوب) 12,18, *farmānravāi* فرمانرواي 'reign, rule' instead of *malkut* ملكوت 'kingdom'; *dabirān* دبيران 'scholars' in the place of *kātebān* كاتبان 2,4 (although the word *kāteb* كاتب also appears, e.g. 8,19); *navāzandegān-e ney* نوازندگان ني 'pipers' — *nowhegarān* نوحه گران 'mourners' (*nowhe* 'mourning' Arabic origin) 9,23. The translation keeps up some Aramaisms and Hebraisms: *rabbi* ربي; *uša'nā* اوشعنا; *Ba'lzabub* بعلذبوب. In the case of toponims some calques occur, e.g. *dah šahr* ده شهر 'Decapolis' 4,25.

The authors of the **LIV** translation, published in 1995, assume a completely different principle of translation "Last time the Scriptures underwent translation into Persian in 1928 [they had, surely, the translation of the Bible made by R. Bruce, in mind], i.e. 67 years ago. [...] The present translation is in contemporary (everyday) language. Thus, old expressions and phrases, which could have been [in the present translation] incomprehensible for today's reader, had been replaced with easier and descriptive ones."

Two things very important for translation appear in this brief introduction: the tendency to contemporarize the language and the tendency to extend the text by descriptive explanations of some terms. We expect that, for the most part, the vocabulary of this translation will belong to the common Persian, and can be described as neutral. The translation avoids lexems related to so-called biblical realities. In the cases where omitting the use of the names of Jewish parties, the Pharisees and Sadducees, does not cause ambiguity in all the places where the thing is to reveal the differences between the parties, the **LIV** translation uses the general terminology, e.g. *ruhānyun* روحانيون 'divines' 9,11.34, *rahbarān-e qavm* رهبران قوم 'leaders of the people' 3,7 (instead of: *saduqyān* صدوقيان **Martyn**), *pišvāyān-e din-e yahud* پيشوايان دين يهود 'leaders of the Jewish religion' 12,38; *sarān-e mazhabi* سران مذهبي 'religious leaders' 21,45, also for the qualification 'scholars in the Scriptures' uses the term: *olamā* علما (*kātebān* كاتبان **Martyn**) 3,7. It also gives *kenise* كنيسه up — a term fixed in Persian, meaning synagogue (although it appears once 12,15 with no connection to the original), in its place introduces neutral: *ebādatgāh* عبادتگـــاه 'place for the service', does not use terms used in other translations, like *heykal* هیکـل or *ma'bad* معبـد describing (in other translations) the Jerusalem Temple, introducing a very general expression: *xāne-ye xodā* خانه خدا 'house of God'. Consequently it does not use Aramaisms and Hebraisms (apart from 27,46: *Eloi, Eloi, lama sabachthani*, which occurs in all translations). In the place of *mammonā* ممونا — *pul* پـول 'money', *sabbat* سـبت — *šambe* شـنبه 12,1, with description:

Ān ruz šambe bud va šambe ruz-e moqqadas va ta'til-e mazhabi-ye yahudiyān bud ان روز شنبه بود و شنبه روز مقدس و تعطیل مذهبی یهودیان بود 'that day was Saturday, and Saturday is the holy day of religious rest for Jews'.

It is an interesting endeavour to substitute Aramaic '*hosanna*' with *xoš āmade-i* خوش آمده ای (or *xoš āmadi* خوش آمدی) has no equivalent in English and means something like 'welcome' 21,9.15.

Puzzling is the use of: *bayt-ol-māl* بیـت المـال 'vault'27,6 classified as an archaism, as well as in **Martyn**, **Mistro** and **EnMas**: *xazāne* خزانـه in the same meaning.

The expressions of colloquial speech are used especially in dialogues: *Ne-mi-šenavi in bačehā če mi-guyand? – Čerā, mi-šenavam?* نمـي شـنوي ايـن بچـه هـا چـه مـي گوينـد؟ چـرا، مـي شـنوم. 21,16 'Don't you hear what these children are saying? — Why, I hear!' *čerā* چرا (in this context) is characteristic of colloquial speech.

In many cases there are phraseological expressions to emphasise a fragment of text, e.g. 2,10 *setārešenāsān az šādi dar pust ne-mi-gañğidand* سـتاره شناسـان از شـادي در پوسـت نمـي گنجيدنـد 'the Magi were overjoyed', literally: 'experts on stars could not fit in their skins.'

Martyn: *bi nahāyat šād va xošhāl gaštand* بـي نهايـت شـاد و خوشـحال شـدند 'they became boundlessly happy and joyful.'

Mistro: *besyār šādmān šodand* بسـيار شـادمان شـدند 'became very joyful'.

EnMas: *bā revāyat-e setāre šādi besyār azimi ānān rā farā greft* بـا رويـت سـتاره شـادي بسـيار عظيمـي آنـان را فـرا گرفـت 'they overcame with great joy',

or:

22,34 *Isā če ğavābi dandānšekani* [...] *dāde ast* عيسـا چـه جوابـي دنـدان شـكني...داده اسـت 'what a crushing answer [...] he gave.'

Martyn: *sadduqiān rā moğāb namude ast* صـدوقيان را مجـاب نمـوده اسـت 'he astonished Sadducees (with his answer).'

Mistro: *sadduqiān rā be xomuši vādošte ast* صـدوقيان را بـه تـه اسـتخموشـي وادش 'he calmed them down.'

EnMas: does not appear.

In some places, in the case of geographical names, a closer location is described, e.g. 27,32: *dar rāh be mardi az ahāli-ye qirvān vāqe' dar šomāl-e āfriqā bar xordand* در راه به مردی از اهلی قیروان واقع در شمال آفریقا بر خوردند 'they met a man from Cyrene, north Africa.'

The method of translation (paraphrasing, in some cases) leads to false interpretation, e.g. 6,6: *dar tanhāi va dar xalvat-e del, pedar-e āsmāni rā ebādat namā* در تنهایی و در

خلوت دل پدر آسماني را عبادت نما 'in solitude and silence of your heart glorify your heavenly Father.'
Martyn: *be hoğre-ye xod dāxel šow va dar rā baste* به حجره خود داخل شو و در را بسته 'enter your chamber, shut the door.'
Mistro: *be otāq-e xod dar āi, dar rā beband* به اطاق خود در آي، در را ببند 'enter the chamber, your room, shut the door.'
EnMas: *be otāq-e xod borow* به اطاق خود برو 'go to your room.'

This translation, interesting in a sense, has the stamp of contemporary translations or rather paraphrases of the Living Bible type. Beside of disposition to simplicity and contemporarizing of the language it shows tendency to false interpretation of theological questions.

The use of phraseological expressions in order to manifest feelings seems to be very interesting. However, the translation, on the language side, shows some inconsistency — some archaisms, or expressions linked with 'biblical realities' appear in the places where they are not necessary.

5. Every translation reflects its translator's own specific stance, his personal preferences, answers the goals he undertook. It often leads to monoconfessional translations, to a different understanding of biblical text and its functions (the use in liturgy, as materials for evangelisation), and what follows the choice of different strategies of translation (formal or dynamic equivalency). It concerns especially Persian translators, who, translating the Bible, must recognise their recipient and his cognitive possibility (Christians, Muslims). The chosen method could be applied either in order to explain theological difficulties, etc., through specific use of lexical means (e.g. univocal terms instead of ambiguous originals), opting thereby for more redundancy of translation, or to introduce critical apparatus into the text in the form of clarifying notes, commentaries, maps.

The translator of the Bible into Persian faces not only a dilemma of the choice of vocabulary, and what follows the history of the use of given words, contexts, references, but also existing tradition of translation, which can, to a large extent, influence perception of the text of translation.[13] All of this can not be reduced to the answer to the question: Does *enğil* cause the same reaction in reception as *angeliun*, and whether *xabar-e xoš* can be in every case replaced with *enğil*?

---

[13] The phenomena of Iranian culture consists in its ability of adaptation (also openness to other cultures). The translated text are adapted (sometimes modified) to native culture. It is enough to say that first translations from European literature were full of quotes from Persian poetry. Maybe it is natural tendency of Iranian culture to dynamisation?

JĘZYKI ORIENTALNE W PRZEKŁADZIE — KONFERENCJA
ORIENTAL LANGUAGES IN TRANSLATION — CONFERENCE
Kraków, 20–21 maja/May 2002

WACŁAW PRZEMYSŁAW TUREK

Syriac *Song of the Pearl* as the basis for translations — a critical outline

Uniwersytet Jagielloński

When Czesław Miłosz published his poetic paraphrase, *Song of the Pearl* entered Polish literature. And though in the preface to his work the poet has related a history of the text, his brief presentation seems somewhat fragmentary and does not explain an unusual complexity of the piece.

Song of the Pearl is a literary form appearing in the apocryphal gnostic *Acts of Thomas*, written in Syriac in Mesopotamia in the first part of the 3rd century (7 manuscripts survived), available also in Greek (75 manuscripts). The *Song* however, can be found only in o n e Syriac manuscript dated 936 and in o n e Greek manuscript from the beginnings of the 11th century.[1] The piece was thus most probably added to *Acts of Thomas* by means of textual devices, such as linking sentences at the beginning and at the end and the title referring to Judas Thomas, an Apostle imprisoned in India.[2] *Song of the Pearl* remains markedly different from *Acts* with regard to its content. It tells a story of an Eastern prince, sent to Egypt to find the priceless pearl, day and night guarded by a dragon. Deprived of his memory by treacherous inhabitants of the land, the prince regains consciousness helped by a talking letter sent to him by his parents. Then he continues the journey, finds the pearl and returns to his motherland.

Distinct character of the *Song* is also manifested at the linguistic level. Forms such as the West Aramaic accusative particle yāṯ (used twice) or noun predicates in status absolutus instead of status emphaticus, e.g. šḇar yallūḏ instead of šaḇrā yallūḏā; or frequent status constructus instead of descriptive forms with *d-* point unmistakably to the non-Syriac origin to the Song.[3] It seems that the text must have been changed so as to make it fit the rules of the Syriac language but it originated, strong Iran influences being additional indication, from lands situated east of the Syriac language territory, namely from

[1] Altaner-Stuiber 1990: 219; Beyer 1990: 235.

[2] Cf. the Syriac text and Wright 1968: 238, 245, Syr. [illegible], [illegible]

[3] Beyer 1990: 237–238.

southern Babylon. That in turn would suggest that the author's language must have been East Aramaic, and not Syriac.[4]

The piece came into being most probably between 250 and 350 AD what is documented both in phonology and historical data. The unaccented short vowels in open syllables began to disappear in the first half of the 3rd century, whereas diacritic dots marking the difference between *d* and *r* and the plural were introduced in the second half of the 4th century. As to the history: even though the story takes place before 140 BC in the land of Parthians, titles used there are similar to those used at the court of Sasanians after 224 AD.[5] Because of this some researchers claim that the *Song of the Pearl* was added to *Acts of Thomas* as late as in the second half of the 3rd century.[6]

All these facts, though presented in short, made me regard the Syriac version of the text as the most original one, and as the most reliable basis for translations.

I quote here 15 opening verses of the *Song* in original form in estrangelo. The transcription has been based on Klaus Beyer's proposition and my own model, which I have constructed referring to four fundamental sources.[7]

ܡܕܪܫܐ ܕܝܗܘܕܐ ܬܐܘܡܐ ܫܠܝܚܐ ܕܒܐܬܪܐ ܕܗ̈ܢܕܘܝܐ

(1) ܟܕ ܐܢܐ ܫܒܪ ܠܡܠܠ . ܘܒܥ̈ܬܪ ܒܡܠܟܘܬܝ ܒܝܬ ܐܒܝ .
(2) ܘܒܥܘܬܪܐ ܘܒܦܘܢܩܐ . ܕܡܪ̈ܒܝܢܝ ܡܬܢܝܚ ܗܘܝܬ .
(3) ܡܢ ܡܕܢܚܐ ܒܝܬܢ . ܙܘܕܘ ܐܒ̈ܗܝ ܫܕܪܘܢܝ .
(4) ܘܡܢ ܥܘܬܪܐ ܕܒܝܬܢ . ܥܒܪ ܙ̈ܘܕܘ ܠܝ ܡܘܒܠܐ .
(5) ܛܥܝܢܐ ܗܘ ܘܩܠܝܠܐ . ܕܐܢܐ ܠܒܕܝ ܐܫܩܘܠܝܗ̇ .
(6) ܕܗܒܐ ܗܘ ܕܒܝܬ ܥ̈ܠܝܐ . ܘܣܐܡܐ ܕܓܙܢ ܪܒܬܐ .
(7) ܘܦܪ̈ܕܝܢ ܕܡܢ ܗܢܕܘ . ܘܦܛܕ̈ܬܐ ܕܡܢ ܒܝܬ ܩܫܢ .
(8) ܘܚܙܩܘܢܝ ܒܐܕܡܘܣ . ܕܠܦܪܙܠܐ ܗܘ ܚܣܡܐ .
(9) ܘܐܫܠܚܘܢܝ ܠܢܚܬܐ . ܕܒܚܘܒܗܘܢ ܥܒܕܘܗ̇ ܠܝ .
(10) ܘܠܬܘܓܝ ܕܙܚܘܪܝܬܐ . ܕܥܠ ܩܘܡܬܝ ܡܫܚܐ ܗܘܬ .
(11) ܘܥܒܕܘ ܥܡܝ ܫܘܕܥܐ . ܘܟܬܒܘܗܝ ܒܠܒܝ ܕܠܐ ܢܛܥܝܐ .
(12) ܐܢ ܬܚܘܬ ܠܡܨܪܝܢ : ܘܬܝܬܝܗ̇ ܠܡܪܓܢܝܬܐ .
(13) ܗ̇ܝ ܕܐܝܬܝܗ̇ ܒܓܘ ܝܡܐ . ܚܕܪܘܗܝ ܕܚܘܝܐ ܦܫܩܐ .
(14) ܬܠܒܫܝܗ̇ ܠܐܣܛܠܟ : ܘܠܬܘܓܟ ܗܘ ܕܥܠܝܗ̇ ܡܬܢܝܚ .
(15)[8] ܘܥܡ ܐܚܘܟ ܬܪܝܢ . ܝܪܘܬ ܒܡܠܟܘܬܢ ܬܗܘܐ .

---

4 Ibidem; McVey 1999: 196.

5 Beyer 1990: 237.

6 McVey 1999: 196.

7 Beyer 1990; Hoffmann 1903; Preuschen 1904; Wright 1968.

8 Apparatus:
(1b) Hoffmann, Preuschen: ܒܥ̈ܬܪ ; Hoffmann, Preuschen, Beyer: ܒܡܠܟܘܬܝ
(2a) Ms. ܘܒܦܘ̈ܢܩܐ ; Hoffmann, Preuschen, Beyer: ܘܒܦܘܢܩܐ
(4b) Ms. ܐܥܒܪ ; Hoffmann, Preuschen, Beyer: ܥܒܪ
(6a) Ms., Beyer: ܥ̈ܠܝܐ ; Preuschen (Noeldeke): ܥ̈ܠܝܐ

madrāšā d'Īhūdā ṯōmā šlīḥā dab'aṯrā dhendōyē

(1) kad 'enā šbar yallūd	(6+6)	w'āmar bmalkūṯ bēṯ 'āḇ
(2) wab'oṯrā wabgēwṯā	(6+6)	damrabbyānay mnāḥ hwēṯ
(3) mèn madnḥā māṯan	(5+7)	zawwed 'aḇāhay šaddrūn
(4) wmèn 'oṯrā dbēṯ gazzan	(6+6)	kbar ṣammed lī mawblā
(5) saggī'āy wqallīlā	(6+6)	d'enā lḥōday 'ešqlīh
(6) dahbāy dbēṯ 'ellāyē	(6+6)	wsêmā dgazzak rabbṯā
(7) wqarkēdnē dmèn hendū	(6+6)	wapṯawtkē dmèn bēṯ qšān
(8) wḥazqūn b'adāmos	(5+7)	dalparzellā hī šāḥqā
(9) w'ašlḥūn lāh lazhīṯā	(6+6)	dabḥobbhōn 'aḇdūh lī
(10) walṯōg dazhōrīṯā	(6+6)	d'àl qawmaṯ mmaššaḥ zqīr
(11) wa'bad 'am ḥorqānā	(6+6)	wkaṯbūy bleḇ dlā neṭṭ'ē
(12) 'en teḥḥoṯ lgàw meṣrēn	(6+6)	wṯaytēh lmarganīṯā
(13) hāy d'īṯēh bgàw yammā	(6+6)	ḥdāraw dhewyā sāyqā
(14) telbšīh lazhīṯāk	(5+7)	walṭōgāk haw da'lēh mnāḥ
(15) w'àm 'aḥūk trayyānan	(6+6)	krōz bmalkūṯan tehwē[9]

The translation of the Syriac text into Polish, which I will use as the reference material for comparisons with other Polish renderings, is as follows:

---

(7) Ms. ܘܩܪܟܕܢ̈ܐ ܕܡܢ ܗܢܕܘ . ܘܦܬܘ̈ܬܟܐ ܕܡܢ ܒܝܬ ܩܫܢ;
Hoffmann, Preuschen: ܘܩܪܟܕܢ̈ܐ ܡܢ ܗܢܕܘ . ܘܦܬܘ̈ܬܟܐ ܒܝܬ ܩܫܢ;
Beyer: ܘܩܪܟܕܢܐ ܕܡܢ ܗܢܕܘ . ܘܦܬܘ̈ܬܟܐ ܕܡܢ ܒܝܬ ܩܫܢ
(9a) Ms. ܠܗܘܦܬܐ; Wright, Hoffmann, Preuschen, Beyer: ܠܗܝܬܐ
(12a) Ms., Hoffmann, Preuschen: ܘܐܢ
(12b) Ms. ܘܬܝܬܝܗ̇; Preuschen (Noeldeke), Beyer: ܘܬܝܬܝܗ̇;
Ms., Preuschen: ܚܕܐ; (Hoffmann, Beyer delet)
(14b) Ms., Hoffmann, Preuschen: ܘܠܛܘܓܟ ܕܥܠܝܗ̇ ܡܢܚ;
Beyer (intercalat): ܘܠܛܘܓܟ ܗܘ ܕܥܠܝܗ̇ ܡܢܚ
(15b) Ms. ܝܪܘܬ݂; Wright: ܝܪܘܬ; Hoffmann, Preuschen: ܝܪܬ; Beyer: ܟܪܘܙ (congruens versioni Graecae)

[9] Apparatus:
(1b) Preuschen: 'āmar
(3a) Preuschen: madenḥā
(3b) Preuschen: zawwed bāhay šaddrūn
(6a) Preuschen: gellāyē
(7b) Preuschen: wapṯawtkāy bēṯ qūšān
(8a) Preuschen: wḥazqūnī b'adāmos
(8b) Preuschen: dalparzellāy šāḥqā
(9a) Preuschen: w'ašelḥūn lazhīṯā
(12a) Preuschen: w'en
(12b) Preuschen: wṯaytyāh lmarganīṯā ḥdā
(14a) Preuschen: telebšīh lazhīṯāk
(14b) Preuschen: walṭōgāk haw da'lēh mnāḥ
(15b) Preuschen: yāreṯ bmalkūṯan tehwē

Kiedy byłem małym chłopcem i mieszkałem w swoim królestwie, w domu ojca,
zadowalając się bogactwem i przepychem tych, którzy mnie wychowywali,
moi rodzice zaopatrzyli mnie w prowiant i wysłali ze Wschodu, naszej ojczyzny.
Już dawno spakowali mi brzemię z bogactw naszego skarbca, znaczne, ale lekkie, żebym je sam uniósł:
złoto od mieszkańców wyżyn i srebro z wielkiego Gazzaku,
chalcedony z Indii i szlachetne kamienie z Kuszanu.
Opasali mnie diamentem, który przecina żelazo.
Zdjęli ze mnie błyszczącą suknię, którą sporządzili z miłości dla mnie,
oraz purpurową togę, którą utkali stosownie do mego wzrostu.
Zawarli ze mną układ i zapisali go w mym sercu, żebym nie zapomniał:
„Gdy zstąpisz do wnętrza Egiptu, i przyniesiesz ze sobą perłę,
Znajdującą się w morzu, w pobliżu ziejącego smoka,
Wdziejesz swą błyszczącą szatę i togę, która na niej spoczywa,
I ze swoim bratem, naszym namiestnikiem, będziesz heroldem w naszym królestwie"[10].

The translation does not have the isosyllabic character of the original.

The Syriac version exhibits harmony of the form characteristic of a poetic song. Despite numerous changes, modifications and revisions introduced most probably to make *Song of the Pearl* fit Acts of Thomas, the editors managed to reconstruct the original versification of the song. Out of 103 verses (plus two dubious lines not having any logical correlation with the end) 49 consist of 12 syllables (arranged either as 6 + 6 or 5 + 7). Each verse[11] is a combination of two half verses which are syntactically and semantically interdependent. Earlier editions[12] tried to adjust the text to the regular 6 + 6 form. In this presentation I have used Klaus Beyer's proposition, Wright's 19th century edition of the manuscript[13] and the critical apparatus from Hoffman-Preuschen's version. Even though Beyer tries to be most faithful to the original taking into account many Wright's and Hoffman's revisions and also the Greek version, some doubts whether the reconstruction of the scholar reflects poet's intentions genuinely do not vanish.[14] Yet as faithfulness to the text does not seem to affect either the character of the piece or its language form, I have decided to use Beyer's version (though with some reservations) as the basis for all the future considerations.

With regards to its form *Song of the Pearl* is *maḏrāšā*, a literary genre, whose earlier version, not yet a hymn, was usually isosyllabic and syntactically parallel.[15] I would not call this piece a hymn, as such a name does not appear in the Syriac original. From the already quoted verses of the song, I have put in bold these verses that originally had 12 syllables. The transcription proposed by Beyer renders satisfactorily Syriac pronunciation used between 250 and 350 for which the following elements are of vital importance:

---

[10] The author's translation.

[11] Except four which lack half verses. Cf. Bevan 1894: 25b, 26b, 68a, 71b and Preuschen 1904: 20, 23, 24.

[12] Hoffmann 1903; Preuschen 1904.

[13] Wright 1968.

[14] Mc Vey 1999: 197.

[15] Mc Vey 1999: 199.

1) the disappearance of unaccented long vowels at the end of a syllable;
2) the pronunciation of doubled consonants *b*, *g*, *d*, *k*, *p*, *t*;
3) the disappearance of unaccented short vowels in open syllables;
4) the accent on the last syllable;
5) the retention of the glottal stop after a consonant;
6) and finally the glottal stop with a full vowel.[16]

Pronunciation is usually linked with prosody. The strict 6 syllable half verses proposed in earlier works formed the following prosodic model:

x –́ x –́ x –́ + x –́ x –́ x –́ [17]

(1) kaḏ 'ẹnā šḇ*a*r yall*ū*ḏ	(6+6)	w'ām*a*r bmalk*ū*ṯ bẹ̀ṯ '*ā*ḇ
(2) waḇ'ọṯrā w*a*ḇg̱ẹ̄wṯ*ā*	(6+6)	ḏamr*a*bbyān*a*y mnāḥ hwẹ̄ṯ

(Metric accents are marked in italics.)

The word accent very often corresponded to the metric one.

Beyer's version, which I have decided to use, distorts this model as half verses built of 5 and 7 syllables respectively, would have to use the following arrangement of metric accents:

–́ x –́ x –́ + –́ x –́ x –́ x –́

(3) mẹ̀n maḏnḥ*ā* māṯ*a*n	(5+7)	z*a*wwẹḏ '*a*ḇāh*a*y šaddr*ū*n

A half verse consisting of 7 syllables would be even less harmonious with regard to agreement of word and metric accent.[18]

Having considered the poetic structure of the piece, it is time to proceed with the text interpretation. Majority of scholars regard the song as one of the "most beautiful examples of gnostic poetry [...] Behind the story there is a gnostic myth about the liberation of soul that wanders from darkness to the kingdom of light. The story is a parable and it has a symbolic meaning".[19] „This remarkable story even at the vocabulary level, has numerous reminiscences of Iran (Persian) representations".[20] Geo Widengren finds there "a motif most important for gnosis". Literary plots and ideas are various representations of the Savior, of salvator salvandus and the idea of the wandering souls.[21] Hand Jonas and others support this view.[22] Klaus Beyer on his part, thinks that this piece cannot be regarded as gnostic, even though it exhibits 16 features characteristic of gnostic representation. According to him, the very "en-

---

16 Beyer 1990: 241–242.
17 Hölscher 1932: 73–74.
18 Hölscher 1932: 55–56, 62, 79.
19 Rudolph 1995: 34–35.
20 Ibidem: 364.
21 Quispel (Myszor) 1988: 37.
22 Jonas 1994: 70 et passim; Pokorný 1998: 22–32.

joyable way of telling the story is far from characteristic boring wordiness, strange speculations and obscene drastic narration" typical of gnostic pieces. Furthermore, neither the pearl plays there a part it should, nor the prince is a schematic "saved savior".[23] As we may see researchers' opinions vary. But that does not change the fact that these symbols and representations are integral parts of the *Song* and for that matter they are important. The controversy whether the song is a Gnostic piece or a fairy tale linked with a syncretic, Platonic religion close both to Gnosis, Christian ethics and other ancient religions of salvation is of minor importance.[24] Furthermore, the Syriac version must have been Christianized: the text was altered to look like other evangelical texts. In the 12th verse both in the Syriac and the Greek manuscript there is an expression "one pearl"[25]. It has often been removed by text critics as the clear reference to Mt 13, 46: "When he found one precious pearl, he went, sold everything he had, and he bought it".[26] The removal of the insertion let restore the syllabic arrangement of 6 + 6.

The Greek version is also worth analysis. It is in prose, with numerous omissions and spelling mistakes: χαλκεδόνιοι instead of χαλκηδόνιοι (220,2), ἐνέδυσάν με 'they put on me' (220,3) instead ἐξέδυσάν με 'they stripped me of...', yet it is useful for comparisons with the Syriac one. It is claimed that the Greek version has been made Gnostic, just like the Syriac text was supposedly Christianized. This might be a proof that there must have been two ancient versions of the text.

As the Greek text was known in the whole Mediterranean world[27] and frequently used for translations, I would like to present a respective passage of the Greek version[28] together with my rough translation into Polish, which could not be precise as the text itself was obscure:

238 W [219]
20 [108] Ὅτε ἤμην
βρέφος ἄλαλον ἐν τοῖς τοῦ πατρός μου βασιλείοις ἐν πλούτῳ
καὶ τρυφῇ τῶν τροφέων ἀναπαυόμενος, ἐξ Ἀνατολῆς τῆς
πατρίδος ἡμῶν ἐφοδιάσαντές με οἱ γονεῖς ἀπέστειλάν με;
ἀπὸ δὲ πλούτου τῶν θησαυρῶν τούτων φόρτον συνέθηκαν
25 μέγαν τε καὶ ἐλαφρόν, ὅπως αὐτὸν μόνος βαστάσαι δυνηθῶ·
χρυσός ἐστιν ὁ φόρτος τῶν ἄνω, καὶ ἄσημος τῶν μεγάλων [220]
θησαυρῶν, καὶ λίθοι ἐξ Ἰνδῶν οἱ χαλκεδόνιοι, καὶ μαργαρῖται
239 W ἐκ Κοσάνων· καὶ ὥπλισάν με τῷ ἀδάμαντι· καὶ ἐνέδυσάν με
ἐσθῆτα διάλιθον χρυσόπαστον, ἣν ἐποίησαν στέργοντές με,
καὶ στολὴν τὸ χρῶμα ξανθὴν πρὸς τὴν ἐμὴν ἡλικίαν. σύμ-
5 φωνα δὲ πρὸς ἐμὲ πεποιήκασιν, ἐγκαταγράψαντες τῇ διανοίᾳ

[23] Beyer 1990: 240.

[24] Beyer 1990: 241.

[25] Syriac — ܠܡܪܓܢܝܬܐ ܚܕܐ lmargānīṯā ḥḏā, Greek — τὸν ἕνα μαργαρίτην.

[26] Syriac — ܟܕ ܕܝܢ ܐܫܟܚ ܡܪܓܢܝܬܐ ܚܕܐ ܝܩܝܪܬ ܕܡܝܐ. ܐܙܠ ܙܒܢ ܟܠ ܡܐ ܕܐܝܬ ܠܗ. ܘܙܒܢܗ kaḏ dēn 'eškaḥ margānīṯā ḥḏā yaqqīraṯ ḏmayyā, 'ezal zabben kọl mā ḏīṯ leh wzaḇnāh, Greek — εὑρὼν δὲ ἕνα πολύτιμον μαργαρίτην ἀπελθὼν πέπρακεν πάντα ὅσα εἶχεν καὶ ἠγόρασεν αὐτόν.

[27] Layton 1995: 370; Pokorný 1998: 32.

[28] Lipsius–Bonnet 1903: 219–220.

μου ἐπιλαθέσθαι με, ἔφησαν τε· Ἐὰν κατελθὼν εἰς Αἴγυπτον
κομίσῃς ἐκεῖθεν τὸν ἕνα μαργαρίτην τὸν ὄντα ἐκεῖ περὶ τὸν
δράκοντα τὸν καταπότην ὅπως ἐνδύσῃ τὴν διάλιθον ἐσθῆτα
καὶ τὴν στολὴν ἐκείνην ἣν ἐπαναπαύεται· τοῦ εὐμνήστου καὶ
10 γένῃ μετὰ τοῦ ἀδελφοῦ σου κῆρυξ τῇ ἡμετέρᾳ βασιλείᾳ.

Kiedy byłem niemym dziecięciem w królewskim mieszkaniu mego ojca, wypoczywając w bogactwie i luksusie żywicieli, moi rodzice wysłali mnie ze Wschodu, naszej ojczyzny, zaopatrując na drogę; z bogactwa skarbców sporządzili owo brzemię, zarówno znaczne, jak i lekkie, żebym je sam mógł unieść. Jest to złoto, ładunek z wyżyn, czyste [?], z wielkich skarbców, oraz szlachetne kamienie z Indii, chalcedony i perły z Kuszanu. Wyposażyli mnie w diament [lub: uzbroili mnie w stal] i włożyli na mnie [sic!] suknię wysadzaną kamieniami szlachetnymi, przetykaną złotem, którą sporządzili, jako że mnie miłowali, oraz szatę płowego koloru, stosowną do mego wzrostu. Zawarli ze mną przymierze, zapisując mój zamiar w mym sercu, i rzekli: „Jeśli zstąpisz do Egiptu, przyniesiesz stamtąd jedną perłę, będącą tam w pobliżu ziejącego smoka, wdziejesz suknię wysadzaną kamieniami szlachetnymi i ową szatę, która na niej spoczywa, i zostaniesz, ze swym mile wspominanym [?] bratem, heroldem w naszym królestwie".[29]

It seems to me that *Song of the Pearl* should be translated into Polish from the Syriac version taking into consideration Beyer's proposition and P. H. Poirier' publication in which he included a list of proposed changes and concordances.[30] There one can also find the Greek text elaborated in the similar way as the Syriac version.

What were the hitherto Polish translations of the song? The first version can be found in *Apocrypha of the New Testament*[31] translated from French by Zofia Romanowiczowa. The French version however, has been translated from Greek, which, as it has already been pointed out, is obscure. Hence, the French version, is more a paraphrase than a translation:

I. Translation from French (a paraphrase?)

IX. 108. Dziecięciem będąc, w pałacu Ojca mego,
Żyłem w bogactwie i przepychu moich karmicieli,
Zaopatrzywszy mnie na drogę, wysłali mnie Rodzice ze Wschodu, ojczyzny mej.
Nałożyli na mnie brzemię bogactw, wziętych ze skarbców swoich,
Cenne, lecz lekkie, któremu sam mogłem podołać.
Brzemię, na które składało się złoto i to, co jest w niebie,
Srebro wielkich skarbców, kamienie, indyjskie chalcedony, perły Kuszanu.
Uzbroili mnie w diament,
Dali mi szatę usianą w gemmy i tkaną złotem, którą sporządzili dla mnie, gdyż miłowali mnie,
Oraz złoconą suknię szytą na moją miarę.
Zawarli ze mną przymierze, zapisali je w moim sercu, ażebym go nie zapomniał, i rzekli mi:
"Jeżeli dotrzesz do Egiptu i przyniesiesz perłę, która się tam znajduje, strzeżona przez żarłocznego smoka,

---

[29] The author's translation.

[30] Poirier 1981.

[31] Rops–Amiot 1955.

Przywdziejesz znowu szatę usianą w gemmy i suknię, która doń należy.
I będziesz razem z twym bratem, który jest przy nas, dziedzic królestwa naszego."[32]

Czesław Miłosz used the English texts from Wright's and Bevan's editions. When we compare the Syriac version, in my translation, the English one and the Miłosz's version, we can clearly see that Miłosz proposed a poetic paraphrase, in which for example the passage when the prince gets the treasure has been simply left out.

II. Translation from English (paraphrase?)

Kiedy byłem dzieckiem w domu Ojca mego, w Królestwie, radowałem się, żyjąc w bogactwie i wspaniałości.
Aż moi rodzice wysłali mnie daleko z naszej ojczyzny, ze Wschodu, dając mi na drogę ze skarbca brzemię duże, ale do dźwigania lekkie.
Zdjęli ze mnie suknię chwały, w którą ich miłość mnie oblekła, i płaszcz z purpury tak utkany, że był w sam raz na mnie.
I wypisali w moim sercu, abym nie zapomniał: "zstąpisz do Egiptu i przyniesiesz Perłę, która leży pośrodku morza owinięta cielskiem ziejącego smoka, a wtedy włożysz znów twoją suknię chwały i twój płaszcz, i razem z twoim bratem, naszym namiestnikiem, odziedziczysz królestwo."[33]

III. English translation from Syriac

When I was a little child, and dwelling in my kingdom, in my father's house, and was content with the wealth and the luxuries of my nourishers, from the East our home my parents equipped me (and) sent me forth; and of the wealth of our treasury the took abundantly, (and) tied up for me a load large and (yet) light, which I myself could carry—gold of Beth-'Ellāyē, and silver of Gazak the great, and rubies of India, and agates from Beth-Kāshān; and they furnished me with the adamant, which can crush iron. And they took off from me the glittering robe, which in their affection they had made for me, and the purple toga, which was measured (and) woven to my stature. And they made a compact with me, and wrote it in my heart, that it might not be forgotten: "If thou goest down into Egypt, and bringest the one pearl, which is in the midst of the sea around the loud-breathing serpent, thou shalt put on thy glittering robe and thy toga, with which (thou art) contented, and with thy brother, who is next to us in authority, thou shalt be heir in our kingdom."[34]

It seems that *Song of the Pearl* is such a well-known literary piece that it should be translated into Polish directly from the original; namely, from the Syriac version that has survived to our times and is regarded by many researchers, including myself, as the oldest. The Syriac text not only conveys Gnostic symbols in the Easter version with some Iranian motifs but also is a poetic genre close to *madrāšā*, a piece popular in Syrian literature (Bardaisan, St. Efrem). *Song* is isosyllabic or at least quasi isosyllabic (12 syllable verses with parallel half verses, divided either into 6+6 or 5+7). The translation should thus pre-

[32] Rops–Amiot 1955: 205; translated by Z. Romanowiczowa.

[33] Miłosz 1985: II 275–276.

[34] Wright 1968: 238–239.

serve the poetic character of the piece and have poetic structure of clear prosody. The maintenance of parallel half verses with so few syllables seems to be impossible in Polish but the structure of the verse: two half verses each consisting of 8 syllables would produce an interesting effect: it would resemble the verses of the Bible. At the very end I would like to present my own translation, which attempts to render the above quoted Syriac text preserving its poetic structure:

Kiedy byłem małym chłopcem, w swym królestwie, w domu ojca,
Radowałem się bogactwem i przepychem wychowawców.
Prowiant dali mi rodzice i ze Wschodu mnie posłali.
Spakowali brzemię z bogactw znaczne, lekkie do dźwigania:
złoto od mieszkańców wyżyn, srebro z Gazzaku wielkiego,
chalcedony z kraju Indów, drogie z Kuszanu kamienie.
Opasali mnie diamentem, który łatwo tnie żelazo.
Zdjęli mą błyszczącą suknię, zrobioną z miłości do mnie,
Oraz purpurową togę, do postury mej utkaną.
Przymierze ze mną spisali w sercu mym, bym nie zapomniał:
"Kiedy zstąpisz do Egiptu, kiedy perłę nam przyniesiesz,
(W morzu ona się znajduje, blisko ziejącego smoka),
Wdziejesz swą błyszczącą suknię i togę, co ją pokrywa,
z bratem, naszym namiestnikiem, będziesz heroldem w królestwie".

References

Altaner B., Stuiber A., 1990, *Patrologia. Życie, pisma i nauka Ojców Kościoła*, transl. by P. Pachciarek, Warszawa.

Bevan A. A., 1894, *The Hymn of Soul*, Cambridge.

Beyer K., 1990, *Das syrische Perlenlied. Ein Erlösungsmythos als Märchengedicht*, ZDMG 140, Stuttgart, 234–259.

Brockelmann C., 1928, *Lexicon Syriacum* auctore Carolo Brockelmann, editio secunda aucta et emendata, Halis Saxonum.

Costaz L., S.J., 1963, *Dictionnaire syriaque-français. Syriac-English Dictionary* قاموس سورياني عربي, Beyrouth.

Hoffmann G., 1903, *Zwei Hymnen der Thomasakten*, "Zeitschrift für die neutestamentliche Wissenschaft" 4, 273–309.

Hölscher G., 1932, *Syrische Verskunst*, "Leipziger Semitische Studien", Neue Folge V.

Jonas H., 1994, *Religia gnozy*, transl. by M. Klimowicz, Kraków.

Layton B., 1995, *The Gnostic Scriptures*, a new translation with annotations and introductions by..., "The Anchor Bible Reference Library", New York–London–Toronto–Sydney–Auckland.

Lipsius–Bonnet 1903 — *Acta Philippi et Acta Thomae accedunt Acta Barnabae*, edidit M. Bonne, Acta Apostolorum apocrypha post Constantinum Tischendorf denuo ediderunt R. Adelbertus Lipsius et M. Bonnet, partis alterius volumen alterum, Lipsiae.

McVey K. E., 1999, *Were the earliest madrāšē songs or recitations?*, [in:] *After Bardaisan. Studies on Continuity and Change in Syriac Christianity in Honour of Professor Han J. W. Drijvers*, ed. by G. J. Reinink and A.C. Klugkist, "Orientalia Lovaniensia Analecta" 89, Leuven, 185–199.

Miłosz Cz., 1985, *Wiersze*, vol. I–II, Kraków–Wrocław.

Poirier P. H., 1981, *L'hymne de la Perle des Actes de Thomas. Introduction, texte, traduction, commentaire*, "Homo Religiosus" 8.

Pokorný P., 1998, *Píseň o perle. Tajné knihy starověkých gnostiků*, Praha.
Preuschen E., 1904, *Zwei gnostische Hymnen*, ausgelegt von... mit Text und Übersetzung, Giessen.
Quispel G., 1988, *Gnoza*, transl. by B. Kita; *Wprowadzenie* oraz *Wybór tekstów gnostyckich* — W. Myszor, Warszawa.
Rops–Amiot 1955 — *Apokryty Nowego Testamentu*, ed. by D. Rops and F. Amiot, transl. from French by Z. Romanowiczowa, "Biblioteka Polska", Londyn.
Rudolph K., 1995, *Gnoza. Istota i historia późnoantycznej formacji religijnej*, transl. by G. Sowiński, Kraków 1995.
Wright W., 1968, *Apocryphal Acts of the Apostles*, edited from Syriac Manuscripts in the British Museum and Other Libraries with English Translation and Notes, vol. I: *The Syriac Texts*, vol. II: *The English Translation*, Amsterdam.

JĘZYKI ORIENTALNE W PRZEKŁADZIE — KONFERENCJA
ORIENTAL LANGUAGES IN TRANSLATION — CONFERENCE
Kraków, 20–21 maja/May 2002

IGNACY NASALSKI

Koran w tłumaczeniu Józefa Bielawskiego
Ograniczenia poprawności komunikacyjnej i semantycznej

Uniwersytet Jagielloński

I. Uwagi wstępne

Tłumaczenie ksiąg świętych nigdy nie jest sprawą prostą. Do natury tekstów świętych, takich jak Koran, należy bogata metaforyka i wieloznaczność. Na tym zasadza się między innymi ich świętość. Pozbawienie tekstu aury tajemniczości i uczynienie go całkowicie zrozumiałym oznaczałoby — z pewnego punktu widzenia — pozbawienie go cząstki świętości. Stąd wielkie zadanie tłumacza, który musi uczynić przekład odpowiednio zrozumiałym dla czytelnika z innego kręgu kulturowego, a jednocześnie zachować tę wieloznaczność i walor egzotyczności. W jednej z koranicznych sur czytamy, że obok wersetów pewnych (*muḥkamāt*) występują także wersety wieloznaczne (*mutašābihāt*) (3:7). O ile znaczenie pierwszych ma być niewątpliwe, o tyle znaczenie drugich jest niejasne i nie daje się łatwo odkryć. Zanim zatem tłumacz przystąpi do pracy, musi wpierw ustalić, gdzie przebiega granica między jasnością wyrażania myśli, która jest warunkiem komunikatywności, a zawartą w oryginale niejasnością treści, która domaga się odzwierciedlenia także w przekładzie.

Jest to problem natury filozoficzno-ideowej, ale pociąga za sobą komplikacje semantyczne. To jednak tylko część trudności. Koran zawiera bowiem liczne odniesienia do osób, wydarzeń historycznych, zdarzeń anegdotycznych i innych okoliczności, których znaczenie niedługo po ich uwiecznieniu w Koranie zostało zapomniane. Egzegeza koraniczna jest sprawą skomplikowaną także dlatego, że specyficzny styl Koranu cechuje się kondensacją treści przy jednoczesnym sfragmentaryzowaniu tematycznym. Narracja jest nieciągła, a przeskokom tematycznym towarzyszy zmiana stylistyki. Język Koranu to proza poetycka, często rymowana, której nieodłącznymi składnikami są liczne wtrącenia, cytaty, apostrofy, wykrzykniki, a wszystko to wzbogacone aliteracją i grą słów. Jest to język, w którym skojarzenia nakładają się na siebie, wątki przenikają wzajemnie, a całe ciągi myślowe zostają opuszczone, jakby z góry przyjęte było założenie, że są one oczywistością. Każda próba oddania ducha tekstu, przy jednoczesnym zachowaniu, o ile to możliwe, rytmiczności i melodyjności oryginału, jest wyzwaniem wyjątkowo trudnym, a miarą tej trudności może być ogromna liczba przekładów i komentarzy filologicznych, zarówno arabskich, jak i obcojęzycznych.

Pierwsze tłumaczenie Koranu na język polski ukazało się w 1858 r. pod nazwiskiem Jana Taraka Murzy Buczackiego. Dotychczas panowało przekonanie, że Jan oparł się na tłumaczeniu swojego ojca Selima oraz poprawił i uzupełnił je, posługując się francuskim tłumaczeniem Koranu Kasimirskiego. Współczesne badania dowodzą jednak, że Jan Buczacki wykorzystał raczej przekład, którego rzeczywistymi autorami byli dwaj filomaci: ks. Dionizy Chlewiński oraz Ignacy Domeyko. Ci z kolei oparli swoje tłumaczenie, którego nie udało się opublikować z powodów politycznych, na francuskim wydaniu Claude'a Savary'ego z 1821 r. (Wójcik 1993). Dziś do dyspozycji mamy także tłumaczenie muzułmanów Ahmadi (Ahmadiyyi), które nie jest jednak przekładem z oryginału, lecz z angielskiego. Korzystać możemy także z tłumaczenia fragmentów dokonanego przez Janusza Daneckiego (1997) czy porównać pierwszą surę z tłumaczeniem Żuka (2002). Wydany w 1986 r. Koran w tłumaczeniu Józefa Bielawskiego jest jedynym pełnym przekładem z arabskiego, który stara się maksymalnie zachować wierność literze oryginału. Doczekał się on już opinii dzieła standardowego i niezastąpionego, które jest podstawą cytowań w większości tekstów naukowych i publicystycznych. Jest zatem sporo racji w uznaniu, z jakim większość orientalistów polskich wyraża się o tym przekładzie. Danecki przykładowo mówi o „doskonałym tłumaczeniu, w którym króluje stylistyka zaczerpnięta z polskich tekstów biblijnych" (Danecki 1991: 10)[1]. A jednak trzeba powiedzieć, że przekład Bielawskiego zawiera liczne usterki, a czasem także błędy. Tym bardziej dziwny jest fakt, że pomimo kilkunastu lat od ukazania się nie doczekał się on ani poważnej recenzji, ani naukowego omówienia[2].

Na temat zastosowanej przez siebie metody Bielawski pisze:

> Głównym założeniem przekładu jest przede wszystkim wierność tekstowi arabskiemu i jasność myśli. O ile to było możliwe, tłumaczyłem dosłownie, a jeśli nie było możliwe, to odchodziłem nieco od dosłowności, starając się zachować jak najwierniej sens oryginału arabskiego. [...] posługiwałem się w tłumaczeniu polską prozą poetycką, a często też, w miarę możliwości, zachowywałem strukturę logiczną wyrażenia i zdania arabskiego, o ile to nie kolidowało z duchem języka polskiego i nie zacierało jasności myśli (Koran 1986: 831).

---

[1] Jednak Danecki (1997) nie opiera się na tym tłumaczeniu przy omawianiu klasycznych form arabskiej poezji, co każe podejrzewać, że nie do końca jest nim usatysfakcjonowany. I rzeczywiście, można stwierdzić spore rozbieżności między obiema wersjami tłumaczeń, przy czym wersje Daneckiego wypadają tutaj znacznie korzystniej. Por. np. różnice w wersecie (19:84): „będziecie wstępować warstwa po warstwie" (Bielawski) vs „spadnie na nas jedno nieszczęście po drugim" (Danecki). Werset ten jest przez Bielawskiego obszernie komentowany (Koran 1986: 954), ale nie rozjaśnia to jego znaczenia. W przeciwieństwie do tego tłumaczenie Daneckiego jest całkowicie zrozumiałe, choć odbiega od litery tekstu.

[2] Na temat tego przekładu pisała np. Kurpanik-Malinowska (1991), ale jej artykuł nie jest ani recenzją, ani nawet omówieniem, lecz raczej nieco poszerzonym powtórzeniem uwag samego Bielawskiego na temat metody i historii tłumaczenia Koranu.

Jak wynika z tych uwag, już w samym założeniu kryje się błąd metodologiczny. Nie o zachowanie „struktury logicznej wyrażenia i zdania" i nie o „dosłowność" winno bowiem chodzić, ale o oddanie znaczenia i ducha tekstu. Nawet jednak i tym założeniom nie pozostaje tłumacz wierny, gdyż nazbyt często jego tekst właśnie z duchem języka polskiego koliduje. Trudno także mówić o jasności myśli tam, gdzie np. wzorowane na arabskiej składni konstrukcje raczej ją zaciemniają, niż rozjaśniają. W wielu przypadkach struktura logiczna zdania arabskiego może być odpowiednio oddana tylko środkami leksykalnymi, a nie składniowymi. Nie można także zapominać o walorach estetycznych, które winny znaleźć odbicie w przekładzie. Jeśli Koran został napisany językiem uznawanym przez Arabów za piękny, to należałoby oczekiwać, że także przekład będzie się cechował piękną polszczyzną. Tak się jednak nie zawsze dzieje. Zamiast tego czytelnik nabiera wrażenia, że ma do czynienia z tekstem z jednej strony językowo udziwnionym i przesadnie poetyckim, a z drugiej strony wyjątkowo mętnym i ciężkostrawnym[3].

Tłumaczenie Bielawskiego zawiera błędy różnego rodzaju. Dają się uporządkować hierarchicznie w dwie kategorie: (1) usterki o charakterze stylistycznym i estetycznym, gdzie wprawdzie treść została oddana poprawnie, ale przekład utracił walory artystyczne lub został udziwniony oraz (2) deformacje semantyczne i stylistyczne, tzn. takie, które czynią tekst niejasnym i uniemożliwiają lub w najlepszym razie utrudniają jego poprawne zrozumienie.

Ze względu na ograniczenia objętościowe ograniczę się tu do przedstawienia tylko kilku wybranych przykładów. Numeracja wersetów odpowiada numeracji w tekście polskim. Kursywa w cytatach pochodzi ode mnie i podkreśla te konkretne elementy składniowe cytatu, które będą przedmiotem analizy.

II. Usterki stylistyczne

Do częstych usterek stylistycznych należy dosłowne tłumaczenie „figury etymologicznej", czyli tzw. akuzatywu treści (accusativus absolutus). W wersecie (8:17) czytamy np.:

> to Bóg rzucił [piasek][4], aby doświadczyć ich *doświadczeniem pięknym*
> (wa-lākinna llāha ramā li-yubliya l-mu'minīna minhū balā'an ḥusnan)

---

[3] Co z punktu widzenia treści raczej niż języka może nie jest tak do końca nieprawdą, jako że liczne powtórzenia, brak ciągłości logicznej i poszarpane wątki sprawiają, że jest Koran dla człowieka kultury Zachodu wyjątkowo trudną lekturą. Wielu zapewne podpisałoby się pod opinią Thomasa Carlyle'a, który pisał w swoim dziele *On Heroes and Hero Worship* o Koranie: „Muszę przyznać, że to najbardziej wykańczająca lektura, jaką kiedykolwiek sobie zadałem. Jest to ciężki i deprymujący nieład, źle skonstruowany, niekończące się powtórzenia, rozwlekłość, poplątanie, krótko mówiąc: nieznośne bzdury! Nic prócz obowiązku nie może zmusić Europejczyka do czytania Koranu" (cyt. za: Ruthven 1987:103–104).

[4] Ten werset, który brzmi „to nie ty rzuciłeś, kiedy rzuciłeś, lecz to Bóg rzucił; aby doświadczyć wiernych doświadczeniem pięknym" (średnik w cytacie pochodzi od Bielawskiego, a jego pojawienie się w tym właśnie miejscu nie daje się wytłumaczyć żadnymi względami, być może chodzi o zwykły błąd drukarski), jest przykładem konieczności uzupełniania leksemów, które uległy elipsie. W przypisie do tego wersetu Bielawski wyjaśnia, co jest brakującym dopełnieniem czasownika *ramā*

Pomijam tu powielanie arabskiego szyku frazy nominalnej N–Adj., który w języku polskim powinien być oddany szykiem Adj.–N.., a więc „piękne doświadczenie", a nie „doświadczenie piękne". Ważniejsze jednak, że akusatyw treści jest zjawiskiem składniowym typowym dla języków semickich (choć występującym często także w innych językach), gdzie pełni ważną funkcję przede wszystkim ekspresywną. Występowanie tej konstrukcji w języku polskim jest raczej rzadkie i stylistycznie poprawne w nielicznych, skonwencjonalizowanych przypadkach (Heinz 1988: 296, 311). Tłumaczenie poprawne powinno raczej brzmieć: „aby srodze ich doświadczyć" lub ewentualnie „aby dać im srogą nauczkę". To samo dotyczy innych wersetów, w których figura etymologica jest tłumaczona dosłownie, np. „*ukarze karą bolesną*" (yuʿaḏḏibuhu ʿiḏāban ʾalīman) (48:17), „*ukaralibyśmy* [...] *cierpieniem bolesnym*" (la-ʿaḏḏabnā ʿiḏāban ʾalīman) (48:25) czy „będzie *obliczany rachunkiem lekkim*" (sawfa yuḥāsabu ḥisāban yasīran) (84:7–8]. W dwóch pierwszych przypadkach chodzi o „karę straszliwą", co można tłumaczyć np. „ukarzę go srodze; ukaraliśmy je przykładnie; osądziłem ich surowo" itp. Trzeci cytat został dobrze oddany przez Daneckiego (1997: 184): „(Jeśli człowiekowi włożą księgę do prawicy,) *sąd nad nim będzie łagodny*".

Powszechny w tekście jest także niewłaściwy dobór słownictwa. W wersecie (68:16) mamy przykład tłumaczenia, które samo w sobie nie jest niepoprawne, ale poprzez dobór słownictwa z odrębnego rejestru językowego ustanawia odmienny od zamierzonego sposób odczytania tekstu:

> My napiętnujemy go na *ryju*!
> (sa-nasimuhū ʿalā l-ḫarṭūmi).

Zdanie to jest prawdopodobnie aluzją do jednego z mekkańskich oponentów Muhammada, al-Walida ibn Muġīry, który miał stracić w jednej z bitew nos. Sytuacja ta opisana jest nieco ironicznie jako „naznaczenie", gdzie zamiast nosa pojawia się słowo oznaczające trąbę słonia (*ḫarṭūm*). W tłumaczeniu zachowana jest semantyczna odpowiedniość (nos — ryj — trąba) i jej metaforyczny charakter, ale od strony pragmatycznej jest to tłumaczenie niepoprawne. Zamiast ironii do tekstu wkrada się wulgaryzm, który nie licuje z „dostojeństwem świętej Księgi objawionej", które to dostojeństwo Bielawski chciał właśnie zachować (Koran 1986: 831). Lepszym tłumaczeniem byłoby: „my przytrzemy mu nosa".

('rzucać'): „jak głosi tradycja, Muhammad tuż przed rozpoczęciem bitwy [...] wziął do garści piasku i rzucił w kierunku nieprzyjaciela na znak przekleństwa" (Koran 1986: 874). Inaczej widzi to Danecki, który tłumaczy ten fragment: „gdy strzelałeś z łuku, to nie ty strzelałeś, lecz Bóg strzelał. To On pragnął wystawić wiernych na próbę, próbę jakże piękną" (Danecki 1997: 164). Z punktu widzenia pragmatyki wersja Daneckiego wydaje się bardziej prawdopodobna — skoro w oryginale opuszczono dopełnienie, to być może chodziło o taki rodzaj czynności, który był powszechnie utożsamiany z czasownikiem *ramā*, a strzelanie z łuku (*ramāl-qaws*) z pewnością było silniej związane z czasownikiem niż rzucanie piaskiem (*ramār-raml*). Z drugiej jednak strony, jednorazowy akt, zwłaszcza jeśli miał doniosłe znacznie, mógł się silniej utrwalić w pamięci przechowujących wersety Koranu do momentu ich spisania. Trzeba zatem z rezygnacją przyznać, że brak tu dostatecznie wiarygodnych przesłanek, które pozwalałby jednoznacznie rozstrzygnąć ten problem.

Wątpliwości co do stylu muszą budzić takie wyrażenia, jak określenie raju w wersecie (35:35):

on jest Tym, który umieścił nas, ze Swojej łaski, w *siedzibie trwałego przebywania*
(allaḏi ʼaḥallanā dāra l-maqāmati min faḍlihi).

W przypisie do tego wersetu Bielawski wyraźnie pisze, że chodzi o raj (Koran 1986: 914), choć w takiej metaforycznej formie (*dār al-maqāma*) jest to hapaks legomenon, a więc nie ma ostatecznej pewności, że o takie właśnie znaczenie, a nie o jakąś aluzję chodzi. Metaforę tę albo można zastąpić po prostu słowem „raj", albo oddać ją inną metaforą niż ta w wydaniu Bielawskiego, która brzmi wyjątkowo sztucznie i oficjalnie. Możliwe tłumaczenie to zatem np. „Ten, który w swej łaskawości umieścił nas w przybytku wieczności".

Ten sam rodzaj kalkowania składni arabskiej widać też w wersecie (56:95), w którym status constructus występujący w funkcji orzeczenia (*ḥaqq al-yaqīn*) został dokładnie odwzorowany jako orzecznik w języku polskim:

zaprawdę, to jest *prawda całkowitej pewności*
(ʼinna hāḏā la-huwa ḥaqqu l-yaqīni).

O wiele lepszym tłumaczeniem byłoby oddanie status constructus odpowiednią przydawką: „to jest niewzruszona prawda", „to jest niepodważalna prawda" lub, jak tłumaczy Danecki, „jest to niewątpliwie prawda" (Danecki 1997:184).

Liczne w tłumaczeniu Bielawskiego są także nominalizacje, charakterystyczne dla stylu kancelaryjnego i rażące swoją sztucznością w tekście świętym, np. werset (43:29):

ja dałem im i ich ojcom *używanie* życia
(bal mattaʻtu hāʼulāʼi wa-ʼabāʼahum).

Tłumaczenie to jest zaskakujące tym bardziej, że w oryginale mamy czasownik kauzatywny *mattaʻa*, który łatwo daje się oddać polskim określeniem 'zadowalać, sprawiać przyjemność'. O wiele lepiej tłumaczyć zatem ten fragment: „ja sprawiłem, że życie ich i ich ojców stało się przyjemne" lub po prostu: „ja uprzyjemniłem im i ich ojcom życie". Innym przykładem stylu nominalnego jest werset (56: 72–73):

czy to wy spowodowaliście *rośnięcie drzewa*, czy też My to sprawiliśmy? My *uczyniliśmy to napomnieniem i wyposażeniem* dla mieszkańców pustyni
(ʼa ʼantum ʼanšāʼtum šaǧaratahā ʼam naḥnu l-munšiʼūna / naḥnu ǧaʻalnāhā taḏkiratan wa-matāʻan li-l-muqwīna).

Żeby uniknąć tego rażącego stylu, należałoby przetłumaczyć zdania w formie czasownikowej: „czy to dzięki wam rosną drzewa, czy też my sprawiamy, że rosną? To dzięki nam rosną ku przestrodze[5] i korzyści mieszkańców pustyni".

[5] Bielawski nie wyjaśnia, dlaczego drzewa miałyby rosnąć ku przestrodze albo napomnieniu (*taḏkira*). Informuje tylko w przypisie, że „chodzi tu o drzewo, które podtrzymuje ogień lub też z którego przez pocieranie uzyskuje się ogień" (Koran 1986: 932). Prawdopodobnie chodzi tu o to, aby człowiek pamiętał, o ogniu piekielnym i zmartwychwstaniu, którego odpowiednikiem jest ogień (Ullmann 1964: 437), a zatem o to, żeby mieszkańcy pustyni mieli zawsze przed oczami wizję ognia piekielnego. Może jednak także chodzić po prostu o pamiątkę dzieła stworzenia, a więc drzewo jako namacalny ślad życia, które Bóg umieścił na pustyni.

III. Deformacje semantyczno-stylistyczne

Deformacje semantyczne i stylistyczne mają różny charakter. Jedna z najbardziej rzucających się w oczy występuje w wersecie (4:46), który został przetłumaczony w sposób uniemożliwiający poprawne odczytanie i zrozumienie tekstu. Trzeba jednak przyznać, że jest to jeden z tych ustępów Koranu, które tłumaczowi przysparzają największych problemów:

> niektórzy spośród Żydów *zmieniają słowom ich miejsca* i mówią: '*słyszeliśmy i nie posłuchaliśmy*' i '*słuchaj, jak ten kto nie słyszy*' i '*przyglądaj się nam*'. *Wykręcają sobie języki* i zadają cios religii. A jeśliby oni powiedzieli '*słyszeliśmy i posłuchaliśmy*' i '*posłuchaj i spojrzyj na nas*', to byłoby lepiej dla nich i prościej
> (mina lladīna hādū yuḥarrifūna l-kalāma ʿan mawāḍiʿihi wa-yaqūlūna samiʿnā wa-ʿaṣaynā wa-smaʿ ġayra musmaʿin wa-rāʿinā layyan bi-ʾalsinatihim wa-ṭaʿnan fī d-dīni wa-law ʾannahum qālū samiʿnā wa-aṭaʿnā wa-smaʿ wa-nẓurnā la-kāna ḫayran lahum wa-ʾaqwama).

Wszystkie wyróżnione przeze mnie fragmenty są mocno wątpliwe stylistycznie i w rzeczywistości niezrozumiałe. Nie wiadomo, dlaczego proste i oczywiste znaczeniowo czasowniki *ḥarrafa* 'fałszować, deformować' i *lawā* 'wykrzywiać, wykręcać' (który pojawia się tu w postaci *masdaru layy*) nie zostały odpowiednio oddane równie prostymi czasownikami w języku polskim. Zamiast „zamieniają słowom ich miejsca" powinna pojawić się raczej stara polska metafora „przekręcają słowa", a zamiast „wykręcają sobie języki i zadają cios religii" raczej po prostu „szkalują religię". Istotniejszy jest jednak fakt, że pozostawienie przez Bielawskiego tego wersetu bez komentarza wprawia czytelnika, który nie czytał poprzednich sur, w duże zakłopotanie. Można się tylko domyślać, że chodzi w tym przypadku o jakieś cytaty czyichś słów, które odnoszą się do jakichś konkretnych sytuacji. I tak jest rzeczywiście. O co chodzi, może się dowiedzieć czytelnik pod warunkiem wszakże, że nie przeoczył wersetu (2:104), w którym czytamy:

> o wy, którzy wierzycie! Nie mówcie '*obserwuj nas!*', lecz mówcie '*patrz na nas*'
> (yā ʾayyuhā lladīna ʾamanū lā taqūlū rāʿinā wa-qūlū nẓurnā).

Dopiero bowiem w przypisie do tego wersetu Bielawski wyjaśnia, o co chodzi w cytatach „obserwuj nas"[6] (*rāʿinā*) i „patrz na nas" (*unẓurnā*):

[6] Już samo tłumaczenie słowa *rāʿinā* jako „obserwuj nas" jest niepoprawne, jako że czasownik III klasy *rāʿa* oznacza przede wszystkim kontrolę i nadzór, a więc powinien być tłumaczony raczej jako „troszcz się o nas; miej nas w opiece". Tak to tłumaczy np. Khoury (1991: 795): „Achte auf uns". Henning (1980: 50) popełnia ten sam błąd, co Bielawski, tłumacząc „Sieh auf uns". Ullmann (1964: 31) idzie w podobnym kierunku, pisząc, że oba słowa (*rāʿinā* oraz *unẓurnā*) znaczą to samo. Obaj jednak, Henning i Ullmann, pozostawiają w niemieckim tekście arabskie brzmienie słów, opatrując je jedynie komentarzem w przypisach. Kasimirski (1855: 48) postępuje na odwrót, tj. najpierw daje arabskie słowa, a w nawiasie dopiero ich tłumaczenie. W wersecie 46 daje odniesienie do sury 2:98, którą tłumaczy: „ne vous servez pas du mot *raïna* (observez-nous), dites *ondhorna* (regardez-nous)" (Kasimirski 1855: 48). Za Kasimirskim to samo czyni Rodwell, który surę 2:98 tłumaczy: „say not to our apostle „Raina" (Look at us); but say „Ondhorna" (Regardus)" (Rodwell 1929: 348). Podobnie postępuje Ahmadiyya: „O wy, którzy wierzycie, nie powiadajcie Prorokowi «Rāʿinā» ale mówcie «unẓurnā»" (Ahmadiyya 1990: 160).

[...] są to formuły powitalne. Pierwszego wyrażenia: *rāʿinā*! używali muzułmanie, kiedy zwracali się z pełnym szacunku wezwaniem do Proroka; Żydzi zaś mogli go używać w sposób przewrotny, obraźliwy, wyprowadzając je od rdzenia hebrajskiego oznaczającego 'być złośliwym, złym', co implikowało w tej formule pozdrowienia życzenie czegoś złego i było obrazą. Stąd zalecenie, by nie używać tego wyrażenia. (Koran 1986: 847).

Przekład wspomnianego wersetu (4:46), który byłby zbliżony semantycznie do oryginału, a najlepiej jeszcze oddawałby zawartą w tym tekście aliterację, wydaje się zadaniem ogromnie trudnym. Można jednak zaproponować, aby był on mimo wszystko zrozumiały i napisany poprawną polszczyzną, z jednoczesnym umieszczaniem po każdym cytacie arabskiego oryginału w nawiasie, żeby dać ogólną choćby orientację, jak strukturyzowana jest rytmika tekstu, oraz cytowaniem powtórzeń już w transkrypcji arabskiej[7], a więc np.: „niektórzy wśród Żydów przekręcają słowa i mówią: «słyszeliśmy i nie posłuchaliśmy» (*samiʿnā wa-ʿaṣaynā*), «słuchaj jak ten, który nie słyszy» (*ismaʿ ġayr musmaʿ*) i «troszcz się o nas» (*rāʿinā*). W ten sposób obrażają religię. Gdyby zaś powiedzieli: «słyszeliśmy i posłuchaliśmy» (*samiʿnā wa-aṭaʿnā*) i «posłuchaj i spójrz na nas» (*ismaʿ wa-nẓurnā*), to byłoby dla nich znacznie lepiej". Ponieważ fragment ten jest ze względu na odniesienie do rzeczywistości pozatekstowej wyjątkowo trudny w odbiorze, należałoby każdy z tych fragmentów tekstu, nawet jeśli już raz skomentowany, za każdym razem opatrzyć przypisem lub odsyłaczem do odpowiedniego przypisu. W przeciwnym razie czytelnik może nie być w stanie zrekonstruować jego prawidłowego znaczenia.

Do najczęstszych deformacji stylistycznych i semantycznych należy dosłowne tłumaczenie metafor, które mogą być przekładalne tylko za pomocą innych metafor, nigdy zaś dosłownie. W tekście polskim liczba deformacji, które są wynikiem dosłowności w tłumaczeniu metafor, jest wielka. Z wielu przykładów przytoczonych zostanie tylko kilka. Przykładem takiego błędnego tłumaczenia metafory jest werset (2:188), który w całości jest przetłumaczony w sposób, który nie tylko nie oddaje jego sensu, ale wręcz go wypacza:

> i nie *zjadajcie sobie nawzajem majątków* nadaremnie; *nie oddawajcie ich* sędziom po to, by *zjadać grzesznie część majątku* innych ludzi – skoro przecież wiecie
> (lā taʾkulū ʾamwālakum baynakum bi-l-bāṭili wa-lā tudlū bihā ʾilā l-ḥukkāmi li-taʾkulū ʾafrīqan min ʾamwāli n-nāsi bi-l-ʾiṯmi wa-ʾantum taʿlimūna).

Rażące tutaj jest już samo dosłowne tłumaczenie metafory (*ʾākala ʾamwāl*) jako zjadanie pieniędzy czy majątku[8], chodzi bowiem o „pożeranie" w znaczeniu 'pozbawianie siebie,

---

[7] Tak postępuje np. Ullmann (1964: 76).

[8] Za tą interpretacją idą także inni tłumacze. Khoury (1991: 780) pisze: „Und verzehrt nicht untereinander euer Vermögen durch Betrug, und übergebt es nicht den Richtern, um einen Teil des Vermögens der Menschen in sündhafter Weise wissentlich zu verzehren". Henning (1980: 60) tłumaczy tę metaforę też dosłownie, jednak, w przeciwieństwie do Khouriego, akcent wyraźnie jest postawiony na kwestię przekupstwa: „Und verzehrt nicht euer Gut unter euch unnützt und bestechet nicht damit die Richter, auf daß ihr einen Teil des Gutes der Leute sündhaft verzehrt, wiewohl ihr es wisset". Na przekupstwo wskazuje także tłumaczenie Sadr-ud-Dina (1939): „Und freßt nicht euer Gut mit Unrecht untereinander und geht nicht mit dem Gute zum Richter, um ihn zu bestechen, trotzdem ihr wißt, was für Unrecht ihr tut". Przekład Ullmanna (1964: 39) jest tutaj najbardziej udany, gdyż całkiem odchodzi od dosłowności: „Bringt euch nicht sündlich selbst um euer Vermögen, bestecht auch den Richter nicht damit, damit ihr einen Teil des

trwonienia'. Problemem jest jednak fakt, że druga część zdania jest niezrozumiała, gdyż została niewłaściwie przetłumaczona. Chodzi tutaj o scenę oddawania majątku (pieniędzy) sędziom, aby wejść w posiadanie majątku (pieniędzy) innych ludzi. Tego typu sytuacje, znane prawdopodobnie każdej kulturze, mogą sugerować, że chodzi tu o przekupywanie sędziów. Z dużym prawdopodobieństwem można taką ewentualność założyć i odpowiednio do tego przetłumaczyć werset. Ostatni fragment cytatu (*wa-'antum ta'limūn*) jest typowym przykładem zdania okolicznikowego stanu wprowadzanego przez spójnik *waw*. Nie ma żadnego powodu, żeby go nie tłumaczyć jako okolicznika, np. jako „świadomie" albo „z pełną wiedzą". Na miejscu wydaje się tu także zastąpienie arabskiej konstrukcji polskim zdaniem wynikowym, z jednoczesnym uzupełnieniem brakującego dopełnienia: „skoro wiecie, że to jest grzechem". Uwzględniając wszystkie te elementy, poprawne tłumaczenie mogłoby wyglądać następująco: „nie pozbawiajcie się swoich majątków. Nie przekupujcie też sędziów, aby wejść w posiadanie cudzego majątku, skoro wiecie, że jest to grzechem"[9].

Niepoprawne jest także tłumaczenie wersetu (47:7), w którym chodzi o metaforę oznaczającą zabezpieczenie, wspomożenie, czyli o „zapewnienie gruntu pod nogami":

> jeśli pomożecie Bogu, to i On wam pomoże i umocni *wasze stopy*
> (wa-yuṯabbitu 'aqdāmakum).

Poprawne tłumaczenie powyższego wersetu to np. „Bóg utwierdzi was w waszych zamiarach" względnie w krótszej formie „Bóg was umocni".

Tę samą dosłowność w tłumaczeniu metafor widać w wersecie (2:217):

> [a jeśli ktoś z was wyrzeknie się swej religii] tacy będą *mieszkańcami ognia*
> (wa-'ūlā'ika 'aṣḥābu n-nāri).

Nie wiadomo, co po polsku miałoby znaczyć „mieszkańcy ognia", od razu pojawia się także wątpliwość u polskiego czytelnika, czy aby nie ma jakiejś ukrytej aluzji do „czcicieli ognia", czyli zaratusztrian. W oryginale mamy do czynienia z typową dla języka arabskiego konstrukcją, pierwotnie o metaforycznym charakterze, która, podobnie jak inne złożenia z *'ab*, *ibn* czy *'um*, dziś funkcjonuje jako przydawka i wskazuje na cechę lub przynależność. Tłumaczenie jest pod tym względem wyjątkowo odległe od oryginału, w którym nie ma żadnej wskazówki na to, że może chodzić o metaforę „mieszkania czy przebywania". Dobrym tłumaczeniem byłoby „ci, których czeka ogień piekielny" lub nawet „ci, którzy będą się smażyć w piekle".

Vermögens eueres Nächsten unrechtmäßig, gegen besseres Wissen und Gewissen, erhaltet". Podobnie czyni Kasimirski (1855: 27), ale tylko w pierwszej części tłumaczenia: „Ne dévorez pas entre vous vos richesses en les dépensant en choses vaines ; ne le portez pas non plus aux juges dans le but de consumer injustement le bien d'autrui". Dodaje także w przypisie, że chodzi tu o przekupywanie sędziów. Dobrze pierwszą część tłumaczą muzułmanie Ahmadi: „I nie trwońcie swojej własności wśród siebie za pomocą fałszywych środków i nie oferujcie jej jako łapówki dla ważnych ludzi, moglibyście bowiem roztrwonić część bogactwa innych ludzi w sposób niewłaściwy, wiedząc o tym" (Ahmadiyya 1990: 78).

[9] Istnieje jeszcze inna możliwość, że chodzi tu o rodzaj kaucji (majątki oddawane są sędziom w depozyt), ale ostateczne rozstrzygnięcie tej kwestii raczej nie jest możliwe.

IV. Uwagi końcowe

Zaprezentowane tu przykłady to tylko próbka różnych błędów i usterek, na jakie trafiamy przy lekturze Koranu w tłumaczeniu Józefa Bielawskiego. Tłumaczenie to jest przekładem zachowawczym, które stara się możliwie wiernie oddać literę oryginału, niestety kosztem nie tylko piękna języka, ale nierzadko także jego zrozumiałości. Przekład zawiera liczne niedociągnięcia stylistyczne i anomalie semantyczne, co prowadzi w prostej linii do ograniczenia poprawności komunikacyjnej. W wielu miejscach tłumaczenie jest niejasne, a styl mętny. Wynika to najczęściej z dosłowności w tłumaczeniu metafor czy nieudanych prób stylizacji poetyckiej. Rażące dla polskiego czytelnika są także deformacje stylistyczne polegające na błędnym doborze słownictwa, kalk syntaktycznych, czy elementów stylu kancelaryjnego, jak np.

Trzeba jednak stwierdzić, że nie tylko nauka, ale i cała kultura polska czerpie korzyści z tłumaczenia Bielawskiego. Zalety tego przekładu, do których trzeba przede wszystkim zaliczyć bogaty komentarz do tekstu, są niewątpliwie większe niż usterki i uchybienia. I choć tekst jest często poprzez swoją niezrozumiałość klasyfikowany jako ciężkostrawny i dziwaczny, co niewątpliwie działa zniechęcająco na potencjalnego czytelnika, jest ważnym i cennym wkładem w dorobek polskiej orientalistyki.

Literatura

Koran 1986, Z arabskiego przełożył i komentarzem opatrzył J. Bielawski. Warszawa.

Inne tłumaczenia Koranu, cytowane jako:

Ahmadiyya 1990, *Święty Koran*, wyd. pod patronatem Hazrat Mirzy Tahira Ahmada, przekład z ang., Islamabad.

Henning M., 1980, *Der Koran*, Leipzig.

Kasimirski M., 1855, *Le Coran*, Paris.

Khoury A. Th., 1991, *Der Koran* [wybrane fragmenty]; cyt. za: A. Th. Khoury, L. Hagemann, P. Heine: *Islam-Lexikon. Geschichte — Ideen — Gestalten*, Freiburg et al., t. 3, 771–916.[10]

Sadr-ud-din M., 1939, *Der Koran. Arabisch-Deutsch*, Berlin.

Rodwell M., 1929, *The Koran*, London–Toronto.

Ullmann L., 1964, *Der Koran. Das heilige Buch des Islam*, München.

Danecki J., 1997, *Koran* [wybrane fragmenty], [w:] *Poezja arabska VI–XIII. Wybór*, oprac. J. Danecki, Wrocław–Warszawa–Kraków, 160–187.

Żuk M. T., 2002, *Pierwsza sura Koranu*, [w:] tegoż, *Pierwsza sura Koranu*, „Znak", nr 2 (561), 42–64.

Danecki J., 1991, *Opowieści Koranu*. Warszawa.

Fück J., 1981, *Zur Frage der Koranübersetzung*, [w:] *Arabische Kultur und Islam im Mittelalter*, Weimar, 116–118.

Heinz A., 1988, *O tzw. bierniku wewnętrznym (figura etymologica)*, [w:] tenże, *Język i językoznawstwo*, Warszawa, 294–311.

---

[10] Nie dysponuję niestety kompletnym tłumaczeniem, które ukazało się w Gütersloher Verlagshaus Gerd Mohn w Gürersloh w 1987 r.

Kurpanik-Malinowska G., 1991, *Problemy tłumaczenia klasycznej literatury arabskiej na język polski*, [w:] *Przekład artystyczny*, Katowice, t. 1, 68–75.

Paret R., 1981, Auszug aus: *Zur Koranforschung*, 1974, [w:] tenże, *Schriften zum Islam. Volksroman — Frauenfrage — Bilderverbot*, [hrsg.] J. van Ess., Stuttgart u.a., 206–212.

Rutheven M., 1987, *Seid Wächter der Erde!*, Frankfurt a. Main.

Wójcik Z., 1995, *Filomacki przekład Alkoranu dla Tatarów Nowogródzkich*, „Literatura Ludowa" 3, 15–28.

Summary

The translation of sacred texts is never a simple task. The divine character of these texts is grounded on metaphor, innuendo and ambiguity which contribute together to their vagueness. To make a translation of a sacred writ fully comprehensible would mean to deprive it to some extant of a part of its mystery. This problem constitutes a serious challenge for a translator whose task is to make their translation intelligible for a recipient from an another cultural area on the one side and to preserve the ingrained elusiveness and exotic prominence of the original on the other side. The "Holy Koran" is an example of such a great challenge. One of the suras (3:7) reads that there are verses in the text the meaning of which is unquestionable (muḥkamāt) and there are verses which are by their very nature obscure (mutašābihāt). In conformity with that the translator needs to determine the borderline between the transparency of the linguistic expression, which is a premise of the communicability, and the vagueness of the content that ought to be reflected in the rendition.

This ideo-philosophical question entails semantic complications, though they are only a part of the difficulties which the translator has to cope with. The Koran encompasses a variety of references to different persons, historical events, anecdotic episodes and other happenings and circumstances which were forgotten short after the writing down of the Koran. It is therefore sometimes hard to reconstruct the intended meaning of certain passages. The translation of the "Koran" is also difficult because of the genuine style of the Koran that is characterized by the condensation of meaning with a concomitant fragmentation of narration. The narration is often incoherent and sudden thematic shifts give rise to stylistic alterations. It is often distorted by citations, apostrophes, exclamations, oaths etc. The translatability is also aggravated by numerous elliptical sentences, anacolutha, alliterations and puns. Henceforth any effort to render the content and to maintain at the same time the poetic value of the original is an enormous venture.

The enormity of the difficulties is attested by a great amount of foreign translations of the Koran in the West (e.g. a number of French and German translations). Quite the contrary to Poland where up to now only two complete Polish versions exist. The first one, made by Jan Tarak Murza Buczacki, was edited in 1858 and is characterized by an archaic language and a rather loose accuracy with regard to the original. The second translation was provided by Józef Bielawski in 1986. Together with an elaborate commentary on the Koran it is a notable achievement of the Polish oriental studies. The text however evinces a variety of stylistic defects and semantic distortions. The aim of the translator was to provide a maximally accurate translation, however this goal was not quite attained neither on the linguistic nor on the aesthetic level. The Polish text has lost the beauty of the language of the original and, what even worse, many passages have become incomprehensible. The abstruseness of the style promotes not so much an impression of exoticism, which is obvious in respect to the original, but rather an impression of oddness and idiosyncrasy.

The stylistic and semantic deficiencies arise especially out of the literariness of translation and of the ineffective attempts of poetic stylisation. In particular this paper deals with wrong lexical usage, fabrication of phraseological forms which do not exist in Polish, with syntactic calques and with elements of an official and bureaucratic style like nominalizations or frequent use of participles instead of verbal forms.

JĘZYKI ORIENTALNE W PRZEKŁADZIE — KONFERENCJA
ORIENTAL LANGUAGES IN TRANSLATION — CONFERENCE
Kraków, 20–21 maja/May 2002

ELŻBIETA GÓRSKA

The Syntactic Analysis of Translation Units in Translations of Arabic Literary Texts into Polish

Uniwersytet Jagielloński

It is the aim of my presentation to enrich the subject matter of this conference and to show in what way linguists can — and in fact should — prepare the ground for work done by a translator thanks to a number of scientific studies of the contrastive character carried out on the border of the initial language and the target language.

It is obvious to everyone, that all the existing contrastive grammars of two languages, irrespective of the method they adopted, are of the auxiliary character in respect to the two main branches of applied linguistics, that is to didactics and translation. Generally, we can make a statement that the grammars which had been generated before the 1980's were contrastive and were set in the structural trend. Muhammad Ali Al-Khuli's *A Contrastive Transformational Grammar — Arabic and English* (Leiden, 1979) can serve as a good example of such grammar on the basis of Arabic language. It is the only existing so far attempt at presenting Arabic grammar rules in the generative-transformational terms. Then, in the 1990's, grammars of functional character come into being, such as Aziz M. Khalil's.

A Contrastive Grammar of English and Arabic (Bethlehem University, 1999) which is directed both to teachers and learners of the Arabic language as well as to translators and their educators.

The most comprehensive theoretical explanation of the contrastive functional analysis was formulated by Andrew Chesterman in his remarkable *Contrastive Functional Analysis* published by Benjamins, Amsterdam in 1998. In his work he advocates — in general terms — the application of contrastive analysis method in translations. The research method is functional as it is based chiefly on meaning and it deals with means by which a given meaning is expressed in the languages concerned.[1] The analysis begins with finding semantic similarities — in two or more languages — next, the means by which these similarities or common meanings are expressed in the given languages are scrutinized.

[1] A. Chesterman, *Contrastive Functional Analysis*, Amsterdam 1988, 1.

The author claims that what the translator needs most is the familiarity with all the possible options in the target language, that is many alternatives that he/she can apply for the given unit of the initial language, as well as the knowledge of syntactic, stylistic and contextual conditions determining the use of the chosen specific option.[2]

Therefore, the contrastive-functional analysis tends towards formulating a precise definition which of the possible translation options should be selected in the specific linguistic-textual conditions.

It seems that it is just this type of studies — which assist all types of translations — that should be recommended, first of all, to foreign language philologists, and I believe that just this particular trend will find its practical application in future.

At the same time I would like to suggest a slightly modified method, though inspired by Chesterman's theory to a large extent, on which I based my studies presented in *A Contrastive Study of the Modern Arabic and Polish Literary Texts Syntax*, published in Kraków in 2000.

It is my belief that when there are no contrastive studies of a structural character on the border of two languages — and this kind of situation is typical to the majority of oriental languages taught here and the Polish language — the syntactic factor should be more taken into account than it is the case in Chesterman's theory. Additionally, attention should be paid to operations of a grammatical character carried out by a translator. To this end one can make use of the proposal by Barchudarov, a Russian linguist, who as early as in 1975 in his study *Jazyk i pierievod* (Moscow, 4 years later in the German version[3]) made an attempt to classify such operations. He called them translational transformations and he divided them into four categories. These are:

1) permutations — based on the change in the order of linguistic elements in the translated text, as compared to the original text;[4]

2) amplifications — additions of appropriate grammatical elements to the target language text in order to obtain the surface structure in compliance with the syntactic rules of that language.[5] We can also talk about substitution of the given unit of the original text by a relatively larger unit of the target text;[6]

3) deletion — the omission of the given element in the target text which may be of the semantic character (e.g. deletion of certain sentences or phrases which according to the translator are not indispensable to understand the utterance), stylistic (e.g. the omission of one from a pair of synonyms)[7] or syntactic, based on the omission of the redundant gram-

---

[2] Ibidem: 198.

[3] *Sprache und Übersetzung. Probleme der allgemeinen und speziellen Übersetzungstheorie,* transl. from Russian M. Zwilling, Leipzig 1979.

[4] Barchudarow, *Jazyk i pierewod*, Moskwa 1975, 191.

[5] Z. Wawrzyniak, *Praktyczne aspekty translacji literackiej na przykładzie języków niemieckiego i angielskiego,* Warszawa 1991, 69.

[6] *Tezaurus terminologii translatorycznej*, ed. by J. Lukszyn, Warszawa 1993.

[7] Barchudarov, op. cit., 226–223.

matical elements in the target language, or possibly the use of grammatical synthetic forms in the place of the analytical ones;[8]

4) substitutions — of the grammatical character — the substitution of grammatical structures in the initial language by other ones in the target language (e.g. the substitution of the subject by the adverb, the verb clause by the participle, the compound sentence by the simple sentence, etc.) — and of the lexical character — where a given syntax structure of the original language is expressed by single lexemes because of the lack of appropriate syntactic means in the target language.[9]

This type of analysis does not exclude, of course, the aims suggested by Chesterman, i.e. the exposition of the number of possible translational options; it supplements them only with the grammatical aspect. However it is an indispensable condition to observe the assumption that the syntactic unit under scrutiny be accepted as a translation unit in a given context by which we understand the unit of the original text resulting from its segmentation determined by the requirements of the translational equivalence.[10] A. Malblanc defines the translation unit as (translated from French): "the smallest utterance segment in which connectivity of characters is of the kind that it unables their separate translation".[11] This type of detailed analysis of syntactic-semantic character may lead to many interesting conclusions in terms of the subject matter of the translation which I would like to illustrate by several selected translations from Arabic literary texts into Polish.

1. It can be clearly observed that the Arabic structure: circumstantial clause made negative by a compound conjunction *dūna an* which has its own fixed equivalent in the form of the Polish accessory adverb in the form of negative adverbial present participle (e.g.: *tastaṭī'u an tanẓur dūna an tanẓur*[12] — "potrafiła patrzeć nie widząc" — "she can look not seeing") or prepositional phrase — with the preposition *without* and verbal noun equivalent to Arabic verb of the circumstantial clause (e.g.: *huwa yaqūl dūna an yatanaḥnaḥa hāḏihi ăl-marra*[13] — "a on mówił tym razem bez odchrząkiwania" — "and he is talking, this time without grunting") cannot be always translated by these two structures mentioned above and it requires other options depending on the grammatical-contextual environment. Let us compare the following example: *ġādartu ăl-bayt dūna an astami'a ilà iršādāt al-muḏī' šarīf*[14] — "wyszłam z domu, nie wysłuchawszy wskazówek spikera Szarifa" — "I left home having not listened to speaker Sharif's directions". In the example above the only possibility left is the substitution of the Arabic circumstantial clause by the Polish equivalent of the time adverbial clause expressed by means of adverbial perfect particle and that

[8] Wawrzyniak, op. cit., 68.

[9] Barchudarow, op. cit., 211–217.

[10] *Tezaurus terminologii translatorycznej*, op. cit., 133.

[11] A. Malblanc, *Stylistique comparée du français et de l'allemand,* Paris 1968, 16.

[12] Yūsuf Idrīs, *Ḥādiṯat šaraf,* [in:] *Ḥādiṯat šaraf*, s.a., 99, vv. 4–5.

[13] 'Abd as-Salām al-'Uğaylī, *Al-kam'a wa-l-kīnīn,* [in:] *Chrestomathie der modernen arabischen Prosaliteratur*, ed. by M. Fleischhammer, W. Walther, Leipzig 1978, 133, v. 18.

[14] Ġāda as-Sammān, *Kawābīs Bayrūt*, Bejrut 1987, 8, v. 23.

is imposed by the form of the verb in the main sentence — in both languages in the past tense — which in Arabic does not have an impact on the form of the subordinate circumstantial clause; while in the Polish language it significantly influences the form of the equivalent sentence.

In the example: *fa-tudawwī dūna an ta'rif maṣdara-hā*[15] — "krzyki rozlegają się, podczas gdy ty nie znasz ich źródła" — "the screams are resounding, while you do not know their origin" the situation is even more complicated. The change of subject in an Arabic circumstantial clause is a significant grammatical-contextual change to such an extent that we should look for its equivalent in Polish among structures untypical for the circumstantial clause. Here the translator can be offered two versions: the use of the Polish adverbial clause of time with the exposed subject (see above), or even quite a distant one from fixed equivalents of the adverb of reason: "z nieznanej przyczyny rozlegają się krzyki" — "for unknown reason screams are resounding."

There is no sense in giving more detailed examples at this point but in the case under discussion — that is of the negative circumstantial clause — I have found, apart from regular equivalents, ten possible — proved by the existing translations — translational solutions dependent on the textual environment of the given unit.

2. The necessity to make use of a variety of translational transformations depending on the grammatical-contextual environment is very clearly visible in the situations when an identical structure serves different syntactic functions in the sphere of a given utterance. Thus, the same Arabic adverb of specification (*at-tamyīz*) will be differently translated in juxtaposition with a noun; then its Polish equivalent will be an adverbial attributive with the meaning of a relative adverb (e.g.: *kalimat taflit min fam akbari-him sinnan*[16]— "słowo wypowiada najstarszy wiekiem" — "the word is uttered by the eldest of age"), and differently as a relative adverb relating to the verb when the need arises to make use of one of many possible transformations such as e.g. shifting the Arabic adverb of specification into the position of the Polish subject, having adjusted the form of the verb to this subject — as in the example: *fa-yazdādūna faz'an*[17] — „ich przerażenie rośnie" — "their fear is growing", or: *wa-yazdād kullu ṭaraf iṣrāran*[18] — "zwiększa się wzajemny upór" — "their mutual obstinacy is growing."

3. The interesting phenomenon worth paying attention to is that a functional grammatical equivalent of the given structure in the target language — and for the Arabic accusative of specification it is performed by the Polish relative adverb — does not necessarily have to be the most frequently used substitute of this structure. In Arabic this phenomenon can be

[15] Yūsuf Idrīs, op. cit., 7, v. 76.

[16] Yūsuf Idrīs, *Tahwīd al-'arūsa*, [in:] *Ḥādiṯat šaraf*, s.a., 73, v. 15.

[17] Mahdī 'Īsà aṣ-Ṣaqr, *Damā' ǧadīda*, [in:] *Chrestomathie der modernen arabischen Prosaliteratur*, op. cit., 116, v. 17.

[18] Yūsuf Idrīs, *Tahwīd al-'arūsa*, op. cit., 66, v. 5.

observed not only on the example of this particular structure for which I found nine proved variants of translation, but also on several others. Thus, for example, Arabic *maf'ūl muṭlaq,* a figura etymologica which in the Polish language can be found in the form of the adverb of manner expressed by a noun combined with the verb in the instrumental, often with the addition of adjective attributive (e.g.: "żyć przyjemnym życiem" — "to live a happy life"). It is hard, however, to accept this kind of adverb as a permanent equivalent of the Arabic structure because it is very rarely used in translations as paranomasia is used in the Polish language in traditional stylistics rather than in contemporary colloquial with the main purpose of achieving special stylistic effects.

Therefore, having resigned from the use of formal equivalent, we should translate *al-muṭlaq* as: a single adverb playing the role of the adverb of manner (e.g.: *ğuriḥa ğarḥan 'amīqan*[19] — "został głęboko zraniony" — "he was deeply wounded"), a single adverb in the role of the adverb of comparison (e.g.: *wa-fāṭima ḫā'ifa kulla ăl-ḫawf*[20] — "Fatima lękała się go bardzo" — "Fatima was very much afraid of him"), the adverb of manner with the comparative meaning introduced by the equivalent of a connector "jak" — "like" (e.g.: *daḫala 'alà sayyidi-hi duḫūla ṭāriq ibn ziyād*[21] — "stanął przed swoim panem jak Tariq ibn Ziyad" — "he stood up in front of his master like Tariq ibn Ziyad"), etc. In the course of my research analysis I found ten proved variants.

4. The Arabic improper annexation — the structure consisting of an adjective in the position of the defined word and a noun in the position of the defining word — has its formal equivalent in the Polish language which consists of an adjective and a noun in the role of genitival attributive — however it is very uncommon for this structure to act as a textual equivalent of this syntactic unit. More typically this role is assumed by a single adjective (e.g.: *asmar al-lawn*[22] — "śniady" — "tawny"), an adjective with a complementary adverb of comparison (e.g.: *farī' aṭ-ṭūl*[23] — "bardzo wysoki" — "very tall"), prepositional phrase (e.g.: *kaṯīf al-liḥya*[24] — "z gęstą brodą" —"with thick beard"), etc. The Polish structure of this type, e.g. "pełen dostojeństwa i godności" — "full of dignity and self esteem" can become a textual equivalent of another type of annexation, e.g. *ḏū* in the nomen regens position (*ḏū mahāba wa-waqār*[25]).

5. The syntactic-pragmatic analysis also proves that traditional divisions of structure in descriptive grammar — for example into syndetical and asyndetical clauses of different sorts

---

[19] Yūsuf Idrīs, *Ḥādiṯat šaraf,* 97, v. 17.

[20] Ibidem: 84, vv. 14–15.

[21] Yūsuf Idrīs, *Tahwīd al-'arūsa,* 71, v. 7.

[22] Aḥmad Riḍā Ḥūḥū, *Aš-šayḫ Razzūq,* [in:] *Chrestomathie der modernen arabischen Prosaliteratur,* op. cit., 55, v. 2.

[23] Aṭ-Ṭayyib Ṣāliḥ, *Ḥafnat at-tamar,* [in:] *Daw' al.-bayt bandaršāh,* Beirut 1971, 20, v. 11.

[24] Aḥmad Riḍā Ḥūḥū, op. cit., 55, vv. 1–2.

[25] Ibidem: 55, v. 2.

— are not always practical in the functional approach to Arabic grammar. Here classification based on syntactic function of sentences plays a much more important role. For example: the decisive factor as to the type of the selected equivalent is in the case of attributive clauses their substantival or adjectival function. Let us compare, for example, the same relative pronoun *allaḏīn* in the substantival function: *ṣamt allaḏīn lam yabqa la-hum min al-ğusūr al-muhaddama ăayr ġisr al-amal*[26] — "Milczenie ludzi, którym ze zwalonych mostów pozostał tylko most nadziei" — "The silence of people who retained the bridge of hope only from the demolished bridges," and the adjectival function: *ūlā'ika ălladīn sakana bu'su-hum arṣifa*[27] — "Ci, których nędza rozłożyła się na chodnikach" — "those whose poverty has spread out on the pavements".

6. The necessity to carry out functional classification can be seen very clearly in the example of circumstantial clauses where the function in the subordinating clause of the noun these sentences refer to turns out to be decisive in regard to the chosen way of translation. Thus, the Polish accesory adverb in the form of adverbial present participle can be regarded as a permanent equivalent of circumstantial clauses referring to the subject of the main clause — if the verb in the circumstantial clause assumes the imperfectum form (e.g.: *ğā'anīyur'ad min al-ḥummā*[28] — "przyszedł do mnie, trzęsąc się z gorączki" — "he came to me shivering from fever") or the temporal adverbial clause or possibly its equivalent in the form of adverbial perfect participle — if the verb in the circumstantial clause assumes the perfect tense form (e.g.: *ya'ūd wa-qad ĭštarà ẖazzāna ḥadīdiyya kabīra*[29] — "wrócił [do domu] zakupiwszy wielką metalową szafę" — "he is coming back home having bought a large metal wardrobe"). In turn, those circumstantial clauses which refer to the object of the main clause possess, as a permanent equivalent, a Polish predication in the form of active or passive voice, or possibly a clause (e.g.: *wa-anā ataṣawwaru-hu yaḍĕ'u qadama-hu fī kiffat al-mīzān*[30] — "wyobraziłem go sobie, jak kładzie / kładącego na jedną szalę swą nogę" — "I imagined him put /putting his leg on one dish of the scale").

This type of verification of grammatical material may be of use in training professional translators.

I do not want to suggest, of course, that it is them who should carry out this type of analyses. As I have mentioned in the introduction, it is the task for linguists — foreign language philologists (although it is the latter who often do the translations). The above mentioned Andrew Chesterman, the Professor of the English Language Department at the University of Helsinki, intended to initiate — together with his diploma class students — a whole series of this type of studies based on his theory of the contrastive functional ana-

---

[26] Ġāda as-Sammān, op. cit., 248, v. 5.

[27] Ibidem, 282, v. 23.

[28] 'Abd as-Salām al-'Uğaylī, op. cit., 132, v. 16.

[29] Ġāda as-Sammān, op. cit., 230, vv. 37–38.

[30] 'Abd as-Salām al-'Uğaylī, op. cit., 133, v. 1.

lysis. I do not know if the project has been started, or not, but surely this type of studies can be recommended to foreign language philologists — including the Semitic languages — as a base for professional preparation for translators of classical literature.

It seems to me that a translator, apart from understanding and awareness of the meaning of a given phrase, should be equipped in the awareness and excellent control of structures which carry a given meaning and, where possible, they should try to achieve the equivalence also on the level of syntax. The choice of an appropriate syntactic variant made by an author is not a matter of chance — although it may happen subconsciously. However, most typically, syntax makes up the integral part of the author's idea and a responsible translator treats it with due respect.

JĘZYKI ORIENTALNE W PRZEKŁADZIE — KONFERENCJA
ORIENTAL LANGUAGES IN TRANSLATION — CONFERENCE
Kraków, 20–21 maja/May 2002

BARBARA MĘKARSKA

Perskie przekłady tekstów awestyjskich[1]

Uniwersytet Jagielloński

Perskie tłumaczenia rodzimych starożytnych tekstów nie mają bogatej tradycji. Pojawiają się w drugiej dekadzie XX w., w ślad za przekładami zachodnimi i indyjskimi (na angielski), i opierają się na zagranicznych opracowaniach językoznawczych (hermeneutyka, analiza językowa). Pierwszym tłumaczem i badaczem Awesty był Ebrāhim Pur-e Dāvud/Poure Davoud (1886–1961), który w 1307/1928 r. opublikował w Bombaju pierwszy tom tłumaczenia Jasztów. Przez następne kilkadziesiąt lat pozostawał jedynym irańskim badaczem Awesty, wykształcił jednak w Iranie kilku uczniów.

W ciągu ostatnich 15 lat daje się zauważyć wzmożone zainteresowanie mieszkańców Iranu własnym dziedzictwem kulturowym, a więc i literaturą starożytną, przedmuzułmańską. Jest duży popyt na przekłady dzieł liczącej trzy tysiące lat literatury irańskiej (włączając wielowiekową tradycję przekazu ustnego). Wznawiane są niezbyt liczne publikacje translatorskie sprzed 1979 r. (przykładem mogą być prace Pur-e Dāvuda [Pur-e Dāvud 1999] i Rahima Afifiego [Afifi 1996]), językoznawcy i filolodzy wydają nowe przekłady (np. Jalil Dustxāh, Roqqiye Behzādi, Mahšid Mir-Faxrā'i, Qāsem Hāšemi-Nežād).

Irańscy językoznawcy i tłumacze starożytnych tekstów są niemal nieobecni w obiegu bibliograficznym iranistyki światowej (wyjątkiem są Ahmad Tafazzoli i Ehsan Yar-Shater); Pur-e Dāvuda wymienia jedynie V. Kubičkova w *Historii literatury perskiej i tadżyckiej* pod red. J. Rypki [Rypka 1970: 239]. A przecież I. Gershevitch powinien był znać w 1959 r. jego tłumaczenie hymnu do Mitry! Jeśli nawet iraniści spoza Iranu i Indii (Zoroastrian College of Bombay — Sanjan [www.]) uznają tamtejsze opracowania języków staro- i średnioirańskich za wtórne, to powinni bacznie śledzić przekłady. Perskojęzyczni tłumacze tekstów awestyjskich, staro- i średnioperskich, wzbogacają badania nad ewolucją i systemem języka nowoperskiego.

[1] Kontynuacja badań prezentowanych na 4. konferencji iranistycznej Societas Iranologica Europaea w Paryżu w 1999 r., opublikowanych w „Folia Orientalia" [Mękarska 2000].

Jako przykład pracy translatorskiej z języka awestyjskiego wybrałam Yašt X (Mihir Yašt); przedstawię trzy przekłady dwóch pierwszych wersów pieśni I (band-/faqare-ye yekom va dovvom-e karde-ye yekom-e Mehr Yašt):

1.
mraot̰ ahurō mazdā̊ spitamāi zaraϑuštrāi:
āat̰ yat̰ miϑrəm yim vouru.gaoyaotīm
frādaδąm azəm spitama āat̰ dim daδąm
avā̊ŋtəm yesnyata avā̊ŋtəm vahmyata
yaϑa mąmcit̰ yim ahurəm mazdąm.

2.
mərəŋčaite vīspąm daiŋhaom
mairyō miϑro.druxš spitama:
yaϑa satəm kayaδanąm
avavat̰ ašava.jačit̰:
miϑrəm mā janyā̊ spitama
mā yim drvatat̰ pərəsā̊ŋhe
mā yim x'ādaēnāt̰ ašaonat̰:
vayā̊ zī asti miϑrō
drvataēča ašaonaēča. [Gershevitch: 74; tłum: 75]

Pragnę tutaj ocenić tekst docelowy, perski, z powołaniem się na oryginał Awesty, lecz bez dociekań hermeneutycznych.

Jakiego języka perskiego można się spodziewać w przekładach z języków starożytnych, dokonanych w ciągu ostatnich 70 lat?

Dotykamy tu wciąż za mało opracowanego problemu odmian języka nowoperskiego. W języku tym istnieje wiele różnic nie tylko między jego odmianą mówioną i pisaną, ale i wewnątrz każdej z nich [por. np. Lazard 1990: V, Osnovy: 10, 14–15]. Język pisany ma co najmniej trzy odmiany: język literacki klasyczny, literacki współczesny, język tekstów religijnych dotyczących islamu (według mnie cechy zbliżone typologicznie ma język prasy). Coraz częściej można spotkać w tekstach pisanych elementy języka potocznego. Przekłady Awesty noszą cechy zarówno współczesnego, jak i klasycznego języka literackiego; odbiegają od języka literatury współczesnej i prac naukowych. Najwięcej przekładów znalazłam u trzech autorów (trochę przypadkowo, ponieważ wydawnictwa naukowe Iranu wciąż nie potrafią włączyć się do bibliografii światowej).

Oto omawiane przekłady:

1. Autor: Ebrāhim Pur-e Dāvud; wydane w 1928 r. pierwsze tłumaczenie Jasztów na język nowoperski [Pur-e Dāvud 1999: I, 423, 425]:

ابراهیم پور داود (ترجمه و تفسیر)، ۱۳۷۷/ 1999-چاپ اول۱۳۰۷/1928، یشت ها، ۲ جلد، اساطیر، تهران، جلد اول، ص ۴۲۳ و ۴۲۵ :

۱. اهورامزدا باسپنتمات زرتشت گفت ای اسپنتمان هنگامی که من مهر دارنده دشتهای فراخ را بیافریدم اورا در شایسته ستایش بودن مساوی در سزاوار نیایش بودن مساوی با خود من که اهورامزدا (هستم) بیافریدم

۲. ای اسپنتمان مهر و پیمان شکننده نابکار سراسرمملکت را ویران سازد مثل صد (تن از اشخاصی است) که (بگناه) کیذ آلوده باشد و قاتل مرد پاکدینی باشد ای اسپنتمان تو نباید مهر و پیمان بشکنی نه٭ آن (پیمانی که) تو با یك دروغ پرست و نه آن که تو با یك راستی پرست بستی زیرا معاهده با هر دو درست است خواه دروغ پرست و خواه راستی پرست

2. Autor: Jalil Dustxāh [Dustxāh 1996: 353]; jego przekład Awesty, nad którym pracował wiele lat, jest zadziwiający: nie ma w nim ani jednego wyrazu arabskiego czy arabizmu, podczas gdy ok. 50% leksyki języka perskiego jest pochodzenia arabskiego. Według teorii przekładu jest to więc złe tłumaczenie na współczesny język perski (pewnie dlatego rzadko umieszczane nawet w bibliografii najnowszych irańskich publikacji). Nie sądzę, by Dustxāh znał wyniki badań słownictwa awestyjskiego J. Kellensa [Kellens 1989: 55]: „Si les rédacteurs de l'Avesta ont été en contact avec le monde étranger, leur lexique n'en porte pas témoignage", i kierował się takimi motywami:

جلیل دوستخواه (گزارش و پژوهش)، ۱۳۷۴/1995، اوستا، کهنترین سرودها و متنهای ایرانی، ۲جلد، مروارید، تهران، جلد اول، ص ۳۵۳:

۱. اهوره مزدا به سپیتمان زرتشت گفت: ای سپیتمان! بدان هنگام که من مهر فراخ چراگاه را هستی بخشیدم، اورا در شایستگی ستایش و برازندگی نیایش، برابر با خود - که اهوره مزدایم - بیافریدم.

۲. ای سپیتمان! "مهر دروج" گناهکار، سراسر کشوررا ویران کند. او همچون یکصد تن آلوده به گناه "کیذ" و کشنده اشون مرد است. ای سپیتمان! مبادا که پیمان بشکنی: نه آن (پیمان٭) که با یك دروند بسته ای و نه آن (پیمان) که با یك اشون بسته ای، چه، (پیمان) با هردوان درست است: خواه با دروند خواه با اشون.

3. Autor: Hāšem Razi; nie tyle przekłada, co objaśnia Awestę, ale wybrany fragment jest niemal dokładnym tłumaczeniem [Razi 2000: 373]:

هاشم رضی (ترجمه و پژوهش)، ۱۳۷۹/2000، اوستا، کهنترین گنجینهٔ مکتوب ایران باستان، بهجت، تهران،
ص ۳۷۳:
اهورامزدا به زرتشت گفت: هنگامی که مهر دارنده دشت های فراخ را آفریدم، در ستایش و اعتبار، اورا
هم سنگ و هم تراز خود قرار دادم.
مهر کسانی را که به او دروغ گویند و به نامش پیمان بندند که بدان وفا نکنند، در سراسر قلمرو مملکت، هر
جایی که باشند تعقیب کرده و به کیفر می رساند. پیمانی که بسته می شود محترم است چه پیمان با یك
مزداپرست باشد و چه پیمان با یك دروغ پرست.

Przy ocenie perskich przekładów, nie wdając się w zawiłości terminologiczne współczesnego przekładoznawstwa i kognitywizmu, posłużę się jego metodologią [Encykl. 2000; Dąmbska-Prokop 1997; Fife 1999].

Większość teoretyków przekładu dzieli proces tłumaczenia na trzy fazy:

1) rozumienie [Seleskovitch 1993] (inaczej: percepcja [Kielar 1998], analiza [Nida, Taber 1982]) tekstu w języku wyjściowym, oparte na kompetencji językowej i kulturowej tłumacza;

2) dewerbalizacja (magazynowanie, transfer), doświadczenie umysłowe, tworzenie subiektywnej struktury pojęciowej, obrazowanie;

3) reekspresja (tworzenie tekstu, restrukturyzacja) w języku docelowym, z uwzględnieniem ekwiwalencji formalnych i dynamicznych w dyskursie.

W pierwszej fazie tłumacz jest odbiorcą tekstu, w drugiej — twórczym odbiorcą, a w trzeciej — twórcą. Tworzy tekst w konkretnym czasie, dla współczesnego sobie odbiorcy. Tłumacząc stare dzieła, w drugiej fazie szuka środków językowych budujących most między wiekami, by mógł potem użyć archaizmów i neologizmów; wszystko po to, by efekt jego pracy był do zaakceptowania przez odbiorcę, „swojski" wśród innych tekstów. Tłumacząc tekst religijny, zwłaszcza sakralny, musi uwzględnić nie tylko jego wymiar teologiczny, ale i poetycki. W perskich przekładach literatury starożytnej główny wysiłek tłumacza polega na poszukiwaniu i tworzeniu „rdzennie" perskich ekwiwalentów starszych środków językowych, zwłaszcza słownictwa, by było widoczne dziedzictwo języka perskiego. Te tendencje są szlachetne, gdy nie zakłócają odbioru tekstu docelowego. A tak się dzieje, jeśli tłumacz umieszcza w przekładzie transkrybowane wyrazy awestyjskie lub średnioperskie, które nie występują w nowoperskim albo mają inną formę lub znaczenie, czy też buduje neologizmy (najczęściej composita utworzone według systemu słowotwórstwa nowoperskiego), a wyjaśnienia lub odpowiednik współczesny — często arabski — podaje w przypisach.

Przykłady:
W dotychczasowych opracowaniach iranistycznych *kayaδa-* to rzeczownik osobowy: 'czarnoksiężnik, wróżbiarz' (w znaczeniu pejoratywnym), np. u Gershevitcha [1967: 75]

„obscurantist", u H. W. Baileya „sorcerer, soothsayer" (*Iranian ket 'foreteller' and related words*, „Acta Iranica" XVI, 1990, 6–9). Znaczenie potwierdzają teksty średnioperskie [MacKenzie 1990: 50 — „heretic"]. Pur-e Dāvud i Dustxāh jedynie transkrybują: *kayaza*, ale w funkcji nazwy własnej grzechu, a więc *satəm kayaδanąm* to dla nich 'sto osób winnych grzechu *kayaza'*. Tekst Raziego w tym miejscu nie jest przekładem i nie rozstrzyga o takim przesunięciu semantycznym.

Nazwa rodu Zaratusztry *spitama-* w przekładach jest kontaminacją leksykalną i gramatyczną oraz została „sperszczona" fonetycznie przez Pur-e Dāvuda: *espentmān* i Dustxāha: *sepitmān*; Razi w różnych miejscach wokalizuje: *spantamān, spitama, spitama, spitāmā, spi-tāma, spitmān* [Razi 2000: 385, S 65, 185, 409, 431, 256], gdy w nowoperskim nie ma w nagłosie zbitki spółgłoskowej.

Wyraz złożony *vouru-gaoyaoiti-* Pur-e Dāvud i Razi zastępują całą frazą *dārande-ye daŝthā-ye farāx* ('pan wielkich pastwisk', może 'latyfundysta'?). Natomiast Dustxāh bardzo udatnie tworzy ekwiwalentne compositum *farāx-čerāgāh* według istniejących w perskim *farāx-dast, farāx-row*.

Trudno jest znaleźć we współczesnych językach ekwiwalenty formalne awestyjskich syntetycznych form werbalnych i dewerbalnych; w perskim utrudnia to dodatkowo brak czasowników stanu.

Złożone przymiotniki odczasownikowe *yesnyata-* i *vahmyata-* tłumacze zastępują wyrażeniami przyimkowymi: Razi upraszcza je do rzeczowników (perski odczasownikowy i arabski): *dar setāyeš-o e'tebār*, natomiast Dustxāh i Pur-e Dāvud starają się oddać skomplikowaną formę morfologiczną tekstu wyjściowego wprowadzeniem imiennej formy czasownika modalnego, co u Pur-e Dāvuda przybiera bardzo „ciężką" postać *dar šāyeste-ye setāyeš budan*!

Medialny praesens *mərənčaite* tłumaczą przez gramatyczny archaizm (praesens bez *mi-*).

Tłumacze perscy, stosując często archaizmy, nie przenieśli niestety znanej z wczesnych dzieł klasycznych inicjalnej pozycji orzeczenia w zdaniu. Na przykład dosłowne tłumaczenie *mraot ahurō mazdå spitamāi zaraϑuštrāi* na *goft ahurā mazdā be espantmān zartošt* byłoby nie tylko dosłowne, ale i wierne stylistycznie.

Jeszcze jedno trudne zdanie: *miϑrəm mā janyå ... yim pərəsaŋhe*. Substytutem zaprzeczonego czynnego optatiwu jest u Dustxāha (*mabādā bešekani...ke baste-i*) i Pur-e Dāvuda (*nabāyad bešekani ... ke basti*) modalność wyrażeń, a medialnego koniunktiwu — formy aktywne; odwrotnie u Raziego: *peymān-i ke baste mi-šavad ... bāšad*. Gershevitch [1967: 75] całe zdanie tłumaczy aktywnie. Tłumaczenie polskie: „pamiętaj, żebyś nie zrywał umowy, którą może kiedyś nieopatrznie zawarłeś" jest też wierne, ale nie dosłowne. Ale jak twierdzi Roman Ingarden (*O tłumaczeniach*, [w:] *Dzieła filozoficzne*, t. IX, Warszawa 1972, 159): „tłumaczenie dosłowne wcale nie jest wierne, a wierne wcale nie jest i nie musi być dosłowne..."

Wydaje się, że jest kilka powodów niedoskonałości przekładów perskich:

1) krótka tradycja tłumaczenia starożytnych dzieł;

2) tłumaczeń dokonują filolodzy i pisarze, bez przygotowania z zakresu teorii przekładu;

3) jest to literatura głównie religijna, i tłumacze starają się omijać środki językowe właściwe tekstom dotyczącym islamu [Pisowicz 1980];

4) charakterystyczny dla Persów dydaktyzm implikuje chęć uzmysłowienia czytelnikom ciągłości kulturowej;

5) intelektualiści Iranu, kładąc nacisk na puryzm językowy, obniżają stopień czytelności wyrażeń. Niemniej jest to bardzo cenna tendencja w obliczu zalewu zapożyczeń leksykalnych. Akademicy z *Farhangestanu*, autorzy gramatyk i podręczników z różnych dziedzin wiedzy, celowo wprowadzają perską terminologię w miejsce starszej, arabskiej lub najnowszej, angielskiej. *Wyraz* to już nie *kaleme*, lecz *vāže*, *przekład* to zamiast *tarjome* — *bar-gardān* (co w słownikach ma znaczenie 'refren, echo, odwrotna strona', dopiero w najnowszym jedno z dalszych znaczeń to 'przekład' [Lazard 1990: 57]); ukazuje się już *farhang-e āme, -āmiyāne, -mahalli* (z arabizmami) w miejsce *folklor* czy *āvā-šenāsi* zamiast *fonoloži* itd. Nie można wyrokować, czy i kiedy dotrze to do świadomości ogółu odbiorców. Z bogatej propozycji *Farhangestan*u sprzed kilkudziesięciu lat zostało niewiele śladów.

Dla współczesnego Irańczyka przekłady starożytnych dzieł są dość egzotyczne, mało zrozumiałe, co nie zmniejsza ich poczytności — ale to już jest zagadnienie z zakresu socjolingwistyki (magiczna funkcja tekstu, przesyt islamem, opór wobec reżimu itp). Są bardzo ważne dla poszerzenia horyzontów kulturowych Irańczyków oraz wzbogacenia współczesnego języka.

Iranistyka światowa powinna korzystać ze znakomitego materiału do diachronicznych i synchronicznych badań nad językiem perskim, zwłaszcza nad wciąż niedoskonale opracowanym systemem czasownika. Ekwiwalencja formalna bogatego systemu trybów oraz opozycji czynność — stan języka awestyjskiego, licznych nominów dewerbalnych, wiele mówi o ważnych procesach ewolucji języka nowoperskiego w ciągu ostatnich kilkudziesięciu lat.

Literatura

Afifi R., 1996, *Asātir va farhang-e irāni dar neveštehā-ye pahlavi*, Tehrān, 1374 h.

Behzādi R., 1990, *Bondaheš-e hendi. Matni be zabān-e pārsi-ye miyāne — pahlavi-ye Sāsāni*, Tehrān 1368h.

Dąmbska-Prokop U., 1997, *Śladami tłumacza. Szkice*, Kraków.

Dustxāh J., 1996 — *Avestā — kohantarin sorudhā va matnhā-ye irāni*, tarjome va tafsir: J. Doostkhah, 2 vol., Tehrān 1374h.

Encykl. 2000 — *Mała encyklopedia przekładoznawstwa*, red. U. Dąmbska-Prokop, Częstochowa.

Fife J., 1994, *Wykłady z gramatyki kognitywnej*, [w:] *Podstawy gramatyki kognitywnej*, red. H. Kardela, Warszawa.

Gershevitch I., 1967, *The Avestan Hymn to Mithra*, Univ. Press Cambridge.

Hashemi, 1997 — *Kār-nāme-ye Ardašir-e Bābakān (az matn-e pahlavi)*, tarjome va tafsir Q. Hāšemi-Nežād, Tehrān 1375h.

Kellens J., 1989, *Avestique*, [w:] *Compendium Linguarum Iranicarum*, Wiesbaden.
Kielar B., 1988, *Tłumaczenie i koncepcje translatoryczne*, Wrocław.
Lazard G., 1989, *Le persan*, [w:] *Compendium Linguarum Iranicarum*, Wiesbaden.
Lazard G. (avec l'assistance de M. Ghavam-Nejad), 1990, *Dictionnaire persan-français*, Leiden.
MacKenzie D. N., 1990, *A Concise Pahlavi Dictionary*, London.
Mękarska B., 2000, *Spécifité des traductions persanes des langues iraniennes anciennes*, „Folia Orientalia" XXXVI, 198–204, Kraków.
Mir Faxrā'i 1993 — *Hādoxt Nask*, tarjome va tafsir: Mahšid Mir Faxrā'i, Tehrān 1371h.
Nida E., Taber Ch., 1972/1982, *The theory and practice of translation*, Leiden.
Osnovy, 1982 — *Osnowy iranskogo jazykoznanija. Nowoiranskije jazyki*, t. I, Moskva.
Pisowicz A., 1980, *Some remarks on Christian terminology in Persian*, „Folia Orientalia" XXI, 171–174, Kraków.
Pur-e Dāvud E., 1999, (tafsir va ta'lif), *Yašthā*, ofset az čāp-e Bombay 1308/1928, Tehrān 1377h.
Rashed 1992 — Mohammad Taqi Rāšed-Mohassel, *Zend Bahman — Yasna*, Tehrān 1370h.
Razi H., 2000, (tarjome va pažuheš), *Avestā, kohantarin ganjine-ye maktub-e Irān-e bāstān*, Tehrān 1379.
Rypka J. [Ed.], 1970, *Historia literatury perskiej i tadżyckiej*, Warszawa.
Seleskovitch D., 1993 — D. Seleskovitch, M. Lederer [ed.], *Interpréter pour traduire*, Paris.
Tabakowska E., 1995, *Gramatyka i obrazowanie. Wprowadzenie do językoznawstwa kognitywnego*, „Nauka dla Wszystkich" 474, Kraków.
Tafazzoli A. (be kušeš-e Žāle Āmuzgār), 1378/2000, *Tārix-e adabiyāt-e Irān piš az eslām*, Tehrān.
www.indiayellowpages.com/zoroastrian

Summary

Persian translations of the Avestan texts

For the last 15 years inhabitants of Iran have expressed an intense interest in their own cultural heritage, and thus in their ancient literature, which had sprung up before Islam. Apart from few Persian versions of the pre-Islamic texts published before 1979 (Ebrāhim Pur-e Dāvud, Rahim Afifi), which are reissued now, many linguists and philologists (Jalil Dustxāh, Firuz Āzar-Goštāsp, Mahšid Mir-Faxrā'i) bring out their new translations.

However, the names of Iranian linguists and translators of ancient literature are almost missing in bibliographical circulation of world Iranian studies (exceptional cases: Ahmad Tafazzoli and Ehsan Yar-Shater). For instance, only V. Kubičkova mentions the name of Pur-e Dāvud in the History of Persian and Tajik literature, edited by J. Rypka; although I. Gershevitch in 1959 should have known his translation of the Yashts. Even if specialists in Iranian studies from outside Iran and India (Zoroastrian College of Bombay — Sanjan) claim, that Persian works on Old and Middle Iranian languages are of secondary value, they should follow New Persian translations of ancient texts more carefully, rather than ignore them. They represent an inestimable material for studies on the evolution and the system of the New Persian language.

As an example for translatory work from the Avestan language I have chosen Yasht X (*Mihir Yasht, Mehr Yasht*). I am going to put forward three versions of translation of the first verses from the Book I (*karde-ye yekom*).

I evaluate here the Persian target text, with references to the Avestan source text, putting aside its hermeneutical context.

These translations are as follows:

1. Pur-e Dāvud's from 1928 — first translation into New Persian.

2. Jalil Dustxāh/Doostkhah's from 1996 — an astounding contemporary Persian text, free from Arabic lexical influences.

3. Hāšem Razi's from 2000. This text can be regarded rather as explanation or interpretation of the Yashts, not translation, although a chosen fragment is translated almost word for word.

The one, who translates ancient literary works, even if they belong to his native circle of civilization, has to build a bridge over the ages in the process of deverbalisation. Only then the effect of his work will be accepted by a present-day reader. In addition, dealing with a religious, especially a sacral text, he must be aware of its theological and poetical aspects. Translating ancient literature into Persian, modern authors concentrate on looking for, or inventing, 'genuinely' Persian formal equivalents to the older means of language, especially vocabulary, in order to show the continuous inheritance of Persian. Presenting here some examples for lexical, morphological and syntactical means used by some of them, I would like to point out which parts of these translations are correct and which are erroneous or invalid.

It seems, that there are a few reasons why one can consider them to be imperfect:

1. Tradition of Persian translation of the ancient works is rather new.

2. These translations are done by authors (philologists and writers), who are not acquainted with the theory of translation.

3. They have to deal with literature, which is religious, and they try to pass by special linguistic expressions, which are typical for Islamic texts.

4. A particular Persian didacticism implies a need to make readers conscious of their cultural continuity.

5. Intellectuals of Iran put emphasis on language purism, and doing this, they lessen the readability of expressions. However, when we take into consideration a number of lexical borrowings in New Persian, this tendency must be regarded as desirable. Scholars from the Farhangestan, authors of grammars and manuals of different fields of knowledge, intentionally introduce native Persian terminology instead of older Arabic, or latest English. For that reason translations of pre-Islamic literature are very essential for broadening the cultural horizons of Iranians and for enrichment of the modern Persian language.

There is no doubt, that scholars engaged in Iranian studies should make use of this excellent material for diachronic and synchronic studies on the Persian language, especially on still imperfectly elaborated system of the verb (e.g. interesting questions are: formal equivalence of rich system of moods and opposition action/state in Avestan, and its numerous deverbal names).

JĘZYKI ORIENTALNE W PRZEKŁADZIE — KONFERENCJA
ORIENTAL LANGUAGES IN TRANSLATION — CONFERENCE
Kraków, 20–21 maja/May 2002

TOMASZ GACEK

Proper Names in the New Persian Translations of the Middle Persian Texts

0. Introduction

The problem of the special status of proper names in the language system has been discussed on frequent occasions. It was professor Kuryłowicz who proved this special status of the onomastical material in a very convincing manner in the formal plane. In his article *La position linguistique du nom propre* (Onomastica II, 1956) he demonstrates the differences between common and propper names in various languages, e.g. distinctions in articles usage, composition rules, in forming plurals, etc.

Accepting the fact that proper names do have a special position in the language system, we should ask now, if they present specific problems for a translator.

Some researchers believe in a form of autonomy of onomastic material in respect of the whole lexical system of a language. Toporov says "Although the proper names form a part of the language, it is not possible to describe them completely using only those categories, which are sufficient for the description of the rest of the language [system – TG]."[1]

One phenomenon particularly deserves our attention. Proper names do not have to be translated (although they sometimes are), when the whole text undergoes this process. This means that onomastic material forms some universal, supralinguistical information channel, no matter how narrow it is.[2]

We shall study now a number of examples showing how risky and complicated the problem of translating proper names may be. The examples are taken from two different stages of development of the same language: Middle Persian (used between the times of Alexander the Great and the Arab conquest of Iran) and New Persian language (following the Middle Persian period).

[1] Toporov 1964: 4–5.

[2] Toporov 1964: 7–8.

1. *Harborz — Alborz*

At the beginning, let us look closer at a very important mountain name appearing in a great number of Middle Persian texts: *Harborz* (*Harburz*). As far as the etymology is concerned, this form is juxtaposed with the Avestan *Harā.bərəzaitī-* 'Harâ the lofty' while *Harā-* itself seems to have originated from O.Ir. *har-* 'to pay attention to, to watch over, to protect'. An alternative form is *Haraitī-*[3], possibly an abbreviation of *Harā.bərəzaitī-* or an active present participle 'the one who keeps watch', fem. of *harant-*[4]. Now, we are going to analyze the following fragment of the Middle Persian text referred to as Rewāyyat-e Pahlawi accompanying Dādestān-ī Dēnīg.

Ēn-iz paydāg kū Ohrmazd guft kū man rādān burzēm
hēnd ka-m dīd ruwān ī rādān ka pad kōf ī
Harborz widard hēnd andar Garodmān šud hēnd.

'And it is known, too, that Ohrmazd said "I extol the souls of the generous, because (?) I have seen the souls of the generous as they were passing Harborz Mountains [and] going to paradise."'

A well-known Iranian researcher of the Middle Persian texts, Rahim Afifi, translated this sentence in the following manner:

این نیز پیدا(ست) که اورمزد گفت که من رادان برزینم (=بزرگ دارم بالا برم) چون من
دیدم روان رادان (را) چونکه به کوه البرز گذشتم اندر گرزمان شدند.

In niz peydā(-st) ke Ormazd goft ke man rādān borzinam (= bozorg dāram, bālā baram) čun man didam rawān-e rādān(-rā) čunke be kuh-e Alborz gozaštam andar Garazmān šodand[5].

'And it is known, too that Ohrmazd said "I extole the souls of the generous, because (?) I have seen the souls of the generous, when I passed the Alborz Mountains. They were going to paradise."'

What we see in the first moment is the difference of the verbal forms used. Afifi (as he admits in the footnotes) omits the auxiliary form *hēnd* and interprets widard (*widardan* : New Persian *gozar- > gozaštan* 'to pass') as the 1st person singular. But we should, especially, pay attention to the fact the the Middle Persian toponym *Harborz* is rendered by the New Persian *Alborz*. Indeed, Alborz is a New Persian p h o n e t i c a l successor of the Mid-

[3] Bartholomae 1961: 959–960, 1787–1788.
[4] See: *Encyclopaedia Iranica*, W. Eilers, 811, entry: *Alborz*.
[5] Afifi 1374 HŠ: 86.

dle Persian *Harborz*. But let us have a glance at the vision of this mountain range in other texts of the same epoch. From Bundahišn, one of the great encyclopaedias of Zoroastrianism we know that "*Harborz* Mountains, which surround this world, are connected to the sky"[6] and "There are clearances (lit. *rōzan* — 'a window') [in *Harborz*] 180 in the western part and 180 in the eastern one. Every day the sun rising comes in through one of these clearances and [setting] goes out through another. All the connections and motion of the Moon, stars and planet depend on that."[7]

It would be difficult to reconcile such descriptions with the real geographical situation of the *Alborz* Mountains. We can do nothing but say that the affinity between *Harborz* and *Alborz* is limited only to the phonetic sphere. The object indicated by these toponyms belong to two different worlds: *Harborz* is an important object in the Middle Persian mitological geography, *Alborz* — on the other hand — belongs to the real geography.

But such a conclusion gives rise to another problem. If *Harborz* is not the Middle Persian name of *Alborz* Mountains, then how did the Iranians call the latter in the Sasaniach epoch? Well, there is an answer for this question. It seems that the Middle Persian oronym *Padišx^{w}ārgar* may be identified with the modern *Alborz*. This was suggested by Markwart[8] and admitted (as a possiblity) by Nyberg, Dehxodā and others.[9]

Such a change of indicated object was suffered by a whole range of toponyms — some as late as the New Persian epoch, some already in the Sasanian times (cf. identification of the *Čēčast* Lake with *Urmia*).

And this would be it about Harborz and Alborz. The author of the present article would only like to add, that we are not discussing here the problem, whether the Avestan (Old Iranian in general) prototypes of the toponyms in question indicated real object or not.

2. *Kurdān* — *Kurdān*

In another Middle Persian text *Kārnāmag ī Ardaxšīr ī Pābagān* (*Book of Deeds of Ardaxšīr son of Pābag*) we find the following passage,

[illegible]

[illegible]

[illegible]

[illegible]

6 Behzādi 1368 HŠ: 21; Čunakowa 1997: 195, 272. See also: Nyberg 1974: II, 97.

7 Behzādi 1368 HŠ: 12; Čunakowa 1997: 272.

8 Markwart 1931: 70.

9 Nyberg 1974: II, 157.

Ud Sāsān šubān [ī] Pābag būd ud hamwār abāg gōspandān
būd ud az tōhmag ī Dār[ā] ī Dārāyān būd ud andar duš-x^{w}adāyīh
ī Aleksandar ō wirig ud nihān-rawišnīh istād ud abāg Kurd(īg)ān
šubānān raft.

Which could be translated as follows:

'Sāsān was Pābag's shepherd and he stayed with sheep all the time. And he was from the line of Darius son of Darius. And during the times of bad rule of Alexander Sāsān[10] ran away and hid himself. And so he lived among *Kurdish?* shepherds.'

Let us compare now the passage above with its New Persian translation by Qāsem Hāšemi-Nežād.

ساسان شبان بابک بود از نژاد و باف دارای شهریار و همراه با رمهٔ
گسفندان میبود و وقت بیدادشاهی اسکندر گریزان و پوشیده میرفت و
روزگار میگذاشت با شبانان کرد

Sāsān šabān-e Bābak bud, az nežād-o bāf-e Dārā-ye šahryār wa hamrāh bā rame-ye gusfandān mibud wa waqt-e bidādšāhi-ye Eskandar gorizān-o pušide miraft wa ruzgār migozāšt bā šabānān-e *Kord*.[11]

And this could be translated on its turn to English:

'Sâsân was Pâbag's shepherd and he was of the line of Lord Darius and he stayed all the time with the herd of sheep[.] And when the times of bad rule of Alexander came, he escaped and having hidden himselft passed the time with Kurdish shepherds.'

Again, at the first glance, one cannot see anything bad in rendering Middle Persian *Kurd(īg)ān* with the New Persian *Kord.* Such interpretation is supported by Abramyan (who has entries Kūrt 'Kurd' and Kūrtīk 'Kurdish' in his dictionary[12]) and Rastorguyeva[13].

According to Nyberg, however, Middle Persian *kurtīkān* [kwltyk'n'] has a different meaning, namely 'villains, slaves, bondsmen employed in different occupations on an estate')[14]. Formulating this view, Nyberg supports Antiya and disagrees with Sanjana[15] and

[10] In fact, this passage should refer to some ancestor of Sāsān rather than Sāsān himself. Even accepting the official Sasanian chronology, which is about half as long as the real one, (266 years — see Pāyande HŠ 1352: 580), we come to a conclusion that one and the same person cannot be meant here, especially, that no remark on extraordinary prolonged lifetime of the person in question can be found in the text. The name Sāsān occurs a few times in Tabari's genealogies of Ardaxšīr, so we may assume, that some sort of contamination took place here.

[11] Hāšemi-Nežād HŠ 1375: 31.

[12] Abramjan 1965: 163.

[13] Rastorgujeva 1966: 139.

[14] Nyberg 1974: II, 120–121.

[15] Sanjana 1896: 3.

Nosherwān[16]. As an argument in favour of his opinion, he gives a short analysis of context of the given passage of Kārnāmag: "The narration presuposes that Sasan was a slave within easy reach of Papak, to be summoned at his presence at any moment, not a Kurd to be fetched from some more or distant Kurdish tribe."[17]

Nyberg admits, by the way, the possibility that the form in question had originally been an ethnonym only later to acquire appellative meaning.

Markwart notes that the word Kurdān was a common name for Iranian or iranized nomads of mountain districts. He gives an interesting example of Arabs being called 'Kurds of Suzistan' (Hamza al-Isbāhānī).[18]

Steingass confirms, beside ethnic, a non-ethnic usage of *Kurd* (> *Kord*) 'shepherd' as late as in the New Persian.[19]

So we see that the traditional interpretation of Parsis and Iranian translations shared by some researchers seems to be at least an example of simplification. In case of the given fragment of Kārnāmag, the form in question is much more probably a common name rather than an ethonym.

There are, by the way, numerous instances of Middle Persian forms in respect of which it is not sure whether they should be classified as common or proper names. See eg. *kōf ī mayān* (*Mayān?*) *ī dašt*[20].

3. *Xūzistān* vs. *Čīnestān*

Let us come back, now, to Bundahišn. We are going to pay attention to a different problem. Raqiye Behzādi, author of the New Persian translation of the text, escaped the trap of *Harborz* Mountains (she writes *Alborz*, but gives a thorough commentary). However, there is another toponymical problem in the text in question, which deserves special caution in translation. Here the question rises from the interpretation of difficult Middle Persian Book Script.

We find two different passages in the Bundahišn stating that two mountains (or mountain ranges) *Abarsēn* and *Dāwād* (or *Dāwad*) are in the land which is referred to as:

[hwcst'n]

Behzādi believes that to be a corrupt form a suggests a reconstruction:

* [cynst'n|][21]

This could be indeed read just as the author of the New Persian translation does, namely: *Čīnestān* 'China'. The problem is that the form [hwcst'n] may be read

[16] Nosherwān 1896: 1.

[17] Nyberg 1974: II, 120–121.

[18] Markwart 1931: 69.

[19] Steingass 1892: 1022.

[20] Cf. Čunakowa 1997: 279, and West 1897: ch. 12.31–32; Behzādi 1368 HŠ: 87–88.

[21] Behzādi 1368 HŠ: 21, 141.

Xūzistān, without any corrections. Moreover, *Xūzistān* seems to fit the context better. Others (Čunakova, West) read *Xūzistān*. NB. Čunakova's edition is based on the MS written with a much more precise writting system, ie. the Avestan one (so called Pazand). The forms used there do not leave any doubts:[22]

[23] [Oci.stą]

[24] [hucistąn]

The last example illustrates how the problems of reading of the difficult and ambiguous Middle Persian orthography often give rise to problems in interpretation of Middle Persian texts in general, proper names included.

4. Summary

Referring to the problem presented in the introduction we should now sat that:

1. The first and the second examples seem to be specific for the onomastical material.
2. The first example shows that translation of proper names based on phonetic correspondence may turn out to be a trap for a translator.
3. From the second example we learn that classifying the form as either a common or proper name is a fundamental problem to translation.
4. The third example is of a different sort. It is not of general nature, it is rather specific for the Middle Persian with its ambiguous writing system, where two or more totally different phonological forms may be written down in a similar or even the same way.

Bibliography

Afifi R., 1374 HŠ, *Asātir-e farhang-e Irāni dar neweštehā-ye Pahlawi*, Tehrān.

Abramyan R., 1965, *P'ehl'ewijsko-persidsko-armjano-russko-anglijskij slovar'*, Erevan.

Bartholomae Ch., 1961, *Altiranisches Wörterbuch*, Berlin.

Behzādi R., 1368 HŠ, *Bondaheš-e Hendi*, Tehrān.

Choksy J. K., 1986, *An Annotated Index of the Greater or Iranian Bundahišn*, "Studia Iranica" 15/2.

Čunakowa O. M., 1997, *Zoroastrijskije teksty*, Moskva.

Hāšemi-Nežād Q., 1375, *Kārnāme-ye Ardašir-e Bābakān*, Tehrān.

Kuryłowicz J., 1956, *La position linguistique du nom propre*, "Onomastica" II, 1956.

Markwart J., 1931, *A Catalogue of the Provincial Capitals of Ērānshahr* (...), Roma.

Dastūr Nosherwân K. A., 1896, *Kārnāmak-ī Ardakhshīr-ī Pāpakān. Memoirs of King Ardashīr*, Bombay.

Nyberg H. S., 1974, *A Manual of Pahlavi*, Wiesbaden.

Pâyande A., 1352, *Tārix-e Tabari yā Tārīḫ ar-rusul wa'l-mulūk*, vol. II, Tehrān.

Rastorgujeva V. C., 1966, *Srednepersidskij jazyk*, Moskva.

[22] See: Čunakowa 1997: 278; West 1897: 12.30.

[23] Čunakowa 1997: 165.

[24] Čunakowa 1997: 209.

Dastur Peshotan Sanjana D., B. A., 1896, *The Kārnāmē ī Artakhshīr ī Pāpakān* [...], Bombay.
Steingass F., 1892, *A Comprehensive Persian-English Dictionary*, London.
Toporov V. T., 1964, *Nekotoryje soobraženija v svjazi s postrojenijem teoretičeskoj toponomastiki*, [in:] *Principy toponimiki*, W. A. Nikonov, O. N. Trubačev [ed.], Moskva.
West E. W., *The Bundahishn ("Creation"), or Knowledge from the Zand, from Sacred Books of the East*, vol. 5, Oxford University Press 1897, electronic publication: http://www.avesta.org.

JĘZYKI ORIENTALNE W PRZEKŁADZIE — KONFERENCJA
ORIENTAL LANGUAGES IN TRANSLATION — CONFERENCE
Kraków, 20–21 maja/May 2002

KINGA MACIUSZAK

Problemy z tłumaczeniem tekstów średnioperskich na przykładzie poematu *Draxt ī Āsūrīg* (*Drzewo asyryjskie*)

Uniwersytet Jagielloński

Drzewo asyryjskie (*Draxt ī Āsūrīg*) to wierszowany poemat — sprzeczka[1] pomiędzy kozą a palmą asyryjską o to, która z nich przynosi więcej dóbr oraz korzyści dla ludzi. Historia powstania i spisania tego tekstu nie jest znana. Podobnie jak kilka innych utworów pahlawijskich, kompozycja ta nosi ślady tłumaczenia z oryginału partyjskiego, a zatem musi pochodzić z bardziej odległej niż sasanidzka epoki (III w. p.n.e.–III w. n.e.). Z czasów sasanidzkich (III w. n.e.–VIII w. n.e.) zachowała się jedyna średnioperska wersja *Drzewa asyryjskiego* i dlatego dziś utwór ten zaliczany jest do literatury pahlawijskiej. Jednakże bardziej trafnym byłoby zaklasyfikowanie go do literatury zachodnio-średnio-irańskiej. Nie można też wykluczyć istnienia równoległych wersji tego poematu w innych językach średnioirańskich. Tekst średnioperski, będący podstawą współczesnych badań i tłumaczeń, jest więc zatem ostatnią formą zapisu poematu, który przez długie wieki istniał wyłącznie w przekazie ustnym. Samo spisanie dzieła nastąpiło dopiero w czasach po podboju arabskim, gdy języki średnioperski oraz partyjski były już martwe. Spośród wszystkich utworów należących do kanonu średnioperskiej literatury świeckiej i religijnej *Drzewo asyryjskie* zasługuje na szczególną uwagę, gdyż jest jednym z nielicznych świadectw istnienia poezji partyjskiej.

Poemat rozpoczyna się od zagadki. Narrator w pierwszych pięciu wersach opisuje wygląd drzewa, nie nazywając go. Jednakże czytelnik z łatwością domyśla się, że

---

[1] *Drzewo asyryjskie* można zaliczyć do tzw. *Rangstreitliteratur*, literatury obejmującej dyskusje i spory dotyczące pierwszeństwa, wyższości lub starszeństwa (niem. *Streitfabel*, ang. *contest-story*, *poems of contest*, *beast-fables*). Dialogi tego typu prowadzą ze sobą zwykle dwie osoby, personifikowane przedmioty lub zwierzęta. Utwory te zwykle miały formę poetycką. Według wielu badaczy Irańczycy w starożytności zaadaptowali ten gatunek literacki z Mezopotamii (podobne przykłady można znaleźć w tekstach sumeryjskich i akkadyjskich, np. *Tamaryszek i palma*, dialog — sprzeczka pomiędzy drzewami, o to które z nich lepiej służy ludziom (zob. Asmussen 1973, 51–59; Brunner 194–202)). Podobne teksty były popularne jeszcze w XIV w. p.n.e. w zachodniej Azji. W literaturze nowoperskiej: *monāzare* Asadiego z XI w. oraz późniejsze teksty judeoperskie (np. *Owca i winnica*).

chodzi o palmę daktylową (suchy pień, soczysta korona, liście przypominające trzcinę, a owoce — winogrona). Następnie drzewo, chełpiąc się przed kozą, wymienia w kolejnych wersach (6–27) korzyści, jakie przynosi ludziom: owoce i wszelkie pożyteczne rzeczy, które można otrzymać z jego owoców, drewna, liści i włókien (maszty, pokłady okrętów, miotły, żarna, sandały, sznury, kije, koszyki). Po tej prezentacji rzecz swoją rozpoczyna koza (30–53), która, podejmując wyzwanie, najpierw wyśmiewa palmę, a potem długo opowiada o tym, w jaki sposób służy ludziom: daje mleko, które jest niezbędnym składnikiem pożywienia, jest też używane w ceremoniach religijnych zaratusztrian, zaś z jej skóry, wełny i jelit wytwarzane są rozmaite przedmioty codziennego użytku: torby, obrusy, cięciwy, rzemienie, pergamin, ubrania oraz instrumenty muzyczne. W końcu poeta ogłasza zwycięstwo kozy (54). Utwór kończą trzy modlitwy w intencji tych osób, które kiedykolwiek go recytowały, spisywały oraz klątwa na ich przeciwników i wrogów (55–60).

Według wielu badaczy literatury pahlawijskiej dialog między kozą a palmą odzwierciedla opozycję pomiędzy dwoma wierzeniami: koza reprezentuje zartusztrianizm, zaś palma — pogańskie religie Asyrii i Babilonii, w których ważną rolę odgrywał kult drzew (Smith, BSOAS 4: 69–75). Inni uczeni widzą w nim manifestację sporu pomiędzy życiem pasterskim, symbolizowanym przez kozę, a rolniczym, którego rzecznikiem jest palma (Amini: 323–336).

Tekst *Draxt ī Āsūrīg* został opublikowany po raz pierwszy przez M. E. Blocheta w 1895 r.[2] Rok później Dastur Jamaspji Minoczehrji Jamasp-Asana podjął się dzieła wydania unikalnych tekstów pahlawijskich zawartych w Kodeksie MK[3]. Praca edytorska Jamasp-Asany postępowała dość mozolnie z powodu kłopotów, jakich nastręczało odczytanie zniszczonych kopii owego kodeksu oraz porównywanie ich z innymi zachowanymi manuskryptami[4]. Latem 1897 r. w Bombaju ukazał się pierwszy tom, zatytułowany *Teksty pahlawijskie* (*Motun-e pahlavi*), zawierający 6 utworów. Pozostałe teksty, które złożyły się na tom drugi, ukazały się już po śmierci Jamasp-Asany w 1913 r. i zostały opatrzone wstępem oraz komentarzem wybitnego uczonego B. T. Anklesarii. Wśród nich znalazło się *Drzewo asyryjskie* (s. 109–114). Tekst ten został zredagowany na podstawie kodeksu MK z uzupełnieniami pochodzącymi z pozostałych rękopisów: JJ, DP, Ta[5].

---

[2] „Revue de l'Histoire des Religions" 32, 18–23 (*Textes pehlevis inédits relatifs à la religion mazdéenne*). Autor tego wydania korzystał z kodeksu paryskiej Bibliothèque Nationale — manuscrit Supplement persan, no 1216, 1–4 (appendix). Tłumaczenie z komentarzem autorskim ukazało się w tym samym tomie (233–241).

[3] Kodeks ten pochodzi z 1322 r.; jego autorem jest irański skryba Mobada Mehr-Avan Keyxosrou, który, tak jak i jego przodkowie, żył i pracował w Indiach w środowisku Parsów.

[4] MK — autor: Mobad Mehr-Avan Keyxosrou. Manuskrypt, znany też jako J1, powstał w 1322 r.. Wymiary: 7" × 4", 163 linii, około 14 linii na stronie (aż do fol. 128a, potem nieregularnie 16–22 linii). Oryginał, z którego zostały skopiowane te teksty, powstał 367 lat wcześniej i został spisany przez Mobada Din-Panaha. Nie wiadomo, ile razy był on kopiowany wcześniej.

[5] JJ — autor: Dastur Jamšid Jamasp. Obecnie znajduje się w zbiorach biblioteki Manekji Limji Hataria, należącej do społeczności Parsów w Bombaju. Wymiary: 8" × 7", 16–18 linii na stronie, 172 strony. Powstał w 1767 r. w Navsari. DP — autor: Dastur Pešotanji. Korpus znany też jako Pt. Zachowany

Sam Anklesaria jest też autorem drugiego w historii tłumaczenia *Drzewa asyryjskiego* (*Teksty pahlawijskie*, t. II, wstęp, s. 37–39). Uczony ten, podobnie jak wielu jego następców, niezbyt dokładnie rozumiał tłumaczony przez siebie tekst, o czym świadczą liczne błędy gramatyczne, mylne odczytanie oraz pomijanie wielu słów i całych wyrażeń. Manuskrypty pahlawijskie są niestety niekompletne, częściowo zniszczone, zawierają wiele błędów popełnionych przez skrybów, którzy często nie rozumieli przepisywanych przez siebie utworów. Potwierdzeniem tych słów niechaj będzie fakt, iż żaden z nich, aż do czasów Benveniste'a, nie zorientował się, że ma do czynienia z poezją. Nawet sam Jamasp-Asana przedstawił tekst w formie ciągłej narracji, stawiając znaki przestankowe w miejscach, które świadczą o braku zrozumienia treści.

Draxt ī Āsūrīg był dwukrotnie tłumaczony na język nowoperski (Navvābi 1967; Oryān 1992: archaizowana perszczyzna, wiele słów średnioperskich) oraz na języki europejskie: angielski, francuski, rosyjski (wersja internetowa[6]). Jednakże wszystkie dotychczasowe próby kompletnego przekładu *Drzewa asyryjskiego* kończyły się tylko częściowym powodzeniem. Kolejni redaktorzy i tłumacze mieli ogromne problemy wynikające ze specyfiki tekstu, którego język był już martwy w chwili spisywania, niezrozumienia wielu wyrazów partyjskich, uważanych za dialektalne oraz błędnego odczytania ideogramów semickich. Każdy z nich skarży się też na niekompletne, zniszczone, a co za tym idzie, nieczytelne w wielu miejscach manuskrypty.

Pierwszym problemem, na jaki napotyka tłumacz, jest właściwie odczytanie wszystkich wyrazów. W przypadku języka średnioperskiego, a tym bardziej partyjskiego, trudność tę potęguje brak istnienia dobrych, w miarę kompletnych słowników[7], opracowanych na podstawie całego dostępnego korpusu literatury pahlawijskiej. Tekst *Draxt ī Āsūrīg* naszpikowany jest wyrazami, które nie są odnotowane w żadnym z istniejących glosariuszy ani leksykonów. Ponadto napotykamy też wyrażenia, których znaczenie podawane przez słowniki zupełnie nie pasuje do kontekstu. Zadaniem tłumacza jest więc dokładne sprawdzenie zapisu danego słowa w poszczególnych manuskryptach, gdzie można znaleźć różne warianty pisowni, oraz ustalenie, czy dane słowo jest zapisane fonetycznie, czy też jest ideogramem semickim. Następnie, w celu sprawdzenia należy odwołać się do materiału porównawczego zawartego w innych słownikach języków staro- i średnioirańskich, gdzie pomocne mogą okazać się dane etymologiczne.

Przykładem takiego słowa, które nastręczyło tłumaczom wielu problemów, jest

Wers: 13. (9) *mwk HWEm lcykl'n* ***w'lyn'*** *HWEm wl'hnp'd'n*

tylko we fragmentach. Ta — autor: Ervard Tehmuras. Kopia starego manuskryptu transkrybowanego przez Ervarda Noširwana Burjorji Desai. Powstała w 1887 r.

6 http://avesta.tripod.com/Pehlevi/Draxt-i-Asurik.htm

7 Obecnie trwają prace edytorskie nad przygotowaniem wielkiego słownika średnioperskiego pod red. S. Shakeda.

Ponieważ litera I służyła do zapisu różnych dźwięków: [w], [n], [r], stąd można odczytać na wiele sposobów: [w'lyn'] [n'lyn'] [w'ldn'] [n'ldn'] itd. Dlatego też w kolejnych edycjach pojawiały się różne warianty transkrypcji oraz tłumaczenia tego słowa:

J. M. Unvala (1921): *mōk hom (i) varzīkarān* ***nālain***[8] *hom (i) brahnakpāδān*
„I am the (wooden-)shoe of the cultivators, I am the t w o (w o o d e n-)s a n d a l s of the barefooted ones."

M. Shaki (1975): *muγ*[9] *hom warzīgarān* ***wardyūn***[10] *hom brahnag-pāyān*
„I am the date-palm for (shoe of) the farmes, I am t h e c h a r i o t for the barefooted".

M. Navvābi (1967): *mōg hēm warzigarān* ***wālin****(?) hēm wrahnpāyān*
کفشم برهنه پا یان را موزه ام برزیگران را

S. Oryān (1992): *mōg hēm warzīgarān* ***nālēn*** *hēm brahn(ag) pāδān*
نالینم برهنه پا یان را موزه ام برزیگران را

Ch. J. Brunner (1980): „I am shoes for farmers, I am s a n d a l s for the barefoot."

Wszyscy tłumacze postulowali możliwość semickiego pochodzenia słowa: *na'l* 'sandał' (Steingass 1411: nprs. *na'l* 'but, sandał, podkowa końska', 1329: *naxlat* 'palma', *naxle* 'buty'). Blochet, Modi (1923: 79–90): *naxlat* 'rodzaj drewnianego buta', Anklesaria: *vārīn* (?).

Po sprawdzeniu wszystkich możliwości, porównaniu z innymi słownikami i manuskryptami, pojawia się jednak inne rozwiązanie. Otóż w jednym z rękopisów innego pahlawijskiego tekstu, *Ardā Wirāz Nāmak* 21.8 (MSS K26), znajduje się wyraz [w'lyn'], który czytamy *bālēn* 'poduszka, wyściółka buta' (*bālēn* [b'lyn'] 'cushion, pillow' MacKenzie 16). Błąd polega na zapisie litery I [w] zamiast [b]. Jest to najwyraźniej pomyłka skryby, który nie odnotował „zawijasa" typowego dla litery *b*. Słownik języka nowoperskiego oprócz znaczenia *bālin* 'poduszka' (< śrp. *bālēn* [b'lyn']) podaje też: *muze-bālin* 'wyściółka, miękka podeszwa (boot-cushion, soft linking in the heel of a shoe or boot)' (Steingass 1344). Jak widać, intuicja nie zawiodła poprzednich tłumaczy, którzy wskazywali na rodzaj czy typ obuwia (domyślali się tego z oczywistego kontekstu).

Wers ten czytamy więc: *mōg hēm warzīgarān* ***bālēn*** *hēm brahn(-ag) pāyān*
„Jam sandałem rolnika, miękką poduszką bosych stóp".

---

8 Npers. *nālain* 'dwa drewniane sandały (two wooden sandals)', jako że arab. dual. *na'lin* od *na'l* 'drewniany but używany podczas kąpieli lub chodzenia po błocie (the wooden-shoe for the bath or walking in the mud)' (Steingass 645).

9 Śrp. *mōg* [mwk] 'shoe', *muγ* [DKRA] 'date-palm' (MacKenzie 56).

10 Shaki (65): „I am inclined to consider the word a defective Parth. *wrdywn*, MP *wardyūn*, NP گردونه, کردون which is made of wood. In the Babylonian story of *The Tamarisk and the Palm* the wagon also redounds to the credit of the Palm."

Kolejna trudność polega na tłumaczeniu tekstu, który przez kilka wieków istniał wyłącznie w przekazie ustnym. Pierwszy manuskrypt, spisany prawdopodobnie dopiero w X w. zaginął natomiast wszystkie jego zachowane kopie dość znacznie różnią się od siebie, ich autorzy bowiem wprowadzili do tekstu wiele słów nowoperskich (a raczej średnioperskich, ale już w nowoperskim brzmieniu), zastępując nimi niezrozumiałe już dla siebie wyrazy pahlawijskie i partyjskie. Unvala zakłada nawet możliwość istnienia tłumaczenia nowoperskiego *Drzewa asyryjskiego* w czasach tuż po podboju arabskim, które to tłumaczenie miało stać się podstawą do ponownego odtworzenia zaginionej, oryginalnej wersji pahlawijskiej. Według niego więc tekst średnioperski, którym się dziś zajmujemy, jest jedynie tłumaczeniem, a nie oryginałem. W ten sposób Unvala wyjaśnia pojawienie się w poemacie wielu wyrazów perskich. Nie ma on jednak racji, gdyż gdyby tak rzeczywiście miało być, w tekście nie znalazłyby się wyrazy partyjskie (których to Unvala nie rozpoznał i nazwał „formami dialektalnymi"). Takimi słowami „nowoperskimi" są min.: *duq* 'rodzaj kwaśnego mleka' czy *gulestān* 'ogród różany', *ǰawāz* 'żarna' czy *kašk* 'katapulta'. Wyrazy te z pewnością istniały w średnioperskim, lecz ponieważ nie występują w żadnym innym tekście, trzeba zrekonstruować ich formy pahlawijskie. Słowo *kašk*, odnotowane w słowniku MacKenziego, oznacza 'dried buttermilk'. Jednakże „sproszkowane mleko" zupełnie nie pasuje do kontekstu, gdyż w wersie tym mowa jest o machinach wojskowych. Z pomocą przychodzą inne manuskrypty (DP, JE, Ta), w których znajdujemy formę dłuższą: *kaškanǰīr*. Porównując npers. *kaškanǰir*, „a column with a pulley on the summit, over which a rope is passed having a bag of sand fastened to its end; a sling" — 'katapulta' (Steingass 1033), można zrekonstruować zaginione pahlawijskie słowo.

Kolejny problem jest także związany z manuskryptami. Otóż ci kopiści, którzy wiedzieli, że mają do czynienia z wierszem, starali się zachować rytm i w tym celu przestawiali litery, żonglowali izafetami (pomijali je lub dodawali, bez względu na poprawność gramatyczną), rozbijali słowa: *wargaš* [w-lgš][11], *gulestān* [gwl-y-stn]. Bardzo często zdarzało się im zapisywać jeden i ten sam wyraz raz w postaci ideogramu, a raz fonetycznie: np. *hirzend* 'porzucają, opuszczają' — wers 24: [hlcynd], wers 44: [ŠBKWNd]. Często stosowali jeden ideogram do zapisu dwóch różnych wyrazów homofonicznych (np. LCDR dla *tar* 'w, przez, ponad' został w wersie 2 błędnie zastosowany dla słowa *tarr* 'mokry'), urozmaicali tekst, używając dla zaimka osobowego 'ja' *man* formy *az* (niezwykle rzadko spotykanej w pahlawijskiej literaturze książkowej).

To, że *Drzewo asyryjskie* jest poematem wierszowanym, nie ulega dziś wątpliwości. Pozostaje kwestia problemów formalnych związanych z rymem, rytmem i metrum. Notoryczna niedbałość kopistów pozostawia duże pole do domysłów (dodawanie spójników oraz

---

[11] Unvala, Benveniste: *rēšak* ('korzeń', por. npers. *riše*), Ābādāni: *rīšak* (npers. *riše* 'korzeń' ale tłumaczy: 'liście', npers. *barg-aš* 'jego liście'); Unvala: *u rēšak* (*ō) naδ mānēt, baraš mānēt* (*ō*) *angūr* — „And its root resembles the (sugar-) cane, its fruit resembles the grape". Jamasp-Asana robi odstęp pomiędzy literą [w] a [lgš], dlatego też Unvala oczytuje: *u rēšak* 'a jego korzenie'. Jeśli przyjąć, że to są naprawdę dwa wyrazy [w lg-š], można by odczytać także: [lyš] *rēš* 'broda', tzn. „a jego broda", co jest możliwe w sensie metaforycznym: broda → włosy (liście?). Taka personifikacja byłaby całkiem naturalna: drzewo w poemacie ma dużo cech ludzkich, prowadzi walkę na słowa z kozą.

izafetów, niestety, zburzyło równowagę rytmiczną). Kolejni edytorzy także pomijali niewygodne słowa, przestawiali litery, nierzadko dopisując coś od siebie. W rezultacie doszło do zniekształcenia tekstu pierwotnego, powstały wersy zbyt krótkie, lub zbyt długie.

Problem z tłumaczeniem tekstów średnioperskich polega też głównie na tym, że trudno jest właściwie określić czas i miejsca ich powstania. Oznacza to, że nie znamy dokładnie realiów historycznych, do których moglibyśmy się odwołać. Tekst *Drzewa asyryjskiego*, składający się z 800 słów ułożonych w 121 wersów (54 paragrafy w edycji Jamasp-Asany), jest pod względem formalnym niezwykle interesujący, gdyż jego konstrukcja opiera się na katalogowym wyliczeniu nazw zawodów, osób, zwierząt, części ciała, terminów religijnych, krain geograficznych (mityczna Chwanira, morze Warkasz, Indie, Iran, Tocharystan) oraz rozmaitych przedmiotów, które otrzymują ludzie dzięki dobrodziejstwu kozy i palmy: nazwy produktów spożywczych (chleb, ser, ryż, jęczmień, słodycze), napojów (miód, wino, piwo, ocet, mleko, kumys), owoców (winogrona, daktyle), przedmiotów użytkowych (miotła, żarna, bukłak, serwety, obrusy, torby ze skóry). Zawiera on dużo wyrazów specjalistycznych, oznaczających m.in.: elementy uzbrojenia i wyposażenia wojskowego (naparstnik, łuk, derka, katapulta, rzemienie, siodła), ubiory (różne rodzaje obuwia, pasy, szale), instrumenty muzyczne (*barbut*, *čang*, *kennār*, *tambur* i *win*)[12] oraz potrawy, których nazwy, z oczywistych względów, trudno jest przełożyć na język polski[13]. Wiele kłopotu sprawia tłumaczom wyraz *pēš-pārag*, którego znaczenie w nowoperskim to 'słodycze, którymi częstuje się gości' (*piš-pāre* 'ciasto z mąki, miodu, oleju lub masła' (Steingass 266). Tak też tłumaczył Unvala: „rodzaj słodyczy z mąki, masła i syropu", natomiast Shaki: „pikantne mielone mięso", „gotowane mielone mięso serwowane z winem". Zarówno słownik MacKenziego, jak i etymologia tego słowa, wskazują, że chodzi tu o rodzaj przystawki serwowanej przed daniem głównym, Henning; „hors d'œuvre', Brunner: „przysmaki"[14]. Niestety, nie można rozstrzygnąć dziś, który z tłumaczy ma rację, wszystko bowiem zależy od tego, jakie dania były podawane wówczas (prawdopodobnie na dworze partyjskim) w charakterze przystawek.

---

[12] Kłopot sprawiają też nazwy instrumentow muzycznych, które wytwarzano ze skóry i ścięgien kozy: *barbut*, *čang*, *kennār*, *tambūr* i *win*. Słownik MacKenziego podaje następujące tłumaczenia: *barbut* 'lyre', *čang* 'harp', *kennār* 'lyre, harp', *tambūr* 'cither, lute', *win* 'vina, lute'. Wers 101–102 (48): *čang ud win ud kennār ud barbut ud tambūr hamāg zanēnd pad man srāyēnd*, można zatem, choć niedokładnie, przetłumaczyć: „Harfy, winy, liry, i cytry i lutnie — wszystko to co gra, dzięki mnie brzmi cudnie".

[13] I tak np. nazwy mleka i jego przetworów, jak np. *dūq*, *kašk*, *hur*, *māst*, *jīw*, *šīr*, można przetłumaczyć na polski, używając nazw produktów nam znanych, jak 'jogurt', 'maślanka', 'kefir', 'serwatka', choć trzeba pamiętać, że nie jest to tłumaczenie dokładne, gdyż: *māst* to, jak podają słowniki, 'curds, sour milk' czyli rodzaj kwaśnego mleka, kefiru, *dūq* — 'maślanka, serwatka', *jīw* to 'consecrated milk', czyli mleko używane do składania ofiary jazatom, *hur* — 'mleko sfermentowane, kumys', a *kašk* to 'dried buttermilk' — sproszkowana serwatka używana jako przyprawa. Ponadto nie wiemy także, jak owe napoje mleczne były wytwarzane i czym się dokładnie różniły.

[14] Shaki: „the savoury minced meat", „cooked minced meat served with wine"; Unvala: „a sort of sweetmeat prepared from flour, butter and syrup called *šofārej* in Arabic"; Brunner: „delicacies".

W tekście występują także liczne porównania, metafory, cytaty oraz odwołania do motywów znanych z innych źródeł literackich.

Wers: 110–112 (51): *ēn-um zarrēn saxwan kē man ō tō wāxt čiyōn kē pēš xūg ī warāz morwārīd afšānēd ayāb čang-ē zanēd pēš ī uštar ī mast* — „Te złote słowa moje, com do ciebie rzekła szczerze, są niczym perły rzucone przed wieprze, brzmią jak przed tańczącym wielbłądem harfy śpiewanie". Pierwsza metafora jest oczywista — to fragment znany z Ewangelii według św. Mateusza (7, 6)[15]. Jak wynika z kontekstu, granie na harfie przed wielbłądem jest czynnością równie bezsensowną, jak rzucanie pereł przed wieprze. Natomiast symbolika „pijanego wielbłąda" nie jest do końca jasna. Niektórzy badacze wskazują, że zwrot *uštar ī mast*[16] należy przetłumaczyć: „wielbłąd na rykowisku, w czasie rui"[17]. Być może pobrzmiewają tu echa bajki Ezopa o wielbłądzie i małpie (znaczne wpływy kulturowe greckie w okresie partyjskim), opowiadającej o niezdarnym wielbłądzie, który pozazdrościł wdzięku tańczącej małpie. Inny motyw, który także wymaga komentarza i odwołania się do mitologii irańskiej, to ponad dwumetrowy róg noszony przez kozę na grzbiecie. W wersie 87 czytamy: *srū-ē dah widest abāz ō pušt dāram* — „Olbrzymi róg na swym grzbiecie noszę". Zwierzę noszące wielki róg na grzbiecie nie jest zwykłym stworzeniem. Przypomina się tu postać mitycznego trójnogiego osła Chara z *Bundahišnu*, który także był posiadaczem wielkiego rogu, symbolizującego moc i dumę. W tekście pojawia się wiele innych mitycznych stworzeń, takich jak *war-čašm* 'ludzie z oczami na piersi', którzy psie głowy mają (*sar-aš ō sag-ē mān*)[18]. Postaci te, jak i inne „półzwierzęce" rasy ludzkie, zostały opisane w *Bundahišnie*, a później w *Šāhnāme* Ferdousiego. Tłumaczenie zarówno nazw własnych, jak i znaczenia pewnych symboli, wymaga niezbędnych komentarzy.

Biorąc pod uwagę spowite mrokami historii losy tego poematu, co nie jest niczym wyjątkowym w przypadku literatury tego okresu, oraz przysłowiową wręcz wieloznaczność pisma średnioperskiego, przekład *Drzewa asyryjskiego* nie jest rzeczą łatwą. Tłumacząc teksty pahlawijskie, tkwiące korzeniami w zamierzchłej przeszłości, trzeba wykazać się niezwykłą czujnością i uwagą. Nie można bowiem polegać ani na kopistach, którzy w sposób mechaniczny przepisywali teksty, ani na kolejnych redaktorach, którzy z kolei zbyt łatwo popuszczali wodze fantazji. Konieczna jest też znajomość kontekstu kulturowego, mitycznej symboliki oraz realiów historycznych (systemu

---

[15] Według G. Widengrena metafora ta jest irańską pożyczką w świecie aramejsko-językowym (*Iranisch-semitische Kulturbegegnung in parthischer Zeit*, Cologne-Opladen 1960, 36).

[16] Śrp. *mast* 'bemused, intoxicated' (MacKenzie 54), czyli 'ogłupiony, otumaniony, odurzony alkoholem'.

[17] Postać ryczącego wielbłąda przybierał także Wahrām (*Jaszt* 14.11, 12, 39, 17.13) oraz Dahmān Āfrīn (*Pursišnīhā* 31), por. AiW 50. Unvala: *uštr i mast* 'mad camel', Brunner: *uštar ī mast* 'camel in rut' *JNES* 39, II: 301, 111.

[18] Śrp. *war-čašm* 'with eye(s) in the breast' (MacKenzie 87), Unvala: *varčašm* (*xvānīhēnd*) „are called the *Varčašms*". Ludzie posiadający „oczy na piersiach" i inne „półzwierzęce" rasy są wymienione w jednym z rozdziałów *Bundahišnu* traktującym o pochodzeniu ludzkości (Bd. 15). Psiogłowcy pojawiją się także w *Šāhnāme*. Zob. też: Brunner, *JNES* 39, II: 300, 91–98, i D. Monshi-Zadeh, *Topographisch-historische Studien zum iranischen Nationalepos*, Wiesbaden 1975, 62–63, 162–163.

miar i wag, wartości monet, sposobu ubierania się, przyrządzania pokarmów itd.). Należy też pamiętać, że przekład tekstów średnioperskich bez pomocy słowników innych języków średnioirańskich, staroirańskich (etymologia) oraz języka nowoperskiego jest praktycznie niemożliwy.

Literatura

Ābādāni F. S., *Draxt-i Āsūrīk*, „Journal of the K.R. Cama Oriental Institute" 38, 1956.

Amini R., *Jostāri mardom-šenāsi az manzume-ye Deraxt-e Āsurig*, [w:] Y. Mahdawi, I. Afšār [ed.], *Haftād maqāle*, Tehrān, 1369/1990.

Anklesaria B. T., *A Description and Summary of the Text of Draxt-i Āsūrīk*, „Journal of the K.R. Cama Oriental Institute" 38, 1956, 37–40.

Asmussen J. P., *A Jewish-Persian munāzare. Iran Society Silver Jubilee Souvenir*, Calcutta, 23–27.

Benveniste E., *Le texte du Draxt Āsūrīk et la versification Pehlevi*, „Journal Asiatique" 218, 1930, 193–225.

Bolognesi G., *Osservazioni sul Draxt i Āsūrīk*, „Rivista degli Studi Orientali" 28, 1953, 174–181

Brunner C. J., *The Fable of the Babylonian Tree*, „Journal of Near Eastern Studies" 30, 1980, 197–202; 291–302.

Jamasp-Asana D. J. M. [ed.], *Pahlavi Texts*, II, Bombay 1897, 109–114.

Henning W. B., *A Pahlavi poem*, „BSOAS" 13, 1950, 641–648.

Mackenzie D. N., *A concise Pahlavi dictionary*, London 1971.

Modi J. J., *A few notes on the Pahlavi treatise of Draxt-i Āsūrīk*, „Journal of the K. R. Cama Oriental Institute" 3, 1923.

Navvābi M. [ed.], *Manzume-ye Deraxt-e Āsurig*, Tehrān 1346/1967.

Oryān S., *Motun-e pahlavi, tarǰome, āvānevešt* (*Pahlavi Texts, Transcription, Translation*), ed. by Jamaspji Dastur Minocherji Jamasp-Asana, Tehrān 1371/1992, 146–151; 327–335; 109–114.

Shaki M., *Observations on Draxt i Āsūrīg*, „Archiv Orientalni" 43, 1975.

Smith S., *Notes on the Assyrian tree*, BSOAS 4, I, 1926–1928.

Steingass F., *A comprehensive Persian-English Dictionary*, London 1892.

Steinschneider M., *Rangstreitliteratur*, „Abh. Der KAW Wien, Phil.-hist. Klasse" 155, 4th part, 1908.

Unvala J. M., *Draxt i Āsūrīk*, BSOAS 2, 1923.

Widengren G., *Iranisch-semitische Kulturbegegnung in parthischer Zeit*, Köln/Opladen 1960.

Summary

The dificulties in translating the Middle Persian texts. The case of the *Draxt-i Āsūrīk* (The Assyrian Tree)

Draxt-i Āsūrīk is a versified contest over precedence between a goat and a plam tree, composed originally in the Parthian language, written down in Middle Persian after the Arabic conquest (when both Parthian and Middle Persian were already dead). Owing to alternations in the course of oral transmission and redaction in ambiguous Book Pahlavi script this poem offers a lot of difficulties to its editiors and translators. Firstly, we do not know the date and palce of its composition, and therefore cannot tell how the words were pronounced by its authors. *Draxt-i Āsūrīk* contains certain words and expressions, which are to be found neither in already published glossaries nor dictionaries. Moreover the notorious sloppiness of the copyists leaves too much for conjecture: the manuscripts are corrupted in parts through their ignorance. Also numerous editorial efforts — the mere addition of conjunctions and ezafe and omission of many 'difficult' words — have disturbed the rhytmical balance. Due to this difficulties it has not yet been possible neither to establish the versification of ceratin lines nor to translate the entire text.

JĘZYKI ORIENTALNE W PRZEKŁADZIE — KONFERENCJA
ORIENTAL LANGUAGES IN TRANSLATION — CONFERENCE
Kraków, 20–21 maja/May 2002

ANNA KRASNOWOLSKA

Ferdousi's Invocation to God — in W. Dulęba's Translation

Uniwersytet Jagielloński

Ferdousi's monumental epic *Šāhnāme* (*Šn*), written between ca 975 and 1010 A.D., opens with an Introduction (*Āqāz-e Ketāb*) composed of a number of consecutive short passages. The first of them, being an eulogy to God (*Dar setāyeš-e Xodā,* here referred to as *Invocation*) of 15 *beyt*s (distichs), in Władysław Dulęba's Polish translation, is the subject of the present study. This will be an attempt at reconsidering some of Dulęba's translatory solutions by viewing them in a broader literary context.

In addition to syntactical and lexical difficulties, the translator of the text has to solve some problems of interpretation. Not always can the issue be found on the ground of the translated passage alone. Often a knowledge of its various contexts is necessary for a deeper and more precise understanding of a difficult part. An attempt at a reconstruction of the author's general worldview and the ideological message which underlies the text, may be also helpful in understanding its particular verses.

The contexts of Ferdousi's *Invocation* are several:

— the passage is a structural element of a larger compositional unit (namely the *Introduction*) including a number of consecutive short chapters: after the praise of God there follows the praise of Intellect (*Dar setāyeš-e Xerad*); a passage on the creation of the World in several sections; in praise of the Prophet; several short sections on how the Book was composed; and finally, an eulogy to Sultan Mahmud;

— the *Introduction* so composed may be considered an integral part of Ferdousi's narrative proper: the *Šn* is a sacral-and-mythical history of Iran (i.e. of the World), from the first man up to the Arab conquest, which is here viewed as an apocalyptical event. Thus, the fragments on God and on the creation of the world function as preliminary steps to the sequel of the hiero-history which follows;

— at the same time, the *Introduction* is one of the elements of the compositional frame of the narrative, offering a space for the author's own reflection and comments. The frame consists of opening and closing parts of the poem's narrative units of various ranks. The introductory and closing passages serve not only as a delimitating device, but also as the place for philosophical, moralistic and personal digressions which function as the summing-ups and historiosophical comments to the related stories;

— Ferdousi's *Introduction* is not an isolated phenomenon in classical Persian literature, on the contrary it is systematic in character. Other epic poems of the epoch are preceded by similarly constructed introductions, even if the sequence and proportions of their components may vary. Some lyrical poets subsequent to Ferdousi also preceded their *divāns* with an opening poem in praise of God. Those more developed epic introductions are closely related to the genre of a cosmological-and-cosmogonical treatise (in prose or verse) of which they are a miniature.

A typical introduction to an epic poem which includes a concise exposition on the nature of God, Man and the Universe, is also supposed to express the author's own convictions. In the course of time it apparently looses its individual character, becoming more stereotyped, but Ferdousi still seems to present his personal credo in the initial parts of his epos. Ferdousi's *Praise to God* may be considered a compact, thematically homogenous, textual unit. Its leading motif is the impossibility of attaining a knowledge of God and of describing him within the categories available to human experience. Salman Albadur in his paper[1] characterises Ferdousi's philosophy as a sort of abstract monotheism with a distinct isma'ili and mu'tazilite impact. On the other hand, Ferdousi's fatalism, probably an integral part of his Indo-Iranian epic heritage, is strongly influenced by Zurvanistic concepts.[2]

Ferdousi's *Invocation* has been translated by Władysław Dulęba in three, slightly differentiated, versions: A — in his *Dywan perski*[3], B — in *Księga Królewska*[4] and C — in his inedited full translation of the *Šn*, completed towards 1986. In the A version, which is the only one divided into regular verses, the first four *beyts* are missing. The B and C complete translations of the passage are a sort of rhythmized prose. In the present work all the three versions will be considered (see Appendix I).

Out of the whole 15-couplet passage only a few examples have been chosen to show the translator's problems. Due to lack of space, such expressions, crucial to Ferdousi's theology and anthropology, as: *nām-o jāy* (b. 2; *nām-o jāygāh* b. 6; *nām-o nešān-o gomān* b. 4), or *jān-o xerad* (b. 1, 7; *xerad-o jān* b. 10) will not be discussed.

I. ruzi, ruzideh

2. *xodāvand-e nām-o xodāvand-e jāy*
xodāvand-e ***ruzideh****-e rahnamāy*[5]

---

[1] S. Albadur, *Jambehā-i az hekmat-o falsafe dar Šāh-nāme-ye Ferdousi*, "Majalle-ye Dāneškade-ye Adabiyāt-o Olum-e Ensāni-ye Dānešgāh-e Thrān" šomāre 121–123 (1–4), sāl-e 30, 1371 (1992), 67–78.

[2] Cf. H. Ringgren, *Fatalism in Persian Epics*, "Uppsala Universitets Arsskrift 13", 1952; T. Kowalski, *Studia nad Šāh-nāme* (*Etudes sur le Šāh-nāme*), I, Kraków 1952, 189–216.

[3] *Dywan perski*, wybór i tłum. W. Dulęba, Kraków 1977, 51.

[4] Ferdousi, *Księga królewska*, wybór, tłum. i oprac. W. Dulęba, Warszawa 1981, 41.

[5] All the quotations from the *Šn* acc. to: Firdousī, *Šāx-nāme. Kritičeskij tekst*, I, ed. by E. E. Bertel's, Moskva 1960 (*Invocation* 12–13).

B: "który nas żywi, wskazuje nam drogę" ["who feeds us, who shows us the way"];
C: "Pana chwały i Pana świata, który wskazuje nam drogę de szczęścia" ["the Lord of glory, the Lord of the world, who shows us the way to happiness"];

In his earlier version (B) Dulęba omitted the first hemistich — *xodāvand-e nām-o xodāvand-e jāy*, but translated the second one literally. In his final version (C) the previously missing part has been restored (the terms *nām-o jāy* having been rendered by "glory" and "world"); instead, in the second hemistich the translator gave up on the element *ruzideh,* lit. "giver of everyday food" which, however, seems crucial. The term *ruzi* means "daily bread", but metaphorically also "lot", "share", "destiny", "fate" etc. In such a meaning it appears e.g. in the introduction to Asadi's *Garšāsp-nāme*:[6]

Padid āvord nik-o bad, xub-o zešt
Ravān dād-o tan kard-o ***ruzi nevešt*** ([Invoc.] 6)

"He brought into existence good and evil, beautiful and ugly; he gave soul, made body and ascribed (lit. „wrote") [his] lot (*ruzi*) [to everyone]."

Cf. Sa'di's introduction to his *Tayyebāt*[7]:

Az dar-e baxšandegi-yo bande-navāzi
Morq-e havā-rā ***nasib-****o māhi-ye daryā*
Qesmat *-e xod mixorand mon'am-o darviš*
Ruzi*-ye xod mibarand pašše-vo anqā*

"Out of His clemency and kindness to his servants, a bird in the air obtains his lot (*nasib*) as well as a fish in the sea. The wealthy and a beggar get their share /fate (*qesmat*), both a gnat and a phoenix find their daily bread (*ruzi*)."

In Sa'di's poem *ruzi* has been juxtaposed to words of similar meaning, such as *nasib* and *qesmat,* clearly designating not only a share of material goods, but rather what is predestinated to everybody in a more general sense. And similarly it should be understood in Ferdousi's text, in accordance with his generally fatalistic view of the world. Being, thus, a meaningful part of the notional system of our text, *ruzi* and *ruzideh* are not to be neglected in translation.

II. negārande

4. *ze nām-o nešān-o gomān bartar-ast*
negārande-ye baršode peykar-ast

Both Dulęba's versions (B and C), read: "Niedościgniony w obrazach malarzy, jest ponad znaki i wyobrażenia." ("Unattainable in the painters' works, he's beyond all signs and representations.")

The term which made the sentence unclear to the translator and caused a grammatical discrepancy between the Persian original and its Polish rendering was, apparently, the participle *baršode* (*bar šodan*: 'to be exalted', 'superior', 'high'). Dulęba translated it as "unattain-

[6] Hakim Abu Nasr Ali b. Ahmad Asadi Tusi, *Garšāsp-nāme*, Habib Yaqmā'i [ed.], Tehrān 1317 (1938), 1.
[7] *Kolliyāt-e Sa'di*, M.A. Foruqi [ed.] , [Tehrân], undated, 532.

able [in the painters' works]" considering it to refer to God. Accordingly, he rendered *negārande* by "the painters." The assumed sense of the translation is then: "No painter is able to represent God in his pictures," that is grammatically unacceptable.

But while comparing our verse with similar passages in other epic poems of the epoch, we find out that *negārande* ('painter', 'artist', 'he who creates images'; also 'writer') is one of God's constant epithets.[8] Accordingly, the verb *negāštan* ('to paint', 'to portrait', 'make effigies', 'describe') is regularly related to the act of creation, while *negār* and *peykar* ('picture', 'effigy', 'image') designate the things created. So e.g. in *Bahman-nāme*[9] God is characterised as:

barārande-ye mardom az tire xāk
***negārande**-ye tan bedin jān-e pāk* (Dibāče, 2)

"[he who] raises humans from the dark soil, [he who] designs /sketches (*negārande*) body through (for?) the pure soul."

Similarly in Asadi's *Garšāsp-nāme*:

***negār**-i koja gouhar ārad hami*
*nabāšad jozz ān k-u **negārad** hami* ([Invoc.], 12)

"The form [*negār*: picture, image] assumed by the matter/essence [*gouhar*] in nothing else but what He [himself] draws/designs [*negārad*]."

The grammatical construction of the sentence in question is not clear, yet, a passage parallel to the ours, from Hakim Meysari's introduction to his *Dāneš-nāme*[10] (apparently the only complete *masnavi* poem preserved, prior to Ferdousi), proves helpful in elucidating the structure of Ferdousi's verse:

Xodā-ye baršode haft āsemān-ast
Xodāvand-e zamin-o ān-e zamān-ast (*Dāneš-nāme*, 2)

In Lazard's translation: "Il est le Dieu d e s e p t c i e u x s u b l i m e s, / le seigneur de la terre et Celui du Temps."

We can see, that in none of the cases *baršode* is attributed to God (*negārande, xodā*): as the verses' meters indicate, no *ezafe* connection occurs between *baršode* and *peykar, baršode* and *haft.* Thus, *baršode* refers to the name of an object created by God (*haft āsmān, peykar*), which it precedes, forming a regressive compound.[11]

The sense of the b. 4 should be then restored as: "Being [himself] above all names, symbols and ideas, He is an artist, [creator] of the most perfect images/forms."[12]

---

[8] See *Glossar zu Firdosis Schahname* von F. Wolff, Berlin 1935, 815.

[9] Irānšāh b. Abi 'l-Xeyr, *Bahman-nāme,* ed. by Rahim Afifi, Tehrān 1370 (1991), 1.

[10] In: G. Lazard, *Les premiers poètes persans*, Téhéran-Paris 1964, I, 136; II, 178.

[11] Some mss of the *Šn*, instead of *peykar* have: *gouhar*; cf. *Ketāb-e* [...] *Šāhnāme az dastnevis-e Muze'e Florāns*, ed. by A. Joveyni, vol. I, Tehrān 1375 (1996), 1; see also P. Atābeki, *Vāženāme-ye Šāhnāme*, Tehrān 1379 (2000), 42, where *baršode gouhar* is rendered through *gouhar-e vālā* ("noble/superiour nature").

[12] French transl. by J. Mohl (*Le livre des rois*, I, Paris 1837, 5): "qui est plus haut que tout nom, que tout signe, que tout idée, qui a peint des étoiles au firmament" (instead of *peykar* Mohl has *gouhar*, which he understands as 'stars'); Russian transl. (Firdousi, *Šaxname*, transl. by C. B. Banu, A. Laxuti, A. A. Starikov, I, Moskva 1957, 7): "On vyše primet, predstavlenij, imion / im w zrimie obrazcy mir voploščon."

III. gouhar/jouhar (pl. gouharān)

7. *soxan harče z-in* ***gouharān*** *begzarad*
neyābad bedu rah jān-o xerad

A: "Choćby wznieść słowo p o n a d g w i a z d y / B: n a d k l e j n o t y n i e b a / C: n a d t e k l e j n o t y, nie znajdzie doń drogi ni dusza, ni rozum" [A: "Even if one rises the word a b o v e t h e s t a r s / B: a b o v e t h e j e w e l s o f t h e s k y / C: a b o v e t h e s e j e w e l s, neither soul nor mind would find the way towards Him."]

Due to the broad meaning of the term,[13] the choice of the most appropriate equivalent for *gouharān* presents a problem to the translators of the passage. Dulęba, beginning from "the stars" and passing through "the jewels of the sky," finally decides upon "these jewels." Mohl choses "this world" (*ce monde*),[14] and the Russian translators — "the whole existence" (*vse estestvo*).[15]

In Medieval cosmological literature the term *gouhar* is used for 'substance', 'primeval matter', as in Meysari' *Dāneš-nāme* 10–11 (in Lazard's translation: "substance"; loc. cit.).

It seems, however, that for the significance of *gouharān* (plur.) we should look in the text of the *Šn* itself: the term reappears in the part of Ferdousi's *Introduction*, which tells the creation of the World (*Goftār andar āferineš-e ālam*).[16] In this passage by *čahār gouharān* Ferdousi understands the four elements (fire, water, air and soil) from which the material world has been created. Atābeki, in his *Vāženāme* (184–185), explains *gouharān* as *anāser, axšijhā* ("[four] elements"),[17] and the *beyts* which he adduces as examples are: *Introd.* 7 (*soxan har če z-in gouharān begzarad...*) and 35 (*Āferineš* 1):

az āqāz bāyad ke dāni dorost
sarmāye-ye gouharān az noxost.

"First, you should know exactly the origin of the [four] elements."

The meaning of our text may be thus rendered as follows: "No matter how much one speaks about the elements [= the created /material world], neither one's soul nor mind would ever find a way towards Him."

IV. sanjidan, saxte

10. *Xerad-rā-vo jān-rā* ***hami sanjad uy***
dar andiše-ye ***saxte*** *key gonjad uy*

---

[13] Steingass, *A Comprehensive Persian-English Dictionary*, Beirut 1970, 1106: "*gohar, gauhar*: gem, jewel, pearl, precious stone, [...]; root, origin, of a noble family; essence, substance, form, offspring, any hidden virtue, intellect, wisdom; a substitute [...]; *gauhari asman*: the origin and matter of firmament; the stars"; *jauhar* (ibidem, 379), in addition to the previous meanings: "matter, substance, staple (distinguished from accident), absolute or essential property; skill, knowledge, accomplishment, art; worth, merit, virtue, defects, vices."

[14] *Et tout ce qui s'élève du-dessus de* ***ce monde*** *dépasse la portée de l'esprit et de l'intelligence.*

[15] *Togo, kto nad* ***vsem*** *voznesen* ***estestvom*** */ obniat' nevozmožno dušoj i umom.*

[16] *Aqāz-e Ketāb,* 35–42: Bertel's I, 14–15.

[17] Similarly Joveyni in his commentary to our verse (op. cit., I, p. 2, n. 2.), explains *gouharān* as *axšij, anāser-e arba'e* ("the four elements"); cf. H. Wolff (741): "Materie, Substanz, Element".

All three versions (A, B, C): "I rozum i duszę ten kładzie na wagę, kto stara się objąć Go myślą poważną." ["He who tries to embrace Him with his balanced/serious/grave (*saxte*) mind, puts his wisdom/reason and his soul on the scales."].

The source of difficulty in this passage is the verb *sanjidan* ('to weigh', 'to try', 'to prove'; also 'to prepare', 'conceive', 'set in order').[18] In the first hemistich the verb appears in a personal form (*hami sanjad*: III sg. praes.), in the next as a past participle (*saxte* i.e. *sanjide*), which the translators tend to take for *saxt* 'hard', 'serious', 'severe' (Dulęba: "myśl poważna"; Mohl: "pensée hardie").

Moreover, differently from what Dulêba assumes, the pronoun *u/uy* in both hemistiches refers to God, not to a human being. Thus, the sense of the verse should be approximately:

"He [God] is the one who evaluates/conceives [human] mind and soul, [so] how could he be contained in [our] thoughts evaluated /conceived [by himself]?"[19]

The very same idea of the impossibility of acquiring a knowledge of God by the means of the cognitive tools supplied by himself, reappears in various forms in the *Šn* as well as in other texts, e.g. the London ms of the *Šn* adds after the *beyt* 6:

Yaqin dān ke hargez neyāyad padid
be ***vahm****-andar ān kas ke vahm* ***āferid***[20]

"Be sure, that to your imagination would never reveal himself he who created the imagination."

Here the term *vahm* ('imagination') replaces *andiše* ('thought') and the verb *āferidan* ('create') corresponds to *sanjidan*; cf. *Garšāsp-nāme*:

Bozorgi-š nāyad be ***vahm****-andarun*
na ***andiše*** *bešnāsad u-rā ke čun* ([*Invoc.*] 15)

"Neither His greatness in conceivable to [our] imagination (*vahm*), nor [our] mind (*andiše*) is able to know Him as He is."

Our verse describes a sort of Plato's cave situation in which it is impossible to break through the limiting barriers of cognition, forced upon human mind.

V. [a general reinterpretation of a verse on the base of its context]
13. *parastande baši-yo juyande rāh*
be žarfi be farmān-aš kardan negāh

A, B, C: "Trzeba ci szukać dróg ku czci Jego i oddać myśl na Jego rozkazy." ["You have to look for the ways towards His worship and to submit your thoughts to His orders."]

---

[18] See Steingass, 700; Atābeki, 134.

[19] Mohl: *Dieu pèse l'âme et la raison, mais lui, comment pourrait-il être contenu dans une pensée hardie?*; Banu & Laxuti: *On dal bytie i dušy i umu / v tvorenii svoem ne vmestit'sia emu.*

[20] See Bertel's I, p.12, n.12; Joveyni, I, p. 2, n 1.

The literal translation of the *beyt* would be somewhat different: "Be [His] worshipper and [be] searcher for the way; inquire deeply into His orders / decrees (*farmān*)."[21]

Not necessarily the way which should be looked for is the way "towards God's worship," and there is no question of "submission of thoughts" in the text, but rather of "inquiry", "insight" (*be žarfi negāh kardan*). Ferdousi's whole previous discourse was to demonstrate how fruitless any attempts to know God and his ways are. But the *beyt* 14, immediately following ours, is Ferdousi's famous utterance on the power of knowledge:

> 14. *tavānā bovad har ke dānā bovad*
> be dāneš del-e pir bornā bovad

"He who has knowledge has power, knowledge rejuvenates the old hearts", which introduces the next section of the *Introduction* – an eulogy to Wisdom (*Dar setāyeš-e Xerad*). Therefore, our b. 13 seems to be a transition (*goriz*) from one theme to another: God is unknowable, but for a searcher of truth the only way of cognition is a penetrating insight into the visible results of God's decrees (*farmān*), i.e. the history of mankind. Human intelligence may serve this purpose quite efficiently. The detailed exposition of what was supposed to be the world's history, already structured into more or less regular cycles by the generations of Ferdousi's precursors, together with some philosophical and didactical reflections by the author himself, will now begin.

---

21 Mohl: *Adore et cherche le vrai chemin, et soi attentif à obéir à ses commendements*; Banu & Laxuti: *Služa emu, istiny dolžno iskat' / v ego povelenija dušoj pronikat'*.

Appendix I

[Dar setāyeš-e Xodā] (Invocatio Dei)
Translated by Władysław Dulęba in three versions

1. W imię Pana życia i mądrości (C: *rozumu i duszy*) ponad którego i myśl się nie wzniesie,
2. który nas żywi, wskazuje nam drogę (C: *Pana chwały i Pana świata, który wskazuje nam drogę do szczęścia*).
3. Pana Kejwana i obrotów nieba, który (C: *kręgów nieba, co*) księżyc rozpala i Nahid i słońce,
4. Niedościgniony w obrazach malarzy, jest ponad znaki i wyobrażenie.
5. Nie dojrzysz Stwórcy bystrymi oczyma, nie trudź [C: *zatem*] na próżno swych źrenic.
6. I myśl do niego nie znajdzie drogi, bo jest nad imię i (C: ,) nad godność wszelką.
7. Choćby wznieść słowo ponad gwiazdy (B: *nad klejnoty nieba*; C: *nad te klejnoty*), nie dotrze ku Niemu (B: *nie znajdzie drogi do Niego*; C: *nie znajdzie doń drogi*) ni dusza, ni rozum.
8. Jeżeli rozum dobiera słowa, dobiera tylko te, które sam widzi.
9. Chociaż jest, nikt Go wysławić nie zdoła; (B: *I Tego, który jest, wysłowić nikt nie zdoła;* C: *I Tego, który jest, wysławić nie zdołasz*), więc przepasz biodra pasem pokory.
10. I rozum i duszę ten kładzie na wagę, kto stara się objąć Go myślą poważną.
11. A jakżeż posłuży się takim narzędziem w pochwale i mądrość, i dusza, i mowa?
12. Trzeba ci wyznać więc Jego istnienie i mowie swojej (C: *daremnej*) nakazać bezczynność,
13. Trzeba ci szukać drogi ku czci Jego i myśli oddać (B, C: *oddać myśli*) na Jego rozkazy.
14. Kto wiedzą włada, ten włada potęgą, wiedza odmładza umysły sędziwe.
15. Nad tę zasłonę nie wzniesie się słowo, nie dotrze myśl moja do Jego istnienia.

Appendix
[Dar setāyeš-e Xodā]
Firdousī, Šāx-nāme. Kritičeskij tekst, I, ed. by E. E. Bertel's, Moskva 1960, 12–13.

آغاز کتاب

1	بنام خداوند جان و خرد	کزین برتر اندیشه بر نگذرد
	خداوند نام و خداوند جای	خداوند روزی ده رهنمای
	خداوند کیوان و گردان سپهر	فروزندهٔ ماه و ناهید و مهر
	زنام و نشان و گمان برترست	نگارندهٔ برشده پیکرست
5	به بینندگان آفریننده‌را	نبینی مرنجان دو بیننده‌را
	نیابد بدو نیز اندیشه راه	که او برتر از نام و از جایگاه
	سخن هرچه زین گوهران بگذرد	نیابد بدو راه جان و خرد
	خرد گر بر گزیند همی	همانرا گزیند که بیند همی
	ستودن نداند کس اورا چو هست	میان بندگی را ببایدت بست
10	خرد را و جان را همی سنجد اوی	در اندیشهٔ سخته کی گنجد اوی
	بدین آلت رای و جان و زبان	ستود آفریننده‌را کی توان
	به هستیش باید که خستو شوی	ز گفتار بی کار یکسو شوی
	پرستنده باشی و جوینده راه	بژرفی بفرمانش کردن نگاه
	توانا بود هر که دانا بود	ز دانش دل پیر برنا بود
15	از این پرده برتر سخن‌گاه نیست	زهستی مر اندیشه را راه نیست

JĘZYKI ORIENTALNE W PRZEKŁADZIE — KONFERENCJA
ORIENTAL LANGUAGES IN TRANSLATION — CONFERENCE
Kraków, 20–21 maja/May 2002

RENATA RUSEK

Tłumaczenie formuł epistolarnych na przykładzie listów 'Eyno-l-Qozāta Hamadāniego

Uniwersytet Jagielloński

List jest z jednej strony wytworem programowo indywidualnym i dającym piszącemu w zasadzie nieograniczoną swobodę językowej ekspresji, a równocześnie należy do form wypowiedzi silnie zrytualizowanych formalnie.

Dowodem tyranii konwencji epistolarnej może być przypadek perskiego *dabira* na dworze Czyngiz Chana. Mongolski zdobywca, który poznał jedynie rudymenty języka perskiego, nakazał nadwornemu sekretarzowi, aby ten napisał list w jasnym i zrozumiałym języku. Okazało się jednak, że ów skryba nie potrafił t a k pisać, za co został surowo ukarany[1].

Formalną rytualizację listu potwierdza również powszechne przekonanie, będące zresztą tautologią, że listem jest każdy tekst, który „zaczyna się i kończy jak list", czyli — innymi słowy — posiada otwierającą i zamykającą formułę epistolarną. Formuły te pełnią funkcję delimitacyjną, czyniąc z listu tekst zamknięty i są zarazem niezbędne z punktu widzenia wymogów komunikacyjnych, jakie list winien spełniać, będąc „rozmową z nieobecnym adresatem". Formuły ramowe listu są najbardziej spetryfikowanym elementem struktury epistolarnej i posiadają status standardów językowych.

Ewolucję perskiego stylu epistolarnego możemy prześledzić od czasów achemenidzkich. Oficjalny list tej epoki był pisany w języku i stylu aramejskim i posiadał oszczędne formuły epistolarne. Na przykład, adres we wstępie listu od satrapy egipskiego do niższego rangą urzędnika brzmiał:

od Arszamy do X. Pozdrowienia.[2] (*mn 'ršm 'l X*).

---

[1] M. T. Bahâr, *Sabk-šenāsi* III, Tehrān, 1959, 168–69.

[2] *Correspondence in pre-islamic Persia, Encyclopaedia Iranica,* t. IV, 287. Na uwagę zasługuje fakt, że podpis nadawcy w czasach starożytnych występował w nagłówku listu, czyli był „nadpisem", podobnie jak w listach greckich i rzymskich.

Po adresie następowały stereotypowe życzenia:

— *Przesyłam Ci wiele pokoju i pomyślności.* (*šlm wšrrt šgy' hxšrt lk*)[3].

Treść każdego listu, a także poszczególnych akapitów poprzedzał kataforyczny zwrot *wk't* dosł.: *I teraz.*

Z aramejskim stylem epistolarnym zetknęli się tłumacze korespondencji mieszkańców Transeufratei z władcami achemenidzkimi, cytowanej w Starym Testamencie. Wspomniany zwrot *wk't* Wulgata oddaje na wstępie listu przez łaciński ekwiwalent dynamiczny, czyli pozdrowienie *salutem dicunt*[4], natomiast współczesny polski przekład Biblii oddaje go odpowiednikiem formalnym: *Otóż*[5].

Prosty i uniwersalny styl aramejski używany w korespondencji w czasach wielonarodowościowego, a co za tym idzie — zróżnicowanego językowo i religijnie imperium achemenidzkiego, został przejęty przez władców partyjskich i wczesnosasanidzkich. Wraz ze wzrostem roli religii zaratusztryjskiej w państwie epistolografia średnioperska została jednak wzbogacona o frazeologię religijną.

Nadawca wzorcowego listu w późnych czasach sasanidzkich, pisanego w duchu religii panującej, opatrywał list nagłówkiem z inwokacją *Pat nāmi yazdān* (*W imię Boga*)[6], natomiast oszczędną formułę achemenidzkich pozdrowień poprzedzał pochwałą proroka Zaratusztry oraz wzbogacał rozbudowanymi życzeniami. Na przykład zarówno we wstępie, jak i w zakończeniu listów adresatowi pobożnie życzono, aby „wyostrzał swój umysł i rozszerzał swą duszę, aby pokonał złego ducha (*Ganak Menok*) i demony, by dusza jego dostąpiła *garōδmānu* oraz by cieszył się zdrowiem ciała aż do Czasów Odmłodzenia (*Fraškart zamān*)", jak czytamy w przetłumaczonym przez R. C. Zaenera listowniku sasanidzkim[7].

Zaehner, przekładając na język angielski pahlawijskie formuły epistolarne, z reguły nie stosuje ekwiwalencji dynamicznej i świadomie nie zastępuje terminów należących do kręgu eschatologii zaratusztryjskiej ich chrześcijańskimi odpowiednikiami, zachowując je, bądź w formie oryginalnej, jak w przypadku terminu *garoδman*[8], którego ekwiwalentem pragmatycznym mógłby być w języku angielskim *paradise* (w języku polskim *raj*), bądź zastępując pahlawijskie *fraškart zamān* angielskim neologizmem frazeologicznym: *the time of Rejuvenation*[9] (dosł. *czas Odmłodzenia* zamiast terminu chrześcijańskiego

---

[3] Ibidem.

[4] Liber Primus Esdrae 4, 11, [w:] *Biblia Sacra Vulgatae editionis,* [red.] M. Hetzenaver, 1906, 399: *Artaxerxi regi, ferui tui, viri qui sunt trans Fluuitum, salutem dicunt. Notum fit regi, quia ....*

[5] Księga Ezdrasza 4, 11, [w:] *Biblia Tysiąclecia*, 4. wyd., 425: *„Do króla Artakserksesa – słudzy twoi, mężowie Tanseufratei. Otóż: Niech król przyjmie do wiadomości, że ....*

[6] Zaehner tłumaczy tę formułę: *W imię bogów.* (Rzeczownik *yazdān* – posiada gramatyczny wyznacznik liczby mnogiej (*-ān*)-, lecz powszechniej przyjęty jest przekład w l. pojedynczej: *Bóg*, por. hebr. *Elohim.*)

[7] *Nāmak-Nipesišnih,* § 22, transkrypcja i tłum. R. C. Zaehner, BSOS IX/1, 1937, 93–109.

[8] Ibid. § 21.

[9] Ibid. § 22. awest. *Frašō.kərəti* – czas, w którym stworzenia Ahura Mazdy będą wskrzeszone w formie cielesnej (*gētīg*) w ich oryginalnym, doskonałym stanie (zob: M. Boyce, *A History of Zoroastrianism*, [w:] *Handbuch der Orientalistik,* Leiden/ Köln, 1975, 232).

„czas Zmartwychwstania" — *the time of Resurrection*). Zaehner unika zatem „oswojenia" tekstu pahlawijskiego poprzez jego transfer na grunt kultury chrześcijańskiej odbiorcy i świadomie zachowuje zoroastryjską „egzotykę" oryginału, gdyż pochodzące z listownika, wyabstrahowane formuły epistolarne pełnią rolę dokumentu epoki i ich przekład winien przede wszystkim spełniać funkcję poznawczą, kosztem funkcji fatycznej i estetycznej. Dodatkowo, za przekładem statycznym czy quasi-statycznym przemawia fakt, że tekst listownika jest przeznaczony dla wąskiego kręgu wyspecjalizowanych odbiorców, w tym przypadku iranistów.

Problem transferu kulturowego oraz związanej z nim translacji dynamicznej dotyczy również przekładu perskich formuł epistolarnych w korespondencji muzułmańskiej Iranu po podboju arabskim.

Klasyczny i zarazem wzorcowy list nowoperski stanowi pod względem struktury kontynuację listu średnioperskiego i składa się z następujących części, będących w dużej mierze odpowiednikami filarów listu sasanidzkiego:

1. Wstęp — *matla', tašbib*[10]

Winien zawierać:

— inwokację — *tahmidiye*;

— adres — *xetāb*;

— imię adresata i jego tytuły — *alqāb*;

— życzenia — *do'ā*;

— polecenie swych usług — *taqdim-e xadamāt*;

— wyrażenie pragnienia spotkania adresata — *šarh-e eštyāq*.

2. Przejście do tematu listu.

3. Zakończenie — *maqta'*

Zakończenie winno zawierać:

— odejście od tematu;

— polecenie swoich usług;

— prośbę o korespondencję;

— pozdrowienia dla wspólnych znajomych;

— modlitwę i pozdrowienia;

— frazę zamykającą;

— podpis[11].

Najobszerniejszy średniowieczny materiał epistolarny w języku perskim stanowi zbiór 159 listów 'Eyno-l-Qozāta Hamadaniego (1096–1131), mistyka i męczennika perskiego zwanego Kadim z Hamadanu. Listy powstały w latach 1121–1130 i już za życia autora zostały zebrane w tomy. Choć korespondencja okresu seldżuckiego charakteryzuje się rozwojem ozdobności formy, a także ambicjami normatywnymi w dzie-

[10] Terminy zapożyczone z budowy formalnej kasydy.

[11] Przykład historyczny zob. w: M. Tābeti, *Asnād va nāmehā-ye tārixi az avā'el-e dourehā-ye tārixi tā avāxer-e 'ahd-e Šāh-e Esmā'il-e Safavi*, Tehrān 1346 (1967), 300–301.

dzinie ars dictandi[12], listy Kadiego pozbawione są zbędnego decorum i traktują do pewnego stopnia swobodnie konwencję epistolarną epoki. Spośród filarów klasycznego listu nowoperskiego w listach brak wspomnienia nadawcy (*zekr-e kāteb*), poza nielicznymi wyjątkami nie występuje wspomnienie imienia adresata oraz jego tytułów (*alqāb*) oraz wyrażenie pragnienia spotkania adresata (*šarh-e eštyāq*). Ponadto niektóre z listów nie posiadają żadnych formuł otwierających i zamykających, czyli wyznaczników formalnych gatunku. Wynika to z faktu, że listy Kadiego z Hamadanu należą do parenetycznej kategorii *makāteb al-'orafā*[13], listów pisanych przez sufich do uczniów, z których zarówno jedni, jak i drudzy nie przywiązywali nadmiernej wagi do formy i, mając za temat wykład teologiczno-teozoficzny, w przeważającej mierze są traktatami w formie listów.

Formuły epistolarne w listach 'Eyno-l-Qozāta występują w języku arabskim, perskim, a także w postaci persko-arabskich hybryd.

1. Pierwszym problemem związanym z tłumaczeniem formuł są arabizmy.

Język arabski posiada w świecie muzułmańskim status języka Objawienia, języka Świętej Księgi i modlitwy. Nadaje on korespondencji oficjalny ton, a dodatkowo — użyty w formule życzeń (*do'ā*) służy wzmocnieniu modlitwy, wyposażając ją niejako w magiczną moc. Do arabskich spetryfikowanych formuł występujących w korespondencji Kadiego z Hamadanu należy inwokacja (*tahmidiye*) w nagłówku w postaci: *besmel'llāh al-rahman al-rahim*[14] oraz zdanie eliptyczne: *va al — salām* w zakończeniu listu.

Formuły arabskie spinają list klamrą. Inwokacja *besmel'llāh* w tekście muzułmańskim (dodajmy: zapisanym arabskim alfabetem, nierozróżniającym dużych liter) spełnia podobną funkcję do inicjału w średniowiecznych rękopisach łacińskich i nieco późniejszych inkunabułach. Wyrażenie *va al-salām* natomiast rekompensuje do niedawna nieobowiązujący w grafii perskiej (i arabskiej) system interpunkcyjny. O ile formuła *besmel'llāh al-rahman al-rahim*, występująca, m.in., w nagłówku sur koranicznych, ma swój stały ekwiwalent w języku polskim („W imię Boga Miłosiernego, Litościwego!"), to wyrażenie *va al-salām* (dosł. *I pokój* / *I pozdrowienie*, tłumaczone na język angielski: *And greetings*), tradycyjnie kończące kazania, listy i traktaty, nie doczekało się regularnego odpowiednika w polskim przekładzie. *Va al-salām* sytuuje się w stylistycznym rejestrze pomiędzy hebrajskim *Amen, Sela*, czy *Maranatha*, łacińskimi orzeczeniem terminalnym *explicuit* czy elipsą *feliciter* — formułami kończącymi drobne utwory w celu odróżnienia ich od innych, a makroperfor-

---

[12] Najwcześniejsze dzieło dotyczące reguł pisania listów w języku nowoperskim to zaginione *Zinat al-kottāb* autorstwa Bejhakiego (czasy gaznawidzkie). Rozdziały poświęcone sztuce pisania listów zawierały *Qābus Nāme* (ukończona ok. 1082 r.) oraz, napisane już po śmierci 'Eyno-l-Qozāta, *Čahār Maqāle* Nezamiego 'Aruziego (ukończone w poł. XII w.). Znane są także pochądzące z tego okresu zbiory listów sekretatzy, takich jak Rašid al-Dina Vasvāsa, Mojtanab al-Dina i Bahā' al-Dina.

[13] Do współczesnych Kadiemu przedstawicieli tego gatunku należeli, m.in. Ahmad Qazāli i Sanā'i z Gazny.

[14] *Besme'llāh* można uznać za kontynuację średnioperskiej inwokacji *pat nām-i yazdān*, natomiast wyrażenie *va al-salām* stanowi reminiscencję aramejskiego pozdrowienia *šlm* .

matywami typu: „I tyle"; „I kwita"; „Koniec, kropka". Choć formuła *Amen* mogłaby stanowić ekwiwalent dynamiczny *va al-salām,* jej silna konotacja judeochrześcijańska nakazuje nam uznać podobny transfer kulturowy za niestosowny.

Z podobnymi formułami terminalnymi zmagali się tłumacze Biblii. Na przykład hebrajskie wyrażenie *Sela* próbowano tłumaczyć jako greckie „zawsze", u Akwili jako „zawsze" lub „ciągle", ostatecznie jednak we współczesnych przekładach problematyczna *diapsalma* zachowała swą oryginalną formę[14].

W wersji polskiej wyrażenie *va al-salām* mogłoby brzmieć: *Załączam pozdrowienia* (ekwiwalencja dynamiczna, patrz: przekład angielski), *Pokój z Tobą/Pokój z Wami, Pozostańcie w pokoju,* lub pozostać nieprzetłumaczone przy równoczesnym zachowaniu *Besmellāh* w wersji oryginalnej, w celu zachowania symetrii formuł ramowych.

2. Ponadto arabizmy pełnią funkcję relewantną i konstytutywną w grze słów (*jenās*), występującej w formule adresu (*xetāb*) i życzeń (*do'ā*). Formuły te w listach Kadiego z Hamadanu są z reguły sprzęgnięte w jedno zdanie, np.:

—*Xodā-ye ta'ālā 'āqebat-e mahmud*[15] *bedehād mārā va ān barādar-e 'azz-rā* (L. 1).

— *'āqebat-e mahmud/'āqebat-e Mahmud* — znaczy 'koniec chwalebny' i, zarazem, 'mahmudowy', a zatem taki, jaki był udziałem Proroka Mohammada, o przydomku Mahmud, czyli Chwalebny.

Podobną grę słów, nieprzetłumaczalną dosłownie na język polski, przedstawia formuła:

— *Barādar-e 'azz mansur bād bar hame-ye došmanān dar dāreyn* [L. 140] — Oby brat najdroższy [Mansur] zwyciężył wszystkich wrogów w obywdu światach (dosł. *niech będzie/oby był zwycięski/Mansur*). Pozdrowienie to, będące zarazem adresem, wymaga w tłumaczeniu uzupełnienia przypisem: *mansur* znaczy 'zwycięski', lecz jest to również imię własne jednego z adresatów listów sufiego z Hamadanu — Abu Mansura Kāmel al-Doulat.

4. W cytowanych powyżej formułach życzeń pojawia się archaiczny tryb życzeniowy (formy *bedehād, bād*), wyrażany niegdyś w języku perskim kategorią gramatyczną, w którym występująca w sufiksie samogłoska *-a-* poddana jest wzmocnieniu do *-ā-* (tzw. *ā-ye do'āyi,* czyli *ā* modlitewne/życzeniowe). W języku polskim tryb ten można by wyrazić na poziomie syntaktycznym partykułą *Oby/by/niech,* z ewentualnym dodatkowym wyrażeniem *łaskawie raczy* łagodzącym rozkazujący ton tej ostatniej:

— dla *bedehād* — *dałby (Bóg)/Oby (Bóg) dał/niech (Bóg) łaskawie dać raczy...*

— *bād* — *oby był.*

5. Kolejny problem na poziomie syntaktyczno-semantycznym stwarza stosowana w wyrażeniach grzecznościowych języka perskiego forma pluralis modestiae. Pochodzące z pierwszego listu Kadiego wyrażenie:

---

[14] Tłumaczący psalmy z hebrajskiego Miłosz zachował słowo *sela* w wersji oryginalnej, uzasadniając w przedmowie: „Tak samo nikt nie jest pewien, co znaczyło *sela* stawiane na końcu niektórych wersetów. Może niejako kropkę na znak dłuższej pauzy albo szczególnej intonacji? Jest w sela coś z podkreślenia, z utwierdzenia" (*Księga Psalmów*, tłum. Cz. Miłosz, Paris 1982, 52).

[15] Konieczność interpretacji wyrazu *mahmud/Mahmud* zachodzi w tym przypadku już na poziomie transkrypcji.

— *mā-rā* (w formule: *Xodā-ye ta'ālā 'āqebat-e mahmud bedehād mārā va ān barādar-e 'azz-rā*) — dosł. 'nam' (dopełnienie dalsze, forma archaiczna celownika, współcześnie wyrażana w języku perskim w konstrukcji przyimkowej) odnosi się do osoby nadawcy i postuluje osłabienie zaimka osobowego *mnie* (→ *mnie niegodnemu*?). A zatem cytowana wcześniej formuła otwierająca list pierwszy mogłaby brzmieć: „Niech Bóg Najwyższy dać raczy chwalebny koniec, jaki stał się udziałem Proroka, mnie niegodnemu i temu bratu najdroższemu".

6. W życzeniach często pojawia się terminologia muzułmańska, także suficka. Stwarza to pokusę „oswojenia" obcych kulturowo sformułowań poprzez ich transfer na grunt bliższej nam frazeologii chrześcijańskiej. I tak niektóre z wyrażeń z kręgu teologii i teozofii islamskiej można by zastąpić chrześcijańskimi ekwiwalentami dynamicznymi. Na przykład pochodzące z cytowanego wyżej pozdrowienia wyrażenie *dar dāreyn* (L. 140) — dosł. „w obydwu światach" (arabskie *dualis*), nasuwa skojarzenia z polskim frazeologizmem „w życiu doczesnym i wiecznym".

Podobnie zwrot *Jenāb-e Azal* (dosł. *Próg Wieczności*) można by oddać chrześcijańskim odpowiednikiem pragmatycznym: *Królestwo Niebieskie*, jednakże zasadność użycia tego frazeologizmu o konotacjach judeochrześcijańskich (*Nowe Jeruzalem*) może budzić zastrzeżenia:

— *Sa'ādat-e do jahāni to-rā az jenāb-e azal mabzul bād ey barādar-e 'aziz o dust-e moxles* (L. 94).

— Dosł. „Drogi bracie i oddany przyjacielu, niech spłynie na ciebie z Progu Wieczności szczęście w dwóch światach." → „Niech spłynie na ciebie z Królestwa Niebieskiego szczęście w życiu doczesnym i wiecznym."

W życzeniach formułowanych przez sufiego problematyczny wydaje się także przekład terminu *baqā'*, występującego na przykład w formule: *Barādar-e azz-rā baqā' bād o sa'ādat* [L. 141].

Pozdrowienie to, w pewnym uproszczeniu, mogłoby brzmieć: „Oby brat najdroższy żył wiecznie i szczęśliwie", a nawet: „Niech brat najdroższy żyje długo i szczęśliwie". Należy jednak mieć na uwadze, że termin *baqā'*, oznaczający 'wieczność', a ściślej: 'wieczne trwanie', w terminologii mistycznej islamu odnosi się do wieczności osiągniętej za życia, czyli najwyższego stanu ducha, jaki może osiągnąć sufi. A zatem Kadi, życząc swemu uczniowi *baqā'*, nie życzy mu długiego życia, lecz osiągnięcia stanu doskonałości, polegającego na wiecznym przebywaniu w Bogu.

Na uwagę zasługuje fakt, że żadna z formuł otwierających list, z wyjątkiem inwokacji, nie powtarza się w zbiorze dosłownie; choć istnieją schematy życzeń, autor wpisuje je każdorazowo w inną frazę, operuje synonimami lub stosuje inwersję.

Przejście do tematu listu zazwyczaj sygnalizowane jest apostrofą do anonimowego adresata, występującą często w połączeniu z konstrukcją kataforyczną *bedān ke*, np.:

— *Ey dust, bedān ke — Przyjacielu, wiedz , że*

— *Ey barādar, bedân ke — Bracie, wiedz, że*

— *Ey javānmard!*

Kłopotliwym w tłumaczeniu zwrotem jest apostrofa *Ey javānmard,* która nie posiada ekwiwalentu w języku polskim. *Javānmard,* tłumaczony przez Corbina jako *le chevalier spirituel,* czyli „rycerz duchowy", jest terminem mającym w kulturze perskiej konotacje z ruchem *ayyārów* i pojęciem *fotovvat.* To człowiek honoru, rozbójnik i święty zarazem. Jednakże, w kontekście zbioru listów *javānmard* to właściwie uczeń, adept sufizmu, w opozycji do określenia *mard*[17], używanego przez Kadiego w znaczeniu *sufi* 'człowiek doskonały' (*ensān-e kāmel*).

W zakończeniu listów, oprócz wspomnianego *va al-salām,* pojawiają się, m.in. formuły podające obiektywne przyczyny zakończenia listu, wyrażenia kwestionujące prawdziwość wcześniejszych orzeczeń lub, wręcz przeciwnie, przekonanie co do słuszności wcześniejszego wywodu:

— *Dariqā kāqaz resid o vafā na-kard* — *Niestety, papier nie dochował wierności i skończył się.* (L. 136);

— *Na qalam vafā mi-konad, na kāqaz, na medād* (L. 137) — *Ani pióro, ani papier, ani atrament nie dochowują wierności*[18];

— *va Allāh a'lam(o)* — (L. 140) — arab. *(I) Bóg wie najlepiej./Bóg jeden raczy wiedzieć jak jest naprawdę;*

— *Az ebtedā tā entehā in ast ke goftam* (L. 132) — *I to jest to, co powiedziałem/co miałem do powiedzenia od początku do końca.*

— *Hazā mazā* (L. 85) — arab. *I to by było na tyle.*

Podsumowując problemy towarzyszące tłumaczeniu formuł epistolarnych średniowiecznego mistyka perskiego, należy podkreślić, że list jako akt mowy sam w sobie jest trudny do tłumaczenia, gdyż nie wszystkie elementy sytuacji komunikacyjnej są tłumaczowi znane. Autor listu bowiem z reguły zakłada pewną wiedzę adresata, który ma szersze kompetencje niż kompetencje postronnego czytelnika. W przypadku listów Kadiego trudność prawidłowego odczytania kontekstu pogłębia dodatkowo fakt odległości czasowej i kulturowej materiału epistolograficznego.

Ponadto postulat tłumaczeniowy, który głosi, że ekwiwalent danego stereotypu w języku docelowym również powinien być stereotypem, nie może być spełniony w odniesieniu do przekładu na język polski korespondencji Hamadaniego, z tego względu, że *Nāmehā-ye Eyno-l-Qozāt* jako przedstawiciel gatunku *makāteb-e 'orafā,* czyli listów pisanych przez sufich do przyjaciół i uczniów, należą do tradycji muzułmańskiej i wszelkie próby oswojenia tej tradycji są próbą chrystianizacji islamu.

---

[17] Dosł. 'mężczyzna; mąż' w znaczeniu podniosłym, jako człowiek godny szacunku ze względu na zalety charakteru i przymioty ducha.

[18] Podobne sformułowania, choć mniej wyrafinowane, pojawiają się także w conclusio listów św. Jana Apostoła: „Wiele mógłbym ci napisać, ale nie chcę użyć atramentu i pióra (trzciny)" (L. III/13); „Wiele mógłbym wam napisać, ale nie chciałbym użyć karty i atramentu" (L. II/12).

Summary

Epistolary formulae belong to the so-called linguistic standards and according to the prescriptions of a good translation, they should be transferred by their dynamic equivalents.

The history of Persian, or strictly speaking Aramaic letter writing in Iran and the attempts of rendering its phraseology goes back to the Achemenian times and the correspondence between Jewish community in Babilonia and their Iranian sovereigns which was cited in the Book of Ezra.

In terms of the Aramaic term *w 'kt,* contemporary translations of the Bible into Polish do not comply strictly to the rules of dynamic translations and tend to favour the static ones ("Greetings" → "And so").

Another examples of conveying pre-Islamic epistolary can be traced in the R. C. Zaehner's edition of the late Sasanian manual on *ars dictandi, Nāmak-Nipesišnih.* Zaehner seems to avoid translating the Zoroastrian terms (e.g. *garōδmān*) by their Christian pragmatic counterparts (*paradise*) and rather opts for either preserving the original religious vocabulary or creating new collocations (e.g. *Time of Rejuvenation*).

The dilemma whether to render religious terms or to preserve them in their original form can be also faced as regards the translations of Muslim letters written in New Persian, the paragon of which is a vast epistolary collection called *Nāme-hā-ye 'Eyno-l-Qozāt-e Hamadāni,* "Letters of 'Eyno-l-Qozāt-e Hamadāni", a 11th century sufi martyr from Hamadan.

The formulae are written in Arabic, Persian and Arabic-Persian hybrids.

The use of Arabic as the language of the Sacred Book, Koran, elevates the writings to a higher register and, additionally, in case of benedictions bestows a sort of magic power upon them. In Polish translations Latin could serve as a pragmatic equivalent of Arabic but its Christian affiliations would seem unsuitable in Muslim context.

JĘZYKI ORIENTALNE W PRZEKŁADZIE — KONFERENCJA
ORIENTAL LANGUAGES IN TRANSLATION — CONFERENCE
Kraków, 20–21 maja/May 2002

MAREK SMURZYŃSKI

The Parataxis of Persian Narration and the Problems of the Segmentation of a Translated Text

Uniwersytet Jagielloński

These considerations have been aroused from a conviction that the operation of translating is purely an intertextual and intercultural act which transforming the text into its derivative form in another language, takes it out of the textual environment to inscribe within another, its different canons and conventions.[1] This broader sense of translating is particularly relevant in the case of texts where the cultures are distant from each other. The other conviction which will guide this examination is that a precising of any kind of otherness requires an initial trusting of its whole surface. The otherness of writing appears through the graphic order of letters, sentences and paragraphs which attract the reader's attention and in driving his perception of the sense, reflect a culturally determined idea of the order of things. Hereafter I will look for the indicators of the parataxis and a segmentation of text within the graphic space of Persian writing. I consider any kind of discourse in which a person speaking or writing imparts his outlook as narration. That is why historical discourse is no less narration than literary fiction.

This article will be an endeavor to stake out a space within which the translation of Persian (Oriental) text is a hermeneutical challenge that differs from that which is caused by the texts ordered according to the European canon of transforming parole into the written text. So, I intend to transfer a discussion on translation of the texts which are written in another culture from the level of signifie on which usually the attention of critics is focused to the level of signifiant.

There is a long tradition in European culture that goes back to the *Phaedrus* of Plato according to which writing is considered as something unfamiliar and adverse to language. Its consequence in the beginning of the 20th century. was de Saussure's theory. In his *Course of General Linguistics* he wrote:

[1] On translation and intertextuality: A. Legeżyńska, *Tłumacz jako drugi autor — dziś*, [in:] *Przekład literacki. Teoria. Historia. Współczesność*, Warszawa 1997.

"Language and writing are two distinct systems of signs; the second exists for the sole purpose of representing the first."[2]

For de Saussure writing is "unrelated to [the] [...] inner system of language",[3] in some passages of his revolutionary course he wrote about "the tyranny of writing."[4] De Saussure's distrust to the letter was strengthened by the fact that through the 19th century the written text and its authority was a pattern of linguistic correctness which was moreover time-honoured by the hegemony of Latin and Greek studies. The assent to autonomy of the vocal aspect of language and the banishment of the writing out of the system have led to de Saussure's equivocal treatment of the phenomenon of alphabet. On the one hand he approved the arbitrariness of the written sign and on the other he tried optionally to naturalize it, he was persuaded that the aim of the alphabet is ultimately a system of phonetic writing. At the same time he defended traditional orthography and warned against the current usage of the phonetic alphabet because in his opinion "an alphabet applicable to all languages would probably be weighed down by diacritical marks; and — to say nothing of the distressing appearance of a page of phonological writing — attempts to gain precision would obviously confuse the reader by obscuring what the writing was designed to express."[5]

L. Hjelmslev and his glossematics which refused a dichotomic division to form and content showed an impropriety of restraint of the so-called substance of expression or as de Saussure wanted, signifiant exclusively to sounds. Hjelmslev noticed that what happens with a spoken language which consists of the complex vocal, mimic and motional substance occurs equally in writing "which need not be transposed into a phonetic «substance» in order to be grasped or understood."[6] In my view Hjelmslev's treatment of writing is more adequate to describing the ontology of Persian than de Saussure's one which makes us believe that writing is an image of language. The reason is that Persian material substance of expression, speaking in Hjelmslev's terms, has characterized one kind of an instability because in contrast to such languages like Hebrew, Greek, Sanskrit and Latin it has not actualized its vocality in relation to the one system of writing. One may say that Persian is a case of a language which exists "close by" and "apart from" the writing. Yet, what is important in this examination, in the European rational tradition a pendant to an idea of writing as an image of language is its treatment as an image of thoughts' order. In preparing a written discourse the representatives of this tradition should know in what place of the discourse his thought begins and ends, what punctuations should they use and when they should introduce capital letters to inform the addressee of the beginning of their thoughts' sequence or to express their respect to someone or to comply other grammatical

---

[2] Cited from J. Derrida, *Of Grammatology*, transl. by Gayatri Chakravorty Spivak, The Johns Hopkins University Press 1976, 30.

[3] Ibidem, 33.

[4] Ibidem, 38.

[5] Cited from J. Derrida, op. cit., 38–39.

[6] Ibidem, 58.

rules. Briefly speaking there is a system of graphic signs, out of the system of language which partition the semantic plan of the discourse and give it a proper order.

Since I have been translating Sepehri's *Sedā-ye pā-ye āb*[7] I have strongly realized the otherness of the textual substance within Persian literature. Having tried to find a homogeneous visual form for the poem I was confronted with the problem of "a small" and "a capital" letter, a difference which is unknown to the Persian (Oriental) written text. It is certain that if the subject of the translation was any other text, for example, a scientific or journalistic one, for which an unequivocal canon of writing exists within the language of translation, the dilemma of a small and capital letter would not appear. Only in the case of a contemporary poetic text does the decision about the size of the letters arise for certain aesthetic and artistic reasons. What has been a revolutionary challenge in the European aesthetic of the text, i.e. the resignation from a capital letter and the diacritic signs, in the Persian (Oriental) aesthetic of the text is not perceived as such, and it is this that is worthy of particular attention. In this context the distance between Sepehri, the 20th century. Iranian poet and Rudaki, his 10th century colleague is smaller than between Różewicz, the 20th century Polish poet and, for example, Krasicki, his 18th century compatriot. The textual revolution within contemporary Persian literature has evolved in the opposite direction, this means the accommodation of dots, commas and another diacritic signs. That is why in the case of Sepehri's poem every decision about the size of the letter subjects this text to an aesthetic which is far from the poem, in any way does not come from the original graphic of the poem's text.

Studies on Persian manuscripts have made me understand that today's reader of Persian classical texts is in contact with the prepared exhibits which are faithful to the rules of textual segmentation binding to Europeans. The diacritic signs infringed on the graphic of the Persian text following the process of modernization within Iranian culture the measure of which was Europe and its idea of order. Five years ago when I talked to Mr. Mosaffa, professor of Persian literature in Tehran University, he did not hide his irritation because of the stuffing of Persian literary texts with dots, commas, etc., yet he considered the use of dots which allow the Persian readers to differentiate the sound *s* from *š* and *t* from *n*, etc. to be superfluous. Our talk was inspired by Kabul's manuscript of *Seir al-'ebād elal-ma'ād* of Sanā'i from Ghazana which was devoid of the diacritic signs in some very important places. Hence one should agree that the texts of classical Persian literature, their translations and new editions read by either Europeans or Iranians are not the same as those which have been undergoing the process of visual contact and reception through the centuries. Certainly there have not been those texts which have created a graphic matrix of thoughts and feelings in the consciousness of the users.

The lack of punctuation changes writing to the stream of graphically equivalent sequences of words. In this kind of graphic order the progressive and gradual character of the sense structure looses its distinctness if it does not disappear from the field of reception. Presumably for the receiver of this kind of text the sense is not revealed as a result of semantic consecutiveness, but as a perception of textual totality, *Gestalt* of the text which

---

[7] S. Sepehri, *Glosy u brzegu wód*, transl. by M. Smurzyński, Łódź 1993.

lacks a univocal verifiability and an identity with its graphic surface. One may say that in Persian written text everything is graphically paratactic and equivalent. This graphical unification has its vocal equivalency on the syntactic level in the word *va*, pronounced *va* as well as *o* at the end of the word and sentence. *Va*, referring to the previous utterance in a discourse, joins together two synonymous words or two sentences and expressions,[8] and is a graphic and vocal determinant of the paratactic structure and the particular coherency of Persian discourse. The conjuntion *va* defined in such a way is close to the Polish *i* and English *and.* Actually a foreign Persian speaker not being able to master other meanings of *va* uses it in his native mode as a full equivalent of Polish *i(and)* though Mo'in in his *Farhang-e Fārsi* registered two another meanings: *va hāl ānke / dar surati ke* as *here is / while* and *bā vojudi ke/ bā ān ke* as *though.* He reminds one of the worthy examples from *Šāhnāme* of Ferdousi (10th c.), *Kalila va Damne* of ibn Muqaffa' (10th c.) and *The Bayhaqi's History* (11th c.). An appropriate quotation from *Šāhnāme* is as follows:

> *pedar zende va pur juyā-ye jāh azin xām-tar niz kāri maxāh*
> Father is alive *and* son is bent on the throne
> Do not look for more stupid behavior than that[9]

The father's being alive and the son's interest in succession are showed as simultaneous states of thing without being semantically referred to each other on the material level of expression. Maybe a more accurate example of this narration ordering is picked up from *Kalila vwa Damne*:

> *mardomān-rā če mixāni va dar xāne kafāf-e 'ayāl moujud na*
> Why do you call people *and* yet there is nothing for the family to eat at home.[10]

In this example as well two sentences are put side by side like two independent units of the linguistic collage, there is no clear and direct meaning in their conjunction which would define the semantic relation between those sentences. An example of a statement which is ordered on more than two sentences and the sequence of *va* in various semantic functions is a quotation from *The Bayhaqi's History*:

> *agar mā del darin diyār bandim kār došvār šavad va čandin velāyat be šamšir gerefte-im va saxt bā-nām ast āxer far' ast va del dar far' bastan va asl-rā be jāy māndan mohāl ast*
> If we become attached to this place the affairs will become complicated *and* many countries we took by sword *and* they are very famous at last this is a secondary thing *and* being attached to the secondary thing *and* ignoring a principle is in vain[11]

Within this discourse *va* recurs four times composing an undifferentiated stream of speech which is structurally familiar to the immature language of children. Although Mo'in does not specify which one of the four *va* should be understood as *though* it seems that the first one can be interpreted in this meaning.

---

[8] H. Anvari, Ahmadi Givi H., *Dastur-e Zabān-e Fārsi*, Tehrān 1368, 262.

[9] M. Mo'in, *Farhang-e Fārsi*, 4, Tehrān 1364, 4921.

[10] M. Mo'in, op. cit.

[11] Ibidem.

One could assume that that hyper-functionality of *va* refers to a certain period of development of Persian literary style. The existing contemporary forms of narration denies this supposition. The hyper-functionality of *va* is a distinctive feature of Persian narration and creates many problems not only in translation but in the proper partition of the translated text because, as one can see, in this kind of discourse any phenomena and data are reflected as simultaneously revealed things. This kind of a syntactical ordering perfectly imitates a stream of spoken language in a fictional narration as it is in N. Tabātabā'i's novel *The Competition*:

u kāri mikard va man kāri digar va in mahabbat-hā mitavānest be yek mosābeqe tabdil šavad va tamām-e fekr va zekr-e mā in bāšad ke beh-tar talāfi konim tā inke ettefāqi miyoftād va ...
He did something *and* I did something else *and* this kindness could change into a competition *and* all our thoughts could be focused on how to reciprocate until something would happen *and...*[12]

This kind of strongly standardized parataxis brings about serious problems if it is seen in a scientific discourse. Herewith I would like to present a fragment of historical discourse from *The History of Persian Literature* of Zabihollah Safā:

bā tavajjoh be ān če ke gozašt qarn-e haftom va haštom bā hame-ye axbār-e ro'b-angizi ke be mā resānide bāz ham doure-ye joulān-e ruh va 'ahd-e fa'āliyat-e andiše-hā ast va balke be 'ellat-e bāz māndan-e ghāleb-e āsāri ke dar ān 'ahd be vojud āmade az bāb-e tahqiq dar tārix-e adabiyāt-e irān yeki az 'ohud-e besyār mohemm ast va bāyad bedān bā nazar-e e'tebār negarist va xod čegune 'ahdi ke se tan az bozorg-tar-in šā'erān va motafakkerān-e irāni ya'ni moulavi va sa'di va hāfez dar ān ziste-and mitavānad az 'ohud-e kam-e'tebār-e tārix-e farhang-e mā bāšad?
Taking into consideration what has been told, the VII and VIII centuries inspite of startling information which have come to us, are a period of the endeavors of the spirit and an intellectual activity and furthermore because of the majority of the literary works left behind which came into existence in that period, are considered as one of the most important periods for research into Persian literature and one šould approach it with an awareness of this importance and yet how is it possible that the period in which the three greatest Iranian poets and thinkers Moulana, Sa'di and Hafez lived would be considered to be one of the unimportant periods of the history of our culture?[13]

One can observe that *wa* comprises a broad spectrum of functions from the semantic to the purely graphic. Its vocal-graphic invariable representation reminds one of a note on a score, the value of which depends on its place in the stave. It seems that the main function of *va* is to play two seemingly opposite role i.e. to imitate the fluency of speech and to partition the whole discourse.

The other examples of this kind of intrinsic partition of the text and the creating of the textual effect of equivalency in Persian narrations refers to the indications of dialogue in Persian classical texts. The dialogue reveals a sequence which graphically imitates a reported speech. In this sequence the following statements of the dialogue are limited by the verbs *(I) told* / *(she/he) told* or *(I) asked* / *(she/he) told*. The ontological consequences of such a graphic exposition of the dialogue is a kind of dissolving within the narration and deprivation of onto-

---

12 N. Tabātabā'i, *Hozur-e ābi-ye Minā*, Tehrān 1372, 14.

13 Z. Safā, *Tārix-e adabiyāt dar Irān*, t. 3, v. 1, Tehrān 1370, 3.

logical autonomy. The dialogue becomes equivalent to the narration itself. Translating *The Mind in Purple*[14] of Sohravardi I have decided, according to the accepted convention, to separate the dialogue from the narration, failing the reader in the possibility to experience the textual dissimilarity of the text which is written in another culture. Graphical equivalency and condensation mean that the pieces of information which are imparted in the narrative sequence find a metonymical closeness and interfere with each other to such a degree that it is not clear who speaks to whom and who asks. The reader in confrontation with such a text is forced to cooperate. The indicative and interrogative mode of expression comes completely from an understanding of its deep intention, because there is no graphic sign which would carry the process of reading and understanding. This kind of text as if being prepared for one voice distinguišes narrative monotony and insipidity. This monovocality of Persian discourse which comes from its graphic ordering disappears to a degree in another segmentation of the text in translation.

Behind this kind of textual graphic is hidden an out-look according to which everything happens simultaneously, at the moment of speaking and there is no "sin" of difference in this sort of discourse, as Derrida probably would say. It is proper to remind one here of the shrewd remarks of Carlo Levi according to which a paratactic way of discourse ordering is the textual equivalent of a religious imagination filled by mosaicness, the lack of perspective, a monotony of rhythm and a symmetry of forms. Levi noticed:

> When the sense of the world is placed outside the world, when every action and every thought are a sacrifice to a deity, language foregoes its autonomous creative value and assumes a symbolic significance. Every part of the language, every single sentence, every word has an absolute value, identical with every other, because all of them equally contain and postulate a god. Every symbol becomes valuable and dwells in isolation. Syntax dissolves; the single elements of a sentence acquire an equal importance, and equally suggestive powers.[15]

---

[14] S. Sohravardi, *Ognista Mądrość*, transl. M. Smurzyński, "Znak", 1998, 1, 86–95.

[15] Cited from A. Fletcher, *The Theory of a Symbolic Mode*, New York 1964, 170.

JĘZYKI ORIENTALNE W PRZEKŁADZIE — KONFERENCJA
ORIENTAL LANGUAGES IN TRANSLATION — CONFERENCE
Kraków, 20–21 maja/May 2002

SHAHRAM SHEYDAYI, CHOOKA CHEKAD

Collective Translation of Poetry
The People on the Bridge by Wisława Szymborska in Persian[*]

Zbigniew Herbert., a Polish poet, in his poem entitled *Translating poetry* (published in Persian translation in "Zan" no 16, 3 Shahrivar, 1377/Aug. 25, 1998) indicates to the imperfection and superficiality of poetry translation and likens the translator's effort to that of a bee trying to reach from the top of a flower to its bottom while taking its nose, turned quite yellow by the pollen, as a witness. Robert Frost says that poetry is a thing which gets lost during translation. To Vladimir Nabokov translating poetry is a parrot-like scream, a monkeyish imitation and an abuse of the dead, while Daniel Weissbort (director of a translation workshop at Iowa University and editor-in-chief of the "Blank Verse in Translation" magazine) considers translation of poetry a sort of double labyrinth (all examples from Edwin Gentzler, *Contemporary Translation Theories,* Routledge 1993, in Persian translation: *Nazariyeha-ye tarjome dar asr-e hazer*, trad. Ali Solhjoo, Tehran 1370/1991, 45 and 56). Poetry, however, is still translated, and its translation needs not necessarily to be superficial, parrot-like or dishonoring to the dead, but this depends on the translator's approach.

The theories on untranslatability of poetry concern mainly the classical verse in which the rhythm and rhyme play an important role. In modern poetry, however, the idea of untranslability is less instrumental, because modern poems no longer depend on strictly codified prosody, figures of speech and preordained forms.

Stanisław Lem, a fellow countryman of Szymborska, in an interview given to the "Der Spiegel" magazine after she won the Nobel prize, described her poetry as universal and reaching beyond a national level, i.e. addressed to the whole humanity. According to him, Szymborska's poems, neatly constructed and transparent, should not present any particular difficulty to a translator ("Hamshahri" daily no 1146, 26 Azar, 1375/Dec. 16, 1996, trad. by Miranda Mo'aveni). Indeed, Szymborska's such poems as *Onion*, *Kids of the*

[*] *Adamha ru-ye pol.* She'rhayi az Visuava Shimborska, tarj. M. Esmuzhinski, Shahram Sheydayi, Chooka Chekad, Nashr-e Markaz, Tehran 1376 (1997).

Epoch, *Torture*, *Conversation with a Stone*, *The Sky*, *Consumption Order* or *On Death with no Exaggeration* provide manifest support to Mr. Lem's opinion. Each of these poems, when translated, may well communicate the writer's intention to the readers of various cultural backgrounds.

Translation workshops have been set up, among others, in America, Germany, Canada, Czech, Slovakia, Holland and Belgium to develop collective translation and seek to codify coherent and precise theories on translation; these workshops have practically reached to some kind of labor division in translation. In a group of translators, for example, one is specialist in text (source language), another one deals with meaning and its interpretation, the third one is familiar with customs and cultural context (of target language), the forth is a linguist (in source language) and the fifth one is a writer or poet who reproduces the text style in target language.

While translating Wisława Szymborska's poems into Persian, we tried a similar approach , albeit on a much more modest scale. Our three member team consisted of Marek Smurzyński, a Polish native speaker with a good knowledge of Persian language and literature and two Persian poets Shahram Sheydayi and Chooka Chekad, with no command of Polish, but with some experience in translating Turkish poetry. In translating Szymborska's poetry, we mainly concentrated on creating a live language, as close to her own's as possible (cf. Marek Smurzyński's explanation in his introduction to *The People on the Brigde*: *Adamha ru-ye pol*, 22). So, e.g. we translated the poem *Funeral* into colloquial Persian (and it was the only instance of using such kind of language in this collection), because such form seemed to correspond the most accurately to the original language of the poem, and thus could render its atmosphere in the best way possible. But, on the other hand, we decided to render the poem entitled *The Shadow* — which originally was a Polish rhymed classic — in Persian without any rhythm and rhyme, thus losing its genuine style, but obtaining a poetical effect which was well received by the readers.

The first three poems translated by our team were published in the periodical "Negah-e nou" (no 31, Bahman 1375/Jan.–Febr. 1996). Then a certain lady translator attacked us asking why, in the poem *Some People like Poetry* we rendered *rosół z makaronem* ("bullion with noodles") through *ash-e reshte* ("noodle soup"), a specifically Iranian dish. This was our first experience of cultural differences between our two countries. We realized that we would have to cope with many such problems in our translation, trying to find Iranian counterparts to Szymborska's realities. Yet, our *ash-e reshte* was not a bad choice — it is an Iranian favorite soup, so as *rosół z makaronem* apparently is in Poland.

Szymborska's poems, in spite of their apparent simplicity, are not devoid of literary intertextual references and cultural allusions, often incomprehensible to an Iranian reader. Marek Smurzyński was very careful about such details, explaining them to us before we started to translate a poem. We commented in the footnotes on a few passages which we considered not clear enough in the translation.

Marek Smurzyński, in his introduction (*Adamha*, p. 23) wrote that Szymborska's specific sense of humor, which he qualified as "philosophical", was hard to translate into

Persian and possibly would render the reception of her poetry difficult to an Iranian reader. Exactly as Smurzyński states, humor has been poorly developed in classical Persian poetry, in which it degenerated into either biting satire or obscene couplets. Yet, an Iranian reader should have no difficulty in identifying Szymborska's humor. He easily grasps the irony which flourishes in traditional oral literature as well as in modern short story and drama. He himself uses it in innumerable situations of the everyday life.

Szymborska uses her humor in order to create a distance between herself and reality. Such attitude seems familiar to ourselves. Her view of the world is close to Oriental wisdom tradition — of both Buddhism and the Iranian *erfan* (Islamic gnosis). Another feature Szymborska's poetry has in common with Oriental philosophical systems is that in her eyes every smallest thing that exists in the world deserves attention and reflection, as can be seen in her poems such as *A Fair of Miracles* or *A Dialogue with a Stone.*

Due to a recommendation by Babak Ahmadi, an outstanding Iranian philosopher and translator, *Adamha ru-ye pol* in our collective translation, was published by Markaz publishing house, one of the most prominent Iranian publishers, in 1997, to be reprinted in the next year (each time in a 2000 copy circulation). The passion of Professor Ali Mohammad Haqqshenas (head of the Linguistics Department of the University of Tehran) proved instrumental in introducing this work to Iranian reading public, especially to university students. We hereby express our gratefulness to these two honorable men.

JĘZYKI ORIENTALNE W PRZEKŁADZIE — KONFERENCJA
ORIENTAL LANGUAGES IN TRANSLATION — CONFERENCE
Kraków, 20–21 maja/May 2002

MIECZYSŁAW JERZY KÜNSTLER

Kilka uwag o tłumaczeniu z języka chińskiego i przekładzie nazw botanicznych

Uniwersytet Warszawski

Rozważania z zakresu teorii przekładu wchodzą częściej w zakres zainteresowań orientalistów niż tych, którzy trudzą się tłumaczeniem z języków europejskich. Bierze się to w znacznym stopniu z odmienności kultur i języków orientalnych, ale także z różnic geograficzno-botanicznych. Można nawet ująć te różnice w formuły mówiące, że np. pod względem językowym przekład staje się tym trudniejszy, im większe są różnice strukturalne między językiem oryginału a językiem przekładu. Warto przy tym dodać, że z reguły przekład z języka strukturalnie prostszego na język strukturalnie bardziej skomplikowany jest trudniejszy niż odwrotnie. Jest też oczywiste, że im odleglejsze są dwie kultury, tym trudniejszy staje się przekład. Ta sama reguła dotyczy także tłumaczenia nazw botanicznych. Im bardziej od siebie odległe pod względem klimatycznym są dwie krainy, tym więcej w przekładach problemów z nazwami botanicznymi. To właśnie dlatego w tym krótkim szkicu staram się połączyć rozważania na tak z pozoru różne tematy.

Zacznijmy od języka. Tłumaczenie z języka chińskiego, nieznającego kategorii rodzaju gramatycznego, jest łatwiejsze na angielski, który również nie zna kategorii rodzaju, niż na język polski, operujący aż trzema rodzajami gramatycznymi. Tłumacząc z języka chińskiego na język polski, musimy drogą analizy tekstu i kontekstu wydedukować, jaki jest biologiczny rodzaj podmiotu, by w przekładzie użyć odpowiednich form np. czasownika, bo dla nas nie jest obojętne czy ma być *był*, *była* czy też *było*. Tymczasem oryginał chiński na ogół nie daje bezpośrednich na ten temat informacji. Jednym słowem, zanim coś przetłumaczymy, musimy wiedzieć, kto mówi do kogo o kim, a to właśnie wymaga wgłębiania się w komentarze i poznania kontekstu, okoliczności powstania utworu. Wystarczy sobie uprzytomnić, że nawet najwybitniejszym sinologom zdarza się pomylić płeć osób, o których piszą, by zdać sobie sprawę z tego typu trudności. W znanym wierszu Xiao Zixiana (489–538) już początek stawia tłumacza wobec takich problemów. Pierwszy wers (który tu rozbijamy na trzy części) zawiera wyłacznie informacje, które można przełożyć „po murzyńsku”:

Zdławić w sobie żal
otrzeć ręką łzy
przyjaciel zostać sam.

Żeby to przetłumaczyć, musimy zdecydować, czy mówi to mężczyzna do kobiety, czy mężczyzna do mężczyzny itp. Kim — jeżeli chodzi o płeć — jest wspomniany przyjaciel? Kto płacze? Dopiero po zapoznaniu się z komentarzami dowiadujemy się, że wiersz ten napisał poeta z rozpaczy po rozstaniu się ze swym przyjacielem. Poprawna wersja przekładu winna więc brzmieć:

Zdławiłem w sobie żal.
Otarłem ręką łzy.
Przyjaciel został sam.

Dodać tylko trzeba wyjaśnienie, że w kulturze chińskiej łzy przystoją mężczyźnie, dowodzą bowiem wrażliwości. Dlatego żadnemu Chińczykowi nie przyszłoby do głowy, że „chłopaki nie płaczą..."

Z drugiej zaś strony, fakt, że język chiński nie zna (poza wyjątkami) kategorii liczby, czyni przekład z chińskiego na polski pod tym względem równie trudny jak na angielski.

W tym ostatnim przypadku mamy ponadto do czynienia z równym stopniem trudności przy przekładzie na język chiński z obu przykładowo podanych języków. Chińczyk w ogóle nie dostrzega bowiem różnicy między liczbą pojedynczą a mnogą. Tymczasem dla nas sprawa ma wielkie znaczenie. Sam doświadczyłem konsekwencji tych różnic. Mówiłem na pewnym sympozjum na Tajwanie o „językach chińskich", przy czym zależało mi właśnie na podkreśleniu mnogości tych języków. Dlatego posłużyłem się skomplikowaną peryfrazą. Tę ostatnią moi chińscy słuchacze odebrali jako dziwactwo dopuszczalne u cudzoziemca, który mówi — oczywiście niezbyt dobrze — po chińsku. Podczas dyskusji po moim wystąpieniu okazało się, że nikt z zabierających głos nie zrozumiał tego, co chciałem powiedzieć. I dopiero przejście na angielski rozjaśniło nieco sprawę.

Takie kłopoty towarzyszą niezmiennie wszelkiej działalności przekładowej, nie tylko takiej, w której chodzi o naukową precyzję. Można to zilustrować przykładem z zakresu tłumaczenia poezji, w poezji bowiem występuje zawsze szczególna koncentracja trudności przekładowych.

Kilka lat temu, na na innym niż poprzednio wspomniany kongresie poświęconym zagadnieniom przekładu, zorganizowanym w Tajpej na Tajwanie, próbowałem podać najważniejsze cechy klasycznej poezji chińskiej i zanalizować je z punktu widzenia teorii przekładu. Ponieważ to, co wtedy mówiłem, jest mało dostępne (zostało bowiem opublikowane po chińsku w trudnym do znalezienia wydawnictwie okazjonalnym), a przyda się do naszych dalszych rozważań, powtórzę tu to, co najważniejsze.

1. Język chiński należy do języków tonalnych. Znaczy to, że w klasycznym wierszu każda sylaba wymawiana jest w określonym tonie (inaczej jest we współczesnych językach, ale to już inna sprawa). Następstwo tonów w wierszu klasycznym nie jest kwestią

przypadku. Podlega ono ścisłym regułom i jest podstawową cechą melorecytowanej poezji. Jest to ta cecha, której oddanie w przekładzie na języki europejskie jest zupełnie niemożliwe. Można co najwyżej próbować zastąpić schemat melodyczny schematem akcentuacyjnym, ale czyniąc tak, dokonujemy transpozycji, a nie przekładu. Stosujemy strukturę nieznaną oryginałowi, arbitralnie zastępując melodię rytmem.

2. Klasyczna poezja chińska jest bardzo zwarta i w przeważającej mierze regularna. Wersy liczą cztery do siedmiu sylab. Takiej zwartości nie da się osiągnąć w językach europejskich i to nawet w tych, które mają — jak angielski — szczególnie dużo wyrazów monosylabicznych. A co zrobić w przypadku języków — takich jak polski — mających wiele długich wyrazów? Wiele lat temu W. Jabłoński (*O sztuce tłumaczenia*, 72) pisał: „Przy przekładaniu poezji brać trzeba pod uwagę i polskie zwyczaje, i gusta metryczne. Dlatego też czterozgłoskowce chińskie można oddawać przez ośmiozgłoskowiec, a pięciozgłoskowce i siedmiozgłoskowce odpowiednio przez jedenasto- i trzynastozgłoskowce. W ten sposób zbliżamy się do używanych w Polsce metrów i z małym odchyleniem stosujemy zasadę, że jedna zgłoska chińska jest równoważna dwóm polskim. Zresztą także przeplatanie jedenasto- i trzynastozgłoskowców z dziesięcio- i dwunastozgłoskowcami, zwłaszcza w utworach dluższych, mogło by być pożądane". Z cytatu tego wynika, że autor, próbując ustalić jakieś reguły, zmierza w gruncie rzeczy ku znacznej dowolności ich stosowania, a czyniąc tak, dokonuje raczej transpozycji niż przekładu.

3. Kolejną cechą poezji chińskiej jest to, że jest ona rymowana, przy czym rymy są zawsze regularne, oparte na wygłosowej części monosylabicznej jednostki, a rym obejmuje także ton. Tak więc dla Chińczyka homofoniczne jednostki różniące się jednak tonami nie rymują się. Mamy więc w tej poezji wyłącznie rymy pełne. Rym jest zawsze ten sam w całym utworze, nawet stosunkowo długim. Pomijając już fakt, że w językach europejskich utrzymanie jednego rymu w całym utworze jest dość trudne, dochodzą do tego także względy estetyczne. Utrzymanie jednego typu rymu pełnego w całym utworze prowadziłoby w przekładzie polskim do stosowania tzw. rymów częstochowskich, znacznie obniżających wartość poezji. Trzeba więc w przekładzie rymy różnicować, uciekać się do rymów niepełnych, a więc wprowadzać coś, czego poezja chińska w ogóle nie zna.

4. I wreszcie poezji chińskiej cecha ostatnia, choć odgrywająca w niej wielką rolę. Otóż poezja ta jest w płaszczyźnie semantycznej nieokreślona, co jest znacznie ułatwione przez brak wielu kategorii gramatycznych. W rezultacie przekład tej poezji na języki europejskie musi iść w kierunku jej ukonkretnienia, pozbawienia jej nieokreśloności, odarcia z tajemnicy. To, co w tej poezji jest z reguły niedomówione, musi w przekładzie być sformułowane nazbyt dokładnie. Dokonać więc musimy zabiegów, których rezultatem jest pozbawienie tej poezji cech na tyle istotnych, że właściwie nie mamy już do czynienia z tłumaczeniem, a jedynie z jej transpozycją, opartą na zastąpieniu jednych elementów drugimi i na wyborach całkowicie arbitralnych. Miast wieloznaczności otrzymujemy tylko jedną z możliwych wersji. Nawet jeżeli wersja ta

jest oparta na znajomości utworu i jego szczególnych konotacji, faktem pozostaje to, że tam, gdzie autor unika mówienia wprost, my musimy wyłożyć to nazbyt jasno. A to rujnuje cały nastrój poetycki.

Nie zawsze sytuacja tłumacza jest tak dramatyczna. Dobrze nawet na budzącym stosunkowo mało konfliktów przykładzie łatwiej pokazać o co chodzi. Najczęściej musimy się borykać z problemem, czy używać w tłumaczeniu liczby pojedynczej, czy też mnogiej. Weźmijmy na przykład wiersz Yang Wanli (1127–1206) pt. *Xiaozhi* (*Mały staw*). Już na wstępie zakładamy, że chodzi o „mały staw", a nie o „małe stawy", co także byłoby możliwe. Wiersz ten brzmi w moim przekładzie:

Bezszelestnie źródło powoli się sączy.
Czyste niebo i drzew cienie błyszczą w wodzie.
Kwiat lotosu ostrym pąkiem taflę bodzie.
Ważki nad nim w górze bezładnie się plączą.

W wierszu tym „źródło" i „niebo" traktujemy jako rzeczowniki w liczbie pojedynczej, ale „drzew cienie" tłumaczymy jako pluralis, choć teoretycznie możliwe jest „cień drzewa błyszczy". I dalej, „kwiat" i „pąk" traktujemy jako singularis, bo pluralis wydłuża każdy z tych wyrazów o jedną sylabę. W znanym mi anonimowym przekładzie tego wiersza na angielski znajduję zresztą „buds of young lotuses". W ostatnim wierszu „ważki" są z kolei w liczbie mnogiej, bo trudno, by się jedna ważka plątała sama ze sobą. Trzeba jednak wiedzieć, że wszystkiego tego nie ma w oryginale, ponieważ język oryginału nie zna kategorii liczby. Pozwala to czytelnikowi na dowolne tworzenie skojarzeń. W przypadku Chińczyków wywołany przez ten wiersz obraz jest u każdego inny. Polski przekład dopuszcza tylko jeden konkretny obraz.

Ów anonimowy przekład tego wiersza, o którym wspomniałem, został zilustrowany przez pewnego Chińczyka. Artysta ten narysował staw pełen kwitnących lotosów z jednym pąkiem na planie pierwszym i jedną ważką unoszącą się nad nim. W dali widać jedno drzewo!

Znacznie gorzej, gdy trzeba podjąć decyzję co do płci osoby, o której się mówi w wierszu. W nielicznych tylko przypadkach udaje się w przekładzie ominąć rafy. Tak jest w wierszu Yang Weizhena (1296–1370), który w moim tłumaczeniu brzmi:

Wydaje się, że góry kroczą, gdy tak płyną obłoki po niebie.
Spienione są wody przy moście wezbrane po nocnej ulewie.
Chodź! W zajeździe Pod Chmurnym Lasem
Będziemy razem w łóżku czekać
Aż rano kogut znów zapieje
I gdzieś w oddali pies zaszczeka.

Tu dopiero chęć zamieszczenia towarzyszącemu wierszowi komentarza wprowadziłaby zamęt. Komentarz ten precyzuje bowiem, że autor mówi o swoim „intymnym przyjacielu". I dopiero to wyjaśnienie czyni wiersz jawnie homoseksualnym, co zresztą w Chinach ani nikogo nie dziwi, ani nie jest rzadkie. Ale też dla uczciwości trzeba dodać, że zwyczaj spania pokotem w jednym łożu nie jest tam niczym wyjątkowym i z pewnością żadnych skojarzeń seksualnych nie budzi. Tak więc tłumacz uczyni najlepiej, jeżeli komentarza nie zamieści.

Na ogół jest jednak tak, że musimy wiedzieć, kto do kogo o kim mówi, bo wiersz polski wymaga odpowiednich rodzajów gramatycznych, ten zaś zabieg pobawia wiersz chiński nieokreśloności. Uściślony staje się on „nieznośnie" konkretny.

Przejdźmy teraz do trudności, które nazwałem „botanicznymi", które to określenie nie jest dokładne, jest tak bowiem, że są to także trudności botaniczno-kulturowe. Najpierw wszak musimy tu usilnie podkreślić, że zadaniem przekładu literackiego (a tylko takim się tu zajmujemy) nie jest naukowa dokładność terminologii, lecz poprawność jej funkcji w tekście. Tę botaniczną poprawność pozostawmy botanikom.

1. Pierwszy typ trudności związanych z nazwami botanicznymi wynika z faktu, że istnieją w Chinach rośliny w Europie nieznane. W takich przypadkach botanikowi wystarczy nazwa łacińska oraz jej — zazwyczaj sztuczna i często językowo pokraczna — nazwa w języku europejskim. Obie nie nadają się do zastosowania w tekście literackim. Dążąc do botanicznej poprawności, czynilibysmy tak, jakbyśmy postulowali rezygnację z tradycyjnej nazwy *akacja* i zastępowali ją w tekście literackim poprawną nazwą *robinia pseudoakacja*. Najczęściej wszakże nie chodzi o takie tylko dziwactwa, lecz o pomysły zgoła horendalne, jak nazwa *Dactylis glomenata*, którą botanicy każą oddawać po polsku jako *rżniączka pospolita*. Sądzę, że wszyscy mamy z tą nazwą zupełnie niebotaniczne skojarzenia.

Wróćmy wszakże do zasadniczego wątku tych rozważań.

Jest na przykład utwór Lao She, nieżyjącego już piewcy Pekinu, zatytułowany *Longxugou*. Ostatnia sylaba (*gou*) znaczy 'kanał'. I rzeczywiście, w południowo-wschodniej części tradycyjnego Pekinu jest kanał o takiej właśnie nazwie. Co znaczy jednak *longxu*? Jest to pierwsza część nazwy rośliny wodnej zwanej *longxucao* lub innej rośliny, także wodnej, zwanej *longxucai*. Ta pierwsza to *Eulaliopsis binata,* a druga to *Asparagus schoberioides Kunth* lub — wedle innych słowników — *Gracilleria verrucosa Hudson.* Żadna z tych nazw nie ma polskiego odpowiednika, który nadałby się do użycia w tekście literackim.

Najlepszym wyjściem jest więc skorzystanie z tego, że nazwa chińska należy do typu nazw peryfrastycznych i znaczy dosłownie 'wąsy smoka'. Nie mam wątpliwości, że przekład „Kanał wąsów smoka" brzmi całkiem dobrze i choć czytelnik nie wie, co to są owe „wąsy smoka", jest gotów przyjąć tę nazwę jako „bardzo chińską".

Jako ogólne zalecenie można więc przyjąć, że należy czasem korzystać z dosłownego tłumaczenia chińskich nazw bez wdawania się w ich botaniczną identyfikację. Należy tylko wystrzegać się wszelkiej przesady. Chińskiej nazwy *longdan* nie należy zastępować w tekście literackim „wątrobą smoka", ponieważ istnieje dobry i znany jej polski odpowiednik, a mianowicie *gencjana.* A już zupełnym dziwactwem byłoby, gdybyśmy próbowali tłumaczyć dosłownie chińską nazwę *longshelan* jako „orchidea-język smoczy", bo jest to po prostu *agawa.*

2. Oddzielny typ trudności botanicznych to te, które są związane z różnicami kulturowymi. Tu na plan pierwszy wysuwa się symboliczna funkcja niektórych roślin i wynikające z tego trudności przekładowe.

Zarówno kultura chińska, jak i polska, znają symboliczną funkcję roślin, jednakże owe symbole bardzo się różnią. Roślina, która w jednej kulturze jest symbolem czegoś, w innej może nie mieć w ogóle funkcji symbolicznej lub mieć zupełnie inną.

W kulturze europejskiej na przykład lilia jest symbolem czystości, niewinności, cnoty, dziewictwa. Tymczasem w Chinach ten kwiat jest symbolem życzeń zapomnienia o troskach lub symbolem posiadania wielu synów. Dlatego pannie młodej w dniu ślubu daje się lilie co jest u nas rzeczą całkowicie niestosowną.

Kłopot tłumacza polega w tym przypadku na tym, że w naszej kulturze nie ma żadnego symbolu licznego potomstwa, nie można więc zastąpić w tekście symbolu chińskiego jego europejskim odpowiednikiem. Te same kłopoty ma tłumacz chiński przekładający tekst europejski. W Chinach nie ma żadnego symbolu czystości seksualnej. W takich przypadkach przypis wyjaśniający zdaje się jedynym wyjściem.

Tu trzeba dodać, że istnieje w Chinach symbol czystości — lotos, ale kwiat ten nie jest symbolem wstrzemięźliwości seksualnej, lecz czystości fizycznej, ponieważ, rosnąc w błocie, sam pozostaje czysty. Dlatego trzeba wielkiej ostrożności przy zamienianiu jednego symbolu na drugi: święta Barbara z lilią budzi zupełnie inne skojarzenia niż te, które wywoływałby jej chiński „odpowiednik" niosący kwiat lotosu. Lepiej więc użyć przypisu.

I tak oto zbliżamy się do różnic kulturowych wykraczających poza zakreślony na początku krąg tematyczny, z symboliką kwiatów wiąże się bowiem także dość skomplikowana symbolika kolorów.

Powiedzmy więc na zakończenie, że niekiedy — choć rzeczywiście rzadko — sprawy bywają dość proste z punktu widzenia tłumacza. Jeżeli na przykład w tekście chińskim pojawia się peonia jako symbol królowej kwiatów można ją bezpiecznie zamienić na naszą królową kwiatów, czyli różę, czytelnikowi polskiemu bowiem peonia się z królowaniem nie kojarzy. I w tym jednak przypadku wskazane jest zachowanie czujności, ponieważ róża w Chinach jest symbolem młodości.

Warszawa, maj 2002

JĘZYKI ORIENTALNE W PRZEKŁADZIE— KONFERENCJA
ORIENTAL LANGUAGES IN TRANSLATION — CONFERENCE
Kraków, 20–21 maja/May 2002

ADINA ZEMANEK

Deficiency in Morphological Markers and Polysemy as Sources of Difficulties for the Translator of Classical Chinese

Uniwersytet Jagielloński

This paper originates in the several radically different interpretations of Chapter 2 of the *Zhuangzi* I have found; they were not a result of different hermeneutic interpretations of a single text, but of multiple options in translation that produced several target texts (TT). The question I tried to answer is: how is it linguistically possible that the source text (ST) allows several different readings?

The Taoist classic *Zhuangzi* (莊子) dates as far back as the 4th–2nd century BC. It is ascribed to different authors, not all of them known; the 'Inner Chapters' (內篇 — chapters 1–7) are ascribed to Zhuang Zhou, or Zhuang Zi, attested by the historian Sima Qian (c. 145–87 BC) to have lived in the 4th century BC. For about seven centuries, the book underwent corruption through repeated compiling and hand copying. The present version (the only one preserved), of 33 chapters out of the initial c. 52, was compiled by Guo Xiang (died c. AD 312). It is a collection of fragmented thoughts, anecdotes and dialogues, sometimes in verse, often unrelated to each other. In its present corrupted form, the text would be by and large unintelligible. Fortunately for the translator, numerous commentators have attempted to make it less so (Xiao Dong's 1588 edition of the *Zhuangzi* records as many as 49 of them — in Jabłoński, Chmielewski and Wojtasiewicz 1953: 22). The commentaries have a double nature — philological (explanations of ambiguous text fragments, where for instance there occur characters mistakenly written instead of others, similar in their phonetic or graphic form), and philosophical. They do not produce a single reading of the text, as they often differ from each other, and their two concerns (philological and philosophical) often overlap.

The *Zhuangzi* is written in Classical Chinese, in which words are not formally marked for grammatical function. Only in their syntactic behavior do they fall into classes that correspond to such categories as nouns, verbs, adjectives etc. in other languages. The choice between grammatical values such as number, tense, case is to be made by the translator. The translator is also free to choose between the many different meanings of lexical items, which are often a source of polysemy at the syntactic level.

I analyzed three fragments of *Zhuangzi*'s Chapter 2 — «齊物論» and their translations into English, French and Polish. All these were "first-hand" translations, made from the original Classical Chinese. For the ST, I used three different editions of the *Zhuangzi*, with notes and commentaries. I based my analysis on E. Pulleyblank's *Outline of Classical Chinese Grammar*. As my concern is not the phonetic system of Classical Chinese, I did not use any Latin transcription for the ST. Lexical category labels such as noun, verb, pronoun etc. will be used for occurrences of Classical Chinese lexical items in contexts typical for lexical categories in European languages. As lexical items in Classical Chinese have a high degree of categorial mobility, their division into distinct categories is a very difficult task, which I do not intend to undertake in the present paper.

I started from the assumption that the ST is already highly corrupted, and should not be further altered during translation. Thus the translators' adding new information or omitting fragments of the ST will be deemed unacceptable. Although I do not advocate literal translation, I hold it that the translator should remain within the range of possible readings the ST itself offers, as a result of its deficit in morphological markers and its polysemy (at both the lexical and syntactic levels). This is the criterion according to which I will perform judgments of the TTs analyzed.

Fragment 1

ST: **A**$_i$ 其$_i$發若機栝，其$_i$司是非之謂也；
其$_i$留如詛盟，其$_i$守勝之謂也；
其$_i$殺若秋冬，以言其$_i$日消也；
其$_i$溺之所爲之，不可使**復**之也；
其$_i$厭也如緘，以言其$_i$老洫也；
近死之心，莫使**復**陽也。

I will discuss the pronoun 其, that usually occurs as a noun modifier, either in front of nouns, or of verbs (which it nominalizes). It is equivalent to the English possessive forms *his*, *her*, *its*, *theirs* or the demonstratives *this*, *that*, *those* etc. It can also occur independently, in subordinate clauses, as an equivalent of the third person pronouns *s/he*, *it*, *they*. The lack of formal marking is a source of ambiguity between the singular and plural readings, on the one hand, and between the possessive, demonstrative and personal readings, on the other.

其 has anaphoric reference, i.e. it co-refers with an element placed in the local or distant domain. This fragment poses the problem of its antecedent, which is not easy to find. None of the notes and commentaries in the three editions of the *Zhuangzi* I used point out the element with which 其 co-refers. As 其 occurs at the beginning of sentences, there can be no antecedent in the local domain; its antecedent cannot be identified in the distant domain, either. Therefore, in the ST fragment above, I noted this antecedent as A and placed it in the distant domain; its coindexation with the occurrences of 其 in the fragment I noted as $_i$. In the TTs, 其 is rendered as referring to "they/people" or "the heart", although neither of these occurs in the sentences preceding the analyzed fragment. The ambiguity between the singular and plural readings of the pronoun allows both renderings. There is one instance of 心 (the 'heart-mind') at the end of the fragment — it occurs unexpectedly, without any previous mention to it;

rendering 其 as 'the heart' could be explained as an attempt at making the text coherent — otherwise 心 would seem out of place.

It is worth noticing that in this fragment there occurs an instance of almost perfect parallelism. In Classical Chinese, parallelism is both a stylistic figure and an aid to the reader in understanding syntax. As sentences are structured by word order, ambiguous strings of words can be clarified when confronted with their parallel counterparts with similar structure. In this case, parallelism occurs between the four underlined sequences. They consist of statements and their explanations, divided by commas. The statements are roughly similar in structure and have equal length (five words); all of them begin with 其; there follows a verb nominalized by 其, then (in the first three statements) the verbs 如 and 若, that introduce comparisons. The explanations make up two parallel pairs. The first pair consists of the first two sequences, which are marked as explanations by the use of 之謂 (meaning roughly 'this is to say'). The second pair consists of the last two sequences, marked as explanations by means of 以言 (with the same meaning as 之謂 above).

The translator of this fragment has to meet the following requirements:

- to render the parallelism in translation, as an important stylistic figure of the ST;
- to render the statement-and-explanation structure of the parallel sequences, marked by 之謂 and 以言;
- to consistently render the pronoun 其. In the ST there is no item that can be clearly identified as co-referent with it. Therefore, no matter how it is rendered in the TT, this rendering is a result of the translator's hermeneutic interpretation, hence his/her interference with the ST. In order to keep this interference to a minimum, the number of elements added to the ST should be no more than one. There is no indication that 其 should change reference in this text, and therefore no reason why the translator should change it.

I considered four TTs. The first two I deemed acceptable (according to the criterion above), and the second two — unacceptable.

> "*The heart* shoots its thoughts like bolts from a crossbow," referring to *its* judgments, "That's it, that's not [*shih-fei*]".
> "*It* ties us down as though by oath or treaty," referring to the way **it** holds fast to the winning alternative.
> "*It* declines as though through autumn and winter," referring to *its* daily deterioration. As **it** sinks it cannot be made to repeat what it once did.
> "*Its* source is stopped as though it were sealed," referring to *its* degeneration in old age. As the heart nears death nothing can restore its vigor. (Hansen 1983: 40)

> *They* bound off like an arrow or a crossbow pellet, certain that *they* are the arbiters of right and wrong. *They* cling to their position as though *they* had sworn before the gods, sure that *they* are holding on to victory. *They* fade like fall and winter — such is the way *they* dwindle day by day. *They* drown in what they do — you cannot make them turn back. *They* grow dark, as though sealed with seals — such are the excesses of *their* old age. And when their minds draw near to death, nothing can restore them to the light. (Watson 1968: 37)

Both these translations render the parallel sequences, keeping unchanged their structure. The items marking the explanations are rendered by Hansen as "referring to," in all four cases (two occurences of 之謂 and two of 以言). Watson's translation renders only 以言 as "such is," "such are." 其 is consistently translated as "the heart/it" by Hansen, and "they" (=people) by Watson.

> *Myśl jednych* mknie jak strzała wypuszczona z kuszy, a *inni* trwają w miejscu jak przysięga przy traktacie, strażniczka zwycięstwa. *Inni* więdną jak jesień i zima niszczejąc z dnia na dzień, *inni* toną w namiętnościach bez możności powrotu, *jeszcze inni* tkwią w starym korycie i serca ich bliskie martwoty nie mogą być wrócone życiu.(Jabłoński 1953: 58)

> Quand *les hommes* entrent en action, ils visent leurs semblables comme l'arbalète vise sa proie; puis restent immobiles, *ils* surveillent leur victoire comme des conjurés. *Ils* s'affaiblissent ainsi quotidiennement comme l'automne et l'hiver qui déclinent. *Ils* s'enfoncent sans retour dans leurs mauvaises habitudes; *ils* s'y étouffent et se dégradent avec l'âge; leur esprit va vers la mort; rien ne leur permet de recouvrer la lumière. (Liou 1969: 36)

These translations do not render either the ST parallelism, or the items 之謂 and 以言; the statement-explanation structure is thus lost. The former omits the ST string 其司是非之謂也. The translation of 其 is inconsistent. Arguably the translator intended to preserve this item's referential ambiguity, rendering its first occurence as "myśl jednych", where both the 'mind' and the 'people' referents are included. However, as the text goes on, the ambiguity is lost – 其 is rendered as 'people'. Moreover, it refers to different groups of people — from "jedni" to "inni" and "jeszcze inni".

The French translation omits two strings of the ST — 其司是非之謂也 and 以言其日消也. Apparently, the referent of 其 is consistently rendered as "les hommes/ils." However, at a closer look, things turn out to be quite different. Supposing that three items of the second omitted string — 其日消 were translated as "qui déclinent" in "comme l'automne et l'hiver qui déclinent", then 其 here must have been understood as co-referent with 秋冬 in the ST (since in the TT "qui déclinent" refers to "l'automne et l'hiver").

Fragment 2

ST:
百骸，九竅，六藏，賅而存焉，吾誰與爲親？
汝皆說之乎？其有私焉？如是皆有爲臣妾乎？
其臣妾不足以相治乎？其遞相爲君臣乎？
其有真君存焉？如求得其情與不得，無益損乎
其真。

I will once more discuss the item **其** with two of its possible readings. One is that of a pronoun, with the distribution mentioned above; one further meaning of it will be discussed — "among them." The second is that of a homonym of the pronoun **其**, that occurs as a verb modifier. Pulleyblank (1998: 80, 123, 142) labels it a modal particle, that qualifies statements as possible or probable. It occurs in the rhetorical question formula 其...乎 (with the interrogative particle 乎 at the end of the sentence). Rhetorical questions thus formed expect the agreement of the listener; therefore, the formula above is similar to "is it not..." in English. I will discuss the four underlined sentences.

The second and third sentences are constructed according to the 其...乎 pattern. 其 can be read as a pronoun with possesive, demonstrative or personal meanings. It can also be read as a rhetorical question marker. No matter which of these readings is chosen, however, both sentences are undoubtedly questions — as the interrogative particle 乎 occurs at the end of both. The only ambiguous fact is whether they are simple or rhetorical questions.

The first and fourth sentences are more ambiguous. The particle 乎 in the 其...乎 pattern is here replaced by 焉, which can be read in this context as a pronoun ("in it," "in this matter," "at this place" etc.), or as an interrogative particle. It does not frequently occur as an interrogative particle, as the typical question marker in Classical Chinese is 乎. The fourth sentence is very controversial, and it has made the object of not a few disputes. Chinese commentators (Cui 1988: 54–55) are divided between two readings of 其 — that of a pronoun, which would cause the reading of the whole sentence as a statement ("there is a true ruler among them"), and that of a rhetorical question marker ("would there be a true ruler among them?"), which would expect a negative answer (= there is no true ruler). In all three versions of the *Zhuangzi* I used, however, the fourth sentence ended with a question mark[1].

No matter whether the fourth sentence is to be read as a question or as a statement, it should be noted that it has the same structure as the first. Therefore, they should have the same form in translation — whether that of a question or of a statement.

I will consider again four TTs. The first two I deemed acceptable, while the last two — unacceptable.

> Of the hundred joints, nine openings, six inward organs, all present and complete in us, which should I take to be the most kin to me? Are you thinkers pleased with them all? Have you rather a favorite among them? In that case are they all ministers and servants to it? Are the ministers and servants not up to governing each other? How about letting them take turns as ruler and minister? Is there rather a chen/real chün/king among them? It's as if seeking for the facts and not getting them has no effect on its truth. (Hansen 1981: 41–42)

> Of the hundred joints, nine orifices, six viscera all present and complete, which should I recognise as more kin to me than another? Are you people pleased with them all? Rather, you have a favourite organ among them. On your assumption, does it have the rest of them as its vassals and concubines? Are its vassals and concubines inadequate to order each other? Isn't it rather that they take turns as each other's lord and vassals? Or rather than that, they have a genuine lord present in them. If we seek without success to grasp its identity, that never either adds to or detracts from its genuineness. (Graham 1993: 182)

These two translations are consistent, in that they render the first and fourth sentences in the same way — Hansen as questions, and Graham as statements.

[1] This is not to say that the question form should be taken for granted — punctuation is a recent addition to the original 4th century text.

Mamy sto kości, dziewięć otworów, sześć wnętrzności, a każda z tych rzeczy jest na swoim miejscu i taka jak trzeba. Która z nich jest nam najbliższa? Czy kochasz je jednakowo, czy wolisz z nich jedną? Czy one wszystkie są twoimi sługami i służebnicami? Czy ci służący i służebnice nie potrafią same się utrzymać w porządku? Czy też kolejno są panami i sługami? Istnieje jednak [wśród nich] prawdziwy ich władca, a czy chcemy dociec jego natury, czy też nie, to nie zwiększa, ani nie zmniejsza rzeczywistości [jego istnienia]. (Jabłoński 1953: 58)

Ainsi, par exemple, un corps se compose de cent os, de neuf orifices, et de six viscères. De tous ces composants, lequel dois-je aimer? Les aimez-vous tous? En préférez-vous certains? Sont-ils tous des serviteurs? Ces serviteurs sont-ils incapables de se régir eux-mêmes? Fait-il qu'ils deviennent chacun à leur tour maître et serviteur? S'il y a un vrai prince, notre connaissance et notre ignorance à son égard n'augmentent ni ne diminuent en rien sa vérité. (Liou 1969: 36–37)

As can be noticed, these two translations are inconsistent — the first sentence is rendered as a question, while the fourth — as a statement. Moreover, Liou extends the scope of the conditional 如, which occurs in the sentence after the fourth one analyzed, over the sentence preceding it (i.e. the fourth sentence I analyze). In the Polish translation, the equivalent of 其 ('wśród nich') is between brackets, which suggest the translator's own addition of an element which is absent from the ST. However, since the fourth sentence was translated as a statement, 其 must have been read as a pronoun — hence there is no need to put "wśród nich" between brackets, as this element is present in the ST.

Fragment 3

ST:

以 指 喻 指 之 非 指 ， 不 若 以 非 指 喻 指 之 非 指 也 ；
以 馬 喻 馬 之 非 馬 ， 不 若 以 非 馬 喻 馬 之 非 馬 也 。
天 地 一 指 也 ， 萬 物 一 馬 也 。

I will analyze here the polysemy of the lexical item 指. It may occur as a noun ('finger'), or as a verb ('point at', 'indicate direction', 'depend on' etc). The character 指 may occur instead of 恉, meaning 'intention', 'will', 'desire' (*Gu jin hanyu zidian*). The syntactic context indicates that 指 is used as a noun — it is the object of 以 (a verb or coverb — 'to use' or 'by means of'), and it occurs after 非, which is a negation typical for nouns. Moreover, in this fragment there is an instance of full parallelism. 指 corresponds to 馬 ('horse') in the second part of the parallel structure; 馬 is used exclusively as a noun, hence 指 should be a noun, too.

Having settled the issue of 指's category assignment, one question remains — is it a noun proper, or a nominalized verb? And if the latter is the case, then is the verb nominalized in the active ('pointing out') or in the passive ('the pointed out') meaning? In Classical Chinese there are cases of unmarked passivization, and this may be one. However, on the basis of my present knowledge I cannot state whether it is indeed so.

The many different readings of 指 are caused by Zhuang Zi's allusion to the paradoxes of the sophist Gongsun Long (320?–250? BC). The paradox in which 指 occurs is extremely controversial. The decision for rendering this item in translation is determined by the one of the many possible hermeneutic interpretations of the paradox that the translator chooses.

The TTs analyzed choose for 指 either noun, or nominalized verb readings:

> Zakładając, że istnieje [*mój*] *palec*, wywodzić, że [*cudzy*] *palec* nie jest *palcem*, jest mniej słuszne niż twierdzić, wychodząc z nieistnienia *palca*, że *palec* nie jest *palcem*. [Tak samo] zakładając, że koń istnieje, wyjaśniać [jak to robi sofista Kung-sun Lung], że koń nie jest koniem, jest mniej słuszne, niz opierając się na nieistnieniu konia wyjaśniać, że koń nie jest koniem. Niebo i ziemia to *palec*, a świat rzeczy to koń. (Jabłoński 1953: 60)

> Vouloir démontrer en partant de *l'idée* (*en elle-même*) que *les idées* (*dans les choses*) ne sont point *l'idée* (*en elle-même*) vaut moins que de vouloir démontrer en partant de la non-*idée* que *les idées* (*dans les choses*) ne sont pas *l'idée* (*en elle-même*). Vouloir démontrer en partant de cheval (en général) qu'(un) cheval (blanc) n'est pas un cheval (en général) vaut moins que de vouloir démontrer en partant du non-cheval qu'(un) cheval (blanc) n'est pas (un) cheval (en général). En vérité, l'univers n'est qu'une *idée*; tous les êtres ne sont qu'un cheval. (Liou 1969: 38)

> To use an *attribute* to show that *attributes* are not *attributes* is not as good as using a *nonattribute* to show that *attributes* are not *attributes*. To use a horse to show that a horse is not a horse is not as good as using a non-horse to show that a horse is not a horse, Heaven and earth are one *attribute*; the ten thousand things are one horse. (Watson 1968: 40)

> Rather than use *the pointed-out* to show that "*to point out* is not *to point it out*", use what is ***not the pointed-out***. Rather than use the horse to show that 'a horse is not a horse' use what is ***not*** a horse. Heaven and earth are the single *pointed-out*, the myriad things are a single horse. (Graham 1993: 179–180)

Graham is the only one who chose a nominalized verb reading for 指, both active (translated into English as an infinite verb "to point out"), and passive ("the pointed out"). The other translators opted for noun readings, more or less in accordance with 指's dictionary entry — from "palec" to "idée" and "attribute". The ST is highly ambiguous, hence the translators' adding explanatory elements to the TT between brackets. This is acceptable, since the brackets clearly mark the borderline between the ST elements and the translator's own interpretation. What is not acceptable is adding elements without brackets (such as Graham's "it" in "to point it out"), or replacing items of the ST with target language items which are a result of the translator's own interpretation — such as Watson's "attributes", that does not correspond to the dictionary entry of 指.

The text analyses above show that an accurate translation of Classical Chinese can be obtained only after a thorough study of the ST. Such a study would reveal the range of possible renderings allowed by ST polysemy and would eliminate the unacceptable ones given the syntactic restrictions imposed by the ST. It would also allow avoiding such mistakes as inconsistency, addition or omission of ST elements in translation.

References

Cui Dahua [ed.], 1988, *Zhuangzi qijie*, Zhongzhou.

Graham A. C., 1993, *Disputers of the Tao. Philosophical Argument in Ancient China*, 3rd ed., La Salle.

Hansen C., 1983, *A Tao of Tao in Czuang-tzu*, [in:] V. H. Mair [ed.], *Experimental Essays on Czuang-tsu*, Hawaii, 24–55.

Jabłoński W., Chmielewski J., Wojtasiewicz O. [transl.], 1953, Czuang-tsu, *Nan-hua-czên-king. Prawdziwa Księga Południowego Kwiatu*, Warszawa.

Li Runsheng et al., 1996, *Gu jin hanyu zidian*, Shanghai.

Li Shuang [ed.], 1994, *Zhuangzi baihua jinyi*, Beijing.

Liou Kia-Hway [transl.], 1969, *L'Oeuvre complète de Tchouang-tseu*, Paris.

Pulleyblank E. G., 1998, *Outline of Classical Chinese Grammar*, Vancouver.

Watson B. [transl.], 1968, *The Complete Works of Chuang Tzu*, New York–London.

Zhang Gengguang [ed.], 1992, *Zhuangzi quanyi*, Guiyang.

JĘZYKI ORIENTALNE W PRZEKŁADZIE — KONFERENCJA
ORIENTAL LANGUAGES IN TRANSLATION — CONFERENCE
Kraków, 20–21 maja/May 2002

HALINA OGAREK-CZOJ

Problematyka przekładu utworów literackich z języka koreańskiego na polski na przykładzie terminów określających pokrewieństwo

Uniwersytet Warszawski

Przekłady z literatury koreańskiej dostarczają tłumaczowi tyle samo przyjemności co i kłopotów. Jak każdy tłumacz z języków orientalnych, muszę się borykać z różnicami w składni, szukać polskich odpowiedników słów koreańskich, starać się przybliżyć polskiemu czytelnikowi sytuacje, z jakimi nigdy się nie zetknął, tak aby stały się zrozumiałe nie tracąc nic ze swojej egzotycznej atrakcyjności.

Język polski nie pozwala czasem oddać wszystkich niuansów znaczeń zawartych w jednym słowie koreańskim i tłumacz musi się porządnie nabiedzić, by w przekładzie nie zatracić klimatu oryginału, a równocześnie nie przeładować go zbyt wieloma słowami zacytowanymi w oryginalnym brzmieniu i opatrzonych przypisami. Przy przekładach z klasycznej literatury koreańskiej liczba przypisów nieuchronnie wzrasta ze względu na konieczność wyjaśnień odnoszących się do nagminnie stosowanych terminów i cytatów z literatury chińskiej. Przy przekładach z literatury koreańskiej XX w. kłopoty sprawiać mogą proste, zdawałoby się, słowa: nazwy części ubioru, potraw, przypraw itp. Aby ustrzec się przed popełnieniem rażących błędów, konieczna jest dobra znajomość realiów. Weźmy taki przykład: w czasach gdy Korea pozostawała pod władzą Japonii, tzn. w pierwszej połowie XX w., powszechnie noszono w Korei tzw. *komusin*. Były to płytkie, wykonane z gumy pantofle, noszone na ogół na szyte z materiału specjalne skarpety — *posŏn* (w zimie pikowane). Pantofle dla kobiet miały wysoko podniesione noski, przypominały łódeczki, na ogół były białe. Mężczyźni nosili czarne *komusin*. Owe *komusin* były w Korei Północnej noszone jeszcze w latach 60. Obecnie słowo *komusin* może też oznaczać kalosze, choć preferuje się inną nazwę — *janghwa*, co dosłownie znaczy 'długie, wysokie obuwie ochronne'. W zależności więc od tego, jakiego okresu dotyczy tłumaczony tekst, trzeba użyć zupełnie innego określenia.

Różnice obyczajów, warunków życia, struktury społeczeństwa, mentalności — wszystko to wymaga wielkiej uwagi tłumacza, by nie potknąć się na jakimś — wydawałoby się nieistotnym — szczególe. Nieoczekiwanie duże trudności sprawia na przykład rozszyfrowanie różnych zapożyczeń z języka angielskiego (w amerykańskiej jego odmianie), wszechobecnych w języku Korei Południowej.

Niewątpliwie jednak najwięcej problemów przysparzają tłumaczowi z języka koreańskiego nazwy stopni pokrewieństwa. Wprost niemożliwe wydaje się uwzględnienie w przekładzie niezwykle rozbudowanej terminologii koreańskiej z tego zakresu i nieuniknione jest jej upraszczanie. O ile możliwe jest np. odróżnienie rodziców męża: „świekra i świekry" od rodziców żony: „teścia i teściowej" lub też odrębne określenie brata ojca i jego żony jako „stryja i stryjenki", a brata matki i jego żony jako „wuja i wujenki", to już stałe dodawanie określeń: „ze strony ojca" czy też „ze strony matki", np. *halmŏni* 'babcia ze strony ojca', a *oehalmŏni* 'babcia ze strony matki' byłoby chyba przesadą. To samo dotyczy rozróżnień według starszeństwa w tym samym pokoleniu: *chagŭn* 'mały, młodszy' i *k'ŭn* 'duży, starszy', a więc *chagŭn abŏji* znaczyłoby 'młodszy stryj', a *k'ŭn abŏji* 'starszy stryj', a właściwie — w dosłownym tłumaczeniu — „mały ojciec" i „duży ojciec". Nie do przyjęcia też wydaje się w języku polskim „numerowanie" krewnych według kolejności urodzin — ojciec, drugi ojciec, trzeci ojciec, czwarty ojciec itd. (drugi, trzeci i czwarty to młodsi bracia ojca), a także „numerowanie" według stopnia pokrewieństwa, np. *och'on abŏji* 'ojciec w piątym stopniu pokrewieństwa' czy też *yukch'on harabŏji* 'dziadek w szóstym stopniu pokrewieństwa'.

Trzeba tu dodać, że zwracając się do braci czy sióstr ojca czy też dziadka trzeba użyć owych „numerów" lub określeń „mały" i „duży". Na przykład starsza siostra dziadka to *k'ŭn komo halmŏni*, dosłownie 'duża babcia ze strony dziadka'. Młodsza siostra dziadka to *chagŭn komo halmŏni*, dosłownie 'mała babcia ze strony dziadka'. Starsza siostra matki to *k'ŭn imo* 'duża ciotka', a młodsza siostra matki to *chagŭn imo* 'mała ciotka'. Jeśli jednak ojciec ma więcej rodzeństwa, trzeba już je „numerować". I tak, jeśli na przykład ojciec ma dwóch starszych i trzech młodszych braci, należy zwracać się do nich następująco: do najstarszego brata ojca — *k'ŭn abŏji* 'duży ojciec', do drugiego z kolei starszego brata ojca — *tultche abŏji* 'drugi ojciec', do najstarszego z młodszych braci ojca — *netche abŏji* 'czwarty ojciec', do średniego z młodszych braci ojca — *tasŏtche abŏji* 'piąty ojciec', a do najmłodszego brata ojca — *yŏsŏtche abŏji* 'szósty ojciec'. W języku polskim wszystkich ich nazwiemy stryjami. Ten rozbudowany system nazewnictwa niewygodny jest i dla samych Koreańczyków, wprowadzono więc inne rozwiązania — użycie form peryfrastycznych: określeń antroponimicznych lub toponimicznych, co stwarza dodatkowe trudności w przekładzie na język polski.

Ponieważ w Korei unika się zwracania do dorosłych po imieniu, gdyż mogłoby to być uznane za brak szacunku, często używa się imion dzieci. Powszechne jest na przykład zwracanie się do kobiety zamężnej i mającej dzieci jako do matki „takiego to a takiego", używając z reguły imienia najstarszego dziecka, np. *Sŏksunŭi ŏmŏni* 'matka *Sŏksun*' czy też *Yŏngnamŭi ŏmŏni* 'matka *Yŏngnama*'. Przyjęte jest też tytułowanie nieżonatego lub bezdzietnego człowieka przy użyciu imion jego młodszego rodzeństwa, np. *Sunhŭiŭi oppa* 'starszy brat *Sunhŭē*' czy też *Tonhunŭi nuna* 'siostra *Tonghuna*'. Kłopot zaczyna się wtedy, gdy spotkamy w tekście określenie typu *Bess halmŏni* 'babcia *Bess*', a okaże się, że

Bess to imię suczki, gdyż owa starsza kobieta nie ma dzieci ani rodzeństwa i mieszka tylko z suczką, sąsiedzi użyli więc imienia zwierzątka do właściwego ich zdaniem określenia owej pani. Na polski trzeba by chyba przełożyć to jako „właścicielka Bess" albo „pani Bess".

Powszechne jest w Korei również użycie określeń toponimicznych. Termin określający pokrewieństwo poprzedzony jest wtedy nazwą geograficzną miejsca urodzenia lub aktualnego zamieszkania danej osoby. Stąd w różnych przekładach napotkać można określenia „ciotka z Seulu", „kobieta z Taegu" itd. Określenia toponimiczne używane są najczęściej w odniesieniu do rodzeństwa matki i ojca i ich małżonków, rodzeństwa dziadka ze strony ojca i ich małżonków, rodziców żony, synowych. Przy tym często używa się na określenie rodziny nazw geograficznych miejscowości, z której pochodzi lub przyjechała żona danego człowieka. Używa się też tych określeń toponimicznych w stosunku do osób niespokrewnionych z mówiącym. Na przykład kobietę, która przed wyjściem za mąż mieszkała w Taegu, jej obecni sąsiedzi w Pusanie tytułują *Taegu taek* dosłownie 'dom Taegu' lub 'pochodząca z Taegu', jej męża *Taegu taek juin* 'właściciel domu Taegu' czy też 'gospodarz domu Taegu', a jej dzieci *Taegujip ai* 'dzieci z domu Taegu'. Oczywiście, toponimiczne określenie rodziny może się zmienić wraz ze zmianą miejsca zamieszkania, ale też przez małżeństwo syna — np. przez wzięcie synowej z innego miasta — wówczas nazwa tamtego miasta może zacząć odnosić się do wszystkich członków rodziny. Tłumacz musi bardzo wnikliwie czytać tekst koreański, żeby zrozumieć, kto jest kim, i spróbować odpowiednio przełożyć to na polski.

Najwięcej tego typu trudności napotkałam przy przekładzie powieści Han Malsuk *Na krawędzi* i nowel Li Hoczhola *Północ — Południe.* Przy opisach społeczności wiejskiej natrafiłam na takie nagromadzenie określeń toponimicznych, że w końcu przytoczyłam większość z nich w oryginalnym brzmieniu, bez komentarzy, np. Phungjong i Suczhan z młodszego domu Kilmjongdzip; pokój gościnny Wekkoldzip; ojciec Suguka z domu Polmadzip, najstarszy brat Phungjonga — gospodarz domu Kwandongdzip itd. Niemal się w tym wszystkim pogubiłam. Podobnie zresztą postąpiłam z różnymi przydomkami, które nadawali sobie żołnierze pochodzący z rejonów wiejskich. Tak więc żołnierz, który przyszedł do jednostki z miejscowości Jongbjon, nazywany był „Towarzyszem z Jongbjon" albo po prostu „Towarzyszem Jongbjon", inny, starszy wiekiem, z miejscowości Jonghyng — *Jonghyng abaj* 'dziadek z Jonghyng', inny jeszcze *Kowon adzybani* 'wujek z Kowon' itd.

Jeszcze kilka słów na temat przekładu określeń, wprawdzie oznaczających pokrewieństwo, ale używanych również w języku potocznym do nieznajomych na ulicy czy też w restauracji. *Ajŏssi* to właściwie 'stryj', ale równocześnie można się tak zwrócić do obcego, starszego od siebie mężczyzny, pełniącego na ogół podrzędne funkcje społeczne, a także np. do kelnera (jeśli mówi to młoda dziewczyna). Jak to przełożyć na polski? Często nie pozostaje nic innego jak użycie słowa „pan" ewentualnie „człowiek".

A co ze słowem *ajumŏni*? Właściwie znaczy ono 'stryjenka', a dokładniej 'żona młodszego brata ojca'. Często jednak tłumaczymy *ajumŏni* jako „ciocia, ciotka".

W dodatku jest to ogólne określenie zamężnej kobiety lub kobiety w wieku pozwalającym przypuszczać, że jest zamężna. Pozostaje więc znowu możliwość przekładu bądź jako „pani", bądź też jako „kobieta".

Literatura

Lee Kwang-kyu, *Korean Family and Kinship*, Jipmoondang Publishing Company, 1997.

Cho Hangbŏm, *Kugŏ ch'injok ŏhwiŭi t'ongsijŏk yŏngu* T'aehaksa 1996 [studia nad terminologią dotyczącą pokrewieństwa w języku koreańskim].

Opowieść o Czhunhjang, najwierniejszej z wiernych, przeł. H. Ogarek-Czoj, Wrocław 1970.

Han Malsuk, *Na krawędzi*, Toruń 1993.

Li Hoezhol, *Północ — Południe*, Warszawa 1999.

Summary

Principle Difficulties in Translation of Korean Literary Works into Polish, Notably Concerning Kinship Terminology

In the process of translating Korean literary works into Polish a translator besides deep knowledge of Korean language, Korean reality and Chinese classics should know how to move in the thickets of Korean kinship terminology to which we refer here in part only. Lee Kwang-kyu in his article *Teknonymy and Geononymy in Korean Kinship Terminology* stated as follows:

"Relatives in Korea are usually grouped into three categories: the paternal, the maternal, and the affinal. Similarly, Korean kinship term of address are classifiable into three corresponding categories: (1) father's consanguineal relatives and their spouses; (2) mother's consanguineal relatives and their spouses; and (3) spouse's consanguineal relatives and their spouses.

Within a given kin group relatives are reckoned according to the degree of their relatedness, which is calculated on the basis of *ch'on*, an abstract concept which measures kindship space between two individuals. *Ego* (i.e. myself / the speaker) as the starting point and self is zero (0). *Ego*'s father is one degree or *ch'on* removed from him, as is also *Ego*'s mother. *Ego*'s father's brother's son would be *Ego*'s fourth *ch'on* (*sach'on*) and would be fifth *ch'on* (*och'on*) to *Ego*'s son, and so forth. ... *Ego*'s father may have three younger brothers, two of whom are married and living away from home, while the youngest may still be unmarried and living at home. *Ego* may address the youngest father's brother as *samch'on* (third degree removed) while addressing the others as *tultche abŏji* (second father) and *setche abŏji* (third father) respectively.

The terms *ŏmŏni* (mother) and *abŏji* (father) serve as the nuclear terms for the first ascending generation; for the second ascending generation the nuclear terms are *harabŏji* (grandfather) and *halmŏni* (grandmother). Appropriate moddifiers are added to these terms to designate other relatives of the respective generations. For example, *Ego*'s father's brother's son both addressed and referred to as *och'on abŏji*, meaning five kinship spaces removed from *Ego* and belonging to *Ego*'s father's generation. *Yukch'on harabŏji* would be a relative six kinship spaces removed from *Ego* and belonging to *Ego*'s grandfather's generation.

For the siblings of *Ego*'s parents and grandparents the chronological concepts of *k'ŭn* (great) and *chagŭn* (small) are required to denote whether the sibling in question is older or younger than the reference parent or grandparent.

Grandfather's elder sister — *k'ŭn-gomo-halmŏni*

Grandfather's younger sister — *chagŭn-gomo-halmŏni*

Mother's elder sister — *k'ŭn imo*

Mother's younger sister — *chagŭn imo, etc.*

Insofar as the Koreans tend to avoid using the personal names teknonymy is a widely practiced custom in Korea, both among relatives and between non relatives. (Teknonymy — the practice of addressing an adult not by his or her own given name but by the given name of a child. Supplemented by the reference to the relationship between the child and the adult.) It is usually the given name of the first child that is used to form the prefix in teknonyms applied to his/her family members and relatives. In rare instances, however, the name of the first son is prefered to that of the first born girl.

So instead of *Sŏksunŭi abŏji* (*Sŏksun*'s father) it will be *Ch'ilsŏngŭi abŏji* (*Ch'ilsŏng*'s father) etc.

Genonymy — the practice of using place names as qualifiers for kinship terms. The name of a person's place of origin or actual residence is added to the appropriate kinship term to distinguish a particular relative from others to whom the same kinship term is applied.

If, for example, one's father has five sisters, three of them older and two of them younger, it is difficult to distinguish them individually beyond the clasification of *k'ŭn komo* (older aunts) and *chagŭn komo* (younger aunts). After they are married and scattered to different localities, it becomes more expedient to use the names of the places where they now live as apart of their identification. i.e. *Seoul-komo, Pusan-komo, Taegu-komo* etc.

The kinship term for father's elder brother is a composite of *k'ŭn* (big or older) and *abŏji* (father). If resident in Seoul or married to a woman from Seoul, he may be addressed and/or referred to as *Seoul-k'ŭn-abŏji* or simply as *Seoul-abŏji.*

A present-time housewife who once lived in Pusan before her marriage is referred to as *Pusan-daek* (Pusan house or home) by her neighbours, who refer to her husband as *Pusan-daek-juin* (owner of Pusan house) and to her children as *Pusan-jip-ai* (children of the Pusan house).

Such kinship terminology, highly complicated as it was shown above resist literal translation into Polish. For instance *imo* (mother's sister) and *komo* (father's sister) the Poles nowadays simply call "ciocia, ciotka" without distinguishing between the father's or mother's sisters. Unimaginable in Polish usage are also numbers added to kinship terms. Instead of *k'ŭn abŏji* (duży ojciec — big father), *setche abŏji* (trzeci ojciec — third father), *tultche abŏji* (drugi ojciec — second father) and so on modern Poles use only "stryj" and for all mother's brothers — "wuj".

Translator should use more simply, understandable for Poles terms: "matka" (mother), "ojciec" (father), "dziadek" (grandfather), "babcia" (grandmother) without distinguishing father's or mother's side though separate terms may be used for in-laws: wife's parents — "teść", "teściowa" and for husband's parents — "świekr" and "świekra".

Of course we can use such terms as *Sŏksunŭi abŏji* —"ojciec Soksun" or *Kwangsunŭi ŏmŏni* — "matka Kwangsun" but using genonyms is rather debatable. Sometimes I even did not try to translate it and left such term as it sounded in original. For instance "ojciec Suguka z domu Polmajip" — Suguk's father from Polmajip house.

JĘZYKI ORIENTALNE W PRZEKŁADZIE— KONFERENCJA
ORIENTAL LANGUAGES IN TRANSLATION — CONFERENCE
Kraków, 20–21 maja/May 2002

KRZYSZTOF OLSZEWSKI

Metafory „odbicia w wodzie" jako klucz do odczytania *Pamiętnika z Tosy* Ki no Tsurayukiego

Kreowanie fikcji literackiej w utworze a problem przekładu[1]

Uniwersytet Jagielloński

「手に掬ぶ
水に宿れる
月影の
あるかなきかの
世にこそありけれ。」

Księżyc, co mieszka w wodzie,
Nabieram w dłonie
Odbicie jego
To jest, to niknie znowu –
Świat, w którym przyszło mi żyć.
(Ki no Tsurayuki, testament poetycki[2])

---

[1] Artykuł ten został napisany w ramach projektu badawczego nr 5 H01C 053 21 pt. „Nowatorstwo twórczości Ki no Tsurayukiego na tle procesu historycznoliterackiego w literaturze japońskiej I poł. X wieku — studia nad rolą poety w formowaniu *kokufū bunka* (kultury narodowej)", finansowanego przez Komitet Badań Naukowych w latach 2001-2002.

[2] Transkrypcja: *Te ni musubu / mizu ni yadoreru / tsukikage no / aru ka naki ka no / yo ni koso arikere*. Wiersz ten zamieszczony został pod numerem 878 w prywatnej antologii poezji Ki no Tsurayukiego — 『貫之集』 *Tsurayukishū* (*Zbiór Tsurayukiego*). Opatrzony przez kompilatorów antologii następującym komentarzem*kotobagaki*:
「世中心ぼそくおぼえつねの心地もせざりければ、源公忠朝臣のもとにこの歌をなむ詠みてやりける、このあひだに病重くなりにけり」 *Yonaka kokorobosoku oboe tsune no kokochi mo sezarikereba, Minamoto no Kimitada ason no moto ni kono uta o namu yomite yarikeru, kono aida ni yamai omoku narinikeri* (*W ciężkiej chorobie, w dodatku będąc przygnębionym sprawami tego świata, [Tsurayuki] ułożył dla Minamoto no Kimitada taką pieśń*), utwór ten uważany jest za tzw. 辞世 *jisei* — testament poetycki Tsurayukiego. Por.: 平安私家集・詠歌年代順による平安朝新編私家集 *Heian shikashū. Eika nendaijun ni yoru Heianchō shimpen shikashū* (*Prywatne antologie poezji z okresu Heian. Antologie poezji z okresu Heian w porządku chronologicznym*), http://member.nifty.ne.jp/sigeta/Heian.html, administracja: Shigeta Satomi, odczyt ze strony www: 17 IX 2002.

W niniejszym artykule przyjęto jako obowiązującą zasadę podawania wszystkich japońskich i chińskich cytatów, oraz imion własnych zarówno w zapisie oryginalnym (ideograficznym), jak i w transkrypcji opatrzonej tłumaczeniem. Odnośnie do transkrypcji pominięto jeszcze dzisiaj sporne kwestie fonologii historycznej i zastosowano współczesne, standardowe systemy zapisu, mianowicie: transkrypcję Hepburna dla japońskiego oraz chińską transkrypcję 拼音 *pīnyīn* (z zaznaczeniem tonacji według standardowej wymowy mandaryńskiej, *pŭtōnghuà*). Jedyny wyjątek od powyższych zasad

W niniejszym artykule autor podejmuje próbę nowego odczytania jednego z najważniejszych dzieł literatury japońskiej z wczesnego okresu Heian (IX–X w.) — *Pamiętnika z Tosy* (*Tosa nikki*) autorstwa Ki no Tsurayukiego (872–945) w kontekście ogromnych przemian kulturowych, jakie zachodziły w Japonii na przełomie IX i X w. Na podstawie analizy fragmentu tekstu — zapisku zamieszczonego pod datą: „17 dzień 1 miesiąca" — pokazane zostaną specyficzne dla Tsurayukiego środki kreowania fikcji literackiej w omawianym utworze i wiążące się z tym faktem trudności translatologiczne. Autor artykułu, dokonując polskiego przekładu *Pamiętnika z Tosy*, z powodu wyjątkowo złożonej struktury tego dzieła (które nadal wywołuje liczne spory na temat jego przynależności gatunkowej) stawał niejednokrotnie w obliczu trudności ekstremalnych — porównianie dwóch przekładów omawianego fragmentu: angielskiego[3] i polskiego[4] ma za zadanie ukazać niektóre z tych trudności.

Przełom IX i X w., kiedy żył i tworzył Ki no Tsurayuki, to jednocześnie jeden z najwspanialszych okresów w dziejach cywilizacji i kultury japońskiej — czasy świetności kultury dworskiej i rozkwitu nowej stolicy — Heiankyō. Młodość poety przypadła jednak również na moment upadku dynastii Tang w Chinach, które od przeszło dwóch wieków były dla młodego państwa Yamato niedoścignionym wzorcem do naśladowania w zakresie cywilizacji, kultury, sztuki (w szczególności poezji) czy wreszcie etyki konfucjańskiej i buddyzmu. Japoński dwór wysłał w latach 600–838 łącznie siedemnaście[5] oficjalnych poselstw do stolicy imperium Tangów, 長安 Cháng'ānu, nie licząc śmiałków, którzy samodzielnie podejmowali ryzyko niebezpiecznej podróży przez Morze Wschodniochińskie. Z arystokratami i dworzanami podróżowały całe rzesze mnichów buddyjskich czy artystów, głównie poetów, rzeźbiarzy oraz malarzy, którzy potem, po powrocie do Heiankyō, dokonywali twórczej adaptacji chińskich wzorców kulturowych na grunt japoński. Apogeum wpływów chińskich w sferze kultury i sztuki japońskiej obserwujemy za czasów panowania „trzech uczonych cesarzy": 嵯峨天皇 Saga (809–823), 淳和天皇 Junna (823–833) i 仁明天皇 Nimmyō (833–850). Jednak w drugiej połowie IX w. i na początku X Japonia zaczęła stopniowo odchodzić od naśladowania chińskich kanonów estetycznych — arystokraci z Heiankyō coraz bardziej doceniali wagę rodzimej kultury, a w szczególności w sferze literatury zauważali piękno rodzimej poezji *waka*, która — również za sprawą Tsurayukiego i pozostałych redaktorów antologii *Kokin wakashū* — z „komnat kochanków" wyprowadzona została na wyżyny literatury, aby na zawsze już należeć do

polega na zapisywaniu japońskich dyftongów niezgodnie ze współczesną wymową, ale w postaci jeszcze sprzed kontrakcji (czyli jako dwie mory, np. けふ 'dzisiaj' transkrybowane jest jako *keu*, a nie *kyō*). Wszystkie przekłady z oryginałów japońskich i chińskich cytowane w niniejszej pracy — o ile nie zaznaczono inaczej — zostały sporządzone przez autora artykułu.

[3] Ki no Tsurayuki, *A Tosa Journal*, [w:] *Classical Japanese Prose. An Anthology*, compiled and ed. by H. Craig McCullough, Stanford 1990, 73–102.

[4] Ki no Tsurayuki, *Pamiętnik z Tosy*, przekład, komentarz, posłowie K. Olszewski, „Japonica" 2000, 15, 15/2002, 143–179.

[5] Osiemnasta z kolei misja w 894 r., na czele której stanęli 菅原道真 Sugawara no Michizane (845–903) i 紀長谷雄 Ki no Haseo (845–912) — najwybitniejsi sinolodzy ówczesnych czasów, została wstrzymana z powodu upadku dynastii i braku stabilności w Chinach.

kanonu literackiego Yamato. „Nawet, jeśli nasza epoka odejdzie, wszystko przeminie, a po radościach nadejdą smutki, to przecież poezja pozostanie" — pisał Ki no Tsurayuki w *Kanajo*, manifeście głoszącym apoteozę rodzimej poezji i rodzimej kultury[6].

Tsurayuki był niewątpliwie artystą z pogranicza dwóch epok. Poeta debiutował w okresie, gdy kończyła się ponad dwustuletnia epoka sinizacji kultury japońskiej. Już w pierwszych wierszach — a zwłaszcza w manifeście nowej poetyki *Kanajo* — Ki no Tsurayuki dawał dowody swojej głębokiej świadomości kulturotwórczej i całe późniejsze swoje życie artystyczne poświęcił wprowadzaniu japońskiej poezji *waka* na wyżyny literatury. Po prawie trzydziestoletniej karierze poety dworskiego (w tym czasie artysta uczestniczył lub był arbitrem w wielu turniejach poetyckich, ozdabiał swoimi utworami parawany dla rodziny cesarskiej czy najważniejszych świątyń w Heiankyō), Ki no Tsurayuki zostaje mianowany w 930 r. gubernatorem prowincji Tosa na południu wyspy Sikoku i udaje się na prawie pięcioletnią służbę. Lata te artysta traktuje nie tylko jako wygnanie na najdalszy kraniec ówczesnego kraju Yamato, w Tosie ponadto traci córkę i dosięga go wiadomość o śmierci jego mecenasa, ukochanego cesarza Daigo. Po powrocie w 935 r. do Heiankyō Tsurayuki boleśnie zdaje sobie sprawę, że sytuacja na dworze uległa diametralnej zmianie — nie jest już zapraszany do wpływowych salonów czy na turnieje poezji. Czując się usuniętym z życia artystycznego stolicy, w krótkim czasie napisał *Tosa nikki* (*Pamiętnik z Tosy*) — utwór będący pamiętnikarskim zapisem 55 dni podróży powrotnej z Tosy. Jest to pierwszy japoński dziennik, napisany żywą japońszczyzną i pismem sylabicznym *kana*, podczas gdy ówczesne normy wymagały od mężczyzn pisania po chińsku. Tsurayuki — by móc pisać w żywym języku mówionym — świadomie zrezygnował z narracji w 1. osobie, wprowadzając narratora-kobietę, którym miała być fikcyjna dama dworu z jego orszaku[7]. Oprócz czysto faktograficznej warstwy fabularnej artysta wplótł w narrację utworu 58 wierszy *waka* wraz z bardzo lirycznymi komentarzami, wzorowanymi na komentarzach *kotobagaki*, poprzedzających wiersze w oficjalnych cesarskich antologiach poezji.

Poniższa analiza pokazuje strategie intertekstualne, zastosowane przez Ki no Tsurayukiego w jednym z najbardziej poetyckich fragmentów *Pamiętnika z Tosy* —

---

[6] Oryginalny tekst:
「たとひ時うつり事さりたのしみかなしびゆきかふともこのうたのもじあるをや」 *Tatoi toki utsuri koto sari tanoshimi kanashibi yukikau to mo kono no uta no moji aru wo ya*. Przekład za: Ki no Tsurayuki, *Kanajo, czyli przedmowa do „Kokinshū"*, tłum K. Olszewski, „Japonica" 2000, 13, 159––178.

[7] Autotematyczny wstęp do *Pamiętnika*:
「男もすなる日記といふものを・女もしてみむとてするなり。」 *Otoko mo su naru nikki to iu mono o, onna mo shite mimu tote suru nari* (*Powiadają, że pamiętniki — czy jak je tam zwą — piszą tylko mężczyźni, lecz oto i ja postanowiłam spróbować*), wraz z zakończeniem utworu: 「とまれかうまれ・疾く破りてむ。」 *Tomare ka umare, toku yaritemu* (*Tak czy inaczej, podrę to jak najszybciej*) stanowi swoistą klamrę, podkreślającą umowność konwencji faktograficznego dziennika i jego fikcyjność.

zapisku datowanym 17 dni 1 miesiąca. Oto tekst omawianego fragmentu wraz z jego transkrypcją[8]:

「曇れる雲なくなりて、暁月夜いともおもしろければ、船を出だして漕ぎゆく。この間に、雲の上も海の底も、同じごとくになむありける。むべも、昔の男は、「棹は穿つ波の上の月を。船は圧ふ海のうちの天を」とはいひけむ。聞きざれに聞けるなり。また、或人のよめる歌、

水底の月の上より漕ぐ船のさをにさはるはかつらなるらし

これを聞きて、或人のまたよめる、

影見れば波の底なるひさかたの空漕ぎ渡るわれぞわびしき

かくいふ間に、夜やうやく明けゆくに、楫取りら、「黒き雲にはかに出で来ぬ。風吹きぬべし。御船返してむ」といひて、船帰る。この間に雨降りぬ。いとわびし。」

> Kumoreru komu nakunarite, akatsukizukuyo ito mo omoshirokereba, fune o idashite kogiyuku. Kono aida ni, kumo no ue mo umi no soko mo, onaji gotoku ni namu arikeru. Mubemo, mukashi no otoko wa, „sao wa ugatsu nami no ue no tsuki o. Fune wa osou umi no uchi no sora o" to wa iikemu. Kikizareni kikeru nari. Mata, aru hito no yomeru uta,
> Minasoko no tsuki no ue yori kogu fune no sao ni sawaru wa katsura naru rashi
> kore o kikite, aru hito no mata yomeru,
> Kage mireba nami no soko naru hisakata no sora kogiwataru ware zo wabishiki
> kaku iu aida ni, yo yōyaku akeyuku ni, kajitorira, „kuroki kumo niwakani idekinu. Kaze fukinu beshi. Mifune kaeshitemu" to iite, fune kaeru. Kono aida ni ame furinu. Ito wabishi.

Artyzm i świadomość kulturotwórcza Tsurayukiego przejawiły się na wszystkich poziomach dzieła literackiego: od kwestii językowych (widocznych w wyborze rodzimej japońszczyzny vs tzw. 漢文訓読 *kambun kundoku* — hybrydy sinojapońskie) poprzez stylistykę (tutaj mamy do czynienia ze świadomą stylizacją na prozę chińskojęzyczną czy też w pewnych partiach utworu — na język kobiet służących na dworze), metaforykę wierszy (głównie poprzez nawiązania intertekstualne do poezji Tangowskiej i ogólnie — do całej chińskiej tradycji literackiej) aż po świadomą i konsekwentnie podtrzymywaną przez cały utwór konstrukcję narratora kobiety[9].

---

[8] Podstawę niniejszej analizy stanowiło następujące wydanie: 紀貫之「土佐日記」 Ki no Tsurayuki, *Tosa nikki* (*Pamiętnik z Tosy*), [w:] *Nihon koten bungaku zenshū* [Pełne wydanie klasycznej literatury japońskiej], t. 9, Tokio 1973, 29–68.

W *Załączniku 1* zamieszczone zostały dwa przekłady powyższego fragmentu: angielski (cyt. za: Ki no Tsurayuki, *A Tosa Journal*, [w:] *Classical Japanese Prose. An Anthology*, op. cit., 73–102) i polski (cyt. za: Ki no Tsurayuki, *Pamiętnik z Tosy*, przekład, komentarz, posłowie K. Olszewski, op. cit.) w celu porównawczego ukazania sposobów rozwiązywania przedstawionych w dalszym ciągu pracy trudności przekładowych.

[9] Tylko w przypadku dwóch utworów z całego niezwykle szerokiego nurtu literatury pamiętnikarskiej w epoce Heian nie został zachowany — posługując się terminologią Lejeune'a (por.: P. Lejeune, *Pakt autobiograficzny*, „Teksty" 1975, nr 5, 31–49) — pakt autobiograficzny, wymagający narratora w 1. osobie, tożsamego z autorem dzieła. Tsurayuki w *Pamiętniku z Tosy* zerwał ów pakt, wprowadzając narratora kobietę, przy zachowaniu narracji w 1. osobie. Natomiast poetka Izumi

Po krótkim, czysto faktograficznym wstępie: *Kumoreru kumo nakunarite, akatsukizukuyo ito omoshirokereba, fune o idashite kogiyuku* (*Chmury, które zakrywały niebo, rozpłynęły się. Księżycowa noc jest zadziwiająco piękna i wiosłując, wypływają na pełne morze*)[10], następuje zdanie wyznaczające perspektywę odczytania całego analizowanego fragmentu: *Kono aida ni, kumo no ue mo umi no soko mo, onaji gotoku ni namu arikeru* (*Patrz! Firmament i dno morskie jakby zlały się w jedno*). Ramę temporalną tego zdania wyznacza, z jednej strony, początkowy okolicznik czasu: この間に *kono aida ni* 'w tym czasie' — sytuujący wcześniejsze, faktograficzne wprowadzenie w pozycji tła rozpoczynającego się, pogłębionego lirycznego opisu[11].

Płaszczyzną porównania — *tertium comparationis* — jest w omawianym obrazie tafla wody, najbardziej niestałe i ulotne lustro na świecie. Właśnie dzięki odbiciu w wodzie możliwe było porównanie dna morskiego (a właściwie pozornego obrazu nieba, odbijającego się w lustrze wody) z prawdziwym firmamentem, rozpiętym nad głowami podróżnych[12]. Jednocześnie ulotność tego zwierciadła, które może zostać

Shikibu, żyjąca na przełomie X i XI w., w swoim dzienniku wprowadziła fikcyjnego narratora w 3. osobie, określanego mianem ある女 *aru onna* 'pewna/jakaś kobieta'.

[10] Jak zauważa Takei Mutsuo, te suche, krótkie i czysto faktograficzne wprowadzenia wzorowane były właśnie na dziennikach pisanych po chińsku, ale można zauważyć w wielu miejscach *Pamiętnika z Tosy*, że stanowiły one dla Tsurayukiego tylko pretekst do późniejszego, bardzo lirycznego konstruowania sceny w poszczególnych zapiskach dziennych. Por.: 武井睦雄「土佐日記作成の過程とその依拠する資料の構成について」 Takei Mutsuo, *'Tosa nikki' sakusei no katei to sono ikyo suru shiryō no kōsei ni tsuite* (*Proces tworzenia „Pamiętnika z Tosy" a struktura historycznych materiałów dowodowych*), [w:] *Nihongo kenkyū shoryōiki no shiten*, t. 2, Tokio 1996, 187–204.

[11] Jest rzeczą charakterystyczną, iż na styku dwóch omówionych powyżej płaszczyzn kształtowania narracji w obrębie danego zapisku dziennego, czyli faktograficznego opisu i lirycznego komentarza do wierszy, Tsurayuki chętnie posługiwał się językiem bogatym w sinizmy (jakby chcąc podkreślić miejsca zespolenia dwóch diametralnie różnych stylów), gdy tymczasem wiersze i komentarze do nich pisane są już prawie czystą japońszczyzną. W powyższym zdaniu obserwujemy dwa takie wtręty obcojęzyczne: wyrażenie *kono aida ni* należało w epoce Tsurayukiego do rejestru zwanego *hentai kambun* („zdeformowane frazy chińskie") — były to całe frazy lub nawet zdania chińskie, które na Archipelagu ulegały japonizacji (polegającej m.in. na zmianie szyku, dodawaniu japońskich morfemów fleksyjnych itp.) i później mogły być odczytane tylko po japońsku, w konwencji *kun'yomi* (czyli glosami). Natomiast wyrażenie *gotoku ni* 'tak, jak; podobnie' należało do rejestru *kambun kundoku* („frazy chińskie odczytywane glosami"), w którym nie było wcześniejszego etapu japonizacji stylistycznej — całe frazy chińskie odczytywane były po prostu za pomocą glos japońskich i w tej postaci brzmieniowej funkcjonowały w ówczesnej literaturze. Należy również pamiętać, że wyrażenia z rejestru *kambun kundoku* posiadały z reguły swoje rdzennie japońskie odpowiedniki — w tym przypadku odpowiednikiem *gotoku ni* było *yō ni nari* 'podobne do'.

[12] Powyższe zdanie może być interpretowane w innej jeszcze, szerszej perspektywie. Z jednej strony mianowicie — jak zaświadcza *Kogo daijiten* — wyrażenie *kumo no ue* 'firmament, niebo nad chmurami' funkcjonowało w epoce Tsurayukiego również jako metaforyczne określenie cesarza i jego rodziny. Z uwagi na to, iż cały *Pamiętnik z Tosy* jest zapisem nostalgii i tęsknoty za stolicą, taka aluzja wydaje się w pełni uzasadniona. Por.: 「古語大辞典」 *Kogo daijiten* (*Wielki słownik języka starojapońskiego*), red. Nakada Norio, Tokio 1989, 521.

Z drugiej strony widać tutaj wyraźną aluzję intertekstualną do znanego wiersza chińskiego poety z czasów dynastii Tang, Lǐ Bái (701–762), zatytułowanego 「月下獨酌」 *Yuèxià dúzhuó* (*Pijąc samotnie do księżyca*). Podmiot liryczny u Lǐ Bái'a zaprasza Księżyc (czy też jego odbicie w czarce) na

zmącone każdym ruchem wiosła, tak dobrze oddaje na płaszczyźnie obrazowania jedną z najważniejszych koncepcji buddyzmu ezoterycznego — 無常観 *mujōkan*, czyli poglądu o niestałości świata[13]. Jednak należy wspomnieć o jeszcze jednej płaszczyźnie, poprzez którą myśl buddyjska mogła i z pewnością w dużym stopniu przenikała do ówczesnej literatury japońskiej. Tą płaszczyzną było malarstwo parawanowe — 屏風 *byōbu*, które łączyło w sobie obrazy i — będące poetyckim komentarzem do tychże obrazów — wiersze *waka*. To właśnie poprzez 屏風歌 *byōbuuta* 'pieśni na parawanach' do metaforyki poezji japońskiej z wczesnego okresu Heian przeniknęły rozwiązania artystyczne pojawiające się w ówczesnym malarstwie japońskim, inspirowanym myślą buddyzmu ezoterycznego. Chodzi tutaj przede wszystkim o swoistą ulotność, nierzeczywistość krajobrazu na parawanach, składającego się z prawdziwych, występujących w rzeczywistości elementów, ale nigdy niepojawiających się wzajemnie w takim połączeniu, jak na malowidle (np. żuraw na sośnie, wistaria oplatająca drzewa wiśni itp.), a także o brak pewnej nadrzędnej perspektywy, organizującej układ całego parawanu.

Dalszy fragment tekstu jest kluczowy do zrozumienia stosowanych przez Tsurayukiego — w stosunku do chińskiej spuścizny literackiej — strategii intertekstualnych: *Mubemo, mukashi no otoko wa, „sao wa ugatsu nami no ue no tsuki o. Fune wa osou umi no uchi no sora o" to wa iikemu. Kikizareni kikeru nari.* (*W dawnych czasach pewien człowiek napisał ponoć: „Wiosło przebija księżyc na grzbietach fal, statek wpycha niebo pod wodę". Lecz słyszałam te słowa tylko przelotnie, nie pamiętam gdzie*). Określenie 昔の男 *mukashi no otoko* 'człowiek [żyjący] w dawnych czasach' stanowi aluzję do 賈島 Jiă Dăo (788–843), tworzącego

---

wspólną biesiadę słowami:「花間一壺酒　獨酌無相親　舉盃邀明月　對影成三人」*Huājiān yīhú jiŭ/ dúzhuó wú xiāngqīn/ jŭbēi yāo míngyuè/ duìyǐng chéng sānrén* (*Wśród wonnych kwiatów, pysznym starym winem/ Bez towarzyszy sam się dzisiaj poję/ I wznoszę czarkę, Księżyc zapraszając/ Chodźże! Wraz z Cieniem będzie nas już troje*). Por.: 松浦友久「李白詩選」*Ri Haku shisen* [*Antologia wierszy Lĭ Bái'a*], [red.] Matsuura Tomohisa, Iwanami shoten, Tokio 2001, 221–222. W tym kontekście warto też wspomnieć o legendzie na temat śmierci Lĭ Bái'a, która głosiła, iż poeta utonął w rzece, próbując złapać własne odbicie w tafli wody. Metafory odbicia i sposób obrazowania oparty na nich były więc popularne już w poezji Tangowskiej, jednakże — jak zostanie to pokazane w tej pracy — Tsurayuki nadał symbolice odbicia w swojej poezji zupełnie nowy wymiar.

[13] Japoński termin 無常 *mujō* jest kalką językową (zapożyczoną przez język chiński— por. chiń. *wúcháng* 'ts.') sanskryckiego pojęcia buddyjskiego *anitya* 'niestałość'. Idea ta pierwotnie wyrażała przekonanie o niestałości wszystkich elementów otaczającego świata, o ciągłym ich ruchu i przemianach. Jednak w Japonii poglądy buddyjskie uległy pewnej deformacji, nabierając odcienia znaczeniowego swoistej krótkotrwałości czy nawet ulotności ludzkiego życia i całego świata. Jednym z pierwszych potwierdzonych źródeł funkcjonowania tego pojęcia w tym właśnie odcieniu znaczeniowym już we wczesnej epoce Heian jest pochodzący z IX w. znany starojapoński akrostych:「伊呂波歌」*Iroha uta* (*Pieśń Iroha*). Oto treść wiersza:

「色は匂へど散りぬるを**我が世誰ぞ常ならぬ**有為の奥山今日越えて浅き夢見じ酔ひもせず」

[podkreślenie K. O.] *Iro wa nioedo chirinuru wo,* ***wa ga yo tare zo tsune naranu*** *ui no okuyama keu koete asaki yume miji wei mo sezu* (*Choć kwiaty mienią się kolorami, jednak wkrótce opadną,* ***więc któż z nas jest wieczny na tym świecie?*** *Przekraczając dzisiaj odległe szczyty karmy, nie chcę śnić płytkich snów, ani upijać się winem*). Wyrażenie 常ならぬ *tsune naranu* 'nie być wiecznym' w powyższym wierszu jest właśnie zjaponizowanym odczytaniem (*kambun kundoku*) chińskiego 無常 *wúcháng*.

w czasach dynastii Tang. Ki no Tsurayuki parafrazuje w *Pamiętniku* fragment wiersza Jiǎ Dǎo, aby pokazać swój stosunek do chińskiej poetyki i sposobów obrazowania, wykorzystywanych w poezji Tangowskiej. Oto fragment oryginalnego wiersza chińskiego, do którego odwołuje się Tsurayuki:

「棹穿波底月、船圧水中天」[14]

Natomiast w *Pamiętniku z Tosy* fragment tego utworu zacytowany został w konwencji stylistycznej zwanej 漢文訓読 *kambun kundoku*, polegającej na odczytywaniu chińskich ideogramów za pomocą odpowiadających im semantycznie słów rdzennie japońskich (czyli odczytywaniu glosami) oraz na dodaniu japońskich sufiksów aglutynacyjnych, będących wykładnikami funkcji syntaktycznych. W *kambun kundoku* zachowywano jednak konsekwentnie chiński szyk zdania[15].

Jednak w omawianym fragmencie Tsurayuki dokonuje jednocześnie parafrazy cytowanego utworu — u Jiǎ Dǎo wiosło przebija Księżyc, znajdujący się pod falami (dosł. 'na dnie fal' — 波底月 *bō dǐ yuè*), natomiast w *Pamiętniku z Tosy* Księżyc umieszczony jest na falach (dosł. 'na górze fal', co może też oznaczać 'nad falami' — 波の上の月 *nami no ue no tsuki*). W wierszu chińskim obrazowanie ma swoją wewnętrzną logikę — poeta przyjmuje obraz pozorny (odbicie w wodzie) za rzeczywistość. Natomiast japońska parafraza już tę logikę zatraca i jedyną funkcją tej strategii intertekstualnej jest czysto metatekstowe potwierdzanie fikcyjności narratora (i w konsekwencji — całej narracji *Pamiętnika*). Ta niepozorna zmiana w metaforyce wiersza w połączeniu ze słowami, którymi narrator *Pamiętnika* wprowadził ów cytat: 聞きざれに聞けるなり *Kikizareni kikeru nari* (*słyszałam to przelotnie, nie pamiętam, gdzie*), ma na celu bowiem uzasadnienie wobec czytelnika literackiej konstrukcji fikcyjnego narratora — kobieta w ówczesnej Japonii prawie nigdy nie była kształcona w zakresie klasycznej poezji chińskiej, stąd też musiała usłyszeć wiersz Jiǎ Dǎo tylko przelotnie i zafałszowała cytat.

Powyższy fragment stanowił jednak dla Tsurayukiego punkt wyjścia do drugiej, odmiennej stylistycznie części analizowanego zapisku dziennego, w której zamieszczone zostały dwa wiersze *waka* stanowiące parafrazy utworu Jiǎ Dǎo. Pierwszy z wierszy recytuje ある人 *aru hito* 'pewien/jakiś człowiek' (trzeba pamiętać, że wierszom z tak określonym wewnątrztekstowym autorem kompilatorzy późniejszych antologii bezspornie przynali autorstwo samego Ki no Tsurayukiego):

---

[14] Transkrypcja: *Daò chuān bō dǐ yuè chuán yā shuǐ zhōng tiān*. Tłumaczenie: *Wiosło przebija księżyc na dnie fal, statek naciska na podwodne niebo*. Por.: Matsumura Seiichi [red.], op. cit., 44.

[15] Gdyby dokonać przekładu wiersza Jiǎ Dǎo na czysty klasyczny japoński, cytat ten brzmiałby: 「棹は波の上にある月を穿てり。船は海の中にある空を圧へり。」 *Sao wa nami no ue ni aru tsuki o ugateri. Fune wa umi no naka ni aru sora o osoeri*. Widać więc wyraźnie, że stylistyka *kambun kundoku* narzucała nie tylko odczytanie tekstu glosami, przy zachowanym chińskim szyku zdania. Tekst w stylu *kambun kundoku* pozbawiony był dodatkowo wykładników — tak charakterystycznych dla języka starojapońskiego — kategorii gramatycznych, jak np. aspekt (w tym wypadku aspekt progresywny, wyrażany przez sufiks *-ri*), czas czy honoryfikatywność.

「水底の月の上より漕ぐ船の棹にさはるはかつらなるらし」

Minasoko no tsuki no ue yori kogu fune no sao ni sawaru wa katsura naru rashi (Płyniemy po księżycu, / Co spod fal błyska. / Gałęzie cynamonowca, / Który na nim rośnie, / O wiosła nasze haczą).

Tsurayuki idzie tutaj znacznie dalej w obrazowaniu w porównaniu do sposobu wykorzystywania metafor „odbicia w wodzie" w poezji chińskiej. Poeta nie tylko traktuje obraz pozorny jak rzeczywistość (czyli odbicie Księżyca jak materialną powierzchnię, po której się da płynąć) — cechy rzeczywiste (przeszkadzanie w ruchu wiosłom) posiada nawet drzewo cynamonowca, które tylko w starej chińskiej legendzie rośnie na Księżycu. Artysta w tym wierszu oscyluje ustawicznie pomiędzy rzeczywistością a światem ułudy: 水 *mizu* 'woda' to rzeczywistość, 水底の月 *minasoko no tsuki* 'Księżyc na dnie morskim' to już fikcja (ale „można po niej płynąć" — kolejny raz rzeczywistość), かつら *katsura* 'cynamonowiec' z Księżyca to znowu fikcja (która jednak ma cechy materialne — 棹にさはる *sao ni sawaru* 'haczy o wiosła') i wreszcie — na końcu — wykładnik modalności らし *rashi* 'wydaje się, wygląda na to, że' po raz kolejny wprowadza perspektywę fikcyjnego, ulotnego świata. Wydaje się, że to ciągłe oscylowanie poety pomiędzy rzeczywistością a ułudą będące istotą metafor „odbicia w wodzie" w *Pamiętniku z Tosy* miało na celu wyrażenie poprzez obrazy poetyckie buddyjskiej idei *mujōkan*, którą przepojona była cała ówczesna kultura japońska.

Powyższy tekst artykułu stanowi tylko próbę nowatorskiego odczytania fragmentu *Pamiętnika z Tosy* — dzieła, które do dzisiaj wywołuje liczne spory i kontrowersje, szczególnie w zakresie jego przynależności gatunkowej. Autor pracy próbował wyjaśnić — tak często wymieniane przez badaczy — eklektyzm i brak spójności w narracji utworu nie jako wynik nikłej świadomości Ki no Tsurayukiego i jego porażki, ale jako próbę poszukiwania przez artystę normy i stylu dla zupełnie nowego gatunku literackiego. *Tosa nikki* nie było bowiem w zamierzeniu Tsurayukiego faktograficznym zapisem podróży powrotnej do Heiankyō (jak wiele ówczesnych chińskich dzienników arystokratów) — jest to dzieło podejmujące świadomą dyskusję z chińską poetyką i całą tradycją literacką z czasów dynastii Tang.

Literatura

平安私家集・詠歌年代順による平安朝新編私家集 *Heian shikashū. Eika nendaijun ni yoru Heianchō shimpen shikashū* (*Prywatne antologie poezji z okresu Heian. Antologie poezji z okresu Heian w porządku chronologicznym*), http://member.nifty.ne.jp/sigeta/Heian.html, administracja: Shigeta Satomi, odczyt ze strony www: 17 IX 2002.

Ki no Tsurayuki, *Kanajo, czyli przedmowa do „Kokinshū"*, przeł. K. Olszewski, „Japonica" 2000, 13, 159–178.

紀貫之『土佐日記』 Ki no Tsurayuki, *Tosa nikki* (*Pamiętnik z Tosy*), [red.] Matsumura Seiichi, [w:] *Nihon koten bungaku zenshū*, t. 9, Tokio 1973, 29–68.

Ki no Tsurayuki, *A Tosa Journal*, [w:] *Classical Japanese Prose. An Anthology*, compiled and ed. by H. Craig McCullough, Stanford 1990, 73–102.

Ki no Tsurayuki, *Pamiętnik z Tosy*, przekład, komentarz, posłowie K. Olszewski, „Japonica" 2002, 15, 143–179.

紀貫之『貫之集』 Ki no Tsurayuki, *Tsurayukishū* (*Zbiór Tsurayukiego*), [red.] Shigeta Nimi, publikacja internetowa zamieszczona na stronie University of Virginia, Library Electronic Text Center (http://etext.lib.virginia.edu).

「古語大辞典」 *Kogo daijiten* (*Wielki słownik języka starojapońskiego*), [red.] Nakada Norio, Shōgakkan, Tokio 1989.

Lejeune Ph., *Pakt autobiograficzny*, „Teksty", 1975, nr 5, 31–49

松村誠一『土佐日記』—「解説」 Matsumura Seiichi, *Tosa nikki — kaisetsu* (*Wstęp do* Pamiętnika z Tosy), [w:] *Nihon koten bungaku zenshū*, t. 9, Tokio 1973, 5–26.

松浦友久「李白詩選」 *Ri Haku shisen* (*Antologia wierszy Lĭ Bái'a*), [red.] Matsumura Tomohisa, Iwanami shoten, Tokio 2001.

武井睦雄「土佐日記作成の過程とその依拠する資料の構成について」 Takei Mutsuo, *'Tosa nikki' sakusei no katei to sono ikyo suru shiryō no kōsei ni tsuite* (*Proces tworzenia „Pamiętnika z Tosy" a struktura historycznych materiałów dowodowych*), [w:] *Nihongo kenkyū shoryōiki no shiten*, t. 2, Tokio 1996, 187–204.

竹内美智子「土佐日記のテンス・アスペクト」 Takeuchi Michiko, *„Tosa nikki" no tensu, asupekuto* (*Czas i aspekt w „Pamiętniku z Tosy"*), „Kokubungaku — kaishaku to kanshō" 7, Tokio 1993, 62–68.

Summary

The aim of this paper is to attempt a new interpretation of one of the most important works from the classical Japanese literature — *The Tosa Diary* by Ki no Tsurayuki. I agree with the Takei Mutsuo's thesis that *The Tosa Diary* was a precursor work for the whole trend of memoirs' literature in medieval Japan and that this diary was written to reconcile two completely different poetics: an anthology of Japanese poetry and private Chinese diary — genres which were so popular among the aristocracy in Heiankyō. The Takei's thesis explains to a large extent the so often mentioned eclecticism of the Tsurayuki's work — lacking any work which could be the prototype of an intimate journal diary, the poet had just "japanized" the diaries written in Chinese and to give them a more intimate character, added to the narration 58 *waka* poems with deep lyrical commentaries, similar to the *kotobagaki* commentaries found in poetry anthologies.

Such an origin of Ki no Tsurayuki's work does not explain, however, all the problems concerning the interpretation of the text, and, consequently, its translation. We should remember that in the early Heian period the Chinese language (called *kambun* on the Japanese Archipelago and almost the same as the Chinese spoken in Chang'an) was the language of the court and the whole cultural elite of the country, to which, doubtless, also belonged Ki no Tsurayuki. The adaptation of Chinese ideograms for the spoken Japanese initiated the process of gradual sinization of that language, used for centuries by the inhabitants of the Japanese Archipelago, and caused the necessity of continuous, intersemiotic translations of native spoken language to its written, sinified form. For the majority of early Japanese poets, Chinese was not a separate language system, but rather a subsystem — an open collection of ideograms, words, expressions, idioms, or quotations from Chinese literature (very often japanized), which gradually entered the native language. Consequently, the attitude of the Japanese to the Chinese culture of the Tang dynasty always took a form of an artistic adaptation rather than its denial. Tsurayuki — in *The Tosa Diary*, written in his declining years — also took up the dialogue with the culture and literature of the Tangs, but he showed his artistry especially in placing that dialogue on the level of metaphors in the poems linked into the plot of the text. On the basis of an analysis of a small part of the text (just one day: the 17th day of the 1st month) I would like to prove that the surface of the water plays in Tsurayuki's prose the same function as the mirror in Velasquez's paintings. The water in *The Tosa Diary* does not reflect things or people existing above it, it "reflects" the poet's attitude to the metaphors of Chinese poetry (especially in the poems by Bai Ju-Yi and Li Bai) and — in a wide context — to the whole Chinese culture of the Tang dynasty. Namely, the metaphors based upon "a reflection in the water" are a key to understanding that the most important aim in the scene construction in *The Tosa Diary* was the discussion with Chinese culture. But we should also mention the influence of esoteric Buddhism thinking over the Japanese art of the 9th and 10th centuries (especially, the aesthetical concept of *mujōkan* — the idea of evanescence of the whole world). Two translations: English and Polish of the analysed text are given at the end of this article to show different ways of translating intertextual strategies, presented in the paper.

Załącznik 1

Przekład angielski

The dark clouds cleared to reveal a delightful late-night moon, and the crew took the boat out and began to row. Sea and sky seemed to merge. It was not without reason that the man of old said, I believe, something like this: The oar strikes through the moon on the waves; The boat presses against the sky in the sea.
But I know little about such things.
Someone composed this poem: A cinnamon tree! / Surely it is no other / catching the oar / of the boat rowing over / the moon in the watery depths.
Someone who had been listening recited this: With a forlorn heart / I gaze into the moonlight / where beneath the waves/ stretches a limitless sea / to be traversed by this boat.
Day finally dawned while such poems were being recited.
"Some black clouds have come up out of nowhere," the captain announced. "The wind is going to blow. I'm taking the boat back." A depressing rain fell as the boat returned to the harbour.

Przekład polski

17 dzień. Chmury, które zakrywały niebo, rozpłynęły się. Księżycowa noc jest zadziwiająco piękna i wiosłując, wypływają na pełne morze. Patrz! Firmament i dno morskie jakby zlały się w jedno. W dawnych czasach pewien człowiek napisał ponoć: „Wiosło przebija księżyc na grzbietach fal, statek wpycha niebo pod wodę". Lecz słyszałam te słowa tylko przelotnie, nie pamiętam gdzie. Ktoś ułożył wiersz:
Płyniemy po księżycu, / Co spod fal błyska. / Gałęzie cynamonowca, / Który na nim rośnie, / O wiosła nasze haczą.
Usłyszawszy to ktoś inny wyrecytował:
Gdy odwiecznego nieba / Odbicie w wodzie oglądam, / Smutno jest płynąć / Po przestworzu, co leży / Głęboko pod falami.
Gdy tak komponowali poematy, zaczęło świtać i Kapitan statku rzekł: „Patrzcie, jak nagle zebrały się czarne chmury. Z pewnością zerwie się wichura. Statek zawróćmy!" — Zawróćmy! Wtedy zaczęła się ulewa. Jakież to smutne.

JĘZYKI ORIENTALNE W PRZEKŁADZIE — KONFERENCJA
ORIENTAL LANGUAGES IN TRANSLATION — CONFERENCE
Kraków, 20–21 maja/May 2002

GRAŻYNA ZAJĄC

O przekładzie z tureckiego na przykładzie *Legendy Tysiąca Byków* Wojciecha Hensla

Uniwersytet Jagielloński

Przedmiotem artykułu jest polski przekład tureckiej powieści *Bin Boğalar Efsanesi*. Relacje, jakie zachodzą między tekstem oryginału a tekstem polskiego przekładu są — w moim odczuciu — świetną ilustracją relacji, jakie zachodziły między autorem powieści i tłumaczem w trakcie powstawania przekładu. Rodzaj tych relacji w dziele przekładu literackiego zawsze zależy od osobowości dwóch ludzi: autora i tłumacza, którzy spotykają się w akcie przekładu. I nie ma znaczenia, czy te dwie osoby żyją w tym samym czasie, czy znają się osobiście, czy może dzieli ich kilka stuleci — w akcie przekładu zawsze dochodzi do spotkania się ich osobowości, a od charakteru tych osobowości zależy, jaką ostateczną postać przybierze przetłumaczone dzieło. Nie chodzi tu tylko o „postać wizualną" dzieła, o liczbę i długość zdań, liczbę przetłumaczonych bądź nieprzetłumaczonych metafor itd. Chodzi tu także o sferę „niewidzialną" przekładu. Mam na myśli sposób przekazania przez tłumacza uczuć autora oryginału, jego stosunku do bohaterów i problemów, jego stosunku do świata, w którym umieścił akcję utworu.

Kimże więc jest autor *Legendy Tysiąca Byków*? Yaşar Kemal to najwybitniejszy współczesny prozaik turecki pochodzenia kurdyjskiego (ur. 1922). Zakochany w folklorze Anatolii, stara się tę miłość przekazywać w swoich utworach i „zarażać" nią czytelników. W jego prozie pobrzmiewają tureckie pieśni ludowe *türkü*, ludowe eposy *destan*, pieśni żałobne *ağıt*. Jego poetycki język zachwyca bogactwem środków artystycznych, rytmiką i wewnętrzną harmonią. Taka proza stanowić musi duże wyzwanie dla tłumacza. Napisana w 1971 r. *Legenda Tysiąca Byków* to poetycka opowieść o ostatnich koczownikach, którzy próbują żyć według odwiecznych obyczajów, spędzając lata na górskich pastwiskach, a zimy — w dolinach. Ich życie z każdym rokiem staje się coraz trudniejsze, gdyż w dramatycznym tempie ubywa ziemi, która nadawałaby się jeszcze do postawienia namiotów i wypasu owiec oraz koni. Na ich odwieczne pastwiska wjeżdżają pługi i siewniki albo powstają na nich nowe miasta. Dochodzi do tego, że tułająca się od wsi do wsi, od doliny do doliny koczownicza wspólnota jest bezlitośnie przepędzana przez ludność osiadłą i nie może znaleźć miejsca na rozbicie namiotów choćby na jedną noc, aby spokojnie wydoić owce, upiec chleb, pochować zmarłych.

Język tej powieści, jak i wszystkich chyba powieści Yaşara Kemala, pełen jest poetyckich powtórzeń, tak typowych dla ludowej poezji tureckiej, pełen jest także opisów sławiących potęgę i piękno górskiej przyrody. W opisach tych dostrzec można starania autora, aby uczynić je podobnymi do hymnów pochwalnych. Autor kocha swoich prostych, ale jakże dobrych bohaterów, którzy — przeganiani z każdej wsi — tułają się po górach i pustkowiach, nieuchronnie zmierzając ku zagładzie. Tę miłość autora do bohaterów widać na każdej karcie książki. Ta miłość przemawia w narracji, w dialogach bohaterów, w opisach surowej przyrody gór Taurus, a góry te zdają się płakać wraz z koczownikami nad ich niedolą. I właśnie ten utwór wziął Wojciech Hensel na swój warsztat, aby podzielić się z polskim czytelnikiem niepowtarzalnym pięknem *Legendy Tysiąca Byków*. W niniejszym tekście chcę skoncentrować się zaledwie na kilku problemach, jakie stają przed tłumaczem podejmującym się przekładu z tureckiej literatury pięknej na język polski.

Tłumaczyć czy nie tłumaczyć — oto jest pytanie...

Zawarte w powyższym podtytule pytanie można zastąpić trzema bardziej szczegółowymi: a) co można próbować przetłumaczyć? b) czego nie należy próbować tłumaczyć?; c) jak przetłumaczyć coś, co jest nieprzetłumaczalne? W dziele przekładu tłumacz bardzo często spotyka się ze słowami niemającymi dokładnego odpowiednika w języku ojczystym. Dotyczy to zwłaszcza tłumaczeń z języków orientalnych, co wiąże się ze znaczną odrębnością kultur. Tłumacz literatury pięknej z reguły skazany jest na nieustanne oscylowanie między wiernością i dowolnością, i tylko od jego osobowości zależy, jakie będą proporcje tych dwóch wyznaczników w ostatecznym tekście przekładu. Gdyby postawić przed kilkoma tłumaczami ten sam tekst, każdy z nich przełoży go inaczej, co jednak nie oznacza, że któryś z tych przekładów będzie zły. Być może, wszystkie będą dobre. Już pobieżna lektura pierwszych kilkunastu kart przekładu pokazuje, jak trudny wybór miał tłumacz i na ile sposobów próbował ten problem rozwiązać. Dla wielu słów ściśle związanych z anatolijską kulturą postanowił znaleźć mniej lub bardziej odpowiadające znaczeniowo słowa polskie. I tak: *aba* została przetłumaczona jako *kapota* (s. 7)[1], *çepken* jako „kaftan" (s. 7), *yufka ekmek* jako „przaśny chlebek" (s. 12). Zwraca uwagę sposób przetłumaczenia nazwy tradycyjnych chłopskich portek. *Şayak şalvar* raz zostały określone jako „zgrzebne portki" (s. 7), za drugim zaś razem jako „samodziałowe szarawary" (s. 48). Na pewno jest to świadomy wybór tłumacza: za pierwszym razem mowa jest o ubogim koczowniku, za drugim — o zamożnym wiejskim gospodarzu. W tłumaczeniu słów takich jak *kepenek* (pol. „cucha", s. 7) czy *çarık* (pol. „kierpce", s. 9) widać próbę stylizacji językowej. Choć tłumacz mógł pozostawić

[1] Liczba przy cytowanym fragmencie tureckim lub polskim oznacza stronę, z której dany fragment pochodzi. Skorzystano z wydań: Y. Kemal, *Bin Boğalar Efsanesi*, Cem Yayınevi, İst 1971, oraz Y. Kemal, *Legenda Tysiąca Byków*, Warszawa 1983.

w oryginalnej wersji słowo *bedesten* i objaśnić go w słowniczku wyrazów tureckich dołączonym do przekładu, postanowił zastąpić go polskim słowem o dosyć zbliżonym znaczeniu. Jest to słowo szczególnie dla nas tu, w Krakowie, bardzo swojskie: *Maraş bedesteni* zostało przetłumaczone jako „sukiennice Maraszu" (s. 80). Na przykładach słów *cucha, kierpce, sukiennice* widać najlepiej proces adaptacji znaczeniowej. Tłumacz literatury pięknej ma prawo dokonywać pewnych adaptacji znaczeń oryginału do modelu kultury ojczystej. W przypadku powyższych słów Hensel skorzystał z tego prawa. Oczywiście, podejmując się takich adaptacji, tłumacz musi sobie zdawać sprawę z tego, że porusza się po dosyć grząskim terenie. Przekroczenie pewnej granicy może bowiem grozić popadnięciem w groteskowość. Na s. 195 tłumacz stanął przed koniecznością przetłumaczenia zdania: *Oklava yutmuş gibi dimdik durdu* (dosł. 'Stanął prościutko, jak gdyby połknął wałek'). Oczywiście, tłumacz musiał zastąpić wałek kijem: „Stanął wyprężony, jakby kij połknął". A dlaczego Turcy używają w tym kontekście słowa 'wałek'? Bo używany przez tureckie kobiety wałek ma postać grubego, dosyć długiego kija... Z kolei w opisie wysokiego, przystojnego mężczyzny pojawia się słowo *suna*. Jest ono w języku tureckim synonimem męskiej przystojności, ale nie można go dosłownie tłumaczyć na język polski, gdyż byłoby to komiczne: *suna* znaczy 'kaczor'. Dlatego dla zdania *Uzun boylu, suna gibiydi* tłumacz wybrał wersję „Był wysoki i zgrabny" (s. 198).

Których słów Hensel nie tłumaczy? Jest ich bardzo wiele. Wyliczmy tylko niektóre z nich: *aga, ajran, altyn, baszlyk, bej, dolmusz, dönüm, dżihad, efendi, ezan, ferman, gedżekondu, imam, iskian, jajlak, jatsy, kiahja, kyszlak, oba, pekmez, mengü, semah, saz, sofra, tarchana, kajmakam, sadrazam, wali* (niestety, *wali* w przypadkach zależnych nie brzmi po polsku najlepiej: „Zrobił miecz i zaniósł go do walego", s. 46). Słowa te znalazły się w słowniczku wyrazów tureckich umieszczonym na końcu książki. Przekłady z literatur tak odmiennych jak orientalne często mają dołączony słowniczek słów obcych. Oznacza to, że tłumacz pozostawił w swoim tekście pewne słowa w języku oryginału. Różne mogą być tego powody, a decyzja należy do tłumacza. Tak samo jak do niego należy decyzja, które ze słów obcych umieścić w słowniczku, a które są już na tyle powszechne w języku przekładu, że nie trzeba ich objaśniać. Obecność słowniczka na końcu książki pośrednio wskazuje na fakt, że tekst przekładu jest w jakimś stopniu niewystarczający, a może po prostu — nie do końca jednoznaczny i jasny. Jakie mogą być powody nietłumaczenia słów oryginału na język przekładu? Należy tu wyliczyć przede wszystkim: 1) brak polskiego dopowiednika o dokładnie takim samym zakresie znaczeniowym (np. *aga, dolmusz, baszlyk, gedżekondu, sofra*), 2) chęć wzbogacenia języka przekładu elementami świata właściwego dla oryginału (np. *bej, efendi, ferman, iskian, jajlak, kyszlak, kiahja, dżihad*), 3) całkowity brak polskiego odpowiednika (np. *oba, ajran, pekmez, tarchana, dönüm, saz, mengü, semah, ezan, namaz, imam*). Jeśli chodzi o terminy związane z religią (*ezan, imam, namaz, dżihad*), są one doskonale znane orientalistom, natomiast dla osób nieinteresujących się Orientem mogą być obce, co wynika z monokulturowego i monoreligijnego charakteru naszego kraju oraz z wieloletniej izolacji od wolnego świata. Słusznie więc tłumacz umieścił ich objaśnienia w słowniczku na końcu książki. Jednak można przypuszczać, że z biegiem czasu słowa te staną się powszechnie znane, tak jak są powszechnie znane w krajach Europy Zachodniej zamieszkanych przez setki tysięcy czy przez miliony muzułmanów. Na oddzielną uwagę zasługują słowa *kebab* i *pilaw*. Tłumacz pozostawił je w oryginale (co jest jak najbardziej zrozumiałe, gdyż nie mają dokładnego polskiego odpowiednika), po czym objaśnił ich znaczenie w słowniczku. Dzisiaj, w dobie mody na kuchnie różnych zakątków świata, napis *kebab* czy *pilaw* na drzwiach lokalu gastronomicznego nikogo nie dziwi i nie stanowi zagadki. Gdyby *Legenda Tysiąca Byków* była wydawana dziś, a nie w 1983 r., kiedy nasze kontakty z Orientem były znacznie słabsze, tłumacz zapewne nie widziałby potrzeby umieszczania tych słów w słowniczku.

A jak przetłumaczyć coś, co jest nieprzetłumaczalne? Już na pierwszej stronie utworu napotykamy takie zdanie: *zınk diye duruverdi*. Z braku odpowiednika słówka *zınk* oraz formy czasownikowej *duruverdi* tłumacz stworzył zdanie „Raptem stanął jak wryty" (s. 7). Nieobecne w oryginale słowa *raptem* i *jak wryty* dokładnie oddają to, co ma wyrazić tureckie zdanie. Ciekawym przykładem problemu nieprzetłumaczalności może być zdanie *Bütün oba sofradaydı*. Tłumacz pozostawił w oryginale aż dwa słowa, pisząc: „Cała oba była przy sofrze" (s. 12). Wynika to z faktu, że wyrazu *oba* nie oddaje dokładnie żadne polskie słowo (nie jest to ani plemię, ani ród czy rodzina), podobnie *sofra* nie musi oznaczać (i tutaj nie oznacza) stołu jadalnego, tylko rozkładany na ziemi olbrzymi obrus, przy którym mieści się duża grupa koczowników. Jak jeszcze tłumacz może rozwiązać problem braku polskiego odpowiednika? Weźmy jako przykład nazwy muzykantów grających na instrumentach *kaval* i *saz*. Takich nazw nie ma w języku polskim, gdyż nie mówi się „fujarkarz" ani „saziarz". Brak tych nazw tłumacz rozwiązywał na różne sposoby. Na przykład zdanie *Kavalcılar ardından sazcılar geldi* (dosł. 'Po fujarkarzach przyszli saziarze') przetłumaczono jako „Po fujarkach przyszła kolej na sazy" (s. 13). Zdanie *Sazcılara davul da katılıdı, sonra kavalcılar da katıldılar* (dosł. 'Do saziarzy dołączył bęben, potem także fujarkarze') znalazło swój odpowiednik w takim zdaniu: „Sazom zawtórował bęben, później przyłączyły się fujarki" (s. 13). Warto tu zwrócić uwagę na słowo *katılmak* (*przyłączyć się*) przełożone na *zawtórować*. Taki zabieg niewątpliwie dodał uroku temu fragmentowi. Gdy w innym miejscu tłumacz po raz kolejny musi stawić czoła słowu *kavalcı*, tym razem przekłada go na słowo *muzykanci*. Przy okazji wprowadza jeszcze inną nazwę instrumentu *kaval* (nie 'fujarka', lecz 'piszczałka'). Zdanie to *Kavalcılar kaval çaldılar* tłumaczy: „Muzykanci grali na piszczałkach" (s. 88). Gdy jeszcze raz pojawia się w oryginale słowo *kavalcılar*, tłumacz przekłada go: „muzykanci grający na fujarkach". *Zdanie Kavalcılar gelmişler* brzmi: „Przyszli muzykanci grający na fujarkach". Przy okazji warto zauważyć, że tureckie zdanie złożone z dwóch wyrazów tłumacz zdecydował się przetłumaczyć na zdanie pięciowyrazowe. Choć akurat w tym przypadku zabieg takiego wydłużenia wypowiedzi nie był potrzebny i wynikał tylko z upodobania tłumacza, ogólnie trzeba stwierdzić, że tekst polski jest z reguły dłuższy od odpowiednika tureckiego.

Powtórzenia (czyli, jak powtórzyć coś, co po polsku się nie powtarza...)

Powtórzenia, tak typowe dla języka tureckiego, rzadko posiadają polski odpowiednik. O ile dla niektórych z licznych powtórzeń dźwiękonaśladowczych można znaleźć polskie odpowiedniki (np. *stuku puku, trzask prask*), o tyle z większością powtórzeń tłumacz ma duży problem. Oto najciekawsze sposoby rozwiązania tego problemu przez Hensla (podkreślenia G. Z.): *Sular şakırdıyor, yere daha düşmeden* ***parça parça, tuz buz*** *oluyordu* → *„Szumiała woda,* **rozbryzgiwała się**, nim dotknęła ziemi" (s. 8, wyrażenie dwóch powtórzeń jednym czasownikiem), *Haydar Usta öfkeden* ***zangır zangır*** *titredi* → „... krzyknął oburzony Hajdar" (s. 46, całkowite pominięcie przez tłumacza wyrażenia *zangır zangır* oddającego silne drżenie lub wstrząsy), *yangın* ***çatır çatır*** → „**rozhukane** płomienie" (s. 111, zastąpienie onomatopei przymiotnikiem), ***cayır cayır*** *yandılar* → „**żywcem** spłonęli" (s. 145, wykorzystanie przysłówka), *Bey* ***kılıç mılıç*** *istemiyor* → „Bej nie chce widzieć **żadnego** miecza" (s. 195, wprowadzenie zaimka *żaden* z braku w języku polskim tzw. słowa-echa). Podobnie, w poniższym zdaniu brak „słowa-echa" rozwiązano przy użyciu całego wyrażenia: *Haydar Usta* [...] ***hayal meyal*** *sezinledi* → „Kowal Haydar **jak przez mgłę** uzmysłowił sobie..." (s. 260). Bardzo często nie da się po polsku oddać wewnętrznej rytmiki tureckiego zdania, zwłaszcza jeśli rytmika ta wynika z powtórzeń form konwerbialnych czasownika. Konwerbia, tak często używane w języku tureckim, trudno tłumaczą się na polski. Poniższe zdanie czyta się jak poezję. Niestety, tłumaczowi nie udało się tego oddać po polsku: ***Azala azala, tükene tükene*** *gelmiş bitivermişti her şey* → „Z czasem wszystko to **pozamierało i zanikło**" (s. 205).

„Brzydkie" słowa

Obecność słów nieeleganckich czy nawet niecenzuralnych w powieści opisującej losy społeczności wiejskiej nie jest zjawiskiem szokującym. Wręcz przeciwnie, dziwne byłoby, gdyby takie słowa nie pojawiły się w wypowiedziach bohaterów. Tłumacz *Legendy...* musiał wielokrotnie podejmować decyzję, czy i jak dosadnie oddawać po polsku wulgaryzmy oryginału. Słowo *ulan*, które w oryginale na s. 12 i 13 pojawia się aż 6 razy, zostało przez tłumacza dyskretnie pominięte. Trzeba tu zaznaczyć, że z tym słowem jest kłopot nie tylko dlatego, że jest brzydkie, ale przede wszystkim dlatego, że trudno zdefiniować jego znaczenie (wg *Türkçe Sözlük* oznacza ono: 1) wulgarny wykrzyknik w rodzaju „ej!"; 2) wulgarne wyrażenie gniewu lub obrzydzenia)[2]. Gdy słowo *ulan* pojawia się po raz kolejny, i to w wersji wzmocnionej słowem *köpek*, tym razem tłumacz nie pomija go, lecz tłumaczy. Jest to jednak przekład delikatny: *Ulan köpek!* brzmi: *Co za kretyn!* (s. 107). Bardzo wulgarne określenie *it oğlu it* tłumacz pozwolił sobie przetłumaczyć równie dosadnie. Zdanie *İşte ne*

---

[2] *Türkçe Sözlük*, TDK Yayınları, Ankara 1981, 812.

diyecedimi unutturdun, it odlu it! oddaje zdaniem: „No i przez tego sukinsyna zapomniałem, co miałem powiedzieć!" (s. 106). Gdy kilkadziesiąt stron dalej wyzwisko *it oğlu it* pojawia się raz jeszcze, ponownie zostaje przetłumaczone przy użyciu tego samego wulgarnego polskiego określenia. Z kolei wyzwisko *it* znajduje swój odpowiednik w wyrażeniu „psia jucha" (s. 107). Natomiast dla przełożenia słowa *teres*, które jest wulgarnym określeniem stręczyciela, tłumacz posiłkował się zupełnie odmiennym znaczeniowo słowem. *Bu teresler de hep birbirine benziyor* przełożył jako: „Te sukinkoty wszystkie do siebie podobne" (s. 240), co wynika zapewne z braku odpowiedniego wulgaryzmu w języku polskim.

Serce tłumacza

Można sobie wyobrazić tłumacza, który nie wkłada w swój trud serca, nie wczuwa się w losy bohaterów, nie próbuje zgłębić myśli i uczuć autora oryginału. Jeśli taki tłumacz jest doskonałym znawcą zarówno języka oryginału, jak i języka rodzimego, jego dzieło może nawet będzie poprawne i czytelne, ale lepiej by było, gdyby raczej przekładał traktaty matematyczne. Tłumacz literatury pięknej nie może pozostawać obojętny na losy bohaterów. Musi darzyć opisywany świat co najmniej taką dozą uczuć, jak autor, który stworzył oryginał. Po prostu: musi mieć serce. W powieści *Legenda Tysiąca Byków* serce tłumacza widać na każdej karcie książki. Ze szczególnym ciepłem ukazana jest w powieści osoba starca Hajdara, przewodnika grupy, na barkach którego spoczywa cały ciężar odpowiedzialności za ginące plemię. Zdanie *Yorulmuştu*, przetłumaczone jako „Umęczony był" (s. 8), o wiele lepiej oddaje cierpienie starca, niż gdyby przełożyć dosłownie: 'Był zmęczony' lub 'Zmęczył się'. Wypowiedź upartego jak dziecko starego Hajdara, zawierająca powtarzane wyrażenie *hiç bir çaresi mümkünü yok*, została przełożona tak, aby oddać determinację starca i tragizm chwili. Wyrażenie to, przetłumaczone na krótkie, ale jakże wymowne „i już", dobrze wyraża upór i cierpienie starego koczownika. Fragment ten, *Bu gece onu göreceğim, hiç bir çaresi mümkünü yok. Varıp huzuruna yüz süreceğim. Hiç bir çaresi mümkünatı yok. Padişahlar için yaptığım kılıcı ona vereceğim. Hiç bir mümkünatı çaresi yok* został przetłumaczony jako: „Tej nocy go zobaczę. Zobaczę i już. Pójdę i czołem przed nim uderzę. Pójdę i już. I miecz mu dam, którym kuł dla padyszachów, dam i już" (s. 8). W innym miejscu tłumacz korzysta z bogactwa języka polskiego w kwestii zgrubień i tłumaczy *köpek* (pies) jako *psisko*. Mowa o bestialsko zamordowanych pasterskich psach. Gdy Yaşar Kemal pisze *at gibi nazlı iri köpekler*, Hensel wybiera wersję „te miłe, duże psiska" (s. 162), co doskonale wyraża sympatię do zwierząt. W *Legendzie...* znaleźć można wiele przykładów dowodzących ciepłego stosunku tłumacza do pozytywnych bohaterów powieści. Zatrzymajmy się jednak nad przykładem obrazującym innego rodzaju zaangażowanie uczuciowe tłumacza. Kiedy mowa o złym człowieku, jego zło widać nawet bardziej w polskim przekładzie niż w oryginale: zdanie *En uçtaki, çok uzun boylu, ağzı burnu toza kılçığa batmış, yırtık pırtık giyitli, kapkara, kösele yüzlü, küçücük gözlü bir adam, kocaman ellerini uzatarak ayağa kalktı* przetłumaczono jako: „Z samego skraju uniósł się wysoki drab w łachmanach. Miał małe oczka i czarną, chamską gębę pokrytą kurzem i sieczką. Wyciągając przed siebie potężne łapska, mówił..." (s. 106). Wprowadzone przez tłumacza słowa „chamska gęba" i „łapska" wskazują na jego wyraźne starania, aby obraz tego bohatera uczynić jak najbardziej negatywnym. Nieco dalej tureckie *uzun boylu* ('wysoki'), dotyczące tego samego człowieka, Hensel tłumaczy jako „drągal" (s. 107). I tu również można powiedzieć, że polska wersja znacznie dobitniej wskazuje na negatywny charakter postaci.

Konkluzje

W procesie przekładania dzieła literackiego tłumacz ubiera dzieło oryginału w nową szatę — w szatę języka rodzimego, ale biada mu, jeśli dokona tego tylko na płaszczyźnie języka, przemiana bowiem ta musi dotyczyć także całej otoczki społecznej i kulturowej, w jakiej osadzony jest oryginał. I właśnie po tym poznaje się dobrego tłumacza, że nie ogranicza się tylko do mechanicznej czynności przełożenia tekstu z jednego języka na drugi, bo do tego nie potrzeba tłumacza artysty, wystarczyłby dobry rzemieślnik. Prawdziwy tłumacz stara się w swoim dziele przekazać i utrwalić istotne cechy świata, w którym narodził się oryginał. Wojciech Hensel stworzył dzieło, które niczym nie ustępuje oryginałowi, a — w moim odczuciu — w wielu miejscach jest nawet ładniejsze od oryginału. Stworzył dzieło, które przybliża polskiemu czytelnikowi ginący świat anatolijskich koczowników i – podobnie jak Yaşar Kemal — Hensel również ma swój udział w ocalaniu go od zapomnienia. W dziele tłumaczenia nie zawsze pozostał wierny tekstowi oryginału, ale zawsze był wierny autorowi oryginału. Nie zawsze będąc wierny tekstowi *Bin Boğalar Efsanesi*, pozostał wierny Yaşarowi Kemalowi.

Summary

On Translation from Turkish on The Example of *Bin Boğalar Efsanesi* by Wojciech Hensel

The novel by Yaşar Kemal *Bin Boğalar Efsanesi*, being a work full of poetical descriptions and abounding in folklore, is a difficult text to translate. In the opinion of the author of the paper Wojciech Hensel, in translating this novel, has shown his knowledge of the dying world of the Anatolian nomad and has successfully solved the problems of translation. The main problems discussed in the paper are: 1. Which words that belong to the world of the East should the translator attempt to translate? 2. Which ones should not be translated and should remain in Turkish? 3. How the problem of untranslatable words and phrases can be solved? 4. In what ways has Hensel solved the problem of words that are repeated, that are so typical for the Turkish language? 5. How the question of vulgar words was overcome. The sixth problem discussed in the paper was named "the heart of the translator" and treats the translator's obligation to be accurate and exact in rendering in his translation the writer's feelings such as compassion, like or dislike. A good translator is not he who translates a text mechanically from one language to another but the translator who can properly interpret the writer's intentions and feelings and can render them in his translation.

JĘZYKI ORIENTALNE W PRZEKŁADZIE — KONFERENCJA
ORIENTAL LANGUAGES IN TRANSLATION — CONFERENCE
Kraków, 20–21 maja/May 2002

EWA SIEMIENIEC-GOŁAŚ

Problemy translatoryki czuwaskich przekładów polskiej poezji

Uniwersytet Jagielloński

Inspiracją do przedstawienia problemów translatoryki czuwaskich przekładów polskiej poezji było ukazanie się w 1987 r. w Czeboksarach (stolicy Czuwaszji) pracy zatytułowanej: *Pol'ša poečěsem XV–XX ĕmĕrsem* (*Poeci Polski od XV do XX w.*). Wyboru polskich utworów poetyckich i w większości ich przekładu dokonał znany czuwaski poeta Gennadij Aigi, do lat „pieriestrojki" z powodów politycznych niedoceniany, nieprzyjęty do Związku Pisarzy, objęty wręcz ostracyzmem w swoim środowisku. Jego utwory znane i przekładane były za granicą, podczas gdy w Związku Radzieckim był on twórcą nieznanym.

Nad wydaniem antologii, jak twierdzi sam autor, w wywiadzie dla pisma „Literaturnaja Rosija" (1988, nr 7) pracował dwa lata, a „trzynaście lat zmarnowano w labiryntach wydawniczych"[1]. Tak więc od pomysłu zrodzonego w 1973 r. do wydania w grudniu 1987 r. upłynęło prawie 15 lat.

Antologia polskiej poezji w przekładzie na język czuwaski zawiera utwory: Biernata z Lublina, Kochanowskiego, Reja, Sępa Szarzyńskiego, Krasickiego, Karpińskiego, Mickiewicza, Słowackiego, Norwida, Leśmiana, Staffa, Pawlikowskiej-Jasnorzewskiej, Gałczyńskiego, Baczyńskiego, aż po współczesnych: Różewicza czy Poświatowską. Nie znalazły w tej antologii miejsca wiersze Miłosza, Herberta czy Szymborskiej.

Gennadij Aigi podjął się trudnego zadania ze względu na specyfikę języka czuwaskiego. Sam w liście do swego przyjaciela, autora przekładów jego poezji, Wiktora Woroszylskiego, napisał iż: „praca była niezwykle trudna, niemal bolesna, gdyż język czuwaski, od wieków zamknięty w swojej hieratyczności broni się przed rozdzierającym tragizmem dwudziestowiecznej polszczyzny"[2]. Równocześnie dodał jednak, iż: „będzie go musiał przyjąć gdyż jest to szczepionka niezbędna dla czuwaskiego słowa"[3].

---

[1] W. Woroszylski, *Powrót Ajgiego*, „Tygodnik Powszechny" 1988, nr 27.
[2] Op. cit.
[3] Op. cit.

Na czym więc polega istota wspomnianej przez Aigiego hieratyczności języka czuwaskiego. Może to nie hieratyczność, a raczej specyfika reguł rządzących językami tureckimi, do których należy również język czuwaski. Jakie więc są te cechy języków tureckich, które każą ich użytkownikom określać je takim mianem?

Cechami ogólnotureckimi, które na pewno mogą utrudniać tłumaczowi dokonywanie przekładu na inny język, jest, po pierwsze, określony szyk zdania polegający na niezmiennie końcowej pozycji orzeczenia. Wyjątek od tej reguły, choć nie zawsze, może pojawić się w utworach poetyckich, stosujących czasem szyk inwersyjny. Po drugie, bogaty system gerundialno-partycypialny, zastępujący formy zdaniowe z verbum finitum, prowadzi do tworzenia długich zdań złożonych, połączonych bezspójnikowo. Kolejną cechą jest stała prepozycyjna pozycja wyrazu określającego w stosunku do wyrazu określanego. Inną cechę stanowi istnienie w językach tureckich postpozycji zamiast przyimków. Tych wspólnych dla języków tureckich cech jest znacznie więcej niż tu wymieniono. Są to zarówno cechy fonetyczne, morfologiczne, jak i składniowe. Jednak, te których tu nie wspomniano, nie są cechami relewantnymi w aspekcie problemów translatorskich.

Do rozważań nad przedstawioną tu problematyką posłużyły dwa utwory zamieszczone we wspomnianej wydanej w języku czuwaskim antologii polskiej poezji. Są to: wiersz Krzysztofa Kamila Baczyńskiego pt. *Żyjemy na dnie ciała* oraz Marii Pawlikowskiej-Jasnorzewskiej *Wierzba przydrożna.*

Wiersz K. K. Baczyńskiego to utwór wojenny o specyficznym, apokaliptyczno-katastroficznym klimacie, pełnym tragicznej samoświadomości własnego losu.

Wiersz M. Pawlikowskiej-Jasnorzewskiej pochodzi z wydanego w Anglii 10 lat po śmierci poetki tomu *Ostatnie utwory*[4]. Utwór ten, pisany na obczyźnie, przepełnia nostalgia za tym, co bliskie i swojskie, a co stało się dla poetki już nieosiągalne.

Obydwa utwory nie zostały wybrane przypadkowo. Charakteryzuje je specyficzny polski klimat, choć w każdym z wierszy całkowicie odmienny, warunkowany innymi okolicznościami.

Przyglądając się więc tym czuwaskim przekładom polskich wierszy, spróbujmy ustalić, czy dokonany przekład jest kongenialny, a więc — z definicji tego słowa — czy wyraża tę samą treść, klimat oraz dorównuje oryginałowi poziomem artystycznym.

Dla uwidocznienia różnic między oryginałem a przekładem proponujemy następującą prezentację analizowanych utworów:

— fragment tekstu oryginalnego (dla ułatwienia wprowadziliśmy numerację wersów),
— przekład czuwaski (w transkrypcji),
— przekład z czuwaskiego na polski cytowanego fragmentu oryginału.

Spróbujmy więc porównać przekład czuwaski z oryginałem, analizując jako pierwszy wiersz K. K. Baczyńskiego *Żyjemy na dnie ciała.*

---

[4] M. Pawlikowska-Jasnorzewska, *Wiersze*, wybór i wstęp S. Flukowski, Warszawa 1967, 23.

1. K. K. B.: *Żyjemy na dnie ciała. Na samym dnie grozy*
Czuw.: Xărušă tĕlĕkre — üt tĕpĕnče! — purnatpăr.
Przekł. z czuw.: *W strasznym śnie, na dnie ciała żyjemy.*

2. K. K. B.: *Rzeźbi nas głód cierpliwy i tną białe mrozy.*
Czuw.: —
Przekł. z czuw.: —

3. K. K. B.: *U okien przystajemy.*
Czuw.: Părtan tună pekex kantăksenče kurnatpăr.
Przekł. z czuw.: *Pokazujemy się w oknach podobnych do lodu.*

4. K. K. B.: *Noc za oknem czeka i śmierć się jeży cicho, gdy czuje człowieka.*
Czuw.: Av, vilĕm uramra. Trotuarpa utat' văl,
Čĕr üt tuysa, šărtne yït yevĕr tăratat văl.
Przekł. z czuw.: *Oto na ulicy śmierć. Idzie po chodniku; czując żywe ciało jeży się niczym pies.*

5. K. K. B.: *I topniejemy z wolna. Nie patrzmy sobie w oczy*
na drugi dzień. Znów człowiek utopił się w nocy.
Czuw.: Irpe — masar. Čavatpăr šătăk. Sivĕ.
Kallex kuśa — tusran tartmaškăn tivĕ.
Przekł. z czuw.: *Rano cmentarz. Kopiemy grób. Chłodno. Znowu odwracamy oczy od przyjaciela.*

6. K.K.B.: *To nie jest smutek wiary. To serca tak siwieją*
i stygną coraz, stygną z miłością i nadzieją.
Czuw.: Yĕmest-xa šančăk. Văl văxătlăxa pïtannă.
Čun vatălni ančax. Čun, üt pekex, părlannă.
Przekł. z czuw: *Nie płacze nadzieja. Ona się chwilowo ukryła.*
Dusza się tylko postarzała, dusza niczym pokryte lodem ciało.

7. K. K. B.: *Wiemy tylko. To wiemy: w ostatnim śnie cierpienia*
jest dom rzeźbiony w słońcu, a pod nim ciepła ziemia,
i tam strumieniem jasnym jak przezroczystym mieczem
odbici — rozpoznamy twarze ciągle człowiecze.
Czuw.: Śapax kuratpăr-xa pĕrten-pĕrex ükerčĕk:
ak, lăpkă surt. Ak, xir... Xĕvel, ak, xĕm ükerčĕ;
xĕs pek śiśse, sălkuś săn-pitsene tasatĕ,
šaltan, sïnlăxpala, yalanlăxa śutatĕ.
Przekł. z czuw.: *Oto widzimy jedyny obraz. Oto cichy dom. Oto ziemia. Słońce i żar (ogień).*
Błyszcząc niczym miecz, czyścił źródlanoczyste twarze, od środka, na zawsze
oświetlał je człowieczeństwem.

Pierwszą zauważoną cechą jest brak symetrii przekładu. Już na początku widzimy, że opuszczony został w przekładzie wers: „Rzeźbi nas głóg cierpliwy i tną białe mrozy". To opuszczenie jest prawdopodobnie świadomym zamierzeniem tłumacza. Jak pisze K. Lipiński w swej pracy *Vademecum tłumacza*: „tłumaczenie jest także sztuką (właściwego) wyboru"[5], a „tłumacz literatury — nie jest i nie powinien być odtwórcą, ale współkreatorem, inaczej mówiąc — poetą poety"[6]. Kolejny przykład opuszczenia oraz równoczesnej substytucji to czuwaska wersja zaczynająca się od słów: „I topniejemy z wolna". Opuszczone zostały tu dwa fragmenty. Pierwszy to wspomniane już zdanie o bardzo metaforycznym charakterze: „I topniejemy z wolna" oraz drugie: „znów człowiek utopił się w nocy". W drugim miejscu tłumacz nie tyle opuścił, co dokonał dużej modyfikacji komunikatu, choć w tym przypadku możliwy był dokładny (wierny) przekład. Zabieg, który zastosował tłumacz w wersie zaczynającym się od słów: „to nie jest smutek wiary", to bardzo poetycka ekwiwalencja. „Smutek wiary" został przetłumaczony jako „nadzieja, która nie płacze". Być może w języku czuwaskim słowo „wiara" daje jedno-znaczną konotację religijną, tak więc „nadzieja, która nie płacze" w odczuciu czuwaskiego tłumacza lepiej oddaje sens „smutku wiary". Kolejne substytucje leksykalne to: słowo „serce" zamienione w czuwaskiej wersji na „duszę", a czasownik „siwieć" na „starzeć się". W języku polskim „siwieć" może być metaforyczną substytucją dla czasownika „starzeć się", podczas gdy w języku czuwaskim słowo oznaczające „siwieć" odnosi się wyłącznie do zmiany barwy.

W ostatnich wersach czuwaskie tłumaczenie znowu dokonuje opuszczeń i substytucji, zmieniając nieco sens słów polskiego poety. Oto bowiem słowa Baczyńskiego: „Wiemy tylko. To wiemy: w ostatnim śnie cierpienia jest dom rzeźbiony w słońcu, a pod nim ciepła ziemia" w czuwaskim przekładzie brzmią następująco: „Oto widzimy jedyny obraz. Oto cichy dom. Oto ziemia. Słońce". Jak widać, czuwaski tłumacz rozumie w pełni znaczenie słów polskiego poety, ale mimo to opuszcza słowa: „... w ostatnim śnie cierpienia...", dając neutralny odpowiednik: „oto widzimy jedyny obraz". Prowadzi to do dużego spłaszczenia stylistycznego, a także do wypaczenia makrokontekstu tego utworu. Na koniec tej analizy przykład, który wydaje się świadczyć o pewnym niezrozumieniu metaforycznej wizji Baczyńskiego. Zatrzymajmy się na fragmencie: „i tam strumieniem jasnym jak przezroczystym mieczem odbici — rozpoznamy twarze ciągle człowiecze". Pomimo apokaliptycznego charakteru utworu ten fragment tchnie wiarą w człowieka i swoistego rodzaju optymizmem. Słowa poety w czuwaskim przekładzie nabierają całkowicie nowego sensu. Otóż, w czuwaskiej wersji („Słońce i żar (ogień). Błyszcząc niczym miecz, czyścił źrodlanoczyste twarze") pojawia się słowo „żar/ogień", jako oczyszczający element, który odnawia wewnętrznie i napawa człowieczeństwem. Można próbować odgadywać intencje autora przekładu. Czy słowo „żar/ogień" zostało przez niego użyte świadomie, jako celowe uzupełnienie, ale o charakterze subiektywnym (a więc własna decyzja tłumacza), czy też jest to raczej dowód na brak zrozumienia wizji Baczyńskiego.

Drugim wierszem, który został poddany analizie przekładowej jest *Wierzba przydrożna* Marii Pawlikowskiej-Jasnorzewskiej.

---

[5] K. Lipiński, *Vademecum tłumacza*, Kraków 2002, 24.
[6] Op. cit., 98.

1. M. P-J.:	*Polska wierzba, krzywa, pochylona,* *Piorunami trafiana raz po razie,*
Czuw.:	Pol'ša yămri... Vulline avnă tăvăl, Śiśĕm yalan, śulseren ăna šelsĕr ĕntnĕ, śuntarnĕ...
Przekł. z czuw.:	*Polska wierzba, burza zgięła konary. Błyskawica* *zawsze, co roku paliła ją nieubłaganie.*
2. M. P-J.:	*Ma tysiące gałęzi, zieleńszych od liści,* *Prostych, promiennych,* *Które biją z jej piersi jak akty strzeliste,* *Ku niebu, w ekstazie!*
Czuw.:	Pĕrex śülelle yešĕl xunav kassăn-kassăn śĕklennĕ Un čĕrinčen, šăxărsa śĕmrenle, xavxalanu śulămne süntermesĕr!...
Przekł. z czuw.:	*Jednakowo wysoko, zielone pędy podnosiły się z jej serca* *świszcząc niczym strzały z niegasnącym ogniem entuzjazmu.*
3. M. P-J.:	*Wielki, wielki mam sentyment dla tej wierzby!* *Jak ona wierzy w życie! — I my wierzmy...*
Czuw.:	Kur-xa, yeple šuxăša xuskatat' văl! Pit purnăśa ĕnenet... Ĕnener-xa epir te.
Przekł z czuw.:	*Patrz jak porusza ona myśli. Bardzo wierzy w życie. Wierzmy i my.*

Ten nastrojowy wiersz, będący ciepłym, poetyckim opisem wierzby — symbolu polskiego pejzażu, za którym tęskni poetka, wydaje się być na pozór prostym zadaniem dla tłumacza. Nie ma w tym tekście „niebezpiecznych" ambiwalencji, tak z kolei charakterystycznych dla tekstu Baczyńskiego. Niemniej i w tym przypadku na tłumacza czyhały pewne pułapki. Pierwszą widoczną przeszkodą były „akty strzeliste". W tym zwrocie frazeologicznym kryje się zarówno określenie czegoś wysmukłego, a zarazem podniosłego, żarliwego, płomiennego. Natomiast brzmieniem swoim słowo „strzelisty" kojarzy się ze „strzałą". Tak więc tłumacz nie wychwycił stylistycznego nacechowania tego zwrotu. Jego skojarzenie odnosiło się do podobieństwa brzmieniowego obydwóch wyrazów i stąd w tłumaczeniu pojawiła się substytucja polegająca na opisowym przedstawieniu analizowanego zwrotu, czyli „zielone pędy podnosiły się z jej serca świszcząc niczym strzały".

Kolejną trudność przyniosło zdanie: „wielki, wielki mam sentyment dla tej wierzby". W dosłownym przekładzie zdanie to zostało oddane słowami: „Patrz, jak ona porusza myśli" Przekład tego zdania zarówno w sensie intencyjnym, treściowym jak i gramatycznym jest daleki od oryginału. Nie wychwytuje sensu tej wypowiedzi. Przyczyny tego „niezgrabnego" przekładu tkwią bowiem w leksyce i strukturze gramatycznej języka czuwaskiego. Słowo „sentyment" nie ma dosłownego odpowiednika w języku czuwaskim. Tak więc tłumacz zastąpił go słowem „myśl". Z kolei konstrukcja zdaniowa: „mam sentyment dla tej wierzby" jest trudna do przełożenia na język czuwaski. Dosłownie należałoby to powiedzieć: „jest moja myśl dla tej wierzby", co znaczeniowo i stylistycznie byłoby trudne do przyjęcia.

Zwracają również uwagę dwa inne zabiegi zastosowane w tym przekładzie. Pierwszy, skądinąd trudny do wyjaśnienia, to zmiana czasu gramatycznego, widoczna w dwóch pierwszych zdaniach: „burza zgięła konary"; „błyskawica ją spaliła"; „zielone pędy podnosiły się". Drugi zabieg to zastosowanie inwersji w tekście czuwaskim, np: „porusza ona"; „wierzmy my", co, w językach tureckich stosowane jest wyjątkowo, jako środek ekspresji.

Kończąc te rozważania należy stwierdzić, że obydwa wiersze, choć tak różne tematycznie, ale wspólne pod względem makrokontekstu, nie były łatwym zadaniem dla tłumacza. Główne trudności dla czuwaskiego tłumacza stanowiły w polskim tekście: wielowarstwowość z odniesieniami historycznymi, kulturowymi, socjologicznymi, wieloznaczność skojarzeń i obrazów ujęta w zwroty frazeologiczne oraz intertekstualność. Natomiast ze strony języka docelowego przekładu główne przeszkody tkwiły w pewnym ograniczeniu środków artystycznego wyrazu, w braku odpowiedników leksykalnych oraz w strukturach gramatycznych.

Przedstawione problemy, z którymi styka się tłumacz, prowadzą do rozważań ogólnego charakteru ujętego w pytaniach: czym jest przekład, jaka jest czy powinna być wzajemna relacja oryginału i przekładu, czego oczekujemy od tłumacza, czy powinien być twórcą czy też odtwórcą. Są to kanoniczne pytania, na które wielu teoretyków przekładu próbowało i nadal próbuje odpowiedzieć.

Niech więc dwie myśli zaczerpnięte ze wspomnianej wcześniej pracy Lipińskiego będą próbą odpowiedzi na te pytania: „Tekst przekładu jest wynikiem kompromisów i [...] męki wyboru"[7]. „Tłumacz tworzący swój tekst nie jest całkowicie swobodnym kreatorem", jest „tancerzem w kajdanach"[8].

Literatura i skróty

Źródła

Pol'ša poečěsem XV–XX ěmĕrsem [*Poeci Polski od XV do XX w.*], Šupaškar, Czeboksary 1987.
Poeci polscy. Krzysztof Kamil Baczyński, Warszawa 1972.
M. Pawlikowska-Jasnorzewska, *Wiersze*, Warszawa 1967.

Inne

Dierżanowska H., *Tłumaczenie tekstów nieliterackich*, Warszawa 1977.
Filipowicz-Rudek M. [red.], *Między oryginałem a przekładem*, VI, Kraków 1999.
Lipiński K., *Vademecum tłumacza*, Kraków 2000.

czuw. — czuwaski
K. K. B. — Krzysztof Kamil Baczyński
M. P.-J. — Maria Pawlikowska-Jasnorzewska

[7] Op. cit., 177.
[8] Op. cit., 177.

Summary

Problems in the Translation of Polish Poetry into Chuvash

In 1987 in Čeboksary an anthology of Polish poetry entitled *Pol'ša poečěsem XV-XX ěměrsem* (*Polish poets from the XVth century to the XXth century*) was published. The publication of this anthology was the idea of the well-known Chuvash poet Gennadij Aigi. He selected the Polish poems and was the author of the majority of their translations.

The anthology comprises the works of such Polish poets as: Biernat from Lublin, Kochanowski, Rey, Sęp-Szarzyński, Krasicki, Karpiński, Mickiewicz, Słowacki, Norwid, Leśmian, Staff, Pawlikowska--Jasnorzewska, Gałczyński, Baczyński, Różewicz, Poświatowska. This work does not include poems by Miłosz, Herbert and Szymborska.

Aigi in one of his interviews admitted that the task was extremely difficult since the Chuvash language is very "hieratic".

Inspired by such a statement we wanted to observe what problems faced the translator when translating the Polish poetry into Chuvash. For our analysis we have chosen two poems: the one by Baczyński entitled: *Żyjemy na dnie ciala* (*We live at the bottom of our body*) and the second by Maria Pawlikowska--Jasnorzewska: *Wierzba przydrożna* (*Wayside willow*).

Although these two poems are very different with regards to style, climate and subject-matter they are very Polish in terms of macrocontext, phraseology and the use of metaphors. A comparison of the translation of these two poems with their original versions leads one to several conclusions. First of all the translations of both poems are not congenial. The Chuvash translator was faced with several difficulties. In the language of the original, that is Polish, the main problem was to be found in ambiguity of associations, difficult phraseology, the macrocontext and the strange social and cultural background. In the language of translation, that is Chuvash, the main obstacles were: the lack of lexical equivalents, some grammatical structures and very limited figurative means.

JĘZYKI ORIENTALNE W PRZEKŁADZIE — KONFERENCJA
ORIENTAL LANGUAGES IN TRANSLATION — CONFERENCE
Kraków, 20–21 maja/May 2002

Elżbieta Święcicka

Turkish Literature in Swedish Translation

Uppsala University

Paraphrasing the question raised by the excellent Swedish bard, Carl Mikael Bellman in one of his ballads,[1] one may ask; who in Poland cares for matters Swedish, and to be exact the translation of Turkish works of literature into Swedish? It appears, however, that the richness of the mosaic presented at this conference will allow one to add a short history of Turkish literature in Swedish.

In Sweden, as in other European countries there existed at the time of the Ottoman Empire a certain interest in Oriental literature. However Ottoman Turkish literature was perceived as a part of exotic Oriental literature accessible only to specialists. This interest was chiefly on the part of Oriental scholars and diplomats and was limited to specific forms like, for instance, the Kalila and Dimna fairytales[2] and selected writers such as Omar Khayyam.

Turkey became present in Swedish politics and culture thanks to Charles XII and the implications that resulted from his five-year stay in Ottoman Turkey in Bender from 1709 to 1714. Charles XII developed enlivened diplomatic activity and organized scientific expeditions. Not long after, in 1759, Swedish diplomats purchased the elegant residence at Pera, the *Palais de Suède*, they started to collect works of art and conduct research within archives. Sweden tried to send to Constantinople competent diplomats, who understood Turkish. They were interested in literature, and among other things that were purchased were incunabula from the printing house of Müteferrika.

The Turks in turn started to develop an interest in European literature and started to translate certain literary works. This took place from the moment the Classical period was finally closed, and when the value of the literary forms cultivated in Europe, those lacking in the Ottoman Turkish literature of the time, were realized. When, and not without European

[1] "Hvad fan angår dej Pålens affärer?" (What do you care of matters Polish, damn you?) (C. M. Bellman, poem-letter no. 45).

[2] *Kalila wa-Dimna*, transl. from French into Swedish, Stockholm 1745.

inspiration, a Turkish prose and poetry developed that dealt with existential problems, and therefore one that treated the surrounding world as a task for description and dénouement, using a language that was adequate for these aims, there was begun the process of translating individual works of Turkish literature into European languages, including Swedish.

The first and only work to be translated from Turkish and published in the pre-Republic period was the witty stories of Nasreddin Hoca, published under the title *The Jokes and Pranks of Nasreddin Hoca, or Parables from the Days of Timur Lenk.*[3] The respective Swedish and Danish versions, with Arthur Sjögren's amusing illustrations, were published in parallel in Stockholm and Copenhagen in 1902. The translator was Gustav Noring who as an eighteen-year-old boy settled in Constantinople, converted to Islam, and adopted the name Ali Nouri (after 1928 Nouri Dilmaç). He became an Ottoman diplomat, a writer, bibliophile, and the man behind the idea of creating a National Turkish Library.

The next selection of Nasreddin Hoca's anecdotes appeared in 1928, *Nasreddin Hodscha: Turkish Fairytales and Humorous Stories.*[4] The author was Fredrik Böök, a Swedish literary historian, who was introduced to Nasreddin Hoca's world in Constantinople in 1922 by Johannes Kolmodin, a diplomat, translator and specialist in Turkish archives. More recently; Herman Stolpe published a third selection of Nasreddin Hoca's anecdotes in 1966.[5] This thin volume was published for a second time under a slightly modified title in 1980,[6] within the series *Oriental Proverbs and Sayings* by Lts Publishing House.

The first book translated into Swedish, following the establishment of the Republic, was *The Shirt of Flame*[7] (*Ateşten Gömlek*) by Halide Edib Adïvar, a writer considered to be the mother of contemporary Turkish literature. *The Shirt of Flame* appeared in 1928 and is a description of the struggle between the Turks and the occupiers who were planning the division of the remains of the Empire. The book's translator, Hjalmar Lindquist, knew Turkish and Ottoman well and, as he himself writes, had spent seven years "amongst the Turkish tribes." He also knew the writer personally, with whom he discussed the translated text. Lindquist was helped in his Turkish studies by previously mentioned Johannes Kolmodin, as well as by the Turkologist and missionary from Lund, Gustav Raquette.

In 1947 there appeared in Swedish a subsequent book by the same author, *The Clown and His Daughter.*[8] Halide Edib wrote it in English during her self-imposed emigration

---

[3] *Nasreddin Khodjas upptåg och skämt* ...In the footnotes a Swedish rendition of titles is given. In the text, as far as they exist, there are preserved the original English titles for the translations. Complete bibliographical data is at the end of the article.

[4] *Nasreddin Hodscha. Turkiska sagor och skämthistorier.* Böök's selection is based on the sources published by J. A. Decourdemanche (1878), A. Wesselski (1911) and H. D. Barnham (1923). See also: *Nasreddin Hodja på svenska* (*Nasreddin Hodja in Swedish*) by U. Ehrensvärd, "Dragomanen" 1/1996–1997.

[5] *Turkisk livsvisdom: Ordspråk och sentenser*, Kolibri.

[6] *Turkiska ordspråk.*

[7] *Eldskjortan.*

[8] In Swedish it was given the title *Rabia, koransångerska* (Rabia, the Koran Singer), transl. by L. Westlinder.

that constituted a protest against the policies of Kemal Atatürk. This is a noteworthy work by the writer.

In this very same year Erik Gamby, a writer and cultural specialist, published a selection of poems by fifteen Turkish poets: Yunus Emre, Karacaoğlan, Abdülhak Hamid, Ahmet Haşïm, Yahya Kemal, Necip Fazïl Kïsakurek, Hasan Dinamo, Suphi Taşan, Orhan Veli, Ilhan Berk, Cahit Külebi, Melih Cevdet, Oktay Rïfat, Sabahhatin Küdret, Sefer Aytekin for, as he writes in the introduction, "Turkish verse has never been offered to Swedish readers".[9]

This is not completely true as the above mentioned Johannes Kolmodin published in 1921, in the Sunday supplement to the daily "Dagens Nyheter", translations of the patriotic verse of the poets: Orhan Seyfi's, Ahmet Celal Sahir's and also the well-known poem by Ahmet Akif *The March of Freedom*. Gunnar Jarring adds that, Kolmodin quotes in private correspondence from 1917, the unpublished translations of Yunus Emre's hymns[10].

In the 1950s isolated cases of immigrants, originated from intellectual circles arrived in Sweden from countries of the Orient including Turkey. They undoubtedly played a part in the appearance, in the second half of the 1950s, of a series of translations from literatures of the Orient. The series was published by a group, initiated by Carl Elof Svenning, called the International Book Club[11] which had set itself the goal of acquainting Swedish readers with a "different art of narration" through, as was written in the introduction to the first book, "the addition of prose translations of contemporary Asian writers to the treasure house of literature present in Sweden." In 1958 Carl Elof Svenning published a small volume of short stories written by Arab, Armenian, Iranian, Pakistani and Turkish writers entitled *Contemporary Eastern Story Tellers*.[12] As it appears the short stories were translated from European languages. Turkish literature is represented in the anthology by three short novellas: by Yakub Kadri, Jusuf Ziya and Orhan Hanceroğlu. The author of the anthology, in the introduction thanks the poet and photographer, Lütfi Özkök, resident in Sweden, for the selection of texts, claiming also that no similar anthology has arisen in Europe.

The International Book Club issued, with a similar intention, a journal entitled *We and World Literature*, in which the poems of Yunus Emre were published in 1972.[13]

Lütfi Özkök is a known personality in Sweden. A poet, translator of French literature and first and foremost a respected photographer who specializes in the portraits of writers including many Nobel Prize winners. He chose to settle in Sweden to some extent by

---

[9] *Österland: tolkningar av modern turkisk och japansk lyrik* (*The East: Getting Closer to Contemporary Turkish and Japanese Poetry*). His selection was based on Derek Patmore's book *The Star and the Crescent*, London 1946. According to Gamby, translations from Turkish into English were made by "a female Turkish university graduate". The Patmore's book was not accessible to me at the moment of writing this article.

[10] *Svenska Forskningsinstitutet i Istanbul*, "Meddelanden" 1/1976, 42.

[11] Internationella Bokklubben.

[12] *Moderna österländska berättare.*

[13] "Vi och världslitteraturen" 1/1972.

chance through marrying the Swede, Anne-Marie Juhlin, whom he met while studying at the Sorbonne.

Thanks to his efforts, a modest selection of Turkish poems was released in 1953 of his translations, made together with a leftist literary man of letters, Lasse Söderberg. This little volume, entitled *Bread and Love*[14] was published in one hundred copies. Lütfi Özkök has chosen the poems of Cahit Külebi, Orhan Veli, Oktay Rifat, Fazïl Hüsnü, Melih Cevdet, calling these poets "the salt of our literature". (Incidentally, among Melih Cevdet's poems one was entitled *The Children of Poland.*)

Another volume of poetry which bore the title once used in 1953, *Bread and Love. Five Poets*[15] was prepared by Lütfi Özkök in 1976, in cooperation with the known writer Artur Lundkvist, Lasse Söderberg and Anne-Marie Özkök. The volume was published by the leftwing publishing house *Tiden.* Here were to be found five poets: Nazim Hikmet, Fazïl Husnü Dağlarca, and three poets from the avant-garde literary group *Garip.*

Lütfi's wife, Anne-Marie not only shared his love of French literature, but also herself started to take an interest in Turkish literature and to translate Turkish poetry. She selected and prepared the most extensive collection of slightly surrealist, ironic and existential poems by poets from the group "Garip": Orhan Veli, Melih Cevdet Anday, Oktay Rifat. Two small volumes have appeared from the planned trilology, on Orhan Veli and Melih Cevdet Anday.[16] Anne-Marie Özkök's premature death meant that she did not publish the edition with Oktay Rifat's verse. She also translated isolated novellas of e.g. Sait Faik,[17] and other poems published amongst other places in the journal "Artes",[18] as well as a volume of Bülent Ecevit's,[19] the poem and statesman, verse from various periods.

A sizeable section of the Swedish intellectual establishment appeared to foster the conviction, that an individual is merely matter in the face of history, of politics and technology and that is necessary to strive to change the system of these forces through radical methods and at least to support those who hold similar views in the so-called Third World. As far as Turkish literature is concerned there prevailed the view (expressed, by among others, the pen of a Swedish critic in a leftwing newspaper) that "Turkish literary works lack a common aesthetic platform, that though the description of the harsh conditions of life for an Anatolian peasant is not devoid of genuine compassion there is within the stories an absence of strong ideological interpretation." Other writers were accused of blindly imitating the forms and literary genres of the West.[20] In this context it is interesting, that

---

[14] *Brödet och kärleken*, Metamorfos edition

[15] *Brödet och kärleken. Fem turkiska poeter*, within a series "FIB: s lyrikklubbs bibliotek".

[16] *Jag lyssnar till Istanbul* (*I'm Listening Intensely to Istanbul*) and *På nomadhavet* [*Incessant Wandering*], through the cooperation of Lütfi Özkök and Lasse Söderberg. This third volume vill be published in 2003.

[17] *A Garden*, in cooperation with Birgit N. Schlyter, the Turkologist at Stockholm University

[18] 2/75 F. Hüsnü Daglarca, O. Rifat, in conjunction with Lütfi.

[19] Mot källan [*Towards the Source*].

[20] Knut Hansson, *Provinsiell och bisarr dikt* (*Provincial and Strange Creativity*) in "Aftonbladet" 26. 08. 1963.

the decision was not taken to publish, for example, Mahmud Makal's well-known book *A Village in Anatolia*[21], which had been translated into twenty odd languages.

That said the Swedish intelligentsia considered, in a natural manner, as theirs the dogmatic discourse that pervades the poems of the avant-garde Turkish poet, Nazim Hikmet. In other words, Hikmet created interesting literature that was in accordance with the spirit of the times that was, and to a certain degree, still is present in the Kingdom of Sweden.

Two volumes of Hikmet's poems were published; in 1970 a selection of verse from various periods,[22] translated from the French by Arne Häggqvist, and in 1974, *The Moscow Symphony*[23] which was translated from the English by the writer Göran Tunström.

Another two Swedish-Turkish couples' intellectual activities have led to a widening of the image of Turkish literature for the Swedish reader: Barbro and Güneş Karabuda and Ulla Lundström and Demir Özlü.

Barbro and Güneş Karabuda translated and published in 1958 a collection of novellas by Tahsin Yücel, *Intoxication and Other Stories*[24]. Barbro Karabuda is also known for her many books about Turkey.

Ulla Lundström is a translator and journalist, her husband Demir Özlü is the writer who often touches on the subject of exile as a form of journey through life, also spiritual life, of a journey that despite the fact that it contains elements of melancholy is to a significant degree enriching. He is known for, among other things, the transportation to Turkish soil of Sartre's concept of *la nausée; bunaltï* in Turkish, publishing in 1958 a collection of novellas under the same title. Some of his short stories *Little Mary, An Author in a Discothe, Pharmacy, Vodka*[25] and *Searching for Kristina Nilsson*[26] were translated by Ulla Lundström. *Little Mary* was published in the journal "Dragomanen", which is a continuation of "Meddelanden". The journal is devoted to the culture of Turkey and the Orient and is published by the Swedish Research Institute in Istanbul and Society of Friends of the Research Institute in Istanbul.

Ulla Lundström also translated one of the poems of Özkan Mert (resident in Sweden) *Fight My Heart!* (*Kïrlangïçlar, Kïrlangïçlar*)[27]. The next collection of his poems, *Emigration Blues*[28] has been translated by Claire Kaustell and was published in 1999.

When, at the beginning of the 1970s, the talented Turkish writer Yaşar Kemal made his appearance on the Swedish literary scene he was well received by intellectuals and less desirably by radical Kurdish émigré circles. Not least because in his books he concentrated not on agitation but on the description of the places and times touched by history, swallowed up by the developing civilizations, often using a stylized folk technique in narration. His several-year stay in Sweden was a fruitful period for him as

---

21 *Bizim* Köy, 1st ed. 1950.

22 *Dikter om nu och alltid* (*Poems about Now and Forever*).

23 *Moskvasymfonin*, FIB: s lyrikklubb. Translation was based on Taner Baybar's English version.

24 *Den stora berusningen.*

25 *En författare på diskotek, Apoteket, Vodka*; *Lilla Maria*, [in:] *Stockholm Öyküleri*, Istanbul 1988.

26 *På spanning efter Kristina Nilsson*, the joint translation with Tora Palm.

27 *Kämpa mitt hjärta*, Skriptor 1981.

28 *Exilens blues.*

a writer in terms of publications. The list of eighteen titles that have so far been published begins with *A Dirty Story and Other Short Stories* published in 1967, *Mehmed My Hawk* in 1970, *Mehmed My Hawk II* in 1973, *The Legend of the 1000 Bulls*, etc.[29] Several works have been republished several times. All his books that have been translated into Swedish have been done so from English on the basis of the English translations made by his wife, Thilda Kemal.

Every year there is speculation concerning the awarding to Yaşar Kemal of the Nobel Prize for literature. That Sweden is the country that presents this prestigious award is something of great significance in relation to the translation of world literature. It seems that if the Nobel Prize is to be awarded to a Turkish writer then this accolade will befall Orhan Pamuk and not Yaşar Kemal.

Orhan Pamuk is the new star who has eclipsed Kemal's fame. It is conceivable for me that both writers could share the said ex-equo.

Orhan Pamuk is an adherent of the classical art of story writing, though obviously not in the style of the tales from a thousand and one nights or the stories of the folk bards — the *meddahs*. Pamuk incorporates himself within the European method of story writing à la Joyce, Potocki, Bulgahov, Faulkner, Lawry, Borges and for certain the art expounded by Cervantes. The wanderings of the main hero in *The Black Book* (*Kara Kitap*)[30] is simultaneously the reader's wandering through literature. Another description of wandering and the experiencing of contemporary adventures is contained in the book *The New Life* (*Yeni Hayat*)[31]. This was translated from Turkish by the young translator Dilek Gür and published in 1996.

Pamuk is fully aware that, in Kundera's words, whose book *L'art du roman* is doubtless not unfamiliar to him, the novel is a European concept. Through the lips of Osman, the hero of *The New Life*, he speaks in a somewhat self-effacing way:

> zaten, roman denen modern oyuncak, Bati medeniyetinin bu en büyük buluşu, bizim işimiz değil ... bu yabancï oyuncağïn içinde nasïl gezineceğimi hala bir türlü cïkaramadïğïm için ...
> and what's more the fact is, that this new toy, which we call the novel, and which is the greatest invention of Western civilization, just isn't for us ... I still am unable to understand how it is that I find myself moving within the sphere of this alien game[32]

Nonetheless, as a writer he tries intensely to share the European passion for solving the puzzles of existence, with his novels being full of intertextual associations. The strongest leitmotif that runs though all of Pamuk's novels to date is the search for identity

[29] *En smutsig historia och andra berättelser*, *Låt tistlarna brinna*, *Och de brände tistlarna*, *De tusen tjurarnas berg*, etc. See the complete Swedish bibliographical data at the end of the article.

[30] *Svarta boken*. The Swedish version is based on B. Brendemoen's Norwegian and G. Gün's English translations.

[31] *Det nya livet.*

[32] The same fragment has been quoted earlier in the article *Turkish Literature* (*Den turkiska litteraturen*) by Elżbieta Święcicka and Tuula Kojo, [in:] *Tradition and New Creativity* (*Tradition och nyskapande*) ed. by I. Svanberg, Lund 1997. Tuula Kojo is a translator of Turkish literature into Finnish. She gained distinction for the translations of Pamuk's novels.

within a new complicated reality — a subject matter of extreme importance not only for the heirs of the Ottoman Empire, but equally for the inhabitants of a multiethnic Sweden and certainly equally for the inhabitants of the new common Europe.

In *The White Castle* (*Beyaz Kale*), published in Sweden in 1992, Pamuk formulates it thus: "one cannot be oneself without being able to be somebody else".[33] This book appeared in the joint translation of Kemal Yamanlar and Anne-Marie Özkök. The subsequent book *The House of Silence* (*Sessiz Ev*) was translated from Turkish by Dilek Gür. Chronologically the last work to be published, *My Name is Red* (*Benim adim kirmizi*) was translated into Swedish, in the same way as *The Black Book*, from English.[34]

Yet another Turkish writer, the recently deceased Aziz Nesin, was to see the publication of a small part of his work, but in both cases the pieces were translated from Turkish. Aziz Nesin's short stories appeared in two separate collections and were translated by two different translators: *Satirical Tales*[35] by Claire Kaustell and *Are there No Donkeys in Your Country?*[36] by Ulla Lundström. (The titles were given by the translators.)

The adventures experienced by the heroes of Nesin's books are not those of Don Quichote. Life confronts them with the bickering of government departments, the police, the army, neighbours and family. Paradoxically the situations in Nesin's short stories contain ideas superficially similar to those of Hašek in *The Good Soldier Švejk*, i.e. that the world has become irrational. For Nesin an element of this irrational world was, among other things, Islamic ideology, for which reason he financed and supported the publication of *The Satanic Verses* in Turkey.

There exist also several names of eminent poets and writers whose works, chiefly novellas, have been translated and brought to the (Swedish) light thanks to the efforts of enthusiasts of Turkish literature and published in cultural literary journals, such as: the already mentioned *Dragomanen.* Here is to be included the names of Sevgi Soysal, Necati Cumali and Sait Faik. Soysal's short story *Tante Rosa I Love You* was translated by, Birgit N. Schlyter. Necati Cumali's, *The Street of My Childhood*[37] was translated by Lena Ullman.

This concerns also Sait Faik, the eminent short story writer. Faik's heroes are often people who like him drown their sense of disgust at existence in alcohol and who do not wish to come to terms with the fact that omni puissant society has dominated them and assigns the range or rather the limits of theirs possibilities. Only two of his short stories, *Last Birds* (*Son Kuşlar*),[38] in Ulla Lundström's translation and *A Garden* (*Bir Bahçe*),[39] in a translation by Birgit N. Schlyter and Anne-Marie Özkök were published in Swedish.

[33] *Den vita borgen.*

[34] *Det tysta huset, Mitt namn är Röd.*

[35] *Satiriska sagor.* A couple of stories from this volume were also published in the two anthologies: *Humoreller* (Sveriges Radios Förlag 2000) and *Möt litteraturen jorden runt* (Gleerups Förlag 2002).

[36] *Finns det inga åsnor i ert land?*

[37] *Min barndomsgata.*

[38] *De sista fåglarna.*

[39] *En trädgård.*

Individual poems and short stories by Oktay Rifat, Fazil Husnu Daglarca, Özkan Mert, Lütfi Özkök, Nazim Hikmet, Aziz Nesin and others have been published in the journal *Artes*, produced by among others the Swedish Literary Academy, in the daily newspaper "Dagens Nyheter", literary journal "Halva världens litteratur"[40], and in "Dragomanen"[41].

Certain works have been published in small private publishing houses thanks to financial help from foundations. In this way there have appeared in Swedish the novellas of Gulten Dayïoğlu *Discarded*[42] (*Geride Kalanlar*) in Saffet Eraybar's translation and edited by Annika Ekström as well as Osman Şahin's *Red Wind*[43] (*Kïrmïzï Yel)* in Cumhur Doğan Gür's and Annika Ekström's translation . Both volumes were published by Mellanösterns Förlag.

The novels of the prose writer and eminent journalist Cetin Altan were published both by the well-known publishing house Gidlunds — *The Great Surveillance* (*Büyük Gözalti*)[44] and by the small publishing house Zaza — which published *Whisky* (*Viski*), *A Handful of Sky* (*Bir Avuc Gökyüzü*) and *A Little Garden* (Bir Küçük Bahçe).[45] These last three titles appear in translations by Ruth Sylwan and Eshat Ayata. Ayata has also translated into Swedish the poetry of Ahmet Arif, *I Tore Off the Chains in Yearning* (*Hasretinden prangalar eskittim*)[46].

Sabahattin Ali's novel, *The Devil in us* (*Içemizdeki Şeytan*),[47] in Said Aslan's translation, and Güngör Dilmen Kalyoncu's play *The Victim* reached the hands of a Swedish readership in a similar way. The latter was translated by Yavuz Baydar and published by the small publishing house Halk oyunculari.

Turkish-Cypriot literature is represented by the collection of poems by the Turkish Cypriot poet Osman Türkay,[48] the joint work of the Turkologist and translator Jitka Zamrazilová-Jakmyr and the writer Bengt Liljenberg.

A part of the published translations resulted from the joint efforts of literary enthusiasts who were for many years my students of Turkish at Uppsala University, Swedes as well as native speakers. They and also some of the translators, who have been mentioned, took part in meetings that were devoted to Turkish literature. The short stories of different

---

[40] "Halva världens litteratur" published A Y. Emre's poem in a bilingual Turkish-Swedish form translated by C. Kaustell (1/1992); a short story of A. Nesin *En kvinna per sex män* in G. Tibblin's and N. Dağdeviren's translation (1/1994); a short story of Y. Kemal *Hör på broder* in C. Kaustell's translation (1/1997). as well as reprinted fragments of Hikmet's *Moskvasymfonin* (2/1992); the excerpts from *Svarta Boken* in 3/1995; and M.C. Anday's Nocturne (1/1997).

[41] A single poem of Hikmet, in a bilingual Turkish-Swedish form and in Birgit N. Schlyter's translation, was newly published in no 5/2001.

[42] *Regnbågen.*

[43] *Den röda vinden.*

[44] *Mordet på silkesmasken*, transl. from French by B. Arenander.

[45] *Whiskey, En handfull himmel, Den lilla trädgården.*

[46] *Min längtan har slitit ut bojorna.*

[47] *Djävulen inom oss.*

[48] *Havets ljus: dikter.*

Turkish writers, translated by Anne-Marie Özkök, Ulla Lundström, Tuula Kojo, Lena Ullman, Cecilia Edfeld, Lena Wester, Barbro Cağlar, Sven Johnsson, Peter Arvidsson, Sevgin Ildeniz, Mats Müllern, Annika Engström, Andreas Eraybar and the host of these gatherings, Birgit N. Schlyter, are still waiting to be published. The poems of Baki and Yunus Emre in Peter Arvidsson's translation and the prose of Oğuz Atay in Öykü Andersson's, ought not to be forgotten.

In order to make the list of names of Turkish writers translated into Swedish still more representative one would need to add several new names, first and foremost, that of Ahmed Hamdi Tanpïnar and Adalet Ağaoğlu. Otherwise it appears to be reasonably comprehensive. As far as the volume of translated books goes, the lion's share was translated via a third language, in other words not directly from the original. If one takes into consideration the number of names of translated writers, then it appears that the works for the majority of them were translated from the original language. If the translation into English or French was done well, and in addition with the participation of the author (casus of Yaşar Kemal and the translations of his wife, *casus* Orhan Pamuk and translations of Güneli Gün, a Turkish writer writing in English) then the fact that the translation was made from English into Swedish is usually not taken as something defective or worse in its own right. The result is judged as an independent work. And besides, if it were not for just such translations the image of Turkish literature in Sweden would be even more lacking.

References

Advar Halidé Edib, *Eldskjortan*, Stockholm 1928;[49] *H. Lindqvist.

Advar Halidé Edib, *Rabia, Koransångerskan*, Stockholm 1947; *L. Westlinder.

Ali Sabahattin, *Djävulen inom oss*, Tumba 1978; *S. Aslan.

Altan Çetin, *Mordet på silkesmasken*, Stockholm 1976; *B. Arenander.

Altan Çetin, *En handful himmel*, Stockholm 2000; *R. Sylwan, E. Ayata.

Altan Çetin, *Whiskey*, Stockholm 2000; * R. Sylwan, E. Ayata.

Altan Cetin, *Den lilla trädgården*, Stockholm 2002; * R. Sylwan, E. Ayata.

Anday Melih Cevdet *På nomadhavet*, Lund 1995; *A-M. Özkök, L. Söderberg, L. Özkök.

Arif Ahmed, *Min Längtan har slitit ut bojorna*, Stockholm 1992; *E. Ayata.

Brödet och kärleken, modern turkisk poesi, ed. and transl. by L. Söderberg, L. Özkök, Stockholm 1953.

Brödet och kärleken, fem turkiska poeter, selected and ed. by L. Özkök, transl. by A.-M. Özkök, A. Lundqvist, L. Söderberg, Stockholm 1976.

Cumali Necati, *Min barndoms gata*, "Dragomanen" 2/1998; *L. Ullman.

Dayioğlu Gülten, *Regnbågen*, Stockholm 1983; *S. Eraybar.

Dilmen Kalyoncu Güngör, *Offret*, Stockholm 1982; *Y. Baydar.

Ecevit *Mot källan*, Stockholm 1985; *A.-M. Özkök.

Faik Sait, *De sista fåglarna*, [in:] *Fjärran ifrån och nära, önskenoveller från Radions P1 valda av sina översättare*, ed. G. Ekroth, Stockholm 1996; *U. Lundström.

[49] The names of the translators are introduced by **star** (typographical *) — after the date of publication.

Faik Sait, *En trädgård*, "Meddelanden" 20/95; *B. N. Schlyter, A.-M. Özkök.
Hikmet Nazim, *Dikter om nu och alltid*, Stockholm 1970; *A. Häggqvist.
Hikmet Nazim, *Moskvasymfonin*, Stockholm 1974; *G. Tunström.
Kemal Yaşar, *En smutsig historia och andra berättelser*, Stockholm 1967; *T. Palm.
Kemal Yaşar, *Bomullsvägen*, Stockholm 1968; * T. Palm.
Kemal Yaşar, *Låt tistlarna brinna*, Stockholm 1970, 1998; * T. Palm.
Kemal Yaşar, *Jord av järn himmel av koppar*, Stockholm 1971; * T. Palm.
Kemal Yaşar, *Och de brände tistlarna*, Stockholm 1973, 1998; * T. Palm.
Kemal Yaşar, *Araratbergets legend*, Stockholm 1974; * T. Palm.
Kemal Yaşar, *Gräset som aldrig dör*, Stockholm 1976; * T. Palm.
Kemal Yaşar, *De tusen tjurarnas berg*, Stockholm 1976; *M. Edlund.
Kemal Yaşar, *Mordet på smedernas torg*, Stockholm 1977; * M. Edlund.
Kemal Yaşar, *Elefanternas sultan och den rödaktiga halta myran*, Stockholm 1978; *J. W. Westrup.
Kemal Yaşar, *Med dina ögon, Salih*, Stockholm 1980; *K. Gustafsson.
Kemal Yaşar, *Och fåglarna flög*, Stockholm 1982; *K. Waldén.
Kemal Yaşar, *Yusuf, lille Yusuf*, Stockholm 1983; *I. Rydberg.
Kemal Yaşar, *Ormen skall dö*, Stockholm 1984; *K. Waldén.
Kemal Yaşar, *Vredgat hav*, Stockholm 1985; * M. Edlund.
Kemal Yaşar, *Magre Mehmeds hämnd*, Stockholm 1987; *M. Löfgren.
Kemal Yaşar, *Hav av eld*, Stockholm 1989; *M. Löfgren.
Kemal Yaşar, *Hittebarnet*, Stockholm 1998; * T. Palm.
Mert Özkan, *Kämpa mitt hjärta*, Svensklärarserien 1981; *U. Lundström et al.
Mert Özkan, *Exilens blues*, Stockholm 1999; *C. Kaustell.
Moderna österländska berättare, ed. by C. E. Svenning, Lidingö 1958; *C. E. Svenning.
Nasreddin Hodscha: turkiska sagor och skämthistorier, ed. by F. Böök, Stockholm 1928.
Nasreddin Khodjas upptåg och skämt. Turkiska sägner från Timurlenks dagar, transl. and ed. by A. Nouri (G. Noring), Stockholm 1902.
Nesin Aziz, *Satiriska sagor*, Göteborg 1995; *C. Kaustell.
Nesin Aziz, *Finns det inga åsnor i ert land?*, Lund 1997; *U. Lundström.
Pamuk Orhan, *Det tysta huset*, Stockholm 1998; *D. Gür.
Pamuk Orhan, *Den vita borgen*, Stockholm 1992; *K. Yamanlar, A.-M. Özkök.
Pamuk Orhan, *Det nya livet*, Stockholm 1996; *D. Gür.
Pamuk Orhan, *Den svarta boken*, Stockholm 1995; *J. Verner-Carlsson.
Pamuk Orhan, *Mitt namn är Röd*, Stockholm 2002; *R. Olofsson.
Soysal Sevgi, *Tante Rosa I love you*, "Dragomanen" 1/1996–1997; *B. N. Schlyter.
Şahin Osman, *Den röda vinden*, Stockholm 1983; *C. D. Gür, A. Ekström.
Turkiska livsdom: ordspråk och sentenser, ed. by H. Stolpe, Malmö 1966.
Turkiska ordspråk, ed. by H. Stolpe, Stockholm 1980.
Türkay, Osman, *Havets ljus*, Malmö: Kolibri AB 1989; *J. Zamrazilová-Jakmyr, B. Liljenberg.
Veli Orhan, *Jag lyssnar till Istanbul*, Lund 1991; *A.-M. Özkök, L. Söderberg, L. Özkök.
Yücel Tahsin, *Den stora berusningen*, Stockholm; Tiden 1958; *B. Karabuda, G. Karabuda.
Österland: tolkningar av modern turkisk och japansk lyrik, ed. by E. Gamby, Stockholm 1947.
Özlü Demir, *På spanning efter Kristina Nilsson*, [in:] *Livtecken: röster från när och fjärran, antologi*, ed. by G. Lindroth, Stockholm 1988; *U. Lundström.
Özlü Demir, *Vodka*, "Dagens Nyheter Kultur" 21/12 1991, *U. Lundström.
Özlü Demir, *En författare på diskotek*, [in:] *Världen i Sverige*, Stockholm 1995; *U. Lundström.
Özlü Demir, *Apoteket*, [in:] *Stockholms noveller från Radions PI*, Sveriges Radios Förlag 1998; *U. Lundström.
Özlu Demir, *Lilla Maria*, "Dragomanen" 4/2000, *U. Lundström.

JĘZYKI ORIENTALNE W PRZEKŁADZIE — KONFERENCJA
ORIENTAL LANGUAGES IN TRANSLATION — CONFERENCE
Kraków, 20–21 maja/May 2002

BARBARA PODOLAK

Przekłady chrześcijańskich tekstów religijnych na język turecki

Uniwersytet Jagielloński

Terminem „teksty transkrybowane (transkrypcyjne)" określa się w turkologii zabytki języka tureckiego pisane alfabetem innym niż arabski. Ubogie w samogłoski pismo arabskie, którym posługiwali się Turcy do XX w., nie było w stanie oddać pełnej postaci fonetycznej wyrazu tureckiego. Alfabety takie, jak łaciński, grecki, ormiański, gotycki czy cyrylica, dysponują bliższymi językowi tureckiemu systemami ortograficznymi. Mimo i tu pojawiających się pewnych niedostatków, teksty tureckie zapisane tymi alfabetami, w tym także teksty o tematyce religijnej chrześcijańskiej, należą do cennych zabytków językowych.

Powstawanie zabytków transkrybowanych wiązało się z sytuacją geopolityczną, w jakiej znalazła się Europa wobec potęgi Wschodu muzułmańskiego. Wzrostowi zainteresowania Wschodem sprzyjało nawiązywanie stosunków dyplomatycznych i handlowych (zwłaszcza z Turcją i Persją), a także zjawisko jasyru, pozostający bowiem w długoletniej niewoli brańcy po odzyskaniu wolności często opisywali swoje perypetie, dołączając niekiedy do tych historii glosy tureckie. Wśród autorów znajdujemy więc ludzi wielu profesji i wywodzących się z różnych środowisk społecznych: dyplomatów, urzędników, kupców, podróżników, jeńców wojennych (w tym także poturczeńców). Ważnym źródłem informacji o Wschodzie były również prace powstałe w wyniku zainteresowań wyznaniowo-religijnych ich autorów, głównie misjonarzy. Co prawda, działalność misji chrześcijańskich była na tych terenach dość ograniczona, ale i nawracanie muzułmanów (zdarzające się zupełnie wyjątkowo) nie było ich głównym celem. Misjonarze przede wszystkim sprawowali opiekę nad tamtejszymi chrześcijanami, a w razie potrzeby bywali posłami czy agentami dyplomatycznymi, występującymi w imieniu władców swych państw.

Transkrybowane zabytki chrześcijańskie w języku tureckim spotykamy na przestrzeni kilkuset lat, poczynając od końca XIII w., kiedy to powstał *Codex Cumanicus*, napisany przez misjonarzy na użytek Połowców (Kumanów). Współczesne, powstające na potrzeby liturgiczne, trudno określać mianem transkrybowanych, niemniej również ich materiał językowy jest interesujący, zwłaszcza na płaszczyźnie porównawczej. Niektóre z nich cieszyły się w swoim czasie sporą popularnością i w związku z tym niekiedy zachowały się do naszych czasów w kilku wydaniach. Różnice zapisu w kolejnych wydaniach mogą być dość znaczne, co np. pokazuje Wolfgang Helmholdt na przykładzie pięciu wydań *Pater noster* z XV w., wszystkich autorstwa Jana Schiltbergera (W. Helm 1965). Nieznana W. Helmholdtowi praca Ananiasza Zajączkowskiego (AZ 1948) przytacza jeszcze inny wariant tekstu tego samego autora.

Powody, dla których powstawały, oraz zawartość — to kryteria, według których tureckie teksty chrześcijańskie można podzielić na dwie grupy. Pierwszą stanowią pojawiające się jako glosy, np. w opisach podróży lub w gramatykach, pojedyncze teksty religijne, głównie modlitwy. Do drugiej grupy należą, pomyślane jako większa całość, kompendia katechizmowe wiary chrześcijańskiej, tworzone z myślą o nawracaniu. Są one na ogół jednocześnie rodzajem praktycznych podręczników dla samych misjonarzy i, obok podstawowych modlitw, zawierają np. wykłady wiary, przykłady katechizacji w postaci pytań i odpowiedzi, opisy ceremonii i towarzyszące im formuły sakramentalne, nauki potrzebne nawróconemu, polemikę z wyznawcami innej wiary oraz wskazówki pomocne w jej przeprowadzeniu. Niekiedy dołączony jest do nich słowniczek.

Zabytki te dostarczają obfity materiał do obserwacji zjawisk językowych. Biorąc pod uwagę rodzaj tekstów, dwie kwestie są tu dla nas szczególnie interesujące: zasób leksykalny i składnia. Dobór odpowiedniego słownictwa, a zwłaszcza terminologii religijnej, oraz bardziej lub mniej poprawna składnia świadczą o przygotowaniu autora, znajomości języka tureckiego, ewentualnym korzystaniu z istniejących wzorów, wpływie środowiska językowego, a także o stosunku do kwestii kanoniczności modlitw. Interesująca jest zarówno analiza językowa pojedynczych tekstów, jak i zestawienie np. tych samych modlitw (lub innych, porównywalnych tekstów), powstałych na przestrzeni wieków, dla ustalenia tradycji i różnic w użyciu terminologii chrześcijańskiej.

Próbę taką podjął Ananiasz Zajączkowski w swojej pracy *Glosy tureckie* ... (AZ 1948). Autor zestawił siedem zabytków, wybierając z nich tekst tureckiego przekładu *Ojcze nasz*. Najstarsza wersja pochodzi z *Codex Cumanicus*, z końca XIII w., ostatnia znajduje się w XVIII-wiecznym *Breve compendium* księdza Michała Ignacego Wieczorkowskiego. We wnioskach autor wskazuje na zmiany w terminologii oraz na duże podobieństwo między niektórymi wersjami w całości. Podobieństwa te wynikają na ogół ze znajomości dzieł poprzedników lub też spowodowane zostały wpływem wspólnego środowiska językowego (tu kipczackiego), w którym powstawały, nawet jeśli były bardzo odległe w czasie. Autor zwraca także uwagę, że w porównaniu z wcześniejszymi XVIII-wieczny zabytek wykazuje daleko bardziej poprawną składnię.

Jako uzupełnienie wspomnianej pracy przytoczmy jeszcze (nieznaną zapewne A. Zajączkowskiemu) wersję tej samej modlitwy autorstwa Preindla z XVIII wieku (P 1791) i dodatkowo tekst współczesny (kościół św. Antoniego, Stambuł):

> Preindl: Bizum atamuzki göklerde sin. Senun adun mukaddes olsoun. Senun melkoutun guelsun. Senun iradetun olsoun nitekim gökde dahi yerde. Her guounki ekmegumuzi ver bize bou guoun. Ve bizum bordschlarumuzi bize baghischla nitekim biz dahi bizum bordschlulerumuze baghischlaruz. Ve bizi tedschribe adhal etme. Lakin scherirden bizi nedschat eyle. Amin.

Tekst współczesny: Göklerdeki Pederimiz, adın yüceltilsin, hükümdarlığın gelsin, göklerde olduğu gibi yeryüzünde de senin isteğin olsun. Günlük ekmeğimizi bu gün de bize ver, bize kötülük edenleri bağışladığımız gibi sen de bağışla suçlarımızı. Bizi günah işlemekten koru ve kötülükten kurtar.

Ponieważ w obu XVIII-wiecznych tekstach widać dbałość o składnię, możemy uznać, że jest to w równym stopniu wynik dobrej znajomości turecczyzny tłumaczy co pojawiającej się już w tym czasie troski o poprawność językową. Biorąc pod uwagę wszystkie wersje, prześledźmy jeszcze, jak tłumacze oddawali słowo *Ojciec*, w znaczeniu 'Bóg' (przykłady z: AZ 1948, P 1791; modlitewnik kościoła św. Antoniego, Stambuł). Od XIII do XV w. w *Pater noster* występuje jako *ata*: *Atamis* (XIII w., *Codex Cumanicus*), *Atha bysum* (XV w., Schiltberger); w kolejnych wiekach (XVI–XVIII) zastępuje je *baba*: *Babamoz* (XVI w., Georgiewicz), *Bisum babamus* (XVII w., Megiser), *Babam bysim* (XVII w., Herbinius), *Babamiz* (XVIII w., Wieczorkowski). Pod koniec XVIII w. Preindl używa ponownie *ata*: *Bizum atamuzki*. Wraca więc do starego terminu, mając najpewniej świadomość, że niesie on z sobą więcej dostojeństwa niż *baba*, który w uszach tureckich brzmi już raczej jak 'tato'. Decyzja o wyborze innego niż *baba* słowa (*peder*) na potrzeby współczesnego tekstu potwierdza to przypuszczenie.

Przykładem kompendium katechizmowego może być XVIII-wieczny zabytek *Breve compendium* Michała Ignacego Wieczorkowskiego, polskiego jezuity, który kilka lat spędził jako poseł króla Augusta II w Persji, gdzie w środowisku tureckim opanował lub też udoskonalił znajomość języka. Jest autorem dwóch dzieł: łacińsko-tureckiego *Breve compendium* oraz polsko-tureckiego *Katechizmu* (oba wydane 1721 w Polsce). To, co różni go znacznie od wcześniejszych autorów, to widoczna dbałość o składnię. Oczywiście, nie brak tu potknięć, takich jak choćby nieprawidłowy szyk już przy znaku Krzyża św.: *Ismin Babanın ve Oghlunun, ve Ruhul Kudsyn* 'W imię Ojca i Syna i Ducha Świętego'; autor zapomina czasem o koniecznych sufiksach possesywnych lub przypadkach: *Bu katolik imanyn kyssa echtessar* (zamiast *echtessary*) 'To krótkie kompendium wiary katolickiej', *bize dżennetun joly* (zamiast *jolyny*) *giosterdy* 'pokazał nam drogę do raju'. Trzeba jednak przyznać, że — w porównaniu z wcześniejszymi tekstami — nie znajdziemy tu ani licznych, ani rażących błędów. O tym, że autor bardzo starał się zachować właściwą składnię, świadczy przede wszystkim niespotykana u poprzedników (którzy zasadniczo kalkowali łaciński szyk zdania) decyzja o dostosowaniu tekstu łacińskiego do tureckiego, a nie odwrotnie. Szczególnie widoczne jest to w modlitwach. Chęć dobrego przełożenia, a co za tym idzie — dobrego zrozumienia, musiała tu ustąpić tradycji i wymogom obowiązującego kanonu. Dzieło swoje autor rozpoczął wyjaśnieniem: „Textus latinus. Voces oppositae faciei Turcicas, de verbo ad verbum, Latinè explicans". Może jednak nadal obawiał się zarzutu zbyt daleko idących zmian w stosunku do kanonu, przed ważnymi i popularnymi modlitwami powtarzał bowiem zastrzeżenia, np. przed *Pozdrowieniem anielskim*: „Gabrielis Angeli Salutatio. De verbo ad verbum translata, sic sonat". Porównajmy na przykład fragmenty tej modlitwy, zaczerpnięte z Wieczorkowskiego i z Georgiewicza (nawiasy pochodzą od wydawcy, W. Heffeninga — W. Heff., 1942), przytaczając je wraz z wersją łacińską, którą Georgiewicz także podaje:

Georgiewicz, XVI w.	Wieczorkowski, XVIII w.
Selam lechi Mariam,	*Salam sana Maryam,*
Pax tibi Maria,	Salutatio tibi Maria!
allahon keremeteile dolimisson,	*Lutfile dolu sen,*
Dei gratia plena es,	gratia plena es.
haktale ssenunle der,	*Haktale senyn ile.*
Dominus Deus tecum est,	Dominus tecum.
(m)barechessun ssen auratlaricsinde	*Awretler arasynda mubarek sen.*
benedicta es tu mulieres inter,	Mulieres inter benedicta es.
hem (m)barek karnungh ymisi,	*Ve karnunyn mahsuli Jsus*
et benedictus ventris tui fructus	Et ventris tui fructus Jesus
Jessua Messiah	*mubarek tur.*
Jesus.	benedictus est.

Jak widać, różnice dotyczą głównie składni, zwłaszcza w drugiej części — tam, gdzie tradycyjny tekst łaciński nie przystaje do wymogów języka tureckiego. Natomiast w słownictwie nie są już tak znaczne. Wieczorkowski musiał znać przedrukowaną kilkakrotnie w zabytkach staropolskich wersję Georgiewicza.

Przyjrzyjmy się jeszcze słownictwu, jakiego używał autor zabytku. Słownictwo religijne to przede wszystkim terminy pochodzenia arabskiego. Nie jest to nic nowego. W świecie muzułmańskim język arabski był od początku językiem religii, więc w warunkach zupełnie różnych obszarów kulturowo-wyznaniowych, także i innym tłumaczom pozostawała adaptacja terminów muzułmańskich do wymagań zupełnie innej wiary. Nawet jeśli nie weźmiemy pod uwagę form pochodnych i złożeń, to i tak w naszym zabytku arabizmy stanowią 60% wszystkich terminów religijnych. Druga co do wielkości grupa — 25% to pożyczki grecko-łacińskie. Ich liczba świadczy o tym, że wiele z nich musiało być chociaż do pewnego stopnia znanych ewentualnym słuchaczom. 10% terminologii religijnej to pożyczki perskie, pozostałe reprezentowane są pojedynczymi przykładami. Jedynym terminem tureckim, który można zaliczyć do tej grupy, jest *bayram* 'święto'.

Charakterystyczne, że autor używa nieraz kilku różnych słów dla oddania tego samego pojęcia, np.: 'apostoł' występuje raz jako *apostolos* pochodzenia greckiego, innym razem w postaci arabskiej pożyczki *resul*; 'kapłan' to *kahana* (ar.) lub *patri* (łac.) (gdy mowa o protestantach, pojawia się dodatkowo *pastor*); słowa *Patri*, obok *Baba* lub *Allah Baba*, używa autor także w znaczeniu 'Bóg Ojciec'; 'święty' określany jest przez wymiennie i często stosowane (nawet trzy różne na tej samej stronie) terminy arabskie: *mubarek, mukaddes* i *kuds* (to ostatnie także w wersjach: *kudıs, el-kuds, el-kudıs*), natomiast dla świętego w znaczeniu osoby ma Wieczorkowski słowo *evliya*; 'chrzest' to *sebfat* (ar.) albo *vaftis/vaftiz/vaftizmos* (gr.); *borc* jako 'wina' pojawia się tylko raz (prawdopodobnie za poprzednikami, w tekście *Ojcze nasz*), poza tym występuje w znaczeniu 'powinność'. Poza tym jednym przypadkiem 'wina, grzech' reprezentowane są przez *günah* (pers.); imię wreszcie Jezusa Chrystusa widzimy w kilku wersjach zapisu: *İsa, İsos, İsus, Yesus* oraz *Hristos* albo *Kristos.*

Tę różnorodność używanych terminów tłumaczyć może to, że *Breve compendium* sprawia wrażenie kompilacji. Sam autor zresztą powołuje się we wstępie na bliżej niesprecyzowane katechizmy innych misjonarzy.

W przekonaniu, że temat chrześcijańskich tekstów religijnych wart jest dalszych studiów, przytoczmy jeszcze na koniec cztery wersje *Credo*, pochodzące z XVI, XVII, XVIII (wszystkie z interlinearnym, oryginalnym tekstem łacińskim) i XX w. Pierwszy pochodzi z opracowania dzieła Bartłomieja Georgiewicza, dokonanego przez W. Heffeninga (W. Heff. 1942), następny to przekład Jana Herbiniusa, podany w jego *Zygarze katechizmowym*, w opracowaniu A. Zajączkowskiego (AZ 1948), źródłem kolejnego jest *Breve compendium*... (MIW 1721), wreszcie przekład współczesny, dokonany na potrzeby liturgiczne (kościół św. Antoniego, Stambuł):

Georgiewicz:

Byz inanuruz bir Allahtan, babay hepimoz iaradani gugi duniei
Nos credimus unum in Deum, patrem omnium creaturarum coeli mundique
tanrei hem Hessai Messiah onun oglussini bizom bir agamozy
creatorem et in Jesum Messiam eius filium nostrum unicum dominum,
hanghe baslamister elkuczruohdan
qui conceptus est de sancto spiritu

Herbinius:

Injanirem bir Alaha, hem Babam bejugina chaysi jarati duniany
Credo unum Deum et Patrem omnipotentem qui creavit Mundum
hem jeri, hem giegu. Injanirem Jezusa Kristusa Alachnen bir Ochluna,
et coeli et terrae. Credo Jezum Christum Filium unicum Filium
bisima Alaha. Chaysi czychty Nurdan hach
nostrum Deum. Qui conceptus est Spiritu ex Sancto

Wieczorkowski:

Herszeje kadyr olan, giogiun ve jerun Jaradan, Allah Babaja,
Omnis rei potis essenti, Caeli et Terrae Creatori, Deo Patri
Iman gietureirym Ve onyn jalyniz oghluna, Jsus
Fidei professionem fero. Et illius unico Filio Jesu
Krystose Effendymizeki Ruh Allahyn kuwety ile, dziebe olmisz
Christo Domino Nostro, qui Spiritus Dei cum virtute conceptus

Tekst współczesny:

Bir tek Allah'a inanıyorum. Yerin ve göğün, görünen ve görünmeyen tüm varlıkların yaradanı, her şeye kadir Peder Allah'a inanıyorum. Tüm asırlardan önce Peder'den doğmuş olan, Allah'ın biricik Oğlu, bir tek Rab olan Mesih İsa'ya inanıyorum.

Literatura i skróty

AZ 1948 — A. Zajączkowski, *Glosy tureckie w zabytkach staropolskich, I. Katechizacja turecka Jana Herbiniusa*, „Prace Wrocławskiego Towarzystwa Naukowego", Seria A 17, Wrocław 1948.
P 1791 — Preindl, *Grammaire Turque*, Berlin 1791.

W. Heff. 1942 — W. Heffening, *Die türkischen Transkriptionstexte des Bartholomaeus Georgievits aus den Jahren 1544–1548*, Leipzig 1942.
W. Helm. 1965 — W. Helmholdt, *Das türkische Vaterunser in Hans Schiltbergers Reisebuch*, „Folia Orientalia" VI, 1965.
MIW 1721 — M. I. Wieczorkowski, *Breve compendium fidei catholicae turcico textu* ..., Poznań 1721.
Herbinius J., *Horae Turcico Catecheticae* ..., Gdańsk 1675.
Kowalski T., *O ks. Michała Wieczorkowskiego TJ misjonarza perskiego pracach tureckich*, „Rocznik Orientalistyczny" XII, Lwów 1936, 1–28.

Summary

Translations religious Christian writings into Turkish

Turkish religious Christian writings in alphabets other than Arabic are valuable linguistic resources of the past. They were authored by persons of different proffesions and social environment, whose position ranged from prisoners of war to missionaries. The texts were written in the time span of some hundred years from the 13th century when *Codex Cumanicus* was created until modern times.

The texts can be divided in two groups: by reason for which they were written and by their contents. The first group are glosses — mostly separate prayers which appear for instance in descriptions of travels or in grammar textbooks. The other group, in which such texts are combined into larger entities, are catechetical compendia of Christian faith created with the intention of converting people. Generally, they at the same time function as practical textbooks designed for missionaries and include for instance lectures on faith, examples of catechesis in series of questions and answers, descriptions of religious ceremonies etc. Sometimes they also include a glossary.

These old texts provide an interesting material for an analysis of linguistic phenomena. Considering their character, two issues seem to be of principal interest: their lexical contents and their syntax. Selection of relevant vocabulary, particularly religious terminology and more or less correct syntax is a proof of the skill of the author, his knowledge of Turkish, his use of earlier texts as models, the influence of linguistic environment and also his attitude to the canon of prayers. A linguistic analysis of individual texts seems in this instance equally interesting to a comparison of e.g. texts of the same prayer (or other comparable texts) created throughout centuries, to determine traditions and differences in using Christian terminology. For instance, texts of basic prayers name the God as Father in the following way: *Ata* between 13th and 15th century; *Baba* in 16th and 17th century; *Baba*, *Patri* and again *Ata* in 18th century; *Peder* in modern texts.

Breve compendium by M. I. Wieczorkowski, SJ can serve as an example of a catechetical compendium here. The author conscientiously used correct syntax, which is uncharacteristic of his predecessors (who basically copied Latin word order in sentences) and decided to adjust the Latin text to the Turkish one, not vice versa. This is particularly noticeable in prayers. Religious vocabulary primarily consists of notions derived from Arabic (60%). The second largest group is made up of Greek and Latin borrowings (25%). Characteristically, the text applies different notions to reflect the same concept, for instance: 'apostle' is expressed as *apostolos* (Greek origin) or *resul* (Arabic borrowing); 'priest' is *kahana* (Arabic) or *patri* (Latin) [the word *pastor* appears additionally with reference to Protestants]; words *Patri*, as well as *Allah Baba* are also used to denominate God the Father, while Jesus Christ is rendered as *İsa*, *İsos*, *İsus*, *Yesus* and also *Hristos* or *Kristos*.

JĘZYKI ORIENTALNE W PRZEKŁADZIE — KONFERENCJA
ORIENTAL LANGUAGES IN TRANSLATION — CONFERENCE
Kraków, 20–21 maja/May 2002

LIDIA SUDYKA

Sanskrycka *kawja* — wyzwanie dla tłumacza

Uniwersytet Jagielloński

> The critic who declares that a man can know only one language well, that the national inheritance of poetry or the national tradition of the novel is alone valid or supreme, is closing doors where they should be opened, is narrowing the mind where it should be brought to the sense of a large and equal achievement.
>
> (George Steiner, *Language and Silence*)

Staroindyjska literatura to dla człowieka Zachodu w głównej mierze Wedy, Bhagawadgita, Upaniszady, eposy *Mahabharata* i *Ramajana*. Na ogół tylko te dzieła kojarzone bywają z Indiami. Literatura *kawja*, nazywana inaczej literaturą kunsztownego stylu lub indyjską literaturą klasyczną — to oblicze indyjskiego dziedzictwa w dalszym ciągu pozostaje niemalże nieznane w Europie, z wyjątkiem jednego może nazwiska — Kalidasy. Nawet krótka i pobieżna charakterystyka epoki *kawja* pozwala zrozumieć, dlaczego tak się stało. Zanim jednak przedstawimy taką charakterystykę — równie krótki rys historyczny:

Przypuszcza się, że początki *kawji* mogą sięgać V stulecia przed Chrystusem i najprawdopodobniej łączą się z jednostrofowym poematem (*muktaka*). Cechy stylu *kawja* przejawiają niektóre utwory zawarte w buddyjskim kanonie i fragmenty *Ramajany*. Pierwsze zachowane utwory napisane w dojrzałym już stylu literatury kunsztownej to dzieła buddysty Aśwaghoszy (ok. I/II w. n.e.): dwa sanskryckie poematy epickie (*mahakawja*): *Opowieść o życiu Buddy* (*Buddhacarita*) i *Piękny Nanda* (*Saundarananda*) oraz fragmenty dramatu *Śariputra* (imię ucznia Buddy). W prakrycie (j. średnioindyjski) maharasztri w tym czasie powstaje *Siedem setek* (*Sattasai*), kolekcja siedmiuset strof zebranych przez króla Halę z dynastii Satawahanów. Najsławniejszym jednak twórcą indyjskim, i to nie tylko epoki *kawja*, jest Kalidasa (ok. V w. n.e.). Jego dramat *Śakuntala* był jednym z pierwszych dzieł literatury indyjskiej, które stały się znane w Europie i wywarły duży wpływ na europejskie kręgi kulturalne, zwłaszcza niemieckie (Goethe, Herder). Sztuka ta niejednokrotnie wystawiana była na europejskich scenach, także w Polsce w Teatrze 13 Rzędów. Współczesna literatura sanskrycka kontynuuje tradycje literackie *kawji*, stanowiąc jednak zjawisko marginalne.

Sanskrycki termin *kawja* to w tłumaczeniu dosłownym „to, co pochodzi od kawiego". Kto mógł być określany jako *kawi*? Podstawowe znaczenia wyrazu odnotowuje słownik sanskrycko-angielski Moniera–Williamsa: przymiotniki 'mądry, uczony, zdolny, sprytny'; rzeczowniki 'mędrzec, wizjoner', a wreszcie pojawia się i znaczenie 'poeta'. Czego oczekiwano od poety i od dzieł przez niego stworzonych? *Kawi* musiał być osobą znakomicie wykształconą, znającą kilka języków, a przede wszystkim sanskryt. Dziedziny wiedzy, których znajomością obowiązkowo musiał się wykazać w literaturze przez siebie tworzonej, to przede wszystkim *kamaśastra*, czyli ars amandi, sztuki piękne (*kala*), logika (*njaja*), wiedza z dziedziny polityki (*arthaśastra*); pomijamy inne zalecane, bo lista byłaby długa. Nieodzowna była drobiazgowa znajomość literatury puranicznej i obu eposów: *Mahabharaty* i *Ramajany*, jednym słowem — warstwy mitologicznej. Takie przygotowanie do zawodu zapewniała poecie stosowna edukacja (*wjutpatti*). Niezmiernie istotna była znajomość technik poetyckich, a te przedstawiane były w dziesiątkach, setkach traktatów z zakresu teorii literatury, czy to opisujących figury poetyckie (niektórzy teoretycy wymieniają ich 68 i klasyfikują, po drobiazgowej analizie), zalety (*guna*) i błędy (*dosza*) utworów literackich, style (*riti*), doznania estetyczne (*rasa*), gatunki literackie, czy też odwołujących się do skomplikowanego systemu form metrycznych, żeby wymienić tylko niektóre z problemów, jakimi zajmowali się teoretycy. Oczywiście, w ten sposób można było wykształcić rzemieślnika znającego swój fach, ale żeby zostać prawdziwym poetą, potrzebna była, co podkreślają teoretycy, wyobraźnia poetycka (*pratibha*). Zdobytą wiedzę należało nieustannie doskonalić. Zalecany w traktatach plan dnia poety, jak opisuje to np. Radżaśekhara[1], dramatopisarz i teoretyk literatury żyjący na przełomie IX i X w., przewidywał, że wstaje on przed wschodem słońca, oddaje hołd bogini Saraswati, patronce literatury, i przystępuje do pracy. Widzimy go w bibliotece studiującego traktaty z różnych dziedzin, a także dzieła literackie, ćwiczącego wzorce metryczne. To zajęcia pobudza jego wyobraźnię i przychodzi czas na *kawjakrija*, tworzenie poezji. Około południa zażywa kąpieli, zjada posiłek, a potem w godzinach popołudniowych spotyka się z innymi poetami (*kawjagoszthi*). Jest to czas na zabawy literackie (dokończyć rozpoczętą strofę, po wysłuchaniu strofy składającej się z kilku pytań znaleźć takie złożenie, które byłoby odpowiedzią na wszystkie pytania itd.), a także na publiczne czytanie tego, co zostało napisane przed południem. Odczytywane fragmenty poddawane były krytyce. Po spotkaniu, po wprowadzeniu koniecznych poprawek, utwór przepisywano. Dzień pracy kończyła pochwała Saraswati. Wieczór upływał na słuchaniu muzyki bądź oglądaniu przedstawień, lub na spotkaniach z kobietami.

O ile trudno mieć pewność, czy wszyscy indyjscy poeci wstawali przed świtem i czy byli na tyle zamożni, aby oddawać się tylko tworzeniu, to z całą pewnością musieli dysponować rozległą wiedzą z różnorodnych dziedzin, znakomitą techniką poetycką,

---

[1] Rājaśekhara, *Kāvyamīmāṁsā* 10, Gaekwad's Oriental Series, Baroda, 3rd ed. 1934.

a ich sprawność nieustannie podlegała ocenie przy okazji spotkań w gronie poetów i turniejów poetyckich.

Tego rodzaju literatura powstawała dla ludzi zdolnych ją zrozumieć i odczuć. A więc odbiorca dysponował wiedzą taką samą jak twórca. Możemy więc powiedzieć, że *kawja* to wyrafinowana literatura dla publiczności wyrafinowanej, a zarazem oczekującej na pojawienie się świetnie sobie znanych konwencjonalnych obrazów, środków przekazu, typów bohaterów, ale i zdolnej docenić nowe efekty. W Europie od czasu Romantyzmu mówiło się, że konwencja zabija poezję, tymczasem indyjski *kawi* dzięki niej właśnie budował nowy świat, odwołując się do konwencjonalnych obrazów, ale sugerując nowe możliwości smakowania takich obrazów.

Nawet tak zwięzłe przedstawienie literatury *kawja* sygnalizuje wyraźnie trudności, jakie napotka na swojej drodze tłumacz. Wielu sanskrytologów wprost stwierdzało, że sanskrycka *kawja* jest nieprzekładalna na żaden język.

Znany badacz literatury sanskryckiej A. B. Keith tak oto pisze we wstępie do swojej *Historii literatury sanskryckiej*:

> It is in the great writers of Kāvya alone, headed by Kālidāsa, that we find depth of feeling for life and nature matched with perfection of expression and rhythm. The Kāvya literature includes some of the great poetry of the world, but it can never expect to attain wide popularity in the West, for it is essentially untranslatable; [...] English efforts at verse translation fall invariably below a tolerable mediocrity, their diffuse tepidity contrasting painfully with the brilliant condensation of style, the elegance of metre and the close adaptation of sound to sense of the originals[2].

Pisząc o angielskich tłumaczeniach sanskryckiej literatury *kawja*, J. Brough stwierdził, że w większości przypadków zalety i piękno oryginału tak wyblakły w tłumaczeniu, iż odnosi się wrażenie, że tłumacz był zaprzysiężonym wrogiem sanskryckiej literatury[3].

W przypadku sanskryckiej *kawji*, niestety, przyznać to trzeba, istnieje wyjątkowo duży obszar nieprzekładalności, ale to jeszcze nie przesądza o niemożności uzyskania jakichkolwiek przekładów z owej literatury, które, przekazując sens, spełniałyby funkcje estetyczne. Tak czy owak, tłumacz zawsze i niezależnie od tego, z jakiego i na jaki język tłumaczy, dokonuje wyborów, świadomie rezygnując z pewnych treści.

Z czego będzie musiał zrezygnować tłumacz literatury *kawja*?

Gdybyśmy przyglądnęli się gatunkom uprawianym przez twórców tej epoki, to założenia formalne kilku z nich od razu wydają się skazywać wysiłki tłumacza na niepowodzenie. Myślę tutaj przede wszystkim o *śleszakawja,* odmianie, która wyłoniła się z poematu epickiego, tzw. *mahakawji*. Jest to poemat oparty na *śleszy*, czyli paronomazji. Wykorzystując wieloznaczność sanskryckich wyrazów, poeta był w stanie przedstawić w swoim poemacie dwie lub nawet trzy opowieści. I tak na przykład, czytając dzieło *Raghawapandawija* poety Kawiradży, żyjącego w XII w., przy odpo-

---

[2] A. B. Keith, *A History of Sanskrit Literature*, 1st Indian ed., Delhi 1993, Preface, VII, VIII.

[3] *Poems from the Sanskrit*, transl. with an introduction by J. Brough, Penguin Books, rep. 1987, 11, 20.

wiednim doborze znaczeń poznamy historię opartą na *Ramajanie*, przy innym zaś uzyskamy opowieść o bohaterach *Mahabharaty*. Niewątpliwie w żadnym języku nie uda nam się powtórzyć tego zabiegu. Tłumacz mógłby co najwyżej stworzyć dwa lub trzy odrębne poematy, a przecież wysiłek twórcy oryginału skupiał się właśnie na przedstawieniu „dwóch w jednym" (inna nazwa: *dwjaśraja* — oparty na dwóch [opowieściach]) — to była istota takich dzieł. Rozgraniczanie dwóch czy trzech sensów wymagałoby od tłumacza, oprócz znakomitego opanowania sanskrytu i samozaparcia, drobiazgowej znajomości treści relacjonowanych dzieł, lektury dostępnych komentarzy. Do podejmowania tak heroicznych wysiłków nie zachęca konstatacja, że chociaż jest to poezja, to jednak nie najwyższych lotów. W końcu dla autora był to także duży wysiłek, aby przedstawić dwie spójne i wierne pierwowzorom opowieści. Dbał o wszechobecność *śleszy* i to dążenie tworzyło główny artystyczny wymiar dzieła, w tłumaczeniu na inne języki niedostępny.

Ślesza jest figurą bardzo często występującą w całej literaturze *kawja*, niezależnie od tego, z jakim gatunkiem mamy do czynienia. A wówczas tłumacz nie ma innego wyjścia, jak oddanie treści jednej strofy za pomocą dwóch, bo istnienie tego drugiego znaczenia jest zawsze bardzo istotne. Czasem na *śleszy* bazuje jakiś dłuższy fragment utworu, jak zdarza się to na przykład w *Śiśupalawadha*, poemacie epickim autorstwa Maghy, poety żyjącego w VIII w. W rozdziale XVI jego utworu poseł wysłany do Kriszny wygłasza mowę, którą można odczytać albo jako pochwalną, albo jako wezwanie do wojny.

Jeszcze mniej obiecujące niż w przypadku *śleszy*, z góry skazane na niepowodzenie, byłyby wysiłki przełożenia *bhaszasama*, zwanej inaczej *bhaszaślesza*. Tym razem strofa przekazuje znaczenie w dwóch językach, np. w sanskrycie i prakrycie. Na szczęście nieczęsto spotyka się takie zabiegi. W *Bhattikawja*, czyli *Poemacie Bhattiego*, poety, który żył ok. VI w., pojawia się liczący 50 strof rozdział, w którym każdy sanskrycki wyraz można uznać za prakrycki.

Kolejna odmiana *mahakawji*, która przysporzyłaby tłumaczowi niemało kłopotów, to *jamakakawja*, poemat bazujący na *jamace*, figurze, w której w obrębie strofy powtarza się jej część o określonej długości i w określonej pozycji, a za każdym razem komponenty rymowe tworzą różne znaczenia, co osiąga się przez różny podział morfemów. Jeden z najbardziej znanych poematów tego typu to *Śaurikathodaya* autorstwa żyjącego w IX/X w. Wasudewy, przedstawiający legendę Kriszny. W każdej strofie tego dzieła, liczącego sześć rozdziałów (najkrótszy rozdział liczy 51 strof, najdłuższy 107), w środku pierwszej i na końcu drugiej ćwiartki oraz w środku trzeciej i na końcu czwartej ćwiartki pojawiają się te same układy brzmieniowe (xAx xA xBx xB). Tłumacz, co oczywiste, nie będzie mógł przekazać warstwy brzmień słownych oryginału i nawet, jeżeli uda mu się oddać inne walory artystyczne, nie będzie to *jamakakawja*. Dzieło zostało przełożone na język angielski (Carl Suneson, Sztokholm 1986). Tłumacz jednak, jak rozumiem, zainteresowany jedynie treścią utworu, nie zadbał nawet o to, aby poinformować we wstępie czytelnika, jaki typ *jamaki* jest obecny w *Śaurikathodaya*.

Jamaki i aliteracje (*anuprasa*) zdarzają się stosunkowo często w literaturze *kawja* spełniając różnorodne funkcje; w niektórych przypadkach oddanie ich będzie możliwe. W sanskryckiej strofie z dramatu *Gliniany wózeczek* opisującej wieczorny deszcz słyszymy plusk kropli deszczu, deszczowy nokturn:

tālīṣu tāraṁ viṭapeṣu mandaraṁ śilāsu rūkṣaṁ salileṣu caṇḍam /
saṅgītavīṇā iva tāḍyamānās tālānusāreṇa patanti dhārāḥ // 52 // [4]

Podobny efekt może zaistnieć w polskim przekładzie, gdzie deszcz może szeleścić, bębnić, dzwonić:

Strużki deszczu pluszczą rytmicznie,
jak lutnia trącana palcami,
dźwięczą w liściach palmowych, szeleszczą w listkach krzaków,
dzwonią o kamień, bębnią na wodzie.

Śastrakawja to kolejny gatunek, który obciążyłby znacznie sumienie tłumacza. Jest to także poemat typu „dwa w jednym": oprócz spójnej opowieści relacjonującej dzieje bohatera utwór ma wymiar dydaktyczno-naukowy, o czym informuje pierwszy człon złożenia — *śastra* — podręcznik, kompendium. Wspomniany już tutaj poemat Bhattiego dostarcza przykładów ilustrujących reguły gramatyki Paniniego, a także prezentuje tematy z dziedziny poetyki. Takiego charakteru dzieła nie udałoby się tłumaczowi utrzymać w całym utworze, choć w niektórych jego partiach byłoby to możliwe.

Podkreślić należy, że owe poematy: *ślesza-*, *jamaka-*, *śastrakawja*, choć nieznane w początkowym okresie rozwoju literatury *kawja*, od momentu, kiedy pojawiły się (ok. VI/VII w.), zyskują coraz większe znaczenie i nie są dla *kawji* marginalnym zjawiskiem. Paulinus a Sancto Bartholomeo, misjonarz działający w Indiach w XVIII w., który studiował z panditami literaturę sanskrycką i napisał gramatykę sanskrytu, zatytułowaną *Sidha-Rubam*, mówi o *Bhagavatapuranie*, *Śiśupalawadha* i *Judhiszthirawidźaja*: „tres celeberrimi libri". *Judhiszthirawidźaja* to *jamakakawja* autorstwa wspomnianego już Wasudewy. Bez zaprezentowania tych dzieł obraz literatury *kawja* byłby więc niepełny.

Łatwiejszą sprawą wydaje się oddanie zawartości i charakteru „czystego" poematu epickiego, nieskażonego „skrzywieniami" czy „wynaturzeniami", jak tego rodzaju żonglowanie słowem i brzmieniem odbierali i określali autorzy wczesnych opracowań czy podręczników literatur indyjskich. Jednak i tutaj pojawiają się paronomazje, aliteracje i figury obce świadomości innego niż indyjski odbiorcy. Różni tłumacze będą różnie rozwiązywać te problemy. Rabindranath Tagore, tłumacząc własną poezję z bengalskiego na angielski, aby oddać *dipakę*[5] — „illuminator", jak niektórzy objaśniają nazwę figury, czyli słowo organizujące cały wiersz, umieszczone w znaczącym miejscu strofy, używał majuskuły. W alfa-

[4] Śūdraka, The *Mrcchakaṭika*, ed. by Kāshināth Pāṇḍurang Parab, Bombay 1900; tłumaczenie L. S.

[5] S. Cieślikowski, *Z poezji i poetyki staroindyjskiej* (*O tropie dipaka*), „*Poezja*" 1969, 8; tegoż, *Zastosowanie tropu „illuminator" we współczesnej poezji polskiej*, „Łódzkie Towarzystwo Naukowe. Sprawozdania z Czynności i Posiedzeń Naukowych" XXIV, 1970, 2.

betach indyjskich zabieg taki nie jest możliwy, bo nie ma małych i dużych liter. W ten sposób jednak tłumacz na pewno zwrócił uwagę czytelnika na owe słowa-klucze.

Ale co na przykład zrobić z wcale nierzadko pojawiającymi się figurami *ćitra*, a są to nieobce nam carmina figurata. Zjawisko znane, tyle że niemało szczęścia i zdolności musiałby mieć ten tłumacz, któremu udałoby się tak przetłumaczyć strofy rozdziału opisującego bitwę, aby zwrotki przy okazji tworzyły obrazy maczugi, łuku, miecza itd. Jednakże, jeżeli słuszne są przypuszczenia D. Smitha co do funkcji *ćitr* w opisie bitwy, a Smith uważa, że, stosując je, autor zmusza czytelnika lub słuchacza do zwiększonego wysiłku intelektualnego, aby w ten sposób mógł posmakować wysiłku, jaki w tym momencie jest udziałem walczących bohaterów[6], to można by „zmęczyć" czytelnika innymi sposobami, np. nagromadzeniem czasowników lub rzeczowników, stwarzając wrażenie tumultu i zgiełku bitwy.

Kiedy już tłumaczowi uda się ominąć pułapki pojawiających się *jamak, ćitr* i innych figur, będzie jeszcze musiał zmierzyć się z pokładami mitologicznymi (żeby unaocznić stopień trudności: jeśli przyglądniemy się pierwszej dziesiątce strof w *Kumarasambhawa* (*Narodziny Kumary*) autorstwa Kalidasy, to w pięciu z nich pojawią się postaci znane z mitologii i odwołania do mitycznych zdarzeń z przeszłości. Kolejne kłopoty stwarza kontekst kulturowy, rzeczy tym trudniejsze, im starsze dzieło, i wreszcie konwencja poetycka: konwencjonalne opisy pór roku, dnia, gór, oceanów, bohaterów itd. Przy okazji opisów przyrody okaże się, że jesteśmy bezradni, gdy chodzi o terminy botaniczne, a z nazwami ptaków i zwierząt jest niewiele lepiej. Słowniki raczej wprowadzają w błąd niż cokolwiek wyjaśniają. Niektóre nazwy roślin mają też inne znaczenia, np. 'mnóstwo, masa' i tylko znajomość konwencji stosowanej w przypadku opisów pór roku może uchronić nas od popełnienia błędu.

I wreszcie przychodzi refleksja: ile tych egzotycznych obrazów jest w stanie znieść czytelnik? Zastępowanie treści orientalnych innymi obrazami znanymi czytelnikowi nie wydaje się praktyką dobrą. Zakładam, że sięgając po przekład z literatur orientalnych, odbiorca szuka egzotyki, a nie treści oswojonych dla niego przez tłumacza. Ale czy gdy przeczyta opis indyjskiej piękności o oczach wydłużonych aż po końce uszu, brwiach wygiętych jak łuk boga miłości, warkoczach piękniejszych niż pióropusze ogonów[7], którymi chlubią się samice jaków, to czy zniesie jeszcze informację, że owa piękność o bujnych piersiach, której brzuch zdobią trzy urocze fałdki, kroczy wdzięcznie niczym młody słoń albo dzikie gęsi?

Nie wspomnę już o trudnościach, jakich tłumaczowi z sanskrytu przysparzają złożenia mające nieraz po kilkanaście członów, o bogactwie synonimów po jednej stronie i skromnych środkach po drugiej. Poza tym moje rozważania ograniczają się do omówienia trudności związanych z jednym tylko gatunkiem i jego odmianami. Część z nich powtórzy się w przypadku innych form gatunkowych i rodzajowych, ale pojawią się też nowe problemy.

---

[6] D. Smith, *Ratnākara's Haravijaya. An Introduction to the Sanskrit Court Epic*, Delhi–Bombay–Calcutta–Madras 1985, 84, 135.

[7] Zob. Apendyks II.

Czy przy takim stopniu trudności w ogóle jest możliwe tłumaczenie tej wyszukanej i wysmakowanej literatury? Czy można przekonać osobę nieznającą indyjskiej poetyki i jeszcze paru innych dziedzin wiedzy, że oryginał ma takie czy inne zalety? Istnieje na szczęście garstka świetnych przekładów na różne języki europejskie. Jest sporo dobrych, które czyta się z przyjemnością, choć bez większych emocji. Niestety, ciągle jest ich mało.

Cóż, pesymistyczne stwierdzenia, jak te zacytowane wcześniej, z pewnością nie zachęcają do prób, ale dopóki nie podejmiemy takich wysiłków, nie będziemy wiedzieć, co naprawdę można zrobić w tej materii, a z całą pewnością historia literatury światowej powinna wzbogacić się o wiedzę i znajomość efektów literackich osiąganych w klasycznej literaturze sanskryckiej.

Apendyks I

Tłumaczenia literatury *kawja* (kāvya) z sanskrytu na język polski

S. Schayer, *Literatura indyjska*, [w:] *Wielka literatura powszechna* t. 1 i 5 (antologia), Warszawa 1930; S. Schayer, *Siakuntala czyli pierścień fatalny*, Warszawa 1924; Kalidasa, *Siakuntala*, przeł. S. Schayer, oprac. E. Słuszkiewicz, BN II 111, Wrocław 1957; *Dwadzieścia pięć opowieści Wampira*, przeł. i oprac. H. Willman-Grabowska, Wrocław 1955, BN II 91; Somadewa, *O cnocie i niecnocie niewieściej*, fragmenty *Kathasaritsagara* w tłumaczeniu H. Willman-Grabowskiej, Wrocław 1960; Aśwaghosza, *Wybrane pieśni epiczne*, przeł. A. Gawroński, wyd. 2., przejrzał i uzupełnił E. Słuszkiewicz, Wrocław 1966; Bhāsa, *Poselstwo*, przeł. M. K. Byrski, „Przegląd Orientalistyczny" 66, 1968, 2; Bhāsa, *Strzaskanie ud*, przeł. M. K. Byrski, „Dialog" 1969, 2; Bhāsa, *Ujrzana we śnie Wasawadatta*, przeł. M. K. Byrski, „Literatura na Świecie" 114, 1980, 10; Bhartṛhariego *Strof Trzykroć po Sto*, przeł. I. Kania, Kraków1980; Meghadūta, *Obłok — Posłańcem*, przeł. J. Sachse, Katowice 1994; Kalidasa, *Rtusamhara. Rytmy ziemi w symfonii indyjskiego roku*, przeł. J. Makowiecka, [w:] *Mała antologia arcydzieł literatury indyjskiej*, London 1988; Dżajadewa, *Gitagowinda, czyli Pieśń o Kryszne Pasterzu*, przeł. B. Grabowska, A. Ługowski, Warszawa 1996; Śudraka, *Gliniany wózeczek*, przeł. T. Pobożniak, oprac. H. Marlewicz, L. Sudyka (w przygotowaniu do druku).

Apendyks II

Kalidasa, *Kumarasambhawa*, I. 27, 28; 32–49

Żyjący ok. V w. n.e. Kalidasa cieszy się sławą największego poety indyjskiego. Był autorem trzech sławnych dramatów: *Śakuntala*, *Urwaśi męstwem zdobyta*, *Malawika i Agnimitra*, poematu miłosnego *Obłok posłańcem* oraz dwóch poematów epickich: *Ród Raghu* i *Narodziny Kumary*.

Poemat epicki (*mahakawja*) *Narodziny Kumary* przedstawia dzieje miłości boga Śiwy i Parwati, zwanej też Umą, córki Władcy Gór, Himalaja.

Z tego właśnie dzieła pochodzi fragment będący konwencjonalnym opisem urody kobiecej. Jest to tzw. opis od stóp do głów indyjskiej piękności o bujnych piersiach, szerokich biodrach i udach, brzuchu ozdobionym trzema fałdkami, gęstych włosach, twarzy o złocistej karnacji, porównywanej zazwyczaj do kwiatu lotosu lub księżyca.

Król Gór, choć przecież posiadał syna,
nie mógł oderwać oczu od córy.
Czyż rój pszczół nie lgnie do kwiatu mangowca,
Choć wiosna bogata jest w inne kwiaty?

Lampę zdobi jaśniejący płomień,
mędrca składna mowa,
podniebny szlak niebiańska Ganga[8],
a Himalaj jaśniał, bo córka była jego ozdobą.

Gdy wyszła z dziecięcego wieku,
ozdobił jej wiotkie ciało czar wiośniany,
upajający, choć nie winem,
porażający, choć nie strzałą Kamy[9].

Niczym obraz wyłaniający się spod pędzla malarza,
niczym lotos rozwijający się w promieniach słonecznych,
tak jej ciało rozkwitające młodością
objawiało coraz doskonalsze piękno.

Gdy stąpała, jej stopy — ruchome lotosy
Ziemi składały w darze swe ulotne piękno.
Refleksy czerwieni rozsyłały
błyszczące paznokcie i palce u stóp.

Ta o plecach pod ciężarem piersi zgiętych
wdzięcznego chodu uczyła się chyba u królewskich gęsi[10],
a one u niej zapragnęły w zamian pobierać nauki
jak brzmieć niczym bransolety zdobiące jej nogi.

Gdy Stwórca jej łydki uformował,
nie za długie, krągłe, doskonale piękne,
niemało potem musiał się natrudzić,
by reszta wdzięków im dorównywała.

Do czego jej uda przyrównać? Gdyby nawet
trąby słoni królewskich, albo pędy bananowca
uzyskać równy im obwód zdołały,
to jedne zbyt szorstką mają skórę,
a drugie znów wiecznie są zimne.

O pięknie pośladków tej bez skazy
niechaj to świadczy dowodnie,
że spoczęły później na Śiwy łonie.
Czyż jakakolwiek kobieta może o tym marzyć?

---

[8] Rzeka Ganges według wierzeń Indusów płynie w trzech światach: ziemskim, niebiańskim i podziemnym.

[9] *Kama* — indyjski bóg miłości, przedstawiany jako piękny młodzieniec z łukiem z trzciny cukrowej i pięcioma strzałami, które tworzą kwiaty.

[10] W tekście wymieniony jest ptak *rājahaṁsa,* czyli gęś indyjska (*Anser indicus*). W Indiach jest ona podziwiana za biel upierzenia, miły głos i wdzięczne ruchy. W tłumaczeniach na języki europejskie gęś nieodmiennie zastępuje łabędź, ptak podziwiany w naszej kulturze, czego nie można powiedzieć o gęsi.

Delikatna linia włosków niczym ciemny promień
biegnący od klejnotu zdobiącego pas,
przenikała przez fałdy szaty,
sięgając aż po pępek głęboki.

Ta dziewczyna wąska w pasie jak wedi[11] — ołtarz,
miała na brzuchu trzy czarujące fałdki,
niczym schodki przygotowane przez młodość,
aby miłość mogła wstąpić po nich do serca.

Między parą dorodnych piersi lotosowookiej,
kremowych z ciemnymi sutkami,
nie było miejsca nawet dla włókienka lotosu.

Jej ramiona delikatnością przewyższające
kwiaty śiriszy[12], jak można przypuszczać,
Kama, choć pokonany przez Śiwę,
uczynił w końcu pętlą na jego boską szyję[13].

Nie wiadomo, czy to jej szyję ozdabiały perły,
czy też szyja wznosząca się nad piersią
dla sznura pereł była ozdobą,
bo wzajem przydawały sobie piękna.

Lakszmi[14], gdy podziwiała księżyc,
nie mogła radować się urodą lotosów.
Zwrócona ku lotosom, traciła piękno księżyca.
Dopiero oblicze Umy obdarzyło ją czarem obydwu.

Gdyby umieścić kwiat na świeżym liściu
czy perłę na koralu bez skazy,
oddawałyby biel i wdzięk uśmiechu
igrającego na jej karminowych ustach.

Kiedy ta o słodkim głosie zaczynała mówić,
jakby spływała słodycz ambrozji.
I nawet śpiew kokili[15] niemiły był dla ucha
niczym nienastrojona struna, gdy się w nią uderzy.

Czy te oczy o spojrzeniu płochliwym,
przypominającym błękitny nenufar kołysany wiatrem,
migdałowooka zabrała gazelom,
czy też one wzięły je od Umy?

---

[11] *Wedi* — rodzaj ołtarza, na którym składano ofiary, o konstrukcji przewidującej w jego środkowej części zwężenie.

[12] *Śirisza* — *Acacia sirissa*, jej drobne, jasne kwiaty są symbolem delikatności.

[13] Aluzja do późniejszych wydarzeń, kiedy to bóg miłości Kama, pragnący spowodować, aby pogrążony w medytacji Śiwa zwrócił uwagę na Parwati, został spalony spojrzeniem rozgniewanego boga (stąd jeden z jego przydomków to *Bezcielesny*).

[14] *Lakszmi* — bogini szczęścia, bogactwa i piękna, małżonka boga Wisznu i matka Kamy.

[15] *Kokila* — kukułka indyjska (*Eudynamis orientalis*). W sanskryckiej poezji nawoływania kokili stanowią muzyczne tło dla nadchodzącej wiosny.

Bóg miłości uznał, że niezrównana jest
uroda wydłużonych linii jej brwi,
jakby wyrysowanych czarnym ołówkiem
i przestał się chlubić swym pięknym łukiem.

Gdyby zwierzętom było znane uczucie wstydu,
zaprawdę, na widok bujnych splotów córy Władcy Gór,
duma jaków ze wspaniałości puszystych ogonów
doznałaby wielkiego uszczerbku.

Niemało wysiłku włożył Stwórca w jej formowanie —
jakby pragnął całe piękno zamknąć w jednym kształcie:
każdy szczegół jej urody można było porównać
z tym, co najwspanialsze, a wszystko na właściwym miejscu.

Tłumaczyła Lidia Sudyka

Summary

Sanskrycka *kawja* — wyzwanie dla tłumacza

Indian *kāvya* literature is much less well known to the Western reader than it deserves to be. It is due to the fact of the small number of the translations and their poor quality in general, even if there are some exceptionally good translations. Some Sanskritists openly stated that this refined, rich in synonyms, different figures of speech and verbal and metrical tricks literature is simply untranslatable.

The paper presents the difficulties that the genres like *mahākāvya*, *yamakakāvya*, *śleṣakāvya* and *śāstrakāvya* can cause to the translator and gives the suggestions how to solve some of them.

JĘZYKI ORIENTALNE W PRZEKŁADZIE — KONFERENCJA
ORIENTAL LANGUAGES IN TRANSLATION — CONFERENCE
Kraków, 20–21 maja/May 2002

HALINA MARLEWICZ

Kilka uwag o przekładach z sanskrytu

Uniwersytet Jagielloński

Sanskrytolog — tłumacz

Na samym wstępie chciałabym uczynić uwagę natury osobistej, a mianowicie — nie jestem teoretykiem przekładu, praktykiem zaś jestem w stopniu graniczącym z amatorstwem.

Wniosek stąd taki, że o przekładach z sanskrytu nie powinnam się wypowiadać. Jak bowiem może o tym mówić ktoś, kto nie zna ani praktyki, ani teorii przekładu?

Uzmysłowienie sobie tego faktu powinno w zasadzie zamknąć mi usta w tej kwestii. Z drugiej jednak strony poznanie własnej bezradności wobec tematyki konferencji prowadzi do pytania, w zasadzie retorycznego — czy orientalista wykształcony na tradycyjnym uniwersyteckim wydziale filologicznym może być także tłumaczem literatury orientalnej we wszystkich jej przejawach, zatem i literatury pięknej, i naukowej, i technicznej? Jest to pytanie retoryczne o tyle, że wiadome jest, iż szkoły tłumaczy z literatur orientalnych literatury nie istnieją.

Nie zaprzecza to jednak faktowi, że przekłady z literatur orientalnych powstawały i nadal powstają. Jak jednak orientalista jest przygotowany do roli tłumacza? Sposób kształcenia na wydziale filologicznym przewiduje oczywiście ćwiczenia przekładowe z języka. W przypadku języka martwego, jakim jest sanskryt, z konieczności ograniczają się one do wypracowania umiejętności rozkodowywania obcego tekstu, analizy logicznej i gramatycznej zdań, przećwiczenia określonych struktur gramatycznych, przyswojenia obcego słownictwa. Ćwiczenia przekładowe z sanskrytu uczą zatem tzw. przekładu filologicznego. Z natury rzeczy taki przekład ma postać jakiejś przedziwnej hybrydy, o formie niebezpiecznie bliskiej specyfice języka oryginału, wypełnionej treścią zasobów leksykalnych języka polskiego. Taki przekład zmusza do operowania na poziomie mniejszych jednostek — niekiedy wręcz pojedynczych wyrazów bądź fraz, czy zdań, co najwyżej fragmentów tekstu. Jest oczywiste, że taka praktyka jest niewystarczająca, aby zostać tłumaczem jakiejkolwiek literatury.

Tłumacz jest przecież, że powtórzę dobrze znaną wszystkim prawdę, tym drugim pisarzem, który obce dzieło literackie pisze od nowa w swoim języku. Nie wymyśla on, co prawda, fabuły, idei, topiki, jest jednak przecież autorem nowojęzycznej wersji oryginału. Dlatego najlepszymi tłumaczami bywają zazwyczaj pisarze.

Tłumaczem orientalistą nie zostaje się zatem w sposób normalny — jest to zawsze skok na głębię, wykonywany w złudnym poczuciu, że przecież umiemy pływać.

Postaram się jednak nie znużyć słuchaczy opisywaniem tego, jaki był i jest techniczny aspekt mojej metody utrzymywania głowy nad sanskryckimi głębiami. Z jakim skutkiem tego dokonałam, pozostawiam ocenie czytelnikom przekładów.

Przekład z sanskrytu jako odtwarzanie nieznanego świata

W 1999 r. wydany został niewielki wybór hymnów z *Atharwawedy*, autorstwa Cezarego Galewicza i Haliny Marlewicz. Zbiorek zawiera 28 hymnów z różnych ksiąg tego najstarszego, obok *Rigwedy*, pomnika literackiego Indii, powstałego w latach 1600–1200 p.n.e. Tradycja literacka starożytnych Indii pozostawiła nam rodzaj literatury, która nie dość, że nie poddaje się łatwej klasyfikacji genologicznej, to jeszcze podważa nasze rozumienie tekstu literackiego. Wedy bowiem nie tyle są „księgami", co raczej zbiorami tonowo akcentowanych strof, przeznaczonych przede wszystkim do realizacji dźwiękowej. Tradycja *Atharwawedy* stanowi obrzeże głównego nurtu literatury wedyjskiej i pod wieloma względami stanowi zagadkę dla historyków kultury i literatury starożytnych Indii.

Uważne wczytanie się w zbiór nasuwa pierwszą i dominującą później w pracy translatorskiej myśl: oto mamy przed sobą hermetyczne teksty o hermetycznym świecie. Od czasu ponownego odkrycia zbioru nikt nie zdołał jednoznacznie odpowiedzieć na pytanie, czym w istocie jest *Atharwaweda*. Niezbyt wiele wiemy o jej początkach, o roli, jaką spełniała w wedyjskiej tradycji, o jej przeznaczeniu czy pochodzeniu. Światopogląd *Atharwawedy* można zinterpretować albo jako bardziej pierwotną w stosunku do wysokiej religii wedyjskiej formę życia religijnego (za czym przemawiają przeważające w zbiorze zaklęcia i formuły magiczne), albo jako odzwierciedlenie „ludowego" nurtu religijności, który, być może, początkowo rozwijał się równolegle do nurtu rdzennie wedyjskiego, albo jako księgę wiedzy magicznej.

Atharwaweda, najczęściej używana nazwa zbioru, znaczy tyle co 'wiedza Atharwanów' — kapłanów, o których funkcji także nie wiemy zbyt wiele. Nazwa tych kapłanów wedyjskich brzmi niemal identycznie jak nazwa kapłanów awestyjskich — athrawanów [āθravan]. Można przypuszczać, że zbiór ten wiąże się z przejawami życia religijnego Ariów jeszcze sprzed czasów zerwania wspólnoty indoirańskiej. Być może pierwszym zadaniem awestyjskich athrawanów i wedyjskich atharwanów było odpędzanie złych mocy, ich rola mogła być wobec tego bliższa roli szamanów aniżeli kapłanów.

Podobnych kłopotów przysparza pytanie o przeznaczenie zbioru, nie bez powodu bowiem *Atharwaweda* nazywana była wieloma imionami: *Bhiszagweda* 'wiedza służąca praktykom leczniczym', *Kszatraweda* 'znajomość władzy' bądź 'wiedza o panowaniu' czy w końcu *Brahmaweda* 'wiedza o *brahmanie,* Absolucie'.

Wiele hymnów i zaklęć wskazuje, że światopogląd Atharwawedy skupia się wokół przekonania, iż wszystko, co nazwane, posiada realny byt, którym — poprzez odpowiednie praktyki — można manipulować i nad którym można zapanować, wypowiadając w odpowiedni sposób stosowne zaklęcie ze zbioru.

Próba skrótowego scharakteryzowania *Atharwawedy* pozostawia nas w przekonaniu, że nie potrafimy jasno określić ani jej przeznaczenia, ani roli, jaką spełniała w społeczności wedyjskiej.

Tłumacz *Atharwawedy* dokonuje zatem wyborów arbitralnych, kierując się — w stopniu o wiele większym niż na to pozwolić by mogła rzetelna znajomość tematu — intuicją, z wyrazistym poczuciem nieadekwatności czynionych wyborów i poczuciem manipulowania tekstem oryginału i — w konsekwencji — jego odbiorcą.

Dla ilustracji posłużę się fragmentem hymnu IV.2, zamieszczonym w zbiorze w dwóch różnych przekładach:

Do nieznanego boga[1] (wersja 1)

2. Czy tego, kto swoją mocą jest jedynym panem
Wszystkiego, co w świecie dech ma i co mruga,
Śmierć cieniem jest jego, cieniem nieśmiertelność
Jakiegoż boga uczcić dzisiaj mamy?

3. Czy jego dwa światy wielbią utrwalone?
I Niebo i Ziemia wzywa w przerażeniu?
Czy jego ta ścieżka, co przestwór wymierza?
Jakiegoż boga uczcić dzisiaj mamy?

4. Czy tego, kto Niebo bezkresne i Ziemię
Sam dzierży i jeszcze bezkresne przestworza?
Czy tego, kto tamten rozpostarł blask słońca,
Jakiegoż boga uczcić dzisiaj mamy?

Tłumaczył z sanskrytu C. Galewicz

Do Atmana[2] (wersja 2)

2. Jakiemu bogu ofiarę złożymy?
Temu, co w majestacie swym, jedynym
Królem jest świata żywych i widzących
A cieniem jego śmierć i nieśmiertelność

3. Jakiemu bogu ofiarę złożymy?
Temu, którego dźwięczne sfery dwie wspierają

[1] *Atharwaweda*: 31.
[2] *Atharwaweda*: 35.

I niebo osadzane z ziemią nawołują w trwodze
A którego ścieżka nieboskłon przemierza

4. Jakiemu bogu ofiarę złożymy?
Temu, co ma przestwór nieba i rozległą ziemię
Do którego należy ta bezkresna przestrzeń
A w jego majestacie słońce blask rozsiewa[3]

Cały hymn IV.2 jest dla tłumacza prawdziwym wyzwaniem, zarówno pod względem treści, jak i sposobu jej przekazu. Oto bowiem mamy przed sobą tekst dwuznaczny już na poziomie konstrukcji składniowej. Wszystkie strofy zawierają pytanie-refren: „jakiemu bogu ofiarę złożymy?", a owa świadomie wykorzystana dwuznaczność sprawia, że pozostałe wiersze strof można rozumieć bądź jako serię wątpliwości co do natury owego boga, bądź jako kolejne, dopełniające się wzajemnie, odpowiedzi na postawione pytanie. W tym hymnie, jak w żadnym innym z tego zbioru, tłumacz czuje, że zmuszony jest do przyjęcia roli manipulatora znaczeniem.

Zawarte w zbiorze przekłady są zatem tylko z pozoru czytelne. Tak naprawdę są one niejednokrotnie subiektywnymi wyborami tłumaczy, często intuicyjnymi interpretacjami oryginalnych, niejasnych, wieloznacznych czy wręcz niedających się zrozumieć treści, gdyż nieznany jest ich kontekst czy zastosowanie. Niekiedy okazywało się, że oddanie zgubnie prostych treści oryginału było niemożliwe bez uzupełnienia ich wielopłaszczyznowych odniesień do rzeczywistości opisanej przez język, co być może dało efekt treści naddanych, których zawarcie być może nie było intencją autora. Próba dialogu z *Atharwawedą* w jakimś stopniu zmusiła tłumaczy do rekonstrukcji świata nieznanego. Pozostają oni w niejasnym przeczuciu, że ów świat może być w znacznym stopniu wytworem ich wyobraźni. Być może tłumacze znaleźli się wewnątrz hermeneutycznego koła, od analizy szczegółowych właściwości tekstu przechodząc do jego całościowego ujęcia, a następnie wyjaśniając dalsze szczegółowe właściwości za pomocą uchwyconej przedtem całości. Być może odtworzono świat, którego tak naprawdę nigdy nie było.

Przeczuwamy jedynie, że świat opisany w *Atharwawedzie* odzwierciedla stan ducha i rodzaj myślenia całkiem obcy racjonalizmowi człowieka współczesnego. Wiemy, że autorzy *Atharwawedy* operowali nie tyle słowem, co „słowokształtami" (*namarupa*), językowymi matrycami realnych bytów. Operowanie taką substancją wiązało się z przekonaniem o magicznej mocy słowa, o zasadzie bezpośredniej ekwiwalencji między światem przedstawionym w słowie a światem realnym, w którym nie ma miejsca na mediację idei. Tego rodzaju światopogląd jest dla współczesnego człowieka jedynie ciekawostką antropologiczną.

Świadomość nieprzystawalności kulturowej dwóch światów: *Atharwawedy* i świata, w którym żyjemy, wyraziście nam uświadamia, że *Atharwaweda* to tekst w swej istocie nie do odszyfrowania dla współczesnego czytelnika, dla którego paradygmaty kulturowe cywilizacji tamtych czasów są całkowicie obce.

---

[3] Przekłady, przy których nie pojawia się nazwisko tłumacza, zostały dokonane przez autorkę artykułu.

Symbol — przekaz — treść. Przekład z sanskrytu jako odtwarzanie treści

Jeszcze innych doświadczeń nabywa tłumacz sanskrytu, który zajmuje się literaturą naukową.

Sanskryckie dzieła naukowe (*tantrayukti*) są niejednokrotnie trudne do zrozumienia nawet dla osób biegłych w sanskrycie naukowym. Pisano je wysoce sformalizowanym językiem, wyspecjalizowanym w przekazywaniu jak największej ilości treści przy wielkiej oszczędności słowa. Są one wzorcowym przykładem zastosowania tzw. stylu nominalnego w sanskrycie.

Jako przykład ilustrujący cechy takiego stylu wybrałam fragmenty z traktatu filozoficznego pt. *Prameyamala* Watsja Waradaguru, XIII-wiecznego autora z tradycji wiśisztadwaita wedanty. Jedno z przykładowych „zdań" w tekście Waradaguru, tłumaczone dosłownie, brzmiałoby następująco:

> „od nieustanowienia-jedyność-przedmiotu-dzięki wielości przeciwstawnych, które zostały atrybutami [...] — *viśeṣaṇabhūtānāṃ virodhināṃ anekatvenaikārthatvāsiddheḥ*[4].

Taki przekład jest, naturalnie, bezsensowny, lecz pozwala na dokładne przyjrzenie się konstrukcji tego „zdania". Zamiast orzeczenia na końcu wypowiedzenia znalazł się rzeczownik abstrakcyjny *āsiddhi* 'nieustanowienie'. Postawiony został w przypadku o nazwie ablativus, używanym w sanskrycie naukowym do zaznaczenia przyczyny, powodu, z którego akceptuje się bądź odrzuca postawioną tezę. Przed *āsiddhi* stoi temat rzeczownika abstrakcyjnego *ekārthatva* 'jedyność [przedmiotu]', który wraz z *āsiddhi* tworzy złożenie *ekārthatvāsiddhi.* Aby uzupełnić treść złożenia, należy domyśleć się funkcji składniowej pierwszego członu złożenia. W tym przykładzie *ekārthatva* w postaci tematu odpowiada najpewniej dopełnieniu — złożenie należy więc przełożyć: „nieustanowienie jedyności [przedmiotu]". Do tego złożenia „przyklejony" został na jego początku rzeczownik abstrakcyjny *anekatva*, postawiony w narzędniku, aby wskazać na uwarunkowanie powyższego stanu rzeczy, czyli „nieustanowienia jedyności [przedmiotu]". *Virodhināṃ*, dosł. 'przeciwstawnych', słowo postawione w dopełniaczu liczby mnogiej, to podmiot logiczny rzeczownika abstrakcyjnego *anekatva. Viśeṣaṇabhūtānāṃ*, słowo stojące na samym początku omawianej frazy, także w dopełniaczu liczby mnogiej, jest formalnie przydawką do *virodhināṃ*.

Analizowane wyżej zdanie nominalne brzmi ostatecznie w przekładzie: „ponieważ nie zostaje ustanowiona jedyność [*brahmana*], ze względu na wiele [cech] przeciwstawnych [do cech oznaczonych przez wyrazy użyte w zdaniu], które stają się cechami [szczególnymi *brahmana*]".

Wybrany przykład ukazuje kilka cech charakterystycznych stylu naukowego sanskrytu.

Zdanie jest budowane według precyzyjnego schematu składniowego, brak w nim orzeczenia w formie osobowej czasownika, a pełniący funkcję orzeczenia rzeczownik

---

[4] *Premayamālā*: 16.

abstrakcyjny stoi na końcu zdania. W zdaniu dominują rzeczowniki abstrakcyjne, fleksja jest ograniczona do koniecznego minimum, użyte końcówki deklinacyjne służą jako narzędzia w technice prowadzenia polemiki, tworząc w ten sposób rodzaj metajęzyka traktatu naukowego. Ponadto w takich zdaniach zazwyczaj używa się pewnych konwencjonalnych partykuł czy spójników w celu zasygnalizowania przejścia do określonego etapu polemiki. Hermann Jacobi w analizie tego stylu pisania stwierdza:

> Przeważającemu zainteresowaniu treścią wystarcza nominalny szkielet zdania, ponieważ pojęciowe jądro (sensu zdania) wcielone zostaje w rzeczownik, a czasownik może zostać łatwo dodany stosownie do kontekstu[5].

Przekład sanskryckiego traktatu naukowego przypomina zatem raczej rozwiązywanie matematycznego zadania z duża liczbą niewiadomych aniżeli „formułowanie w języku polskim odpowiednika wypowiedzi sformułowanej uprzednio w innym języku". Także i w tym przypadku poruszamy się w zaklętym kręgu wypowiedzi, które możemy zrozumieć dzięki poznaniu specyficznej struktury formalnej tekstu oraz kontekstu wypowiedzi. Kontekst ów poznajemy, czytając tekst, którego rzeczywisty przekaz można odczytać tylko wewnątrz hermeneutycznego koła, od analizy szczegółowych właściwości tekstu przechodząc do jego całościowego ujęcia, a następnie wyjaśniając dalsze szczegółowe właściwości za pomocą uchwyconej przedtem całości.

Przekład z sanskryckiej literatury pięknej

Amaru (Amaruka? Amara?), który miał tworzyć około VIII–IX w. n.e. jest niezwykłym sanskryckim poetą. Nie dlatego, że przeczy się, iżby Amaru kiedykolwiek istniał. Nie dlatego też, że nasza wiedza o nim to ledwie garść domysłów. Ani nawet nie dlatego, że wokół jego życia i poezji powstały nieprawdopodobne opowieści.

Amaru jest wyjątkowy, gdyż w oceanie sanskryckiej twórczości poetyckiej jego *Setka pieśni miłosnych* wyróżnia się niecodzienną — jak na tę poezję — prostotą. Jest to prostota graniczącą wręcz z ascetyzmem, o ile jest to odpowiednie słowo na określenie liryki miłosnej.

Sanskryt pozwalał twórcom na stosowanie niezliczonych chwytów formalnych. Jest to język o wielkiej liczbie wyrazów bliskoznacznych. A choć jego synonimiczność nie jest naturalna, lecz neutralna, słownikowa, konwencjonalna, pozwala ona poecie popisywać się wyrafinowanym słownictwem. Wielka liczba homonimów umożliwia budowanie nie tylko pojedynczych polisemicznych strof, ale długich poematów o wieloznacznej treści.

Sanskryt wyróżnia też swobodna składnia i bardzo rozbudowane użycie złożeń, niejednokrotnie zastępujących całe zdania. Ta szczególna cecha pozwala tworzyć strofy,

---

[5] Jacobi 1903: 237.

w których ciąg wyrazów tworzy jednolitą całość, monolit grafemów od początku do końca wersu, dając w efekcie niezwykły zapis tekstu:

madanamahīpatikanakadaṇḍarucikeśarakusumavikāse,
militaśilīmukhapātalipatalakṛtasmaratūnavilāse.
viharati haririha sarasavasante
nṛtyati yuvati janena samam sakhi virahijanasya durante[6]

Złociste pręciki kwiatów szafranu —
berłami boga miłosnego uniesienia.
Płatki kwiatów jak zbłąkane pszczoły —
strzałami na cięciwie łuku boga miłości.
Gdy wiosna sokami pęcznieje,
O, przyjaciółko,
Hari błąka się tutaj,
tańczy z dziewczętami,
okrutna to pora dla opuszczonych.

Ponadto kanwą wielu poematów są w dużej mierze nieczytelne, obce czy nierzadko po prostu nużące współczesnego, nieindyjskiego czytelnika, archetypowe obrazy i postaci z mitycznych opowieści i wielkich eposów historycznych.

To wszystko sprawia, że sanskrycka poezja stanowi świat sam dla siebie, trudno dostępny dla odbiorców innych aniżeli ci, którzy język ten opanowali w stopniu doskonałym i dobrze znają kulturę indyjską.

Na tym tle Amaru jawi nam się jako poeta istotnie niezwykły. Jego słownik jest prosty, język przejrzysty, prawie nie używa konwencjonalnych symboli, nie epatuje grą słów, aliteracją, nie nadużywa też wartości brzmieniowych i znaczeniowych sanskrytu. Amaru to poeta przeczący niemal wszelkim obowiązującym kanonom sanskryckiej sztuki słowa.

To wszystko nie wystarczyłoby jednak, aby przedstawiać go jako poetę wyjątkowego. Zerwanie z dominującą konwencją, mniej lub bardziej świadome, nie jest przecież wartością samą w sobie, a zwłaszcza nie decyduje to o wartości samej twórczości.

Amaru, z nonszalancją geniusza, lekkim pędzlem maluje doskonałe, pastelowe miniaturki, w których na planie głównym znajdują się niemal zawsze jedna, co najwyżej dwie postaci — ona, lub on i ona. Na nich skupia się uwaga twórcy i czytelnika, i tylko oni wypełniają świat tej poezji. Wypełniają go całkowicie i bez reszty. W tych słownych miniaturach, niczym na obrazach największych malarzy, nie ma niepotrzebnego słowa i zbędnego detalu. Formalna prostota prowadzi do wielkiego skupienia i natężenia znaczeń. Całość misternie tkanej materii słownej, jak gra światłocieni, niepostrzeżenie narasta w emocjonalną dominantę miłości, namiętności, żalu, smutku, tęsknoty za ukochanym, zazdrości. Czasem, jakby dla przywrócenia równowagi, pojawia się też żart, czy kpina z bohaterów, cierpiących w „miłosnej udręce". To wszystko składa się na poezję niezwykle zmysłową i ciepłą.

---

[6] Jayadeva's *Gītagovinda*: I 30.

Amaru — *Setka pieśni miłosnych*

4
Woła, zagniewana —
Usta nabrzmiałe, wilgotne —
„Nie! Nie chcę! Puść mnie!"
Dłonie słabo trzepocą
Brwi liana tańczy do gniewnych słów
Oczy przymyka, wstrzymuje oddech

W pocałunkach
Kochankowie piją nieśmiertelność

Bogom — tym głupcom — zostaje
W trudach ów napój zdobywać[7]

47
Pijana słodkim winem
Ślady paznokci
Na mym ciele widzi
Zagniewana, wstaje, by odejść
Chwytam brzeg sari
„Gdzie idziesz?" — pytam

Twarz odwraca
Oczy łzami błyszczą
Usta drżą ze złości
„Zostaw mnie, zostaw!"

Ach... kto mógłby ją zapomnieć...[8]

Przedstawione powyżej zmagania tłumacza amatora, przekładającego sanskryt prowadzą do kilku nieuchronnych wniosków. W swojej pracy sanskrytolog często staje się sam dla siebie klasykiem, ustanawiającym wzorzec przekładu zgodny z subiektywną normą w stopniu o wiele większym niż w przypadku przekładów z języków z kręgu cywilizacji śródziemnomorskiej. Częstokroć jedynym możliwym rodzajem dialogu dla tłumacza sanskrytu pozostaje dialog z przekładanym tekstem — sanskrytolog jest w swojej pracy w dużym stopniu osamotniony. Czasem może on skonfrontować swoje stanowisko z innym sanskrytologiem, choć nie jest to praktyka nagminna. Jego wybory zasadzają się w ogromnym stopniu na teoretycznej wiedzy o obcej cywilizacji, która to wiedza nieustannie podlega weryfikacji, także poprzez nowo powstające przekłady. Nabyty w czasie studiów warsztat filologa orientalisty okazuje się niepokojąco niewystarczający wobec materii językowej, z którą w pracy tłumacza przychodzi mu się następnie zmierzyć.

---

[7] *Amaruśatakam*: 7.
[8] *Amaruśatakam*: 59–60.

Literatura

Atharwaweda — *Atharwaweda. Wybrane hymny*, przeł. z sanskrytu H. Marlewicz, C. Galewicz, Kraków 1999.

Gītagowinda — Jayadeva's *Gitagovinda. Love Song of the Dark Lord*, ed. and transl. by B. Stoler Miller, New Delhi 1978, 1. wyd. 1977, Columbia University Press.

Amaruśatakam — *Amaruśatakam with. Śṛṅgāradīpikā of Vemabhūpāla. A Centum of Ancient Love Lyrics of Amaruka*, critically edited, with an introduction, English translation and appendices [by] C. R. Devadhar, Delhi 1984.

Jacobi H., 1903, *Über den nominalen Stil des wissenschaftlichen Sanskrits*, „Indogermanischen Forschungen" 14.

Prameyamālā — *Prameyamālā by Vātsya Varadaguru*, ed. by R. Ramanujachari, K. Srinivasacharya, „Journal of the Annamalai University" 10, 1941, 3, 1–28.

Summary

Few remarks on translating Sanskrit literature

The question to which the author of the paper tries to give an answer to is whether the Sanskritist educated in the traditional university philological department becomes a professional translator of Sanskrit literature in all possible manifestations of this literature. There exist Polish translations of works of Sanskrit writers, poets and philosophers, still the question remains, whether the very fact of the knowledge of Sanskrit makes one a translator of Sanskrit literary works. The practice shows that during one's indological education one acquires a certain ability to transpose Sanskrit texts into a target-language, yet this transposition too often shows its hybridic character, with its structure dangerously close to the structure of the language of the original, filled with the lexis of the target-language. Such practice is obviously not a good starting point on one's way to becoming a translator of Sanskrit works. To become an author of a new, target-language version of the original, which seems to be the ideal of the translator's task requires practice much more sophisticated from the above described method of a "philological translation".

To show difficulties and peculiarities of the process of translation from Sanskrit into Polish the author of the paper introduces examples of Polish translations from three, chosen kinds of Sanskrit literature:

1) from the *Atharvaveda*, the collection of hymns belonging to the oldest layer of Indian literature (ca 1200–1600 BC),

2) from the scientific literature, i.e. from a Sanskrit philosophical text written in 13th century AD,

3) from a collection of love lyrics of Amaru, an 8–9th century AD poet.

The examples show clearly, that choices made by the translator of Sanskrit literature are often arbitrary. He becomes a classic for himself, who makes the ideal of the translation into the target-language according to his own, subjective norm in a scale much bigger than in cases of translations from Western languages. Much too often the only dialogue affordable for him is the dialogue with the translated, Sanskrit text.

JĘZYKI ORIENTALNE W PRZEKŁADZIE — KONFERENCJA
ORIENTAL LANGUAGES IN TRANSLATION — CONFERENCE
Kraków, 20–21 maja/May 2002

RENATA CZEKALSKA

Uwagi o trudnościach granicznych na przykładzie tłumaczenia *Metafor* Aśoka Wadźpeji[1]

Uniwersytet Jagielloński

Zacznę od konstatacji oczywistej, że istniejące w piśmiennictwie ogólne teorie języka nie zakreślają ani granic samego języka, ani granic jego wielorakich funkcji. Zatem racjonalnie można mówić jedynie o relacjach granicznych pomiędzy dwoma językami, szczególnie na przykładzie poezji, tego „najwspanialszego wytworu ludzkiego umysłu", jak poezję określiła Elżbieta Tabakowska[2].

Zanim przedstawię egzemplifikacje ukazujące miejsca graniczne, trudne do przekroczenia i rzeczywiście nieprzekraczalne w tłumaczeniu z języka tak odległego geograficznie i kulturowo jak język hindi, dla zakorzenienia problematyki granic językowych w szerszym kontekście doświadczeń intelektualnych XX w. przypomnę dwie refleksje poetów, przynależących już do historii literatury europejskiej. W 1926 r. Maryna Cwietajewa w liście do Rainera Marii Rilkego napisała, że „Pisanie to już tłumaczenie na inny język"[3]. A 41 lat później, w 1967 r., Witold Wirpsza, przemawiając w Kolonii w niemieckiej Akademii Języka i Literatury stwierdził, „że przekład w ostatecznym rozrachunku jest po prostu krytyką tekstu oryginalnego"[4]. Oczywiście krytyką rozumianą podług greckiej etymologii tego słowa, oznaczającą analizę i interpretację, a nie recenzencką przyganę.

Te dwie refleksje liryków praktyków, wyjątkowo wrażliwych na wewnętrzne subtelności języka, i to nie tylko semantyczne, również na wszelkie niuanse brzmieniowe —

[1] A. Wadźpeji, *Metafory* [wybór poezji], Kraków 2000.

[2] E. Tabakowska w *O przekładzie na przykładzie* (Kraków 1999, 22) pisała: „[...] Douglas Hofstadter, mój ulubiony amerykański autor, matematyk i psycholog, badacz tajników ludzkiego umysłu i jego najwspanialszego wytworu, jakim jest poezja".

[3] Cyt. za: J. Hartwig, *Nowe „Błyski"*, „Zeszyty Literackie" 2002, 2 (78). Julia Hartwig przytacza uwagę w oryginale: „Ecrire c'est déjà traduire en d'autre langue", zapewne dlatego, że w numerze 14 „Zeszytów Literackich" (wiosna 1981, 92) zdanie to ukazało się w tłumaczeniu Julii Juryś i brzmiało: „Poezja jest już tłumaczeniem z języka na język". Tłumaczenie J. Juryś powtórzone zostało w numerze 1 (50) „Zeszytów Literackich" (1995, 76).

[4] Cyt. za przekazem Karla Dedeciusa w *Notatniku tłumacza* (Warszawa 1988, 168).

tworzą adekwatne i przydatne do sformułowanych poniżej uwag intelektualne tło, ukazujące i skalę i przestrzeń trudności w tłumaczeniu współczesnej poezji.

A wybierając do tłumaczenia z obfitej literatury w języku hindi lirykę Aśoka Wadźpeji, miałam także w pamięci dwie z *Zasad* wielkiego mistrza sztuki translatorskiej, Karla Dedeciusa. Pierwszą — „Tłumacz tylko to, co odkryjesz w języku oryginału sam, co uznasz za wzorcowe lub odkrywcze, jeśli chodzi o formę artystyczną, ważne lub konieczne, jeśli idzie o treść" oraz trzecią — „Daj pierwszeństwo współczesnym"[5].

Do egzemplifikacji wybrałam fragmenty stosunkowo najłatwiej zrozumiałe dla słuchacza lub czytelnika nieznającego języka oryginału i jego lokalnych uwarunkowań. Usystematyzowałam je w trzy grupy.

Do grupy pierwszej zaliczyłam nazwy gestów, przedmiotów i roślin. Na przykład w wierszu *Woda* A. Wadźpeji pisze:

Jal uṭhātā hai
Anjali maiṁ
Jal ko

Anjali maiṁ, czyli 'trzymając dłonie złożone w kształt wrzeciona, wznosić je do czoła w geście szacunku, powitania lub błagania'. Mamy zatem w tym fragmencie do czynienia ze zdaniem frazeologicznym i zarazem z metaforą antropomorfizującą przyrodę. Tradycja skodyfikowanych i nazwanych gestów (czyli *mudr*[6] i *hast*[7]) wywodzi się ze staroindyjskiej teorii dramatu. *Anjali* może również pochodzić z hinduskiej tradycji religijnej. Jak więc oddać w polszczyźnie (a to znaczy także: w rodzimej tradycji poetyckiej) ten gest? Jak oddać poetykę i liryzm tego obrazu ożywionej wody w rygorystycznie zwięzłym stylu? Po wielu próbach zdecydowałam się przełożyć ten fragment w sposób następujący:

Woda wodnymi dłońmi
Pozdrawia
Wodę

W wierszu *Na pościeli nieba* znajdują się dwa słowa: *kañcukī* i *adhovastr*. Oba oznaczają części garderoby. Pierwsze to dosłownie 'stanik', ale równocześnie używa się go na określenie obcisłego damskiego żakietu lub obcisłej bluzki. Drugie natomiast oznacza tkaninę osłaniającą dolne części ciała. Obydwa są zatem wieloznaczne, 'tkanina' nie ewokuje zmysłowego obrazu. Po analizie „sytuacji lirycznej" tego erotyku,

---

[5] Karl Dedecius, *Notatnik tłumacza*, op. cit., 68.

[6] *Hasta* — gesty palców, dłoni i rąk, stosowane głównie w tańcach indyjskich dla zobrazowania jakiegoś wydarzenia. [...] Gesty te służą do opisywania lub wskazywania uczucia lub stanu ducha, ale i przedmiotu czy bóstwa. Są więc sposobem pozroumiewania się językiem gestów. W klasycznym tańcu indyjskim wyróżnia się 32 podstawowe gesty. Zob. L. Frédéric, *Słownik cywilizacji indyjskiej*, Katowice 1998.

[7] *Mudra* — dosł. 'pieczęć', gesty rąk o mistycznym znaczeniu, w buddyzmie symbolizujące mentalne postawy Buddy i moce związane z bóstwami. Mudry w buddyzmie ezoterycznym służą przede wszystkim przedstawieniu bogów, wykonywane są często przez mnichów i kapłanów podczas obrządków. Zob. L. Frédéric, op. cit.

zdecydowałam się na „gorset" i „przepaskę na biodra". Ostatecznie strofa nabrała takiego stylistycznego kształtu:

Jej gorset
Rozwiązał księżyc
Przepaskę z bioder
Zerwało słońce[8]

Trudniejsze problemy pojawiały się w miejscach, gdzie w tekście występowały lokalne nazwy botaniczne, pełniące w strukturze wiersza funkcję nie tylko znaczeniową, ale i kompozycyjną. Na przykład w *Długim niedokończonym wierszu miłosnym* natrafiłam na taki kontrastowy i piękny fragment:

W niewyraźnym zagłębieniu pomiędzy piersiami
Kwiat ćampy —
[...] jakby maleńka łabędzica
Jakby na kwiatach cień kwiatu —[9]

Tym razem problem sprowadzał się do istnienia jednego, ale nieusuwalnego, niemożliwego do zastąpienia słowa oryginału. Rzecz jasna, problemem była nazwa kwiatu, usytuowana jednak jako czynnik kompozycyjny, współtworzący znaczeniową i brzmieniową całość tekstu. *Campā* — to białożółtawy kwiat drzewa o łacińskiej nazwie *Michelia campaca*. Jak tę nazwę przełożyć? Szukać odpowiednika w polskim zbiorze kwiatów? Ale jak wtedy zachować leksykę tego wersu, to zdźwięczenie obu słów tworzące niepowtarzalny walor brzmieniowy? Ten walor, polegający na osobliwej, miękkiej gęstości zgłosek, sugerujących podobieństwo do delikatnej substancji kwiatowych płatków, który jest przecież już sam w sobie wartością poetycką, artystyczną? A pełni także oczywistą funkcję kompozycyjną, tworzy kontrast, na którym oparta jest ekspresja całego obrazu. Druga część obrazu bowiem, dwuwersowa i dwuwarstwowa, dwukrotnie zaczynająca się porównawczym „jakby", jest w swojej tkaninie wizualnej niezwykle delikatna, również przez sugestię hipotetyczna. Hipotetyczna, czyli do wyobrażenia, łabędzica jest „maleńka", więc konsekwencją tej minimalizacji jest już ów „cień". Taka metoda stopniowania jest adekwatnym środkiem stylistycznym, budującym wrażenie kontrastu. I chociaż jest oczywiste, że ta łabędzica to światło kwiatu, to nie jest już pewne, czy cień na kwiatach pada od wyobrażonego ptaka, czy jest wizualizacją jakiegoś matowego blasku tworzonego przez zbiór kwiatów. W każdym razie zestrój wersu pierwszego z trzecim i czwartym, zestrój zawartości znaczeniowo-dźwiękowej pierwszego z migotliwymi

[8] Uskī kañcukī
Le gayā hai candrmā
Uskā adhovastr
Par le gayā sūrya

[9] Urojoṁ ke bīc lagbhag adṛśya
Campā kā phūl —
[…] Kiñcit hansī-sā
Phūloṁ par jaise phūl kī hī chāyā —

obrazami trzeciego i czwartego, jest komponentem stanowiącym o wartości artystycznej całego fragmentu. Dla uzupełnienia dodam, że obraz ten to iluminacja zachwytu „zagłębieniem pomiędzy piersiami", które jest dla autora „objawieniem niemożliwym do objaśnienia". Żeby zatem pozostać wierną oryginałowi i specyfice indyjskiej, pozostawiłam w tekście słowo *ćampa*, dołączając stosowny przypis. Praktyka to znana i stosowana także w Polsce, np. przez Aleksandra Wata w późnym okresie jego twórczości, w *Wierszach śródziemnomorskich*[10] czy w *Ciemnym świecidle*[11].

Podobnym przykładem, chociaż stosunkowo łatwiejszym do rozwiązania z uwagi na możliwość językowego manewru, może być wiersz *Pełnia księżyca*. Autor używa w nim rzeczownika *amaltās*. Jest to indyjska odmiana akacjowca, czyli indyjskie *laburnum*. Polska odmiana *laburnum* to *szczodrzeniec* lub *złotokap*. Szczodrzeńca nie mogłam użyć, z uwagi na rytmikę wiersza, a także z uwagi na niezwykle zdyscyplinowaną przemienność elementów wizyjnych i dźwiękowych. W dodatku *amaltās* znajdował się w tym miejscu wiersza, które jest jego kulminacją tematyczną i estetyczną. Zastosowałam więc *złotokap* ze względu na jego dualizm: i jedność frazeologiczną, i równoczesne „rozsypanie", które daje zamierzony przez autora efekt foniczny, wrażenie, że gwizd ptaka rozsypuje się jak światło kwitnącego drzewa. Ostatecznie więc temu centralnemu fragmentowi wiersza nadałam następującą formę:

W wodzie śpi obraz księżyca
Drzewo owija kora
Gwizdem ptaka rozkwita złotokap[12]

Drugą grupę problemów tworzą kwestie gramatyczne, poczynając od różnic w rodzajach gramatycznych wyrazów. O ile np. w języku polskim słońce jest zawsze rodzaju nijakiego, to w hindi zarówno księżyc, jak i słońce są rodzaju męskiego. W omawianym już wierszu *Na pościeli nieba* to księżyc, czyli 'on' — rozwiązał jej gorset, to słońce, czyli znów 'on' — zerwał przepaskę z bioder. Nadaje to narracji lirycznej tonację oczywistego personalizmu, czyni cały wiersz swoistym sprawozdaniem z czynności miłosnych, lecz wykonywanych przez planety. Ale skoro samo niebo jest pościelą? Nie ma w tym znaku zapytania nawet cienia sarkazmu. Wiersz jest przecież apoteozą cielesnej piękności, wyniesieniem cielesnego piękna w przestrzenie kosmosu, gdzie wszakże „ciemność pachnie zieloną trawą".

Innym zagadnieniem gramatycznym są słowa-klucze. W terminologii europejskiej ta zbitka pojęciowa funkcjonuje jako interpretacyjny idiom, wskazujący nie tylko na główne wątki tematyczne pisarza, ale na zasadnicze dla jego twórczości obsesje. Takie kluczowe słowa interpretatorzy wyszukują zazwyczaj wewnątrz utworów, wyjmują je stamtąd i oświetlają je komentarzami znaczeniowymi lub biograficznymi. Nieco inaczej jest w tradycji indyj-

---

[10] A. Wat, *Wiersze śródziemnomorskie*, Warszawa 1962.

[11] A. Wat, *Ciemne świecidło*, Paryż 1968.

[12] Pānī maiṁ sotā hai candrabimb
Vṛkṣ ko ghertā hai chāl
Ciṛiyā ke cahakne se phūltā hai amaltās

skiej. Według zasad poetyki staroindyjskiej, słowa-klucze, czyli *dipaki*[13], powinny znajdować się w miejscu „znaczącym", czyli np. w tytule wiersza lub na początku wersu. Tak jest w przypadku wielu wierszy A. Wadźpeji, między innymi takich jak *Woda, Trawa* czy *Słowo*. Tytułowe słowa to właśnie klasyczne słowa-klucze, w oryginale stojące w tytule i otwierające niemal wszystkie wersy wymienionych wierszy. W hindi jest to oczywiście możliwe, ponieważ w tym języku występują postpozycje, które, w odróżnieniu od polskich przyimków, stoją — rzecz jasna — po rzeczowniku. Spośród wierszy zawierających tytułową i otwierającą *dipakę* w znacznym stopniu udało się zachować model oryginału w omawianej już *Wodzie*, np.:

Woda mówi
Wodzie,
Woda słucha
Wodnej opowieści
[...]
Woda w
Wodzie tonąc
Błaga o ratunek[14]

I w nieco mniejszym stopniu w Trawie
W trawie ukryte słońce
W trawie rozrzucone słowa

W trawie schowane kamienie
W trawie tonie niebo[15]

Natomiast całkowitą zgodność z oryginałem udało się odtworzyć w wierszu *Słowo*. Pozwolę sobie zacytować jego najbardziej przejmujący fragment:

---

[13] „Dandin, rozpatrując w księdze II [*Kāvyādarśa*], w wersach 97 do 119 różne możliwości *dipaki*, podaje następującą definicję: „Jeżeli rzeczownik, przymiotnik, czasownik jakoś zaznaczone w wypowiedzi całą wypowiedź czynia jasną, to zastosowana była *dipaka*". Właśnie ów fakt, że *dipaka* „całą wypowiedź czyni jasną" spowodował, że S. K. De (*Studies in the History of Sanskrit poetics*) użył nazwy illuminator, co znaczy przecież 'dający poznać w pełnym świetle'; cyt. za: S. Cieślikowski, *Zastosowanie tropu „illuminator" we współczesnej poezji polskiej*, „Sprawozdania z Czynności i Posiedzeń Naukowych Łódzkiego Towarzystwa Naukowego", XXIV, 1970, 2, 1.

[14] Jal detā hai
Jal ko āvāz,
Jal suntā hai
Jal kī kathā,
[...]
Jal kartā hai
Jal maiṁ dūbkar
Ubarne kī prārthnā

[15] Ghās maiṁ chipī hai dhūp
Ghās maiṁ bikhare haiṁ śabd
Ghās se dhaṇkī haiṁ caṭṭāneṁ
Ghās maiṁ dubkā hai ākāś

Słowo przenika słowo
Słowo napełnia słowo
Słowo kształtuje słowo[14]

Temat słowa, motyw słowa — to zresztą jedno z centralnych zagadnień w poezji Aśoka Wadźpeji.

Trzecią grupę trudności w przekładaniu liryki A. Wadźpeji na język polski stwarzają wyrazy wieloznaczne. Takich wyrazów jest w jego pisarstwie, statystycznie rzecz ujmując, najwięcej. To one właśnie konstytuują artystyczne wartości i szczegółowe sensy w jego twórczości. To z nich utkana jest materia językowa jego wierszy, to one najczęściej ukazują materialne fragmenty heterogenicznego świata. Ale niemal nigdy nie jest to prosty opis czy zwykłe przywołanie rzeczy. Elementy opisu, faktografii, szczegółu pojawiają się zazwyczaj w tej poezji w jakimś kontekście, innym możliwym znaczeniu, w pokrewieństwach, asocjacjach. Toteż niemal przy każdym wersie tłumacz staje wobec problemu wyboru słów i takiego ich zestrojenia, które byłoby tożsame z oryginałem lub przynajmniej najbliższe oryginałowi, które zachowałoby wierność obrazowaniu, gęsty rytm Wadźpejowego zdania, ale także indywidualną, specyficzną dla niego siatkę połączeń znaczeniowych wewnątrz tekstu, przeróżnych aluzji, korespondencji, dysonansów czy paraleli.

Żeby pozostać w kręgu cytowanych już utworów, raz jeszcze przywołam część 19 *Długiego niedokończonego wiersza miłosnego*. Są tam dwa wersy bezpośrednio poprzedzające ów „kwiat ćampy". Wadźpeji użył w jednym z nich słowa *sampuṭ*. Jego warstwa fonetyczna pobrzmiewa konkretem, jakąś jednorodną materialnością, jak polskie słowa *suty* czy *lity*. Tymczasem wyraz ten oznacza w hindi wgłębienie, dziurę, rozpadlinę i równocześnie pudełko z pokrywką lub małe mosiężne naczynie, np. takie, w którym składa się kwiaty ofiarne. Jego wieloznaczność jest aż zanadto rozciągliwa. Po wielokrotnych próbach i przymiarkach zdecydowałam się na następującą formę tego dwuwersu:

W niewyraźnym zagłębieniu [...]
Jak w połyskującym mosiądzem naczyniu
Kwiat ćampy —[15]

Gdyby policzyć słowa czy akcenty i porównać z liczbą słów w oryginale czy z rytmem oryginału, można by z łatwością zauważyć pewne odstępstwo od warsztatu A. Wadźpeji. Ale nie miało sensu kurczowe trzymanie się filologii, już raczej — jej ducha. Karl Dedecius stwierdził kiedyś, że „funkcja przekładu jako pomostu jest ewidentna". Pomostem dla mnie w tym szczegółowym przypadku była konieczność znalezienia takiego ekwiwalentu słownego w polskim języku, który w innym rytmie odtworzyłby

[14] Śabd ko bedhtā hai śabd
Śabd ko bhartā hai śabd
Śabd ko mathtā hai śabd

[15] Urojoṁ ke bīc lagbhag adṛśya
Par jagmagāte sampuṭ maiṁ
Campā kā phūl —

sytuacyjny sens tego fragmentu, jego estetyczne piękno, jego kulturowe i filozoficzne implikacje. Czyli to, co stanowi samą istotę poezji, nie tylko zresztą współczesnej, ale poezji w ogóle.

Na zakończenie przytoczę słowa, które Krystyna Pisarkowa wypowiedziała w wykładzie inauguracyjnym dla studentów Instytutu Filologii Orientalnej UJ 30 września 2001 r., w Centrum Sztuki i Techniki Japońskiej „Manggha": „Orient przyciąga, apelując do nierealności świata, rozszerza go, uwalnia, chroni przed utratą sensu — jak utajniona segmentacja składni w polifonicznej poezji Aśoka Wadźpeji"[15].

Summary

Remarks on some border line difficulties
On the example of translating *Metafory* by Ashok Vājpeyī

The existing general theories of language, mark neither the boundaries of a language as such nor the limits of its manifold functions. Therefore it is possible to rationally discuss "border line" relations only between two languages and mainly on the example of translating poetry.

I chose for translation the lyrics of Ashok Vājpeyī, from the wealth of Hindi literature, following two of the "Rules" of a master of the art of translation, Karl Dedecius. The first rule: "Translate only what you discovered yourself in the language of the original, what you perceive as typical or revealing where artistic form is concerned and important or necessary when it comes to the contents"; and the third rule: "Give way to the contemporaries."

In the paper I present some of my experiences with translating A. Vājpeyī's poetry, presenting several exemplifications of the border line points which either were difficult or really impossible to cross during the process of translation from Hindi — a language geographically as well as culturally so distant from Polish.

For exemplification I chose the fragments relatively most understandable for a reader who does not know the language of the original as well as its local connotations. The examples are systematised into three groups. The first — consists of the names of gestures, everyday objects, garments and plants. The second group contains problems appearing due to the differences in the grammatical structure of both the languages, such as the differentiations in gender or syntax. Finally, the third group of difficulties comprises of ambiguous words, statistically most common in the translated poems.

[15] K. Pisarkowa, *Magia Orientu*, „Język Polski" LXXXII, 2002, 10.